국어 문법교육 영역은 지식 그 자체를 아는 것에서
그치는 것이 아니라 항상 실제의 국어 사용 활동과
유기적으로 관련시켜야 하며, 이를 위해 실제로
국어 활동을 하는 과정에서 국어 지식을

개정판

우리 말글 교육의 모습과 쓰임

김혜숙

도서출판 월인

✽ 일러두기 ✽

『우리 말글 교육의 모습과 쓰임』의 형식적 체제

1. 이 저서는 모두 8개의 대단원으로 구성되며, 대단원마다 말이나 글에 관련된 명언, 명구 등을 첫 장에 제시한다.
2. 각 대단원명을 고등학교 『문법』의 목차와 비교하여 보이면 다음과 같다.
   (1) 두근두근, 오묘한 말과 글의 세계로! → 언어와 국어
   (2) 소리야, 흘러 흘러 어디로 가니? → 말소리
   (3) 형태와 단어 속에 한번 빠져보시겠습니까? → 단어
   (4) 알쏭달쏭 어휘의 세계로 풍덩! → 어휘
   (5) 문장, 이제 네 차례네~! → 문장
   (6) 의미는 움직이는 거야! → 의미
   (7) 이야기, 그때 그때 달라요! → 이야기
   (8) 맞춤법, 거 참 희한하네! → 국어의 규범
3. 저서의 날개 부분은 학습 목표 및 본문 내용의 개념 정리나 이해를 위한 부연 설명을 제시한다.
4. 〈얼개잡기〉는 만화를 이용하여 보기와 읽기를 통해 해당 단원의 학습 내용을 인지하고 연상하는 능력을 개발하기 위한 부분이다.
   "얼개"는 "이리저리 걸어서 묶어 꾸밈"의 의미를 지닌다. 곧 '얼개잡기'는 본 단원의 국어 지식 내용을 서로 걸어서 앞으로 제시될 내용들을 연상하게 해 주는 역할을 한다. 따라서 얼개잡기의 만화 내용은 본 단원에서 익혀야 할 국어 지식 내용을 얼개로 잡아 줌으로써, 자칫 주입식으로 암기하는 지루한 단원이 될 수 있는 국어 지식 단원에 대해 학습 동기를 유발하고 흥미를 가질 수 있도록 유도한다.
5. 〈마음눈갖기〉는 예술문, 실용문 등의 텍스트를 통해 본 단원에서 가르쳐야 하는 국어 지식 내용을 읽기 자료로 제시함으로써 미리 관찰 학습을 할 수 있게 한 부분이다. '마음눈'이란 "사물의 참모습을 꿰뚫어 볼 수 있는 예지(叡智)", 즉 '심안(心眼)'의 고유어이다. 이 마음눈갖기 부분은 읽기를 통해, 모둠 활동 및 자기 학습을 할 수 있는 활동 자료로서, 문학, 읽기, 말하기, 듣기, 쓰기를 통합하는 부분이다.
6. 〈새겨알기〉는 각 단원 내의 본문 내용 중 참고가 될 만한 깊이 있는 국어 지식 내용들로서, 규범 문법 이론의 문제점을 정리하고 보충하는 부분이다.
7. 〈세워가꾸기〉는 단원 전체에서 꼭 알고 넘어가야 할 핵심이 되는 목표를 학습자 스스로 묻고 답함으로써 학습 내용을 확인하는 부분이다.
8. 〈풀어다지기〉는 평가 문항을 통해 학습자 스스로 단원의 핵심이 되는 내용들을 정리할 수 있게 한 부분이다. 문항들은 본 단원에서 제시하는 국어 지식 내용 전체를 나선형식 논리로 반복 정리하도록 배치한다.
9. 부록은 "중등 교원 임용고사 기출 문제" 및 문제 분석을 실었으며, "국어의 로마자 표기법"과 "우리말 바로 쓰기"를 실었다. "한글 맞춤법"은 이미 본문에 부분적 인용을 보였으므로 굳이 싣지 않기로 한다.

목 차

contents

목 차

contents

1

두근두근, 오묘한 말과 글 속으로!

한 겨레의 문화 창조의 활동은 그 말로써 들어가며,
그 말로써 하여 가며, 그 말로써 남기나니

- 외솔 최현배 -

두근두근, 오묘한 말과 글 속으로!

1) 언어의 개념과 기능을 익힌다.
2) 언어와 인간 · 사고 · 사회 · 문화의 관계를 이해한다.
3) 음성 언어와 문자 언어의 특성을 알고 바르게 사용한다.
4) 국어의 특질을 이해한다.

서정수의 「생각과 말」을 통해 언어와 사고의 관계를 고려하면서, 언어가 우리 생활에 어떠한 영향을 미치는지 그리고 그 특성이 무엇인지를 파악하고 한국어를 이해하고 올바른 한글 사용을 할 수 있다.

얼·개·잡·기

마·음·눈·갖·기

〈언어와 사고의 관계〉

최근의 심리학 연구에서는 말이 생각을 전적으로 지배하지 않는다 할지라도 언어가 생각하는 능력에 미치는 영향이 지대하다는 사실을 여러 실험의 결과로 밝힌 바 있다. 게록스 부부 등 많은 현대의 심리학자들이 침팬지와 어린 아이를 갓 났을 적부터 한 가정에서 기르며 관찰을 하였다. 어린이가 말을 배우기 전에는 침팬지보다 그 행동과 능력이 훨씬 뒤떨어졌으나, 말을 배우기 시작하면서부터는 어린이의 생각하는 힘이 날로 달라지고 마침내 그 동물과는 비교도 할 수 없을 만큼 사고 능력이 크게 발전하였음을 확인하였다. 또 루리아라는 심리학자는 농아 부모 밑에서 따로 떨어져 자란 다섯 살 난 쌍둥이 형제를 발견하여 다른 아이들과 어울리게 해서 말을 배우게 한 결과, 말하는 능력이 나아짐에 따라 생각하는 힘이 빠른 속도로 향상되어 갔음을 실증하였다.

그러면 언어는 우리의 생각에 어떤 방식으로 영향을 미치는가? 그것은 대체로 다음의 두 가지 면으로 요약해 볼 수가 있다. 첫째로, 언어는 생각을 뚜렷하게 가다듬는 구실을 한다. 우리의 마음 속에 맨 처음 떠오르는 생각들은 꿈 속의 의식들과 비슷한 성질을 가지고 있다. 꿈 속에서 펼쳐졌던 일들은 피어나는 연기처럼 움켜잡기 힘들다. 그러나 그 꿈 속에 나타났던 사람들의 이름, 만났던 장소나 시간, 벌어졌던 일들을 말로 표현해 보면 막연하던 것들이 정리되고 가다듬어짐을 우리는 경험한다. 이와 마찬가지로 우리는 일상 생활에서 처음에 피어나는 희미한 생각의 싹들을 언어-이름, 장소, 사건의 표현 등-를 통해서 뚜렷하게 가다듬게 되는 것이다. 만일 이런 말을 전혀 빌리지 않고 생각을 한다면 그 내용은 자기 자신도 갈피를 잡을 수 없는 의식의 흐름에 그칠 뿐이다.

둘째로, 언어는 우리의 생각을 교류시킴으로써 깊고 알차게 만든다. 언어는 말하는 이의 생각을 가다듬어서 뚜렷하게 할 뿐 아니라, 그러한 생각들을 서로 주고받게 함으로써 한층 더 깊고 참신한 생각을 낳고 가꾸어 간다. 이렇게 우리의 생각이 말을 통하여 만나고 부딪치는 과정에서 끝없이 옹골차고 값진 사상으로 꽃피게 된다. 우리는 대화라는 토론을 통해서 우리의 생각을 더 깊고도 알차게 만들어 가는 대화 문화라는 것은 바로 이것을 말한다. 일찍이 알랑은 그의 '문학론'에서 "가장 깊은 생각을 하는 사람은 남의 생각의 좋은 점을 따와서 그것을 한층 발전시키는 이이다."라고 하였다. 미국 케네디 대통령도 "우리들에게 무엇보다도 필요한 것은 새로운 생각의 계속적인 흐름"이라고 갈파하였다.

– 서정수의 「생각과 말」 중에서

1. 언어와 사회와 문화

언어는 인간을 동물과 구별해 주는 중요한 특성의 하나로서, 생득적인 언어 능력에 의해 습득되며, 인간의 본성을 반영한다. 또한 의사소통을 위한 도구로서 인간으로 하여금 사회 생활을 유지하고 문화의 창조 및 발전 · 계승을 가능하게 하는 기본 수단이다. 모든 언어는 자의적인 음성 기호의 체계라는 공통점을 가지며, 말소리는 자음과 모음으로 나뉘며, 반드시 명사와 동사가 있고, 문장은 주어와 서술어로 구성된다. 이것이 언어의 보편적 특질이다.

국어는 지구상에 존재하는 수천 종류의 언어 중 하나이자 우리 민족의 언어로서, 사용 인구로 보면 상위권의 언어에 속하며, 그 분포도 한반도, 중앙아시아, 러시아, 일본, 미주 등 넓은 지역에 걸쳐있다. 고유의 문자를 갖춘 얼마 안 되는 언어 중의 하나이기도 하다.

인간만이 언어를 소유했다고 볼 수 있는가?
언어가 통신의 수단이라면 동물 세계에도 통신 수단이 있다고 볼 수 있다. 그러나 인간의 언어와 동물의 언어는 양적 · 질적인 면에서 다르다. 이는 인간 언어의 특징을 통해서 구분된다.

사회는 인간이 사는 배경으로 경계가 설정된 영토에서 여러 체제나 유형 등을 상호 공유하며 조직을 형성하고 유지해 가는 구성원 집단이다. 사람은 사회 속에서 서로 얽혀 살아가는데, 이 때 서로 관계를 맺는다는 건 의사소통을 한다는 것이며, 의사소통을 원활이 수행한다는 것은 의사소통 능력을 갖추었음을 의미한다. 이렇게 서로 관계를 맺고 소통하다 보면 공동의 삶의 방식이나 가치를 공유하게 되는데 이것이 바로 문화이다. 문화란 인간 생활(사회)과 함께 발생하였고, 오직 인간 사회에만 존재하는 유일한 것이다. 이러한 인간의 문화 생활을 유지 발전시키는 중요한 요소가 바로 언어이다. 인간이 그 개인적인 사상과 감정을 표현하고 또한 상호 간의 의사 전달을 필요로 할 때 쓰이는 도구가 언어라 한다면, 언어는 그 민족의 문화, 생활 양식, 풍속의 총체라 할 수 있다.

따라서 언어는 사회를 표현하고 문화를 반영하므로 그 자체가 문화라고 할 수 있다. 사회는 문화라는 공동 가치를 배출하는 배경이고 언어를 지배하고 언어에 지배 받는 인간 집단이며, 문화는 사회라는 배경 속에서 인간 구성원이 의사소통을 위해 드러내는 삶의 방식이고 가치이며 체계라고 정리할 수 있다.

2. 언어의 개념

언어와 사고
(1) 언어 > 사고 : 사피어-워프 가설(언어란 생각을 표현하는 도구일 뿐만 아니라 생각을 형성하는 도구)
예) 에스키모어에 '눈', '물개'와 관련된 단어는 많다. 무지개 색의 언어 표현이 나라마다 다르다.
(2) 언어<사고 : 사고가 언어에 영향을 미친다.
예) 여기저기, 이것저것, 단수가 기본이고 복수에 접미사 첨가
(3) 일반적으로 언어와 사고의 관계는 절대적인 관계는 아니다. 하지만 불가분의 관계에 있다.
예) 국어의 경우 남녀 성의 문법 범주가 없으나 한국인이 성에 둔감하지는 않다.

언어는 의사소통의 도구로서 어떠한 특징을 지니는가?

〔의사소통 과정〕

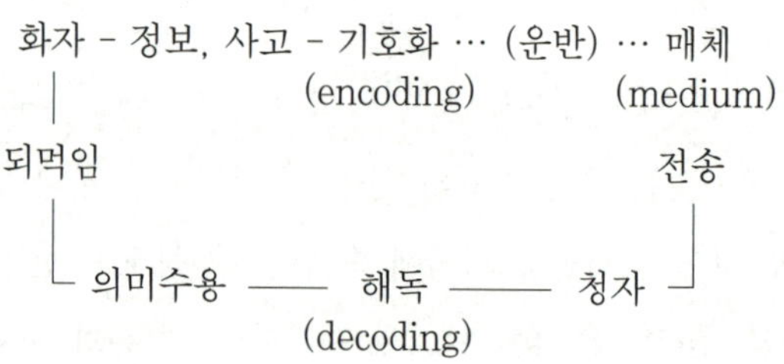

첫째, 언어는 **음성 상징 체계**(sound signaling system)이다. 성대를 통해 소리를 내되 그것이 상징적인 기호가 되어 체계를 이룬다.

둘째, 언어는 **자의성**(arbitrariness)을 지닌다. 언어는 대상과 명칭의 관계가 필연적이지 않고 임의적이다. 예로 ☼란 대상에 대해 '해, 日, sun' 등으로 표현한다.

언어를 구성하는 필수 요소인 '소리'와 '의미'는 애초부터 서로 필연적으로 연결되어 있는 것이 아니라는 특성이다. 언어란 의사소통을 위한 사회적 약속이기 때문에 개인이 제 마음대로 다른 뜻으로 바꾸어 사용할 수 없지만 그렇다고 해서 이 둘이 처음부터 어떤 필연적인 이유가 있어서 결합한 것은 아니라는 것이다. 언어의 자의성의 예는 같은 의미의 단어를 각 나라 별로 살펴보면 쉽게 찾을 수 있다.

국어 - 말(馬)
일본어 - uma
불어 - cheval
스페인어 - cavallo
라틴어 - equus
중국어 - ma
영어 - horse
독일어 - Pferd
아랍어 - sabap

또 어떤 단어의 어원을 탐구할 때에도 다시 한번 확인할 수 있다. 단어의 어원을 추적하는 과정을 보면 한 두 단계 정도에서는 어떤 연관성이 확인되는 일이 있지만, 끝내는 그 단어의 어원을 더 이상 추적할 수 없게 된다. 예를 들어 "희다→해, 푸르다→풀, 붉다→불" 등의 단어들을 살펴보자. 이러한 단어들의 기원을 따져 "해, 풀, 불"은 어디에서 왔냐고 하면 대답할 수 없게 된다. 더불어 말소리가 긴 시간을 두고 변한다는 사실 또한 언어의 자의성을 뒷받침해 줄 수 있는 좋은 근거가 된다.

셋째, 언어는 **사회적 약정**(convention)의 특성이 있다. 한 사회에 용인된 표현 수단은 모두가 원칙적으로 집단의 관습에 의한 약정(約定)에 의거하므로, 일단 성립되면 그 사회 구성원에겐 강력한 구속력을 가진다.

넷째, 언어는 **이중 분절성**(double articulation)의 특성을 지니고 있다. 세상 사물이 특별한 경계선을 가지고 있지 않음에도 불구하고 언어는 이를 구분하여 표현하는데 이를 언어의 분절성이라 한다. 분절성의 예로 흔히 무지개와 사람의 얼굴, 시간 등을 들 수 있다. 또 각각의 단어를 음절과 음소로 나누었을 때에도 분절성을 확인할 수 있다. 가령 '스케이트' 라는 단어가 몇 개의 음절로 이루어져 있느냐고 하면 우리는 '스', '케', '이', '트' 의 4음절로 되어 있다고 답할 것이다. 그러나 이 소리를 음향 물리학적 관점에서 보면 경계가 어디인지 어디를 경계선으로 잡아야 할 것인지를 확정하기 어렵다. 특히 동물은 통신의 수가 기본음의 수에 국한하지만, 인간의 언어는 동물의 기본음과 비슷한 음성 단위, 즉 음소의 수를 갖추고 있는데 각 음소는 다른 음소와 결합하여 헤아릴 수 없이 많은 무한대의 의미를 만들어 낼 수 있는데 이 또한 언어의 분절적 특성 때문이다.

다섯째, 언어는 **창조성**(creativity)을 지닌다. 언어는 유한한 언어 요소를 이용해서 무한한 문장을 산출할 수 있는 창조성을 지닌다. 우리의 머릿속에 들어있는 혼돈되고 무질서하며 실체가 없는 사고를 언어로 표현한다는 것 자체가 하나의 창조성이다. 창조란 언어를 새롭게 사용한다는 의미 외에 언어와 인간, 사회, 문화도 창조함을 의미한다.

여섯째, 언어는 **학습성**(learning)의 특성이 있다. 동물들은 배우지 않아도 통신 방법을 자동적으로 안다. 그러나 인간의 언어는 단계적 학습을 통해서 습득된다. 이를 학습성이라 한다. 언어를 습득한 사람이면 누구나 언어를 자유로이 구사한다. 이는 수영을 배운 사람은 누구나 수영을 할 수 있고 운전을 배운 사람 역시 운전을 할 수 있는 이치와 같다.

일곱째, 언어는 **역사성**(historicity)을 지닌다. 언어는 시간이 흐름에 따라 단어의 소리와 의미가 없어지거나 변하거나 새로 생기는 등, 여러 언어 요소들의 변화가 나타나는데 이를 역사성이라고 한다.

음운적인 변화의 예로는 중세 국어에는 마찰음 /ㅸ/, /ㅿ/, 모음 /ㆍ/가 존재 하였으나 지금은 쓰이지 않는다. 어휘적 측면으로 중세 국어에서는 고유어 '온(百)' 이나 'ᄀᆞᄅᆞᆷ(江)' 이 쓰였으나 지금은 한자어가 생산적으로 쓰인다. 문법면에서는 중세 국어의 주격조사는 '이', 'ㅣ', 'ø' 가 존재하였으나 현재는 '이', '가' 를 사용한다.

여덟째, 언어는 **추상성**(abstractness)을 지닌다. 언어의 추상성이란 많은 구체적인 대상으로부터 공통의 속성만을 추출하는 추상화 과정을 통하여 개념이 형성되는 언어의 특성을 뜻한다. 여기서 추상화란 서로 다른 대상으로부터 중요한 특징만을 추출해 내어 하나의 언어로 표현하는 일을 뜻한다. 예를 들면 우리는 "무궁화, 진달래, 개나리, 목련…" 등의 구체물에서 '꽃'이라고 하는 하나의 추상적인 언어를 뽑아 낼 수 있는데 이것이 바로 추상성에 의한 것이라 할 수 있다. 또 '무궁화'는 하나의 추상화된 단어로서, "아사달, 한얼단심, 백단심계…" 등의 구체적인 무궁화들을 생각해 낼 수 있다.

아홉째, 언어는 **규칙성**(regularity)을 지닌다. 우리는 일정한 규칙에 따라 언어를 사용한다. 누군가 '예쁜 좋아한다 장미를 나는.'라고 말한다면 우리는 그 의미를 이해할 수 없어 혼란스러울 것이다. '나는 예쁜 장미를 좋아한다.'라고 규칙에 맞게 말해야 의미를 정확하게 전달할 수 있다. 이처럼 모든 언어에는 규칙이 존재하며, 언어를 사용하는 사람들은 그 규칙에 따라 언어생활을 한다. 이를 언어의 규칙성이라고 한다.

우리가 '나는 모레 편지를 읽고 있다.'라고 하지 않고 '나는 모레 편지를 읽겠다.'라고 말하는 것이나 '배이 고프다.'라고 하지 않고 '배가 고프다'라고 말하는 것은 우리가 일정한 규칙에 따라 언어를 사용하고 있다는 점을 잘 보여준다.

언어의 본질적 특성를 다음 도식으로 정리해 보자.

음성상징체계	언어는 성대를 통해 소리를 내되 상징적인 기호의 체계로 이루어져 있다.
자의성	언어의 형식인 말소리와 내용인 의미는 필연적인 관련성이 없이 임의적으로 연결되어 있다.
사회성	언어는 그 언어를 사용하는 사회 구성원 사이의 약속이기 때문에 개인이 함부로 바꿀 수 없다.

언어의 개념
A language is a system of arbitrary vocal symbols by which members of a social group cooperate and interact. (E. H. Sturtevant, An Introduction to Linguistic Science, New Haven, 1947: 2)

분절성	언어는 물리적으로 연속된 실체를 분절적으로 쪼개어 표현한다.
창조성	새로운 말을 언어의 규칙에 맞게 끊임없이 만들어 낼 수 있다.
학습성	인간은 언어를 학습의 단계를 통해 습득한다.
역사성	언어는 시간의 흐름에 변화한다.
추상성	구체적 대상으로부터 공통의 속성을 추출하여 개념이 형성된다.
규칙성	모든 언어에는 규칙이 존재하며, 언어를 사용하는 사람들은 그 규칙에 따라 언어생활을 한다.

3. 언어의 기능과 구조적 특성

의사소통 과정에서 언어는 그 쓰임이 다양하다. 우리가 의식은 못하지만 어떠한 상황을 설명하거나 표현하고자 할 때 우리는 기본적으로 언어를 사용한다. 이에 대해 R. Jacobson은 언어의 기능을 여섯 가지로 설명한다.

지시적(referential)

시적(poetic)

감정적(emotive) ·· 능동적(conative)

친교적(phatic)

상위언어적(meta-lingual)

첫째, 지시적 기능이다.

말하는 이가 관련 대상에 대하여 듣는 이에게 개념적 의미를 알려주는 기능이다. 대상을 지시한다고 하여 정보적 기능 또는 전달적 기능이라고도 한다. 예를 들면 미국에 있는 친구에게 전화로 한국의 날씨를 말해주는 경우가 해당한다.

둘째, 감정적 기능이다.

말하는 이에게 초점이 맞추어진 기능이다. 말하는 이의 감정과 태도 등, 심리적 상태를 표출해 주는 기능이다. 표현적 또는 정서적 기능이라고도 한다. 예를 들면, 아이의 눈을 보고 "참, 눈이 맑고 초롱초롱하다."라고 말하는 경우가 해당한다.

셋째, 능동적 기능이다.

듣는 이에게 초점이 맞추어진 기능이다. 듣는 이에게 어떤 구체적 행동을 유도하는 명령과 요청의 기능이다. 명령적 또는 수행적 기능이라고도 한다. 예를 들면, "문 좀 열어 주세요."라고 말하는 경우이다.

넷째, 친교적 기능이다.

상황에 초점이 맞추어진 기능으로 원활한 의사소통을 가능하게 하는 기능이다. 말하는 사람과 듣는 사람이 언제고 필요하다면 의사소통을 할 수 있다는 전제의 확인과도 같은 언어 행위를 말한다. 따라서 사교적 기능이라고도 한다. 예를 들면, "안녕하세요?", "식사하셨어요?"와 같은 표현은 그 대답을 묻는다기보다는 인사를 하는 친밀함의 표현이다.

다섯째, 상위언어적 기능이다.

전달 매체에 초점이 맞추어져 표현 사이의 관계를 맺어 주는 기능이다. 말을 통하여 말을 배우는 것으로 관어적(關語的) 기능 또는 메타언어적 기능이라고도 한다. 예를 들면, 외국어를 학습할 때나 단어의 의미를 설명할 때 언어를 사용하는 것을 들 수 있다.

여섯째, 시적 기능이다.

전언 자체에 초점이 맞추어진 기능이다. 또한 문체적이고 문학적 의미에 대한 고도화된 감수성으로, 말을 안정되고 아름다운 구조로 만드는 기능이

문학과 언어

문학은 언어 없이 존재할 수 없다. 음악 또는 미술 같은 예술 형식과 비교해 볼 때, 문학은 언어를 표현 수단으로 한다. 처음 먹어보는 과일의 맛, 방금 관람한 영화에 대한 감상, 첫사랑의 기쁨(아픔) 등 우리의 감정을 무엇으로 표현하는가?

다. 심미적 기능이라고도 한다. 여러 문학 작품에서 쓰이는 수사적 표현으로 예를 들면 "찬란한 슬픔의 봄을", "꽃은 말도 없이 나의 눈물에 비쳐서" 등과 같은 문학적 표현을 들 수 있다.

언어의 구조는 계열 관계와 통합 관계로 이루어져 있다. 계열 관계는 문장 속의 하나의 성분이 대치하여 들어갈 수 있는 목록들 사이의 관계이고, 통합 관계는 문장을 이루는 성분과 성분 간의 통사적 관계라 할 수 있다.

첫째, 체계는 하나의 성분에 대치되어 들어갈 수 있는 모든 목록 간의 관계이므로 계열 관계와 관련된 특성이라 할 수 있다.

<u>산</u>에 가다. <u>회사</u>에 가다. <u>집</u>에 가다.

둘째, 규칙은 성분과 성분을 연결하여 하나의 문법적인 문장을 만들어 내는 통합 관계와 관련된 특성이라 할 수 있다.

<u>산</u>에 <u>가다</u>. *<u>산</u>에 <u>먹다</u>.

4. 음성 언어와 문자 언어

언어는 표현 수단에 따라 음성 언어와 문자 언어로 나뉜다.

언어는 음성 언어인 말과 문자 언어인 글을 함께 이르는 개념으로, 음성 언어는 사람의 음성을 일정한 규칙에 의해 분절함으로써 이루어진다. 반면에 문자 언어는 사람의 음성을 시각적 표시로 나타낸 것이다. 인간의 모든 정신적 유산과 문화의 발달은 말과 글로써 형성된다.

음성 언어의 특성은 다음과 같다.

첫째, 말하는 이와 듣는 이가 대면한 상태에서 사용된다.

둘째, 손짓, 억양, 표정, 어조 등 부수적인 표현 방법을 활용하기도 한다.

셋째, 듣는 이의 반응을 참고하면서 강조하거나 반복해서 말할 수 있다.

넷째, 듣는 이가 즉시 이해하도록 비교적 쉬운 내용을 간단하게 말하는 특징이 있다.

문자 언어의 특성은 다음과 같다.

첫째, 상대방이 없는 상태에서 충분한 시간을 가지고 사용하게 된다.

둘째, 사전에 계획이 가능하며, 다 적은 후에도 계속 수정이 가능하다.

셋째, 길이에 제약이 없기 때문에 많은 내용을 적을 수 있다.

넷째, 복잡한 내용을 논리적으로 전달할 수 있다.

다섯째, 다른 지역에 사는 많은 이들에게 동일한 내용을 전달할 수 있다.

여섯째, 인류의 지식을 다음 세대에 전승하는 주요 수단이 된다.

음성 언어와 문자 언어의 특성을 도식화하면 다음과 같다.

음성언어	다양성	즉각성	친교성	표현성	포함성	구체성	순간성	동태성	모호성	비논리성	비격식성	상황의존성
문자언어	단순성	계획성	정보성	서술성	분리성	추상성	영구성	정태성	명시성	논리성	격식성	문맥의존성

구 분	음성 언어(말)	문자 언어(글)
특징	제1차적 언어	제2차적 언어
표현 수단	음성(말)	문자(글)
감각	청각(귀)을 통해 전달	시각(눈)을 통해 전달
시간성	시간적 제약을 받음(일회성)	오래 보존됨(거의 영구적)
공간성	전달 범위가 좁음	전달 범위가 넓음
실용성	의사 전달의 직접적인 수단	의사 전달의 간접적인 수단
수정	불가능	가능함
일상 생활	주요 수단	보조 수단

듣기, 말하기와 읽기, 쓰기는 다른 사람의 생각이나 느낌을 이해하고, 배경 지식을 활용하여 의미를 재구성하는 의사소통의 방법들이다. 듣기, 말하기와 읽기, 쓰기의 관계를 음성 언어와 문자 언어의 측면에서 살펴보면 다음과 같다.

음성 언어

☞ 음성 언어는 사전에 미리 구성하지 않기 때문에 대개 덜 조직적이다. 그렇다면 텔레비전 뉴스는?

☞ 음성 언어는 대개 면 대 면으로 이루어진다. 전화 담화나 또는 인터넷 채팅은?

☞ 문장 언어는 매우 조직적이다. 그러나 '자동 기술법'으로 쓰인 소설은?

☞ 청소년의 통신 언어, 고전 낭독본 소설, 텔레비전 오락 프로그램의 자막, 연설자의 말 등에 대해 생각해 보자.

☞ 최근에 언중들의 언어 사용 양상을 보면, 음성 언어와 문자 언어의 경계가 불분명해지고 이 둘의 특징이 혼합된 표현 방식이 점차 많이 사용되고 있다. 이와 함께 규범에 어긋난 표현 방식에 대한 시각 등도 생각해 볼 일이다.
이를 위해 '실제 언어 자료'–특히 음성 언어와 문자 언어의 특성이 혼재되어 있는 자료–를 통해 이 둘의 차이를 구체적으로 이해할 필요가 있다.

음성 언어		문자 언어	
듣기	말하기	읽기	쓰기
이해 활동	표현 활동	이해 활동	표현 활동

새·겨·알·기

컴퓨터 통신 언어

국어 생활은 문자 언어 생활과 음성 언어 생활로 나뉜다. 문자 언어는 얼굴을 직접 마주 본 상태에서 소통되는 것이 아니기 때문에 뜻을 전달하기가 쉽지 않다. 따라서 문자 언어는 '장면'의 부재를 메우기 위해 많은 정보를 제공하고, 정교하게 조직된 표현을 사용하게 된다. 그러나 음성 언어는 서로 얼굴을 마주 보며 소통되기 때문에, 상황 맥락을 통해 이해할 수 있는 정보들이 많이 생략되고, 그 결과 문자 언어에 비해 상대적으로 불완전한 문장이나 생략 및 축약 표현이 많다. 실제 언어 생활에서는 음성 언어와 문자 언어가 뚜렷이 구분되지 않는 경우가 많다. 예를 들어, 텔레비전 뉴스와 같은 경우 전달 형식은 '말(음성)'이지만 미리 작성되어 있는 원고를 읽는 것이므로 문자 언어의 특성을 많이 가지고 있다. 그에 반해 통신 언어는 전달 형식은 '문자'이지만 음성 언어의 특성을 보인다.

컴퓨터 통신에서 사용되는 언어는 참여자가 서로 얼굴을 마주 보고 있는 것도 아니고 장면을 공유하고 있는 것도 아니라는 점에서 문자 언어의 특성이 짙지만, 참여자가 서로의 발화에 대해 즉각적인 반응을 보일 수 있고, 머릿속에 떠오르는 생각을 바로바로 표현한다는 점에서는 음성 언어의 특성이 짙다. 컴퓨터 통신 언어가 문자 언어로 표현되면서도 음성 언어의 특성을 많이 갖는 것도 이 때문이다. 또한 컴퓨터 통신 언어에서 '장면'의 부재를 메우기 위해 독특하게 발달한 '이모티콘'을 사용하는 것은 문자 언어와 음성 언어의 특성을 모두 갖고 있음을 잘 보여 주고 있다.

5. 국어의 특징

마·음·눈·갖·기

추석날 천릿길 고향에 내려가
너무 늙어 앞도 잘 보지 못하는
할머니의 손톱과 발톱을 깎아드린다.
어느덧 산국화 냄새 나는 팔순 할머니
팔십평생 행여 풀여치 하나 밟을세라
안절부절 허리 굽혀 살아오신 할머니
추석날 천릿길 고향에 내려가
할머니의 손톱과 발톱을 깎아주면서
언제나 변함없는 대밭을 바라본다.
돌아가신 할아버님이 그렇게 소중히 가꾸신 대밭
대밭이 죽으면 집안과 나라가 망한다고
가는 해마다 거름주고 오는 해마다 거름주며
죽순 하나 뽑지 못하게 하시던 할아버님
할아버님의 흰 옷자락을 그리워하며
그 시절 도깨비들이 춤추던 대밭을 바라본다
너무 늙어 앞도 잘 보지 못하는
할머니의 손톱과 발톱을 깎아주면서
강강술래 나는 논이 되고 싶었다
강강술래 나는 밭이 되고 싶었다

– 김준태의 「강강술래」

김준태의 「강강술래」를 통해 한국문화와 정서가 담긴 내용을 파악하고 우리 문화와 언어의 중요성을 이해하고 바람직한 언어 사용의 태도를 갖출 수 있다.

국어는 7천 여 언어 가운데 하나로 당연히 모든 언어가 가지는 개념과 기능 등을 가지고 있다. 반면에 국어는 또한 하나의 개별언어로서 다른 언어에 비해 음운, 형태, 어휘, 통사적 측면에서 다른 언어와는 변별되는 특수성을 지닌다.

5.1. 음운적 특징

국어는 자음 19개와 모음 21개가 있으며, 모음 중 11개는 반모음 [j]나

〔w〕를 만나 복모음을 이룬 것이다. 국어의 자음은 ㄱ, ㄲ, ㅋ: ㄷ, ㄸ, ㅌ 등과 같이 예사 소리:된소리:거센 소리의 삼지상관속(三枝相關束)을 이루고 있으며, 모음은 인도 유럽어에는 없는 'ㅡ' 모음이 있다. 또한 국어에서는 무성음과 유성음이 음성으로만 존재하는데, 예를 들어서 '바보'란 어휘에서 앞의 'ㅂ'이 무성음이고, 뒤의 'ㅂ'이 유성음으로 발음된다. 그러나 국어에서는 이들이 음운으로 변별되지 않는다.

한편 국어에서는 소리의 장단에 의해 의미가 구별되는 특성을 지니는 음장(音長) 언어이다.

5.2. 형태적 특징과 어휘적 특징

국어의 다양한 색채어
국어의 어휘적 특질 중 색채어가 상당히 많은데 그 중, 다섯 가지 색에 대한 다양한 어휘들을 통해 국어의 특성을 확인해보자.
빨간색: 발갛다, 빨갛다, 새빨갛다, 벌겋다, 벌긋하다, 불긋하다, 빨그대대하다, 빨그름하다, 발그무레하다, 불그무레하다 등.
흰색: 하얗다, 허옇다, 새하얗다, 희끄무레하다, 희끔하다, 헤반지르르하다, 희멀겋다 등.
검정색: 거멓다, 까맣다, 새까맣다, 시커멓다, 거무레하다, 가무스레하다, 거무족족하다, 가무퇴퇴하다, 까무잡잡하다 등.
노란색: 노랗다, 누렇다, 노르스름하다, 노리께하다, 노르퉁퉁하다, 노릇하다, 샛노랗다, 싯누렇다 등
파란색: 푸르다, 파랗다, 시퍼렇다, 파르대대하다, 푸르데데하다, 파르스름하다, 파르족족하다, 푸르께하다 등.

국어는 형태적으로 첨가어(또는 교착어)이다. 즉 어근에 파생 접사나 어미가 붙어서 단어를 이룬다. 국어는 어근을 중심으로 거기에 뜻을 더하거나 품사를 바꾸는 접사, 또는 어미가 차례로 여럿이 덧붙어서 단어가 이루어지는 첨가적 성격을 띤 언어이다.

국어의 어휘는 고유어 · 한자어 · 외래어의 삼중 체계를 지니고 있다. 특히 국어는 개념어보다는 감각어와 상징어가 발달되어 세세한 의미 차이를 일으키는 어휘들이 많고 의성어 · 의태어 및 친족 관계를 나타내는 어휘가 발달되어 있다.

감각어 중, 아픔을 나타내는 어휘로는 "쑤시다, 저리다, 결리다, 쓰리다, 뻐근하다, 욱신하다" 등이 있으며 촉감을 나타내는 어휘로는 "반질거리다, 부드럽다, 보들보들하다, 부들부들하다, 딱딱하다, 따뜻하다, 뜨뜻하다, 뜨겁다, 차갑다, 시리다" 등이 있다. 맛을 나타내는 어휘로는 "달콤하다, 쓰다, 떫다, 새콤하다, 짭조름하다, 짜다, 매콤하다, 밍밍하다" 등을 들 수 있다.

5.3. 통사적 특징과 담화적 특징

국어는 통사적으로 "주어+목적어+서술어(순아가 책을 읽는다.)"의 문장

구성을 갖는 언어이다. 한국어에서 목적어가 서술어의 앞에 놓인다는 것은 한국어가 객체 중심의 언어 문화 의식을 가지고 있음을 의미한다. 주체가 어떻게 행동하기에 앞서 그 행동이 미치는 객체에 초점을 맞춤으로써 주의를 환기시킨 후 결정적인 행동 판단을 내리는 것이다. 또 다른 시각으로 볼 때, 동사(서술어)가 항상 문말에 온다는 것은 상황 판단에 따라 주체의 행동이 수시로 변할 수 있는 가변성이 짙음을 보여준다. 듣는 이의 반응을 보아 말하는 이의 태도가 바뀔 수도 있다는 것이다. 곧 한국어는 객체와 상대를 중심으로 한, 객관 상황에 대한 의존도가 높은 언어라고 할 수 있다.

국어의 구성상 특징은 다음과 같이 요약할 수 있다.

① 조사는 체언 뒤에, 활용 어미는 용언의 어간 뒤에, 문법적 기능을 보이는 접사는 어근 뒤에 쓴다.
② 문장 구성 요소의 자리 옮김이 비교적 자유롭다.
③ 관형어는 꾸밈을 받는 체언 앞에만 온다.
④ 주어가 잇달아 나타나는 문장 구성이 있다.
⑤ 목적어 역시 여럿이 잇달아 나타나는 일이 있다.
⑥ 활용 어미의 문법적 기능이 문장 또는 용언구 전체에 미친다.

국어의 담화적 특징으로 가장 두드러지는 것은 주어 생략이다. 가령 말하는 이와 듣는 이가 함께 주어가 무엇인지를 알고 있을 때, 주어가 될 말이 분명치 않을 때, 한 문장 안에서 주어가 반복될 때 주어를 생략한다. 또한 국어는 높임의 등급이 발달되어 있다. 말하는 이가 누구이며 듣는 이가 누구인지, 그리고 문장 상에 나타난 주체나 객체가 누구인지에 따라 다양한 높임법을 사용하게 된다.

6. 언어학의 흐름과 문법 교육

문법이란 언어에 내재하고 있는 규칙과 질서 또는 이를 기술해 놓은 것이다. 학교에서는 언어 활동의 원활성과 정확성을 위하여 실용적이고 규범적인 문법을 가르치게 된다.

우선 문법 연구의 흐름을 보자.

〔전통 문법, 구조(기술) 문법, 변형생성 문법〕

	전통 문법	구조 문법	변형생성 문법
탄생 배경	고전의 이해	전통 문법 비판	구조 문법 비판
성격	규범적, 실용적	귀납적, 객관적	가설-검증적, 합리적
연구 방법	품사 체계 수립 문법에 맞는 문장이 좋은 문장	언어의 우선 관찰, 자료 수집	인간의 인지 능력 밝히기 언어의 보편성
성과	문법론 연구 분야 확립 규범적인 성격에 의해서 언어와 문자 생활의 규범 정함	문맥 속의 요소 파악 음성 언어 연구	통사론의 연구를 본격화 의미론의 연구를 촉진
문제점	문자 언어를 음성 언어와 혼동 지나치게 규범을 강조	형태론 중심 공시적인 연구 방법의 강조	언어의 개별성 무시 특정 주제에 한정

새·겨·알·기

문법 연구의 흐름

㉮ 전통 문법(traditional grammar)

전통 문법은 언어를 바르게 말하고 쓰기 위한 기술(技術)로서 발달하였으며, 그리스, 라틴 문법을 계승한 것으로서 고전의 이해를 위한 실용적이며 규범적인 문법이다. 자료를 있는 그대로 기술하기보다 라틴어 문법에 따라 엄격한 문법 규칙을 중시하여 규정된 규범을 토대로 기술하기 때문에 규범 문법이라고도 한다. 그러나 선대 문법가들이 만들어 놓은 것을 맹목적으로 추종하여 모든 언어의 문법을 라틴 문법에 맞추려 하였고, 음운에 관련된 연구를 경시함으로써 문자가 없는 민족의 언어를 기술하기에 적합하지 않다는 비판을 받았다.

㉯ 구조 문법(structural grammar)

경험주의 언어관에 입각한 구조 언어학의 분야로 기술(記述) 문법의 성격을 지닌다. 문법 연구는 공시대의 연구가 중심이며, 언어 체계는 언어 공동체의 말하는 이가 사회 습관으로 가지고 있는 랑그 속에 존재한다고 하여 랑그의 연구를 중심으로 시작되었다. 개별 언어의 구조상에 나타나는 요소 배열 형태를 다루게 되는 문법적 요소를 기능, 형태 및 위치에 따라 객관적, 기계적으로 분석하였으며 음성 연구도 이루어졌다.

㉰ 변형생성 문법(transformational-generative grammar)

유일한 문법 규칙을 가지고 무한한 문장을 생성해 낼 수 있는 언어 능력의 창조성을 설명하는 이론이다. 문장의 구조를 표면 구조와 심층 구조로 나누어서 심층 구조에서 표출되어 나오는 과정을 변형으로 보았으며, 이러한 작동이 말하는 이의 언어 능력에 포함되어 있다고 본다. 또한 심층 구조는 언어 보편성을 띠고 있어 각 언어 구조의 표면적인 다양성에도 불구하고 심층적으로는 동일한 구조를 가지고 있다고 가정한다. 그런데 이 문법 모형을 개별 언어의 분석을 통해서 그 설명력이 얼마만큼 강력하게 작용할 수 있느냐의 검증에 따라 그 기술의 타당성을 평가하지 않으면 안 될 문제도 내포하고 있다.

언어학의 흐름과 문법 교육을 연계시켜 보면 다음과 같다.

첫째, 전통 문법의 실용성 · 규범성 · 통일성은 오늘날 문법 교육이 표현과 이해의 실용적 목적을 중시하고 표준이 될 만한 보편성을 띤 규칙을 중시하는 것과 일치하는 방향이다. 또한 전통 문법은 언어의 불변성을 강조하고 구어(口語)보다는 문어(文語)를 강조했는데, 이 또한 일관된 문법 이론 정리에는 큰 영향을 주었다.

둘째, 구조 문법은 언어 사실에서 출발하여 귀납적인 방법으로 문법 체계를 세우는 과학적 기술 문법관을 가진다. 이는 규칙적 · 규범적 사실에 따라 언어 생활하기를 요구하는 영역적 문법 교육으로 운용되는 데 큰 영향을 주었다. 학습자들이 주어진 환경 하에서 자극에 반응하고 이어서 그들의 반응이 기억되도록 강화할 때 습관이 형성되도록 교수 · 학습하는 교육 방법 또한 구조 문법의 영향이다.

셋째, 변형 문법은 개별 언어의 문법적 문장을 비문법적 문장으로부터 구별하고 문법적인 문장의 구조를 보이는 데 목표를 둔다. 인간에게 선천적으로 언어 능력이라는 생득적 능력이 있어서, 인간 경험 능력으로 언어를 형성하는 것이 아니라 생득적인 언어 능력을 활동하게 하는 일이라는 것이다. 이 변형 문법은, 문법 교육이 이상적인 화자의 양성이라는 점에서 일치한다.

넷째, 가장 최근의 언어학 이론으로서 국어교육 이론과 문법 교육에 가장 큰 영향을 미친 건 사회언어학이라고 할 수 있다.

사회언어학은 인간의 의사소통 능력을 해명하기 위한 것을 목표로 한다. 사고력 개발, 문화 창달, 언어 사용 능력 신장 등의 목표를 지향하는 국어교육의 지향점과, 사람이 사회적 장면에 맞추어 이해와 표현의 언어 활동을 잘 하기 위한 의사소통 능력을 해명하는 사회언어학과 일치하는 목표를 가진 셈이다.

국어교육은 국어 능력을 향상시키는 것과, 그 능력을 위해 개개의 현상을 풍부히 기술하는 작업을 선행하되, 그것을 활용할 수 있도록 체계를 세움으로써, 국어교육이 곧 문화 교육이 되게 이끌어 가야 한다.

따라서 국어교육은 문화를 가장 잘 반영하는 사회적인 언어 현상을 탐구하고, 그것을 바탕으로 하여 국어를 성공적으로 사용하고 국어 생활을 잘 해 나갈 수 있는 능력을 기르는 것이 최적의 과정이고 방법인 것이다.

사회언어학은 언어 활동에 내재된 인간, 언어, 사회, 문화의 관계를 해명하여 국어교육의 목적 달성을 위한 밑거름이 되어주는 작업이며, 국어교육은 이 해명된 수행 과정 원리와 그 원리를 이끌어 내는 과정들을 바탕으로 의사소통 능력을 기르는 작업이라고 할 수 있다.

세·워·가·꾸·기

1. 언어의 기호적, 구조적 특성을 이해했는가?
2. 언어와 사고, 사회, 문화의 관계를 파악했는가?
3. 국어의 음운, 어휘, 문법의 특질을 인지했는가?
4. 한글 문화를 이해하고 바르게 가꾸는 태도를 길렀는가?
5. 언어학의 흐름과 문법 교육의 방향을 점검했는가?

7차 국어과 교육과정의 목표

【제7차 교육과정에 제시한 국어과의 교육 목표】

언어 활동과 언어와 문학의 본질을 총체적으로 이해하고, 언어 활동의 맥락과 목적과 대상과 내용을 종합적으로 고려하면서 국어를 정확하고 효과적으로 사용하며, 국어 문화를 바르게 이해하고, 국어의 발전과 민족의 언어 문화 창달에 이바지할 수 있는 능력과 태도를 기른다.

가. 언어 활동과 언어와 문학에 대한 기본적인 지식을 익혀, 이를 다양한 국어 사용 상황에서 활용하는 능력을 기른다.

나. 정확하고 효과적인 국어 사용의 원리와 작용 양상을 익혀, 다양한 유형의 국어 자료를 비판적으로 이해하고, 사상과 정서를 창의적으로 표현하는 능력을 기른다.

다. 국어 세계에 흥미를 가지고 언어 현상을 계속적으로 탐구하여, 국어의 발전과 국어 문화 창달에 이바지하려는 태도를 기른다.

2007 개정 국어과 교육과정의 목표

국어 활동과 국어와 문학의 본질을 총체적으로 이해하고, 국어 활동의 맥락을 고려하면서 국어를 정확하고 효과적으로 사용하며, 국어 문화를 바르게 이해하고, 국어의 발전과 민족의 국어 문화창조에 이바지할 수 있는 능력과 태도를 기른다.

가. 국어 활동과 국어와 문학에 대한 기본적인 지식을 익혀, 이를 다양한 국어 사용 상황에 활용하면서 자신의 언어를 창조적으로 사용한다.

나. 담화와 글을 수용하고 생산하는 지식과 기능을 익혀, 다양한 유형의 담화와 글을 비판적이고 창의적으로 수용하고 생산한다.

다. 국어 세계에 흥미를 가지고 언어 현상을 계속적으로 탐구하여, 국어의 발전과 미래 지향의 국어 문화를 창조한다.

풀·어·다·지·기

1. 다음을 보고 물음에 답하시오.

(가) 아주머니 : 하늬 왔구나. 꽃 사려고?
하늬 : 네, 아주머니. 하늬꽃 주세요.
아주머니 : 뭐라고? 무슨 꽃?
하늬 : 하늬꽃 말이에요. 저기 분홍 꽃잎에 꽃술이 하얀 꽃 있잖아요?
아주머니 : 저게 무궁화지 왜 하늬꽃이니?
하늬 : 무궁화라는 이름이 어려워서 어제 제가 하늬꽃이라고 바꿨는데요.
아주머니 : 그래, 그랬구나. 나는 몰랐지. 이거 어떻게 하지? 어제 주희는 무궁화를 바람꽃이라고 바꿨는데, 주희에게도 알려 줘야 하나? 그나저나 이렇게 이름이 자주 바뀌니 장사하기가 너무 힘이 드는구나.

(나) 지현 : 뭐 하세요? 쓰지도 못하는 지푸라기를 가지고 왜 장난하세요?
조상 : 어디서 왔는지는 모르겠지만, 새끼 꼬는 것도 모르다니 참 어리구나!
지현 : 제가 어리다구요? 전 타임 머신을 운전할 수 있을 만큼 컸어요!
조상 : ?

1-1. (가)의 대화에서 아주머니가 하늬의 말을 알아듣지 못한 이유를 국어의 언어적 특징과 관련지어 설명해 보자.

1-2. (나)는 타임 머신을 타고 과거로 떠나는 여행이 가능하게 되었다고 가정한 상황에서의 대화 내용이다. 마지막에 조상이 아무 말도 할 수 없었던 이유에 대해 〈조건〉에 맞게 설명해 보자.

〈조건〉

1. 조상과 지현이 의사 소통에 장애를 느끼는 이유에 대해 밑줄 친 어휘를 중심으로 설명할 것.
2. 이 대화에서 유추해낼 수 있는 국어의 언어적 특징에 대해 설명할 것.

2. 다음 글을 낭송한 후, 국어의 음운적 · 형태적 · 어휘적 · 통사적 · 담화적 특징을 찾아 정리 · 제시하시오.

> 낮에 나온 반달은 하얀 반달은
> 해님이 쓰다 버린 쪽박인가요
> 꼬부랑 할머니가 물 길러 갈 때
> 치마끈에 딸랑딸랑 채워 줬으면
>
> 낮에 나온 반달은 하얀 반달은
> 해님이 신다 버린 신짝인가요
> 우리 아기 아장아장 걸음 배울 때
> 한짝발에 딸각딸각 신겨 줬으면
>
> 낮에 나온 반달은 하얀 반달은
> 해님이 빗다 버린 면빗인가요
> 우리 누나 방아 찧고 아픈 팔 쉴때
> 흩은 머리 곱게곱게 빗겨 줬으면
>
> – 윤석중의 「낮에 나온 반달」

3. 다음 만화를 잘 보고 언어와 사고의 관계를 탐구해 보시오.

3-1. 언어의 중요성과 언어의 역할을 정리해 보자.

3-2. 선비와 거지의 대화 속에서 우리말과 글의 특성을 찾아 이야기해 보자.

4. 다음을 읽고, 물음에 답하시오.

〔1〕 (가) 한 늙은 남자가 있었다. 그는 항상 똑같은 생활을 반복하며 살았다. 어느 날, 그는 외출했다가 변화가 있으리라고 기대하고 집에 돌아오지만, 역시 아무런 변화도 일어나지 않았다. 그래서 그는 자신의 생활을 변화시키기 위해 사물의 이름을 바꾸게 되었다. 항상 반복되는 자신의 생활을 변화시킴으로써 자신만의 만족과 생활의 행복을 찾기 위해서였다. 그는 서서히 사물의 원래 이름을 잊게 되었다. 결국 그는 다른 사람들과 이야기를 할 수 없게 되어 다른 사람들로부터 소외되었다.

(나) 옛날 우리의 조상들은 강을 '가람'이라는 말로 표현했다. 그런데 '강(江)'이라는 한자어가 유입되었다. 그러다 세월이 지나면서 사람들은 점차로 '가람'이라는 말 대신에 '강'이라는 말을 더 많이 사용하게 되었고, '가람'이라는 말은 사용하는 사람들이 줄어들면서 후대에 와서는 그 의미가 무엇인지 모르는 사람이 대부분이 되었다.

(다) 인간은 '나는 밥을 먹는다.'라는 문장을 한 번 익히고 나면 '나는', '밥', '을', '먹는다'라는 단어 대신에 같은 유형의 여러 가지 단어를 사용하여 수많은 문장을 만들어 낸다.

(라) '꽃을 피었다.'와 같은 문장은 바르지 않은 문장이다. '꽃이 피었다.'나 '꽃을 피웠다.'와 같이 써야 맞는 문장이 된다.

〔2〕 (가) 자동차, 전화, 우주선, 디스켓, 햄버거

(나) 지달, 어사, 지갑

(다) 즈믄 - 천, 온 - 백, 벗 - 친구

4-1. 〔1〕에서 (가)~(라)의 각 항목이 설명하고 있는 언어의 특징을 제시하고 간략히 설명해 보자.

4-2. 〔2〕에 제시된 낱말들을 살펴 보고, 말이 생기고, 사라지고, 변하는 원인을 (가), (나), (다) 항목과 관련지어 기술해 보자.

5. 국어 생활과 전통 문화와 관련하여, 다음과 같은 글을 쓴 목적과 어법상의 특징을 서술하시오.

…(전략)… 지금 나이 어린 임금이 위에 있어서 권세 있는 간신배가 날로 치성하여 김조순, 박종경의 무리가 국병을 전롱하니 어찌 하늘이 재앙을 내려 겨울 번개와 지진이 일어나고 재앙별과 바람과 우박이 없는 해가 없으니 이 때문에 큰 흉년이 거듭 이르고 굶어 부황든 무리가 길에 널려 늙은이와 어린이가 구렁에 빠져서 산 사람이 거의 죽음에 임박하였다.

그러나 다행히 제세의 성인이 청북 선천 검산 일월봉하 군왕포 상 가야동 홍의도에서 탄생하셨으니, 나면서 신령함이 있었고 다섯 살 때에 신승을 따라 중국에 들어갔으며, 성장하여서는 강유사군지 여연에 머무르기 5년에 황명의 세신 유족을 거느리게 되었으며, 철기 10만으로 부정 부패를 숙청할 뜻을 가지셨다. 그러나 이 곳 관서 땅은 성인께서 나신 고향이므로 차마 밟아 무찌를 수가 없어서, 먼저 관서의 호걸들로 거병하여 백성들을 구하도록 하였으니, 의로운 기치가 이르는 곳이 어찌 참임금을 기다리다 살아난 곳이 아니겠는가.

이제 격문을 띄워 먼저 열부 군후에 알리노니 절대로 동요치 말고 성문을 활짝 열어 우리 군대를 맞으라. 만약 어리석게도 항거하는 자가 있으면 철기 5천으로 밟아 무찔러 남기지 않으리니 '마땅히 속히 청명하여 거행함이 좋으리라. 위 격문을 안주 병사 · 우후 · 목사와 숙천 부사 · 순안 현령 · 형안 감사 · 중군 · 서윤과 강서 현령 · 용강 현령 · 삼화 부사 · 함종 부사 · 증산 현령 · 영유 현령에게 내리노라.

-「평안도 농민 전쟁」 중에서

6. 다음 글을 읽고, 물음에 답하시오.

(가) 어른 : (약간 쑥스러운 어투로) 으흠.
아이 : 저, 아저씨. 그렇게 끼어들면 어떻게 해요.
어른 : 아, 미안, 미안. 내가 좀 바빠서 그만.
아이 : 아무리 그래도 그렇지, 그렇게 새치기를 하시면 안 되잖아요.
어른 : 뭐, 새치기? 아니, 얘가 보자 보자 하니까 말 버릇이 고약하네. 새치기가 뭐야, 새치기가. 그리고 너! 어른에게 하는 말투가 왜 그 모양이야. 너의 집에는 어른도 안 계시니?
아이 : 아니, 그게 아니구요.
어른 : 아니긴 뭐가 아니야! 어른이 말하면 공손히 대답을 해야지, 왜 그렇게 꼬박꼬박 말대꾸야.

아이 : 그러니까 제말은…….

어른 : (말을 가로채며) 말은 무슨 말! 요즘 아이들은 영 돼먹지 않았어.

(나) ㉠ 죽다 → 돌아가다, 세상을 뜨다, 작고(作故)하다, 영면(永眠)하다, 서거(逝去)하다, 숟가락을 놓다.

㉡ 산새도 자로 슬피 운다. 잊어라 부르기야. 너도 울고 나도 울고 심야 삼경(三更) 깊은 밤에 단둘이 울어 새워나 보자

– 서사무가 「바리데기」 중에서

(다) ㉠ 차야(此夜)에 촛불을 밝히고 주역(周易)을 잠심(潛心)하다가, 문득 들으니 까마귀가 세 번 울고 가거늘, 길동이 괴이(怪異)히 여겨 혼자말로 이르되,

"이 짐승은 본래 밤을 꺼리거늘, 이제 울고 가니 심히 불길(不吉)하도다."

하고, 잠깐 팔괘(八卦)를 벌여 보고 대경(大驚)하여, 서안(書案)을 물리치고 둔갑법을 행하여 그 동정을 살피더니, 사경은 하여, 한 사람이 비수를 들고 완완히 방문을 열고 들어오는지라.

– 허균의 「홍길동전」 중에서

㉡ 한참 이리 수작할 제 뜻밖에 까마귀 옥담에 와 앉더니 까옥까옥 울거늘 춘향이 손을 들어 후여 날리며,

"방정맞은 까마귀야 나를 잡아 갈랴거든 조르기나 말려무나."

봉사가 이 말을 듣더니,

"가만 있소. 그 까마귀가 '가옥 가옥' 그렇게 울제."

"예, 그래요."

"좋다, 좋다. '가' 자는 '아름다울 가' 자요 '옥' 자는 집 '옥' 자다. 아름답고 즐겁고 좋은 일이 불원간에 돌아와서 평생에 맺힌 한을 풀 것이니 조금도 걱정 마소."

– 「춘향전」 중에서

6-1. 위 (가)의 대화에 대하여 다음 〈조건〉에 맞게 설명해 보자.

〈조건〉

1. 위 (가)의 대화가 원만하게 이루어지지 못한 이유를 설명할 것
2. 위 (가)의 대화에서 '어른'이 가지고 있는 언어관에 대해서 설명할 것

6-2. '선인들의 발상과 표현 방식을 이해하고 그 의미를 안다.' 라는 학습 목표 달성을 위해 위의 (나)를 자료로 수업하고자 할 때 도출할 수 있는 학습 요소를 다음 〈조건〉에 맞게 기술해 보자.

〈조건〉 위 (나)의 ㉠과 ㉡에 공통적으로 나타난 전통적인 발상 및 표현 방식과 관련하여 기술할 것

6-3. 위 (다)의 ㉠과 ㉡에 나오는 '까마귀'에 대하여 다음 〈조건〉에 맞게 기술해 보자.

〈조건〉

1. ㉠과 ㉡에 나오는 '까마귀'가 어떤 역할을 하고 있는지, 공통점과 차이점을 설명할 것
2. 〈조건 1〉을 통해 알 수 있는 전통적인 생활 방식의 면모를 기술할 것

7. 다음 글을 읽고 물음에 답하시오.

(가) 언어는 그것을 사용하는 언중(言衆)의 역사와 생활을 반영한다. 그러기에 ㉠언어를 문화의 색인(索引)이라고까지 말한다. 한 민족은 그 민족 나름의 독특한 역사와 문화를 지니고 있으며, 독특한 사상, 감정 및 사고 방식도 아울러 지닌다. 이들은 그대로 언어에 반영되는데, 어휘 부문에서 가장 두드러진다. 국어의 어휘상의 특질 중 몇 가지를 살펴보면 다음과 같다.

첫째, 다량의 한자어들이 들어와 한자어가 전체 어휘에서 차지하는 비중이 매우 높다. 한자는 대략 기원전 3세기경에 이 땅에 전래되어, 신라가 삼국을 통일한 7세기경에는 이미 널리 사용되었던 것으로 보인다. 그리하여 신라 22대 지증왕 때와 35대 경덕왕 때에 각각 ㉡인명과 지명 등을 한자어로 바꾸었다. 이러한 한자어는 그 후 고려 시대에 불교, 조선 시대에 유학이 융성함에 따라 더욱 많이 사용되었다.

둘째, 우리말에는 감각어가 매우 발달되어 있다. 우리 민족은 정서적이고 감각적인 편이었다. 이러한 특징이 언어에 반영되어 우리말에 감각적인 어휘가 풍부하게 발달하게 되었다고 볼 수 있다. 예를 들어 ⓐ노란색을 나타내는 말만 하더라도 매우 다양하다. 노란색을 나타내는 말이 영어에서는 'yellow' 하나 정도라는 것을 생각해 볼 때, 국어의 감각어가 얼마나 다채롭게 발달되어 있는지 쉽게 알 수 있다.

셋째, 상징어의 발달을 들 수 있다. 상징어는 주로 소리, 동작 형태를 모사하는 것으로서, 구체적이고 감각적인 표현 수단의 하나이다. 상징어는 국어에 특히 발달되어 있고, ㉢음상의 차이에 의해 다양하게 분화될 수 있다.

(나) 우리말의 특징을 고려하여 우리말을 표현력이 더욱 풍부한 언어로 만들려면 언어를 사용하는 구성원 전체의 노력이 필요하다. 우리말의 표현력을 높이기 위해 우리가 할 수 있는 일 중에서 어휘와 관련되는 것을 살펴보면 다음과 같다.

표현력을 높이려면 우선 어휘의 절대량을 늘리는 일이 필요하다. 이를 위해서 ㉣다양한 합성법을 사용하거나, '-보, -쟁이' 등 파생 접사를 이용한 파생법을 사용할 수 있다. 한편 어휘의 절대량을 늘리기 위해 외래 요소를 받아들이기도 한다. 우리가 오랫동안 한문을 사용해 온 까닭으로 우리말에는 다량의 한자어가 들어와 있다. ㉤우리 민족은 한자어를 받아들이되 우리식 한자음으로 읽었으며, 한자어 명사나 부사에 '-하다'를 붙여 우리말 조어 규칙에 맞는 동사로 만들어 받아들였다. 바람직하다고는 볼 수 없지만, 최근에는 '스마트하다', '다이내믹하다'처럼 영어의 형용사에 '-하다'를 붙여서 새로운 단어를 만들기도 한다. 또 우리말에 발달한 의성어나 의태어를 새로 만드는 것도 부분적으로 가능하다. 사전에는 '사르르'만 실려 있는데, 실제 발화에서는 '사르르르', '사르르르르' 식으로 표현하기도 한다. 소설류에는 '나홀나홀', '필릴리' 등 기존 사전에 없는 상징어들이 등장하는데, 이 중 일부는 개인이 만든 것일 수 있다. 새로 만들어진 어휘들은 이후에 사회적인 공인을 얻어 사전에 오를 수도 있을 것이다.

어휘의 절대량을 늘리는 일 못지않게 중요한 것이 기존 어휘를 적극적으로 이용하는 일이다. 예를 들면 방언이나 옛말 등을 찾아 적극적으로 이용하는 방법이 있다. 어촌 지역에서 주로 쓰이던 '하늬바람'이 시어 등에 자주 사용되면서 널리 쓰이게 되었고, '가람, 뫼' 등 옛말 어휘가 오늘날 인명, 상표명 등에 쓰이기도 한다. 이처럼 이미 우리말에 존재하던 어휘들이 새롭게 쓰이면서 정서적인 의미를 추가로 가지게 되어 우리말의 표현력을 높이는 데에 기여하기도 한다.

아래 내용은 학생들이 위의 글을 읽고 도출해 낸 것들이다. 잘못 도출된 내용을 찾고 그 이유를 쓰되, 위 글의 내용을 인용하여 설명하시오.

용환 : 생활 양식이나 의식이 변하면 어휘의 특질이 변할 수 있어.
주연 : 소리나 동작 형태를 모사하는 상징어는 감각적 표현을 풍부하게 해 줘.
은기 : 언어를 발달시키기 위해서는 언어 생활에서의 실천적인 노력이 중요하지.
영미 : 사전에서 방언이나 옛말을 찾아 쓰는 것은 어휘량을 늘리기 위한 방안이야.
미영 : 외래어도 해당 언어를 표현력이 풍부한 언어로 만드는 데 도움이 될 수 있겠어.

8. 언어의 기호적 특성에 대해 교수-학습하고자 할 때, 다음 예문을 보고 조건에 맞게 설명하시오.

국어 - 말(馬)	중국어 - ma	일본어 - uma
영어 - horse	불어 - cheval	독일어 - Pferd
스페인어 - cavallo	아랍어 - sabap	라틴어 - equus

〈조건〉

1. 예문을 통해 설명할 수 있는 언어의 기호적 특성에 대해 설명하시오.
2. 이러한 특성으로 인해 언어 생활에서 나타나는 유용성과 불편함을 각각 논하시오.

9. 다음은 의사소통에 대한 학자들의 정의다. 아래 정의를 살펴보면서 자신의 견해에 맞는 의사 소통의 개념 정의를 내리고 그 이유를 설명하시오.

① 의사소통이란 언어, 몸짓, 그림 등의 기호를 사용하여 정보, 사상, 감정, 기술 등을 전달하고 전달받는 과정이나 행동을 말한다. - 버나드 베럴슨

② 의사소통이란 A가 B라는 내용을 C라는 수단을 통하여 D에게 전달해서 E라는 효과를 얻는 과정이다. - 윌버 슈람

③ 의사소통이란 인간들이 말이나 글 등을 통하여 서로 공통된 의사 또는 의미 등을 수립하는 과정 또는 행동이다. - 찰스 모리스

④ 의사소통이란 한 사람의 마음이 다른 사람의 마음에 영향을 미치는 것을 말한다. - 워렌 위버

⑤ 의사소통이란 사람들이 다른 사람의 의사, 태도, 행동을 변화시키기 위하여 주로 언어적 자극을 보내는 과정이다. - 칼 호블랜드

2

소리야, 흘러흘러 어디로 가니?

소리는 늘 우리 가까이에 있다.
우리는 태어나서부터 지금까지 무수히 많은 말소리를
만들어 왔고, 또 들어 왔다.
그래서 우리는 누구나 말소리에 관심이 많다.
하지만 말소리를 관찰하고 연구하는 일은
우리에게 조금 어렵고 힘들게 느껴진다.
그 이유는 아마도 말소리가 우리 눈에 보이지 않는
존재라는 것과 관련이 있지 않을까 생각한다.
눈에 보이지 않는 대상을 관찰하고 연구하는 일은
만만한 일이 아니기 때문이다.
하지만 일단 말소리에 대한 공부를 시작해 보면
너무나도 새롭고 흥미로운 세계를 만나는
즐거운 경험을 하게 된다.

- 신지영의 「한국어의 말소리」 중에서 -

소리야, 흘러흘러 어디로 가니?

(1) 국어의 음성, 음운, 음절의 개념과 쓰임을 이해한다.
(2) 국어 음운 체계를 알고 변동 규칙을 이해한다.
(3) 정확한 국어 발음을 알고 바르게 사용할 수 있다.

얼·개·잡·기

마·음·눈·갖·기

이병건 교수의 「확실히와 학실히」를 통해, 말소리의 깊이 있는 이해는 언어 구조를 이해하는 토대가 되며, 실생활에서 올바른 발음 학습을 위한 기초가 됨을 깨달을 수 있다.

'경제' 가 경상도 사투리에서 '겡제' 인지, '겡재' 인지, '갱제' 인지 또는 '갱재' 인지 분명하지 않게 들린다.
'새 세 마리를 잡았다' 에서 '새 세 마리', '새 새마리', 또는 '세 새 마리' 로 들린다.
'국회' 의원인가? '국해' 의원인가?
'목욕' 인가? '모욕' 인가?

– 이병건 교수의 말소리 이야기 「확실히와 학실히」

1. 말소리(음성)

우리가 어떤 정보를 다른 사람에게 전달하고자 할 때, 우리의 뇌는 이 정보를 적절하게 전달할 수 있는 낱말들을 선택하고, 이 낱말들을 엮어 문장을 만들어 낸다. 그리고 나서 발음 기관에 명령을 내려 문장을 말소리(speech sound)들로 이루어진 발화체로 변환시킨다. 발화체는 음파(sound level)의 형태로 듣는 이의 귀에 전달되고, 듣는 이의 뇌는 음파를 해독하여 말하는 이가 전달하고자 한 정보를 파악하게 된다.

사람들은 서로 의사를 전달하기 위해서 신체의 여러 기관을 움직여 필요한 소리를 낸다. 우리는 이를 발성(phonation)이라고 하며, 이 결과로 생기는 소리를 음성(phone, phonetic sound), 또는 말소리(speech sound)라고 한다. 음성은 언제나 발성인 발음 운동에 의해서 나게 되고 발음 운동과 그 청취에는 상당한 훈련이 필요하다. 따라서 사람들이 말을 하고 또 그것을 알아듣는다는 것은 사람의 음성 기관(the organs of speech), 즉 발성 기관, 호흡 기관, 조음 기관, 청각 기관 등이 언어 지각 신경 운동 작용으로 물리적 현상을 일으켜 음파 운동을 만들고, 또 그것을 받아들임으로써 의사소통을 하게 된다는 사실을 말한다.

발성 기관은 후두(喉頭, the larynx), 성대(聲帶, the vocal cords) 등이 해당되며, 조음 기관은 입안, 코 등 성대 윗부분의 공명강으로서 말소리를 만들어 낸다. 호흡 기관은 들숨과 날숨을 원활히 해 주는 허파(肺, the lungs), 기관(the trachea) 등으로서, 사람의 말소리는 호흡 운동으로만 가능하다. 청각 기관은 음파라고 하는 파동 에너지를 뇌 안에서 조정하는 신경 자극으로 전환시킨다.

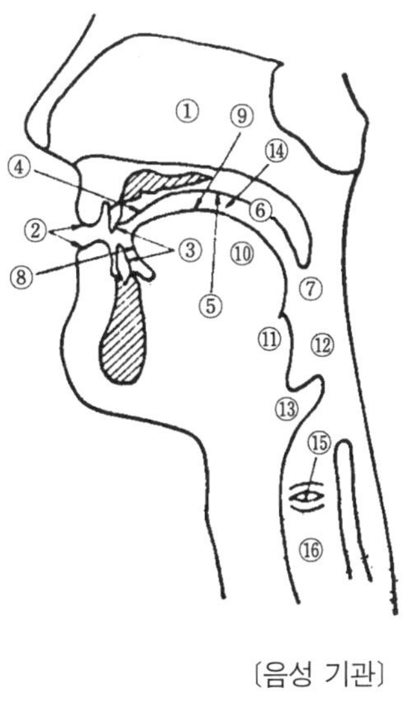

① 비강
② 입술
③ 이
④ 치경
⑤ 경구개
⑥ 연구개
⑦ 목젖
⑧ 혀끝
⑨ 전설
⑩ 후설
⑪ 설근
⑫ 인두
⑬ 후두개
⑭ 구강
⑮ 성문
⑯ 성대

〔음성 기관〕

2. 음성학

음향과 음성

음향은 자연에 존재하는 대부분의 소리와, 사람의 입에서 나는 소리 중 울음 소리, 기침 소리, 재채기 등이다.
음성은 발음 기관을 통해 나오는 말소리로서 물리적인 다양성을 지닌 구체적 실체이다.

음성학(phonetics)은 물리적이고 개별적인 말소리(음성)의 특성을 연구하는 학문이며, 모든 말소리(음성)의 특성을 실험적이고 물리적으로 연구하는 데 비하여, 음운론(phonology)은 이런 말소리들이 어떻게 조직되며 언어에서 어떤 역할을 하는지를 연구하는 학문이다. 따라서 음성학의 연구는 음성에 대한 개별적이고, 구체적인 실험 연구로써 의미는 전혀 고려하지 않으며 오직 음성 하나하나에 대해서만 연구하게 되는 데 비하여, 음운학에서는 변별적 특질에 의한 각 음운 사이의 대립 관계 또는 연결 관계를 통해 음소가 전체로서 어떠한 조직을 이루는가에 대하여 연구하므로 의미를 고려하게 된다. 이 둘은 말소리를 연구 대상으로 한다는 점에서 공통점을 지니는데, 이들의 차이를 보면 다음과 같다.

	음성학(音聖學)	음운론(音韻論)
연구 방면	말소리(언어음)의 기술, 말소리의 분류	음운 체계의 기술, 음성 과정의 설명
연구 분야	음성의 물리적 성질과 조음의 발생면을 연구하는 분야	음소의 체계대립상관 체계 등의 분석 연구 분야
단위	음성(phone)	음소(phoneme)

음성학은 말소리의 어느 측면을 연구 대상으로 삼느냐에 따라 조음 음성학(articulatory phonetics), 음향 음성학(acoustic phonetics), 청취 음성학(auditory phonetics) 등 세 개의 하위 분야로 나뉜다.

조음 음성학은 음성 기관(organs of speech)의 움직임을 연구하는 음성학 분야로서, 말소리를 발음하는 방법과 위치에 따르는 음의 산출 영역을 다루기 때문에 생리 음성학(physiological phonetics)이라고도 한다.

음향 음성학은 말하는 이의 입 밖으로부터 듣는 이의 귓전까지 공기 속을 지나는 음파의 물리적 속성을 연구하는 분야로서, 스펙트로그래프(spectrograph)나 오실로그래프(oscillograph)와 같은 음향 기기가 개발된 후에 본격적으로 발달했다. 음향 음성학의 발달로 조음 음성학자들이 청각 인상에 의존해 관찰한 언어 사실이 과학적인 방법으로 검증되기도 하고 비판받기도 하였다.

청취 음성학은 귓속에서 느껴진 말소리의 청취상의 문제나 효과 및 청취 작용 등을 다루는 분야이다. 청취 음성학에서는 음파가 어떻게 귀를 통해서 뇌에 전달되는가, 그리고 음파를 어떻게 인식하며 음파의 어떤 음향 자질이 특정 소리의 인식에 중요하게 작용하는가 등이 주요 관심사가 된다. 청취 음성학은 조음 음성학이나 음향 음성학에 비해 연구 성과가 미진한 분야이다.

음성학자들은 말소리들의 미세한 음가(音價) 차이를 문자로 나타내기 위하여 음성 문자(phonetic alphabet)를 고안해서 사용하고 있다.

음성학	
조음 음성학	음성 기관의 움직임을 연구
음향 음성학	말하는 이의 입 밖으로부터 듣는 이의 귓전까지 공기 속을 지나는 음파의 물리적 속성을 연구
청취 음성학	귓속에 느껴진 말소리의 청취상의 문제나 효과 및 청취 작용 등을 연구

음성 문자들 가운데에서 세계적으로 가장 널리 사용되고 있는 것은 1888년에 국제음성학회(International Phonetic Association)의 전신인 음성학교사협회에서 제정 · 발표한 국제음성자모(International Phonetic Alphabet: I.P.A.)이다. 국제음성자모는 음성학자들이 세계 모든 언어의 말소리를 정밀하게 표기하는 데 이용되고 있으며, 일부 특수 문자는 문자가 없는 나라의 문자 대용으로 채택되어 사용되고 있다.

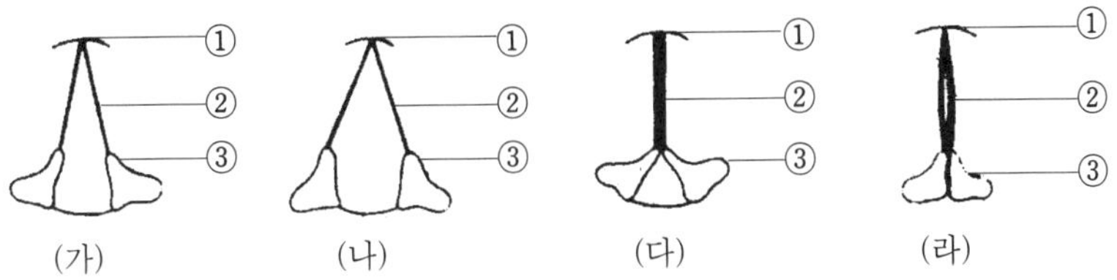

(가) 내쉼: exhalation
(나) 들이쉼: inhalation
(다) 속삭임: whisper
(라) 목청 울림: voice

① 갑상 연골: thyroid cartilage
② 성대: vocal cords
③ 피열 연골: arytenoid cartilage

〔발성 기관의 모습〕

음성 문자를 이용하여 언어의 말소리를 표기하는 것을 **전사**(transcription)라고 한다. 전사는 말소리를 얼마나 정밀하게 전사하느냐에 따라 간략 전사(broad transcription)와 정밀 전사(narrow transcription)로 나뉜다. 간략 전사는 음소 전사(phonemic transcription)라고도 하며, 하나의 음소를 하나의 음성 문자로 표기하는 것을 말한다. 간략 전사를 할 때에는 음성 문자를 두 개의 빗금 / / 안에 넣어 표기한다. 정밀 전사는 음성 전사(phonetic transcription)라고도 하며, 두 개의 직각 괄호 [ ] 안에 넣어 표기한다.

구분	표기	예
간략 전사(음소문자)	/ /	보기→/poki/
정밀 전사(음성전사)	[ ]	보기→[pogi]

새·겨·알·기

모든 언어는 그들 자신의 음성 모형(sound pattern)을 가지고 있다. 음성 모형은 주어진 언어, 즉 개별 언어에서 생기는 일련의 음성으로서 여러 단어들에서 배열이 가능한 음성이다. 이런 개별 언어의 음성 모형은 다음 세 가지 면에서 다르다.

첫째, 음성 목록(sound inventories)이 서로 다르며 둘째, 그 음성들은 서로 다른 서열로 나타나며 셋째, 음운 법칙과 음운 과정(현상)이 서로 다르다.

＊한국어와 일본어의 음성 모형이 개별적인 예

(1) 성(voice)의 유무

일본어; /ki/(木, 氣, 希, 記)와 /gi/(技, 僞, 戱, 妓)

영어; pin(핀)과 bin(쓰레기통, 저장소)

(2) 후두긴장의 유무, 또는 기(氣)의 유무

기(旗)-끼(定食)-키(身長), 개-(개다)-깨-(깨다)-캐-(캐다)

(3) 음절구조

	한국어	일본어
절(寺)	/cʌl/	/tera/
곰(熊)	/ko:m/	/kuma/

＊한국어와 영어의 음성 모형이 개별적인 예

(1) /f, v, ð, θ/

(2) 어두자음군의 배열

(3) 발음의 흐름이 강세 · 시간 리듬(stress-timed rhythm)과 음절 · 시간 리듬(syllable-timed rhythm)

3. 음운론

음성은 개별적이고 구체적이므로 무한하다. 이것을 모두 기억하여 의사 소통을 한다는 것은 불가능하므로, 이를 인지 가능하고 객관적인 유한의 요소로 설정한 것이 음소이다. 음소란, 뜻을 구별할 능력을 가진 가장 작은 언어 단위로서 제2차 분절음이다.

〈투르베츠코이(N. S. Trubetzkoy)의 음소 설정 규칙〉

음운론에 있어서 가장 중요한 것은 우선 음운론적 단위를 결정하는 일이다. 음성학과 음운론의 경계선을 결정함에 있어서도 음성학의 단위인 음(sound)과 일반적으로 음소(또는 음운 phoneme)라 불리어 온 단위와의 관계를 밝히는 일이 무엇보다 중요하다.

투르베츠코이는 음소 설정의 규칙을 4가지로 살피고 있다.

〈규칙 1〉 한 언어에서 두 개의 음성이 완전히 동일한 음성적 환경에서 나타나고, 단어의 의미에 아무런 차이를 만들어내지 않고도 서로가 교체될 수 있으면, 이들 두 음성은 한 음소의 수의적이고 자유로운 변이음들이다.

〔X〕 :—: A
〔Y〕 :—: B

두 개의 환경 A와 B는 완전히 동일한 하나일 때, 이와 같은 환경을 등적 분포라 한다. 이때 A와 B는 자유 변이음이라 부른다.

나비〔nabi〕 : 나비〔naβi〕 → /b/

〈규칙 2〉 만일 두 개의 음성이 완전히 동일한 음성 환경에 나타나고, 이 둘을 교체할 경우 단어 의미가 변화하거나 이해할 수 없게 된다면, 이들 두 음성은 두 개의 서로 다른 음소의 음성적 실현이다.

두 개의 단어가 가능한 최소의 음성적 차이에 의하여 그들의 뜻을 갈라내고 있을 때, 이들 단어의 짝들을 최소 대립의 짝들이라 한다. 최소 대립은 대개 한 음성의 대체나 첨가에 의하여 이루어지는데, 이 때의 두 음성은 각각 음소로서 자격을 갖게 되며 이들을 최소 변별쌍이라고 한다.

음운의 기능
음운은 단어의 의미를 분화시키는 변별적인 기능을 가진다. 음운은 그 환경에 따라 여러 변이음으로 실현되는데, 그 변이음이 실현되는 환경이 서로 배타적이면 각 변이음은 상보적 분포를 이룬다.

남 〔nam〕 : 담 〔tam〕 : 삼 〔sam〕 → /n/, /t/, /s/
가방〔kabaŋ〕 : 다방〔tabaŋ〕 → /k/, /t/

〈규칙 3〉 한 언어에서, 청각적으로나 조음적으로 서로 친족 관계에 있는 두 음성이 절대로 동일한 음성 환경에 나타나는 일이 없으면, 이 두 음성은 한 음소의 상보적 변이음이다.

〔X〕 : __ : : A
〔Y〕 : : __ : B

음성 〔X〕 〔Y〕의 환경이 상보적 분포를 보이면, 그 두 음성은 대개 하나의 음소의 음성적 실현이며, 이 두 음성은 조건 변이음 또는 상대 변이음이다.

밥〔pap˺〕 : 보리〔pori〕 : 집〔cip˺〕 → /p/
보리〔pori〕 : 가보〔kabo〕 → /p/

〈규칙 4〉 보통은 〈규칙 3〉에 해당되는 두 음성이라도, 만일 이들이 해당 언어에서 나란히 이웃하여 나타나고, 이들 중 어느 하나가 고립된 위치에 올 수 있으면 이들은 두 개의 서로 다른 음소이다.

별[pjəl] : 벌[pəl] → /j/, /ə/
겨울[kjəul] : 거울[kəul] → /j/, /ə/
교사[kjosa] : 고사[kosa] → /j/, /o/
돼[twɛ] : 대[tɛ] → /w/, /ɛ/

음소와 운소
음운(音韻)을 음소(音素)와 운소(韻素)로 나누기도 하는데, 음소는 자음이나 모음 같은 분절 음운을, 운소는 소리의 장단, 고저, 세기 등 비분절 음운을 가리킨다.

3.1. 국어의 자음과 모음

말소리는 크게 자음(닿소리, consonant)과 모음(홀소리, vowel)으로 분류된다. 음운론적 관점에서 볼 때 모음은 음절에서 중심 위치를 차지하며, 홀로 하나의 음절이나 낱말을 이룰 수 있는 소리이다. 음절의 중심 위치를 차지하는 모음의 특성을 성절성(syllabicity)이라 한다. 반면에 자음은 음절에서 주변 위치를 차지하기 때문에 홀로 쓰일 수 없고 반드시 모음과 함께 나타난다. 따라서 자음은 성절성이 없는 소리이다.

자음은 목청을 통해서 나오는 소리가 입안에서 방해를 받을 때 형성된다. 이를 consonant라고 부르는 까닭은 sonant(모음)과 함께(con-) 있다는 뜻을 지니고 있기 때문이다. 즉 자음은 단독으로 음절을 이루지 못한다. 자음의 음가를 결정하는 가장 중요한 요인들로는 조음 방법(manner of articulation), 조음점(place of articulation), 기(aspiration)의 유무, 긴장(tenseness)의 유무 등이 있다.

국어의 자음은 조음 방법에 따라 파열음(터짐소리, plosive), 마찰음(갈이소리, fricative), 파찰음(붙갈이소리, affricate), 비음(콧소리, nasal), 유음(흐름소리, liquid) 등으로 나타난다.

조음 위치에 따라서는, 양순음(입술 소리, bilabial sound), 치경음(잇몸소리, alveolar sound), 경구개음(센입천장 소리, palatal sound), 연구개음(여린입천장 소리, velar sound), 성문음(목청 소리, glottal sound)으로 나타난다.

국어의 파열음 /ㅋ, ㅌ, ㅍ/를 조음할 때 두 입술의 막음을 개방하면 입안에 갇혀 있던 기류가 빠른 속도로 탈출하면서 /ㅎ/과 같은 마찰음이 생성된다. 막음의 개방 후 /ㅎ/과 비슷한 마찰 소음을 일으키면서 분출되는 기류를 기(aspiration)라고 한다. 기(氣)를 수반하는 소리를 유기음(aspirated sound)이라 하고, 기를 수반하지 않는 소리를 무기음(unaspirated sound)이라 한다.

자음은 조음 시 조음 기관의 긴장을 수반하느냐 수반하지 않느냐에 따라 경음(tense consonant, fortis)과 연음(lax consonant, lenis)으로 나뉜다. 조음 기관의 긴장도는 모음 사이에서 일어나는 막힘이나 좁힘의 지속 시간으로 쉽게 측정할 수 있는데, 경음 /ㄲ, ㄸ, ㅃ, ㅆ/은 모음 사이에서 연음 /ㄱ, ㄷ, ㅂ, ㅅ, ㅈ, ㅎ/보다 약 두 배 이상 길게 발음된다.

이상의 논의를 토대로 하여 국어의 자음 분류표를 만들면 다음과 같다.

자음의 성절성
한국어는 자음에 성절성이 없으나 영어의 경우에는 botten[bʌtn], bottle[bʌtl]에서와 같이 '[n], [l]' 등이 성절성을 가지기도 한다.

〔국어의 자음 분류〕

<table>
<tr><th colspan="3">소리를 내는 자리 (조음 위치)
소리를 내는 방법 (조음 방법)</th><th>두 입술
입술소리
양순음</th><th>윗잇몸
혀끝
혀끝소리
치경음</th><th>경구개
혓바닥
센입천장소리
경구개음</th><th>연구개
혀뒤
여린입천장소리
연구개음</th><th>목청사이
목청소리
후음</th></tr>
<tr><td rowspan="8">안울림소리</td><td rowspan="3">파열음</td><td>예사소리</td><td>ㅂ</td><td>ㄷ</td><td></td><td>ㄱ</td><td></td></tr>
<tr><td>된소리</td><td>ㅃ</td><td>ㄸ</td><td></td><td>ㄲ</td><td></td></tr>
<tr><td>거센소리</td><td>ㅍ</td><td>ㅌ</td><td></td><td>ㅋ</td><td></td></tr>
<tr><td rowspan="3">파찰음</td><td>예사소리</td><td></td><td></td><td>ㅈ</td><td></td><td></td></tr>
<tr><td>된소리</td><td></td><td></td><td>ㅉ</td><td></td><td></td></tr>
<tr><td>거센소리</td><td></td><td></td><td>ㅊ</td><td></td><td></td></tr>
<tr><td rowspan="2">마찰음</td><td>예사소리</td><td></td><td>ㅅ</td><td></td><td></td><td>ㅎ</td></tr>
<tr><td>된소리</td><td></td><td>ㅆ</td><td></td><td></td><td></td></tr>
<tr><td rowspan="2">울림소리</td><td colspan="2">비음</td><td>ㅁ</td><td>ㄴ</td><td></td><td>ㅇ</td><td></td></tr>
<tr><td colspan="2">유음</td><td></td><td>ㄹ</td><td></td><td></td><td></td></tr>
</table>

모음은 목청을 통해 나오는 소리가 막힘이 없이 나와서, 단독으로 음절을 이루는 소리이다. 모음은 하나의 모음 요소로 이루어져 있느냐 두 개의 모음 요소로 이루어져 있느냐에 따라 단모음(monophthong)과 이중 모음(diphthong)으로 나뉜다. 단모음은 하나의 모음 요소로 이루어져 있어서 시작 부분과 끝 부분이 같은 음가로 발음되고, 이중 모음은 두 개의 모음 요소로 이루어져 있어서 시작 부분과 끝 부분이 다른 음가로 발음된다.

자음의 경우와 마찬가지로 모음도 음가에 영향을 미치는 요인들을 기준으로 분류한다. 모음의 음가를 결정하는 가장 중요한 요인은 혀의 위치와 입술의 모양이다.

모음은 혀의 최고점의 높이, 즉 혀의 최고점이 입천장으로부터 얼마나 떨어졌느냐에 따라 고모음(high vowel)과 저모음(low vowel)으로 나뉘는데, 이들은 각각 폐모음(close vowel)과 개모음(open vowel)이라고도 한다. 고모음과 저모음 사이에는 반폐모음과 반개모음을 설정하기도 한다.

모음은 또한 혀의 최고점 위치, 즉 혀의 최고점이 구강의 앞쪽에 위치하는가, 뒤쪽에 위치하는가에 따라 전설 모음(front vowel)과 후설 모음(back vowel)으로 나뉜다. 전설 모음과 후설 모음 사이에 중설 모음(mid vowel)을 설정하기도 한다. 이 중설 모음은 후설 모음에 포함되기도 한다.

새·겨·알·기

표준 발음법 제5항

'ㅑ ㅒ ㅕ ㅖ ㅘ ㅙ ㅛ ㅝ ㅞ ㅠ ㅢ'는 이중 모음으로 발음한다.

다만 1. 용언의 활용형에 나타나는 '져, 쪄, 쳐'는 [저, 쩌, 처]로 발음한다.

가지어→가져[가저]　찌어→쪄[쩌]　다치어→다쳐[다처]

다만 2. '예, 례' 이외의 'ㅖ'는 [ㅔ]로도 발음한다.

계집[계:집/게:집] 계시다[계:시다/게:시다]

시계[시계/시게](時計) 연계[연계/연게](連繫)

메별[메별/메별](袂別) 개폐[개폐/개페](開閉)

혜택[혜:택/헤:택](惠澤) 지혜(지혜/지헤](智慧)

다만 3. 자음을 첫소리로 가지고 있는 음절의 'ㅢ'는 [ㅣ]로 발음한다.

늴리리 닁큼 무늬 띄어쓰기 씌어

틔어 희어 희떱다 희망 유희

다만 4. 단어의 첫음절 이외의 '의'는 [ㅣ]로, 조사 '의'는 [ㅔ]로 발음함도 허용한다.

주의[주의/주이] 협의[혀븨/혀비]

우리의[우리의/우리에] 강의의[강:의의/강:이에]

국어의 단모음을 분류하면 다음과 같은 모음 분류표를 얻을 수 있다.

이중 모음 체계(11개) 및 발음

ㅑ[ja]: 야식
ㅒ[jɛ]: 얘
ㅕ[jə]: 여자, 기역, 벼
ㅖ[je]: 예, 계수나무
ㅘ[wa]: 와, 과일, 이봐
ㅙ[wɛ]: 왜, 괘도, 돼
ㅛ[jo]: 요리, 도요새
ㅝ[wə]: 원, 수원
ㅞ[wɛ]: 웨야, 웨이터
ㅠ[ju]: 규격, 뷰티, 원규
ㅢ[ɨi]: 의의
☞ [j]계 상승 이중 모음(전설 이중 모음, [i]선행 모음): ㅑ, ㅒ, ㅕ, ㅖ, ㅛ, ㅠ
☞ [w]계 상승 이중 모음(원순 이중 모음): ㅘ, ㅙ, ㅝ, ㅞ
☞ [ɨ]계 이중 모음(또는 [j]후행 모음): ㅢ

〔국어 모음 분류〕

혀의 위치 / 입술 모양 / 혀의 높이	전설		후설	
	평순	원순	평순	원순
고모음	ㅣ	ㅟ	ㅡ	ㅜ
중모음	ㅔ	ㅚ	ㅓ	ㅗ
저모음	ㅐ		ㅏ	

새·겨·알·기

현대 국어에서 문제가 되는 단모음

1) 'ㅚ, ㅟ'의 발음 : 이들은 현대 국어에서 단모음으로 규정하고 있지만, 실제 발음에서는 이중 모음 [we]와 [wi]로 발음되는 경향을 보인다. 표준어 규정에서는 이중 모음으로 발음할 수 있다는 〈붙임〉 조항을 덧붙이고 있다. 이러한 붙임의 조항은 실제의 언어 생활을 반영한 것이라 할 수 있다.

> 표준 발음법 제4항
> 'ㅏ ㅐ ㅓ ㅔ ㅗ ㅚ ㅜ ㅟ ㅡ ㅣ'는 단모음(單母音)으로 발음한다.
> [붙임] 'ㅚ, ㅟ'는 이중 모음으로 발음할 수 있다.

2) 'ㅔ, ㅐ'의 발음 : 문자 상으로는 구별되고 있으나 발음상으로는 잘 구분되지 않는다. 두 모음의 발음은 /ㅔ/가 /ㅐ/에 가깝게 실현되는 양상을 보인다. 현대 청장년층 표준어 말하는 이들은 의식적인 노력을 기울이지 않는 한 '에/애'를 구별하여 발음하기 힘들다. 이에 따라 '에/애'의 변별이 점차 사라지고 있다. 이러한 '에/애'의 변별 상실에 따른 의미상의 불명확함을 극복하기 위해 말하는 이들은 몇 가지 전략을 사용하는 것으로 보인다.

첫째, 모음의 변화인데, 단어에 따라 /ㅔ/와 /ㅐ/가 다른 모음으로 변하게 되는 경우가 종종 있다. '내'와 '네'가 대표적인데, 이들은 글말에서는 구분되지만 입말에서는 /ne/와 /ni/로 대응된다. 따라서 '니가 그런 것이냐.' 처럼 사용되는 경우가 많다.

둘째, 자음의 변화인데, '세(三)'는 /ㅅ/으로 '새(新)'는 /ㅆ/으로 발음한다. '세(三)'와 '새(新)'가 구분되지 않는 상황에서 자음을 /ㅅ/에서 /ㅆ/으로 강화시키는 방법을 통해 의미를 구분하려 한 것으로 보인다.

〈'ㅔ/ㅐ'의 현실 발음을 표준 발음으로 인정하지 않는 이유〉

'ㅚ/ㅟ'의 경우에는 현실 발음을 표준 발음으로 인정하고 있으나, 'ㅔ/ㅐ'의 경우에는 그렇지 않다. 이는 표기법 때문이라 생각된다. 'ㅚ/ㅟ'는 단모음으로 발음하든 이중 모음으로 발음하든 그 표기는 바뀌지 않는다. 그에 반해 'ㅔ/ㅐ'의 경우 똑같이 발음해도 된다고 하면 국어 단어 중 많은 단어의 표기가 바뀌어야 한다. 그렇게 되면 표기가 달라져 문어에서 구별되던 '게/개', '네 것/ 내 것' 등의 구별이 모두 사라지게 되어 언어 생활에 불편이 생길 것이다. (배주채, 2003: 46~50 참조)

3.2. 국어의 음절

우리는 '대학'이라는 낱말이 다섯 개의 말소리로 이루어져 있다고 인식한다. 하나의 음성 단위로서 인식되는 말소리를 음소라 한다. 낱말을 또박또박 발화할 때에는 음소 단위로 떼어서 발음하지 않고 '대'와 '학'을 각각 하나의 발화 단위로 떼어서 발음한다. 이렇게 '대'와 '학'과 같이 음소보다 크고 낱말보다 작은 발화의 단위로서, 그 자신 안에서는 단절을 느낄 수 없으나 그 전후에 단절이 느껴지는 소리의 연속을 음절이라 한다.

음절은 발화의 단위일 뿐만 아니라 인지의 단위이기도 하다. 우리는 '대학'이란 낱말이 두 개의 음절로 이루어져 있다고 인식한다. 음절에 대한 우리의 인식은 〈한글 맞춤법〉에도 반영되어 음소 문자인 한글을 음절 단위로 모아 쓰고 있다.

국어의 음절은 초성(onset), 중성(nucleus), 종성(coda)으로 이루어져 있다. 중성은 음절핵이라고도 하는데, 중성의 자리에는 성절음인 모음 하나만

이 올 수 있다. 음절은 종성의 유무에 따라 닫힌 음절(closed syllable)과 열린 음절(open syllable)로 나뉜다. 닫힌 음절은 종성을 가지고 있는 음절을 말하고, 열린 음절은 종성을 가지고 있지 않아서 모음으로 끝나는 음절을 말한다.

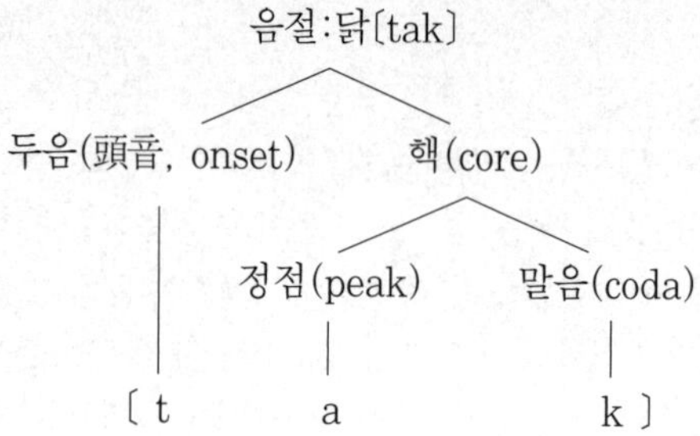

3.3. 운율적 자질

말소리에 딸린 음의 장단 · 고저 · 강약 등을 운율적 자질(prosodic feature)이라고 한다. 이러한 운율적 자질들은 어감(語感)의 표현에 쓰이는 경우가 있지만 일반적으로 이들은 어의(語義)의 분화를 이룬다. 이렇게 운율적 자질이 음소와 같은 변별적 자질을 갖게 될 때, 우리는 그것들을 운소(韻素, prosodeme)라고 한다. 이 운소는 의미를 변별해 주는 능력을 가지므로 분절 음소 위에 얹혀서 실현된다는 의미로, 상가 음소(suprasegmental phoneme), 제2차 음소(secondary phoneme)라고도 부른다.

장단(length, duration)은 현대 국어에 나타나는 변별적 특성으로서, 이 장단에 의해 어의가 분화되어 최소 대립어가 만들어진다. 예를 들어 /mal/(馬)과 /ma:l/(語)은 모음의 상대적 음장(音長)의 차이만으로 뜻을 갈라내고 있다. 이와 같이 음장을 변별적 자질로 가지는 언어를 음장 언어(chrone language)라 한다.

어떤 음절들이 같은 조건으로 발음되었을 때에 그들이 듣는 이의 귀에 도달하는 힘의 양은 다른데, 이렇게 조음점의 간극과 성대 울림의 유무에 의해 결정되는 소리의 상대적인 크기를 공명도(sonority)라고 한다. 다른 조건이 같을 때 유성음은 무성음보다 공명도가 크고, 같은 유성음이라도 조음점의 간극이 큰 모음은 간극이 작은 비음이나 유음보다 공명도가 크다.
음향학적으로 듣는 이의 귀에 도달되는 에너지의 양, 즉 음향의 강도에 따라 예스페르센(O. Jespersen)은 가청도(可聽度, sonority)를 만들었고, 조음 음성학적으로 입을 벌리는 정도에 따라 소쉬르(F. de Saussure는 개구도(開口度, aperture)를 설정했다.

☞ 개음절(open syllable): 한 음절이 모음으로 끝나는 음절

☞ 폐음절(close syllable): 한 음절이 자음으로 끝나는 음절

☞ 음절핵(syllable nucleus): 성절음과 반모음, 향음들을 포함하며, 개별 언어를 전제로 하여 한 봉우리를 형성하면서 한 음소처럼 대우 받음.

장단으로 어의가 분화되는 최소 대립어
말:(語)　　/ 말(馬)
발:(簾)　　/ 발(足)
돌:(石)　　/ 돌(生日)
성:인(聖人) / 성인(成人)

고저(pitch)는 중국어에 나타나는 소리의 높낮이로서, 이러한 높낮이를 성조(聲調, toneme)이라 하고 이러한 성조를 변별적 특성으로 가지는 언어를 성조 언어(tone language)라고 한다. 우리나라에도 15세기 국어와 경상도 방언 혹은 함경도 방언에는 성조가 있는 것으로 알려져 있다. 예를 들어 경상도 방언에서, '말(馬)'과 '말(斗)', '초(酢)'와 '초(燭)' 등은 고저만으로 의미가 변별되는 최소 대립어이다.

중국어는 4개의 성조를 지니고 있다.

고조(高調)	媽 (어머니)
상승조(上昇調)	麻 (삼)
하강조(下降調)	嗎 (꾸짖음)
하강-상승조(下降-上昇調)	馬 (말)

강약(stress, accent)은 영어에 나타나는 소리의 세기로서 한 단어 안에서의 상대적 높낮이를 말한다. 예를 들어 [ínkri:s](명사)와 [inkrí:s](동사)는 오로지 소리의 강세가 첫째 음절에서 둘째 음절로 바뀌는 것만으로 두 단어의 의미가 분화된다. 이렇게 소리의 세기를 변별적 특성으로 갖는 언어를 강약 언어(stress language)라 한다. 국어의 강세에는 대조 강세밖에 존재하지 않는다. 그러므로 국어의 강세는 단어 차원이 아닌 발화 차원에서 변별적 기능을 가진다.

연접(juncture)은 한 도막의 발화가 여러 음소나 음절로 이루어져 있을 때, 한 음소나 음절에서 다른 음소나 음절로 발음이 옮아갈 때에 그 사이에 나타나는 경계(boundary)나 휴지(休止)를 말한다. 가령 "오늘 밤나무 사온다"와 "오늘밤 나무 사온다"는 휴지를 어디에 두느냐에 따라 그 의미가 다르다. 이 때, '오늘'과 '밤나무' 사이나, '오늘밤'과 '나무' 사이의 휴지는 개방 연접(open juncture)이라고 하며 '+'로 표시한다. 여기서 개방 연접은 뜻을 갈라내는 기능이 있으므로 이를 연접 음소(juncture)라고 한다.

우리말은 운율적 자질 중 장단이 뜻을 구별할 능력을 가지므로 장단은 국어의 운소 자격을 갖는다. 우리말의 음소와 운소 체계를 보이면 다음과 같다.

- 음소 체계(분절 음소)
  - 자음 체계
    - 조음 위치: 양순음, 치음, 구개음, 연구개음, 후음
    - 조음 방법: 파열음, 파찰음, 마찰음, 비음, 유음
  - 모음 체계
    - 혀의 전후: 전설 모음, 후설 모음
    - 혀의 고저: 고, 중, 저
    - 입술의 원평: 원순 모음, 평순 모음
- 운소 체계(비분절 음소) - 장 · 단

새·겨·알·기

표준 발음법 제3장 소리의 길이

제6항 모음의 장단을 구별하여 발음하되, 단어의 첫 음절에서만 긴소리가 나타나는 것을 원칙으로 한다.

(1) 눈보라[눈:보라] 말씨[말:씨] 밤나무[밤:나무] 많다[만:타] 멀리[멀:리] 벌리다[벌:리다]

(2) 첫눈[천눈] 참말[참말] 쌍동밤[쌍동밤] 수많이[수:마니] 눈멀다[눈멀다] 떠벌리다[떠벌리다]

다만, 합성어의 경우에는 둘째 음절 이하에서도 분명한 긴소리를 인정한다.

반신반의[반:신 바:늬/반:신 바:니] 재삼재사[재:삼 재:사]

[붙임] 용언의 단음절 어간에 어미 '-아/-어'가 결합되어 한 음절로 축약되는 경우에도 긴소리로 발음한다.

보아 → 봐[봐:] 기어 → 겨[겨:] 되어 → 돼[돼:]

두어 → 둬[둬:] 하여 → 해[해:]

다만, '오아→와, 지어→져, 찌어→쪄, 치어→쳐' 등은 긴소리로 발음하지 않는다.

제7항 긴소리를 가진 음절이라도, 다음과 같은 경우에는 짧게 발음한다.

1. 단음절인 용언 어간에 모음으로 시작된 어미가 결합되는 경우
   감다[감:따]-감으니[가므니] 밟다[밥:따]-밟으면[발브면]
   신다[신:따]-신어[시너] 알다[알:다]-알아[아라]

   다만, 다음과 같은 경우에는 예외적이다.
   끌다[끌:다]-끌어[끄:러] 떫다[떨:따]-떫은[떨:븐]
   벌다[벌:다]-벌어[버:러] 썰다[썰:다]-썰어[써:러]
   없다[업:따]-없으니[업:쓰니]
2. 용언 어간에 피동, 사동의 접미사가 결합되는 경우
   감다[감:따]-감기다[감기다] 꼬다[꼬:다]-꼬이다[꼬이다]
   밟다[밥:따]-밟히다[발피다]

   다만, 다음과 같은 경우에는 예외적이다.
   끌리다[끌:리다] 벌리다[벌:리다] 없애다[업:쌔다]

[붙임] 다음과 같은 합성어에서는 본디의 길이에 관계 없이 짧게 발음한다.

밀-물 썰-물 쏜-살-같이 작은-아버지

음운의 특징과 종류

음운은 심리적이고 추상적이며 집단적인 존재이다.

☞ 심리적: 하나의 음운이 성립하기 위해서는 물리적 수치가 아니라 의미를 변별해 내는 정신적 판단이 그 기준이 되기 때문이다.

☞ 추상적: 하나의 음운에 구체적인 하나의 음성형이 현실적으로 대응되지 않기 때문이다.

☞ 집단적: 여러 개의 음성형이 하나의 음운에 포괄되기 때문이다.

☞ 분절 음운(음소): 자음과 모음으로 분석할 수 있는 음운. 음절을 구성하는 부분이 되는 음운이다.

☞ 비(초)분절 음운(운소): 정확히 그 경계 마디를 나타낼 수는 없지만, 의미를 변별시키는 역할을 하는 음운이다.

☞ 어의 비분절 음운: 음절 소리의 장단(길이). 장단의 문제는 모음에서만 일어나는 것이므로 음절 단위에서 실현된다.

4. 음운 변동

음운 변동(音韻變動)은 일정한 환경에서 발음이 달라지는 현상을 말한다. 이 현상은 발음을 좀더 쉽고 간편하게 하거나 표현의 강화 효과를 위해서 일어나는 것으로서, 그 변동의 성질에 따라 음절의 끝소리 규칙, 동화 현상, 탈락, 축약, 첨가, 이화 등으로 구분된다.

4.1. 발음 편리를 위한 음운 변이

4.1.1. 음절 끝소리 규칙

음절 말에 올 수 있는 국어의 대표 자음은 /ㄱ, ㄴ, ㄷ, ㄹ, ㅁ, ㅂ, ㅇ(ŋ)/으로 모두 7개에 한정되어 있다. 따라서 이들 이외의 자음 또는 자음군을 끝소리로 가진 형태소가 자음으로 시작되는 형태소나, 모음으로 시작되는 접사(어미와 조사 포함) 이외의 형태소에 선행할 때는 그 말음이 위 7자음 중의 하나로 교체된다. 이를 귀착(歸着) 또는 대표음화(代表音化)라 한다.

/ㄲ/, /ㅋ/, /ㄳ/ → /ㄱ/ : 밖, 부엌, 넋없이
/ㄵ/ → /ㄴ/ : 안다, 앉고
/ㅅ/, /ㅈ/, /ㅊ/, /ㅌ/, /ㅎ/, /ㅆ/ → /ㄷ/ : 옷 안, 밭 위, 놓는, 있고
/ㄼ/, /ㄽ/, /ㄾ/, /ㅀ/ → /ㄹ/ : 얇지, 외곬, 훑고, 앓는
/ㄻ/ → /ㅁ/ : 곪다
/ㅍ/, (/ㄿ/), /ㅄ/ → /ㅂ/ : 갚다, (읊지), 없다

이 중에서 형태소 말음이 /ㅎ/인 것은 평음 /ㄱ/, /ㄷ/, /ㅂ/, /ㅈ/으로 시작되는 형태에 선행할 때는 모두 /ㅋ/, /ㅌ/, /ㅍ/, /ㅊ/으로 축약되어 위에 보인 변이에서 벗어난다. 또한 /ㄺ/과 /ㄼ/은 다음과 같이 두 가지로 변이된다.

/ㄺ/ → /ㄹ/ : 맑고, 묽게 … /ㄱ/ 앞에서
/ㄺ/ → /ㄱ/ : 맑던, 묽던 … 여타의 경우

/ㄼ/ → /ㄹ/ : 넓다
/ㄼ/ → /ㅂ/ : 밟다

새·겨·알·기

표준 발음법 제4장 받침의 발음

제8항 받침 소리로는 'ㄱ, ㄴ, ㄷ, ㄹ, ㅁ, ㅂ, ㅇ'의 7개 자음만 발음한다.

제9항 받침 'ㄲ, ㅋ', 'ㅅ, ㅆ, ㅈ, ㅊ, ㅌ', 'ㅍ'은 어말 또는 자음 앞에서 각각 대표음 [ㄱ, ㄷ, ㅂ]으로 발음한다.

닦다[닥따] 키읔[키윽] 키읔과[키윽꽈] 옷[옫]
웃다[욷: 따] 있다[읻따] 젖[젇] 빚다[빋따]
꽃[꼳] 쫓다[쫃따] 솥[솓] 뱉다[밷: 따]
앞[압] 덮다[덥따]

제10항 겹받침 'ㄳ', 'ㄵ', 'ㄼ, ㄽ, ㄾ', 'ㅄ'은 어말 또는 자음 앞에서 각각 [ㄱ, ㄴ, ㄹ, ㅂ]으로 발음한다.

넋[넉] 넋과[넉꽈] 앉다[안따] 여덟[여덜] 넓다[널따] 외곬[외골]
핥다[할따] 값[갑] 없다[업:따]

다만, '밟-'은 자음 앞에서 [밥]으로 발음하고, '넓-'은 다음과 같은 경우에 [넙]으로 발음한다.

(1) 밟다[밥:따] 밟소[밥:쏘] 밟지[밥:찌] 밟는[밥:는 → 밤:는]
밟게[밥:께] 밟고[밥:꼬]

(2) 넓-죽하다[넙쭈카다] 넓-둥글다[넙뚱글다]

제11항 겹받침 'ㄺ, ㄻ, ㄿ'은 어말 또는 자음 앞에서 각각 [ㄱ, ㅁ, ㅂ]으로 발음한다.

닭[닥] 흙과[흑꽈] 맑다[막따] 늙지[늑찌] 삶[삼:] 젊다[점:따]
읊고[읍꼬] 읊다[읍따]

다만, 용언의 어간 말음 'ㄺ'은 'ㄱ' 앞에서 [ㄹ]로 발음한다.

맑게[말께] 묽고[물꼬] 얽거나[얼거나]

제12항 받침 'ㅎ'의 발음은 다음과 같다.

1. 'ㅎ(ㄶ, ㅀ)' 뒤에 'ㄱ, ㄷ, ㅈ'이 결합되는 경우에는, 뒤 음절 첫소리와 합쳐서 [ㅋ, ㅌ, ㅊ]으로 발음한다.

놓고[노코] 좋던[조:턴] 쌓지[싸치] 많고[만:코] 않던[안턴] 닳지[달치]

[붙임 1] 받침 'ㄱ(ㄺ), ㄷ, ㅂ(ㄼ), ㅈ(ㄵ)'이 뒤 음절 첫소리 'ㅎ'과 결합되는 경우에도, 역시 두 소리를 합쳐서 [ㅋ, ㅌ, ㅍ, ㅊ]으로 발음한다.

각하[가카] 먹히다[머키다] 밝히다[발키다] 맏형[마텽] 좁히다[조피다] 넓히다[널피다] 꽂히다[꼬치다] 앉히다[안치다]

[붙임 2] 규정에 따라 'ㄷ'으로 발음되는 'ㅅ, ㅈ, ㅊ, ㅌ'의 경우에는 이에 준한다.

옷 한 벌[오탄벌] 낮 한때[나탄때] 꽃 한 송이[꼬탄송이] 숱하다[수타다]

2. 'ㅎ(ㄶ, ㅀ)' 뒤에 'ㅅ'이 결합되는 경우에는 'ㅅ'을 [ㅆ]으로 발음한다.

닿소[다쏘] 많소[만:쏘] 싫소[실쏘]

3. 'ㅎ' 뒤에 'ㄴ'이 결합되는 경우에는, [ㄴ]으로 발음한다.

놓는[논는] 쌓네[싼네]

[붙임] 'ㄶ, ㅀ' 뒤에 'ㄴ'이 결합되는 경우에는, 'ㅎ'을 발음하지 않는다.

않네[안네] 않는[안는] 뚫네[뚤네→뚤레] 뚫는[뚤는→뚤른]

* '뚫네[뚤네→뚤레], 뚫는[뚤는→뚤른]'에 대해서는 제20항 참조.

4. 'ㅎ(ㄶ, ㅀ)' 뒤에 모음으로 시작된 어미나 접미사가 결합되는 경우에는, 'ㅎ'을 발음하지 않는다.

낳은[나은] 놓아[노아] 쌓이다[싸이다] 많아[마:나]
않은[아는] 닳아[다라] 싫어도[시러도]

새·겨·알·기

음절 끝소리 규칙과 연음 법칙의 적용 순서

1) 음절말 자음이 모음으로 시작되는 형식 형태소와 만나면 음절 끝소리 규칙이 적용되기 이전에 먼저 연음되어 발음된다.

예) 옷이→[오시], 옷을→[오슬], 값이→[갑시], 값을→[갑슬]

2) 음절말 자음이 모음으로 시작되는 실질 형태소와 만나면 먼저 음절 끝소리 규칙이 적용된 다음에 연음 법칙이 적용된다. 복합어의 경우도 마찬가지이다.

예) 옷 안→[옫 안]→[오단], 값 없다→[갑업따]→[가법따]

> 표준 발음법 제15항
>
> 받침 뒤에 모음 'ㅏ, ㅓ, ㅗ, ㅜ, ㅟ' 들로 시작되는 실질 형태소가 연결되는 경우에는, 대표음으로 바꾸어서 뒤 음절 첫소리로 옮겨 발음한다.
>
> 밭 아래[바다래] 늪 앞[느밥] 젖어미[저더미] 맛없다[마덥다]
> 겉옷[거돋] 헛웃음[허두슴] 꽃 위[꼬뒤]
>
> 다만, '맛있다, 멋있다' 는 [마싣따], [머싣따]로도 발음할 수 있다.

4.1.2. 자음 동화(同化)

가까운 조음 위치나 비슷한 조음 방법의 소리가 연속된 경우엔 그렇지 않은 경우에 비해 발음할 때 힘이 덜 들게 된다. 상이한 두 소리들이 비슷한 위치나 방법으로 닮는 것을 동화(assimilation)라고 한다. 동화의 유형에는 순행 동화, 역행 동화, 상호 동화, 완전 동화, 불완전 동화, 인접 동화, 원격 동화 등이 있다.

1) 비음화(鼻音化)

/ㄱ, ㄲ, ㅋ/ - /ㄴ, ㄹ, ㅁ/ → /ㅇ/ - /ㄴ, ㅁ/ : 각론, 닦는, 죽만, 부엌일
/ㄷ, ㅅ, ㅈ, ㅊ, ㅌ, ㅎ, ㅆ/ - /ㄴ, ㅁ/ → /ㄴ/ - /ㄴ, ㅁ/ : 듣는, 웃는, 젖몸살, 꽃물, 놓는
/ㅂ, ㅍ/ - /ㄴ, ㅁ/ → /ㅁ/ - / ㄴ, ㅁ/ : 밥만, 앞니

새·겨·알·기

표준 발음법 제18항

받침 'ㄱ(ㄲ, ㅋ, ㄳ, ㄺ), ㄷ(ㅅ, ㅆ, ㅈ, ㅊ, ㅌ, ㅎ), ㅂ(ㅍ, ㄼ, ㄿ, ㅄ)'은 'ㄴ, ㅁ' 앞에서 [ㅇ, ㄴ, ㅁ]으로 발음한다.

먹는[멍는] 국물[궁물] 깎는[깡는]
키읔만[키응만] 몫몫이[몽목씨] 긁는[긍는]
흙만[흥만] 닫는[단는] 짓는[진:는]
옷맵시[온맵씨] 있는[인는] 맞는[만는]
젖멍울[전멍울] 쫓는[쫀는] 꽃망울[꼰망울]
붙는[분는] 놓는[논는] 잡는[잠는]
밥물[밤물] 앞마당[암마당] 밟는[밤:는]
읊는[음는] 없는[엄:는] 값매다[감매다]

[붙임] 두 단어를 이어서 한 마디로 발음하는 경우에도 이와 같다.
책 넣는다[챙넌는다] 흙 말리다[흥말리다] 옷 맞추다[온마추다]
밥 먹는다[밤멍는다] 값 매기다[감매기다]

표준 발음법 제19항

받침 'ㅁ, ㅇ' 뒤에 연결되는 'ㄹ'은 [ㄴ]으로 발음한다.
담력[담:녁] 침략[침냑] 강릉[강능]
항로[항:노] 대통령[대:통녕]

[붙임] 받침 'ㄱ, ㅂ' 뒤에 연결되는 'ㄹ'도 [ㄴ]으로 발음한다.
막론[막논→망논] 백리[백니→뱅니] 협력[협녁→혐녁]
십리[십니→심니]

2) 유음화(流音化)

/ㄴ/ - /ㄹ/ → /ㄹ/ - /ㄹ/ : 천리, 천륜(天倫), 전라도, 난로
/ㄹ/ - /ㄴ/ → /ㄹ/ - /ㄹ/ : 달나라, 칼날, 물놀이

비음화와 유음화(설측음화)는 흔히 자음 접변이라고 불리는데, 이것은 선행 형태소의 말자음과 후행 형태소의 두자음(頭子音)이 인접하여 생기는 변화 때문에 만들어진 이름이다.

새·겨·알·기

표준 발음법 제20항
'ㄴ'은 'ㄹ'의 앞이나 뒤에서 [ㄹ]로 발음한다.
(1) 난로[날:로] 신라[실라] 천리[철리] 광한루[광:할루] 대관령[대:괄령]
(2) 칼날[칼랄] 물난리[물랄리] 줄넘기[줄럼끼] 할는지[할른지]

[붙임] 첫소리 'ㄴ'이 'ㅀ', 'ㄾ' 뒤에 연결되는 경우에도 이에 준한다.
닳는[달른] 뚫는[뚤른] 핥네[할레]

다만, 다음과 같은 단어들은 'ㄹ'을 [ㄴ]으로 발음한다.
의견란[의:견난] 임진란[임:진난] 생산량[생산냥]
결단력[결딴녁] 공권력[공꿘녁] 동원령[동:원녕]
상견례[상견녜] 횡단로[횡단노] 이원론[이:원논]
입원료[이뷘뇨] 구근류[구근뉴]

3) 구개음화(口蓋音化)

구개음이란 혓바닥과 입천장 사이가 꼭 달라붙거나 좁아져서 나는 소리를 말하며, 구개음화(palatalization)는 본래 구개음이 아닌 소리가 형식 형태

구개음화

1) 구개음화의 조건은 아니지만, 구개음화가 일어난 경우가 있다. '텬디(天地), 부텨'가 '천지, 부처'로 변한 것이 그것이다. 이들은 형태소의 결합 과정이 전제되지 않았지만 역사적 변천 과정에서 구개음화를 겪었기 때문에 구개음화로 인정할 수 있다. 근대 국어에서는 한 형태소 안에서도 구개음화가 일어났다.

예) 디다→지다, 뎌→져→저, 됴타→죠타→좋다

2) 구개음화의 조건을 갖추고 있으면서 구개음화가 일어나지 않은 경우가 있다. '디디다, 견디다, 티, 띠' 등이 그것이다. 이들은 역사적으로 '듸듸다, 견듸다, 틔, 띄' 처럼 모음이 'ㅣ'가 아닌 'ㅢ'였던 단어들로 구개음화가 일어난 시기에 구개음화의 과정을 거치지 않았기 때문에 변화를 겪지 않았다.

소의 구개 모음을 만나 구개음으로 변하는 역행 동화 현상이다. 이렇게 구개음화는 선행 형태소 말의 치경 파열음 /ㄷ/, /ㅌ/이 후행하는 형식 형태소의 /i/ 또는 /j/에 동화되어 각각 /ㅈ/, /ㅊ/으로 변이되는 현상이다.

/ㄷ/ - /ㅣ(i)/ → /ㅈ/ - /ㅣ(i)/ : 미닫이, 해돋이, 땀받이
/ㅌ/ - /ㅣ(i)/ → /ㅊ/ - /ㅣ(i)/ : 밭이, 같이, 닫혀(다텨 → 다쳐)

새·겨·알·기

표준 발음법 제17항

받침 'ㄷ, ㅌ(ㄾ)'이 조사나 접미사의 모음 'ㅣ'와 결합되는 경우에는, [ㅈ, ㅊ]으로 바꾸어서 뒤 음절 첫소리로 옮겨 발음한다.

곧이듣다[고지듣따] 굳이[구지] 미닫이[미다지]
땀받이[땀바지] 밭이[바치] 벼훑이[벼훌치]

[붙임] 'ㄷ' 뒤에 접미사 '히'가 결합되어 '티'를 이루는 것은 [치]로 발음한다.

굳히다[구치다] 닫히다[다치다] 묻히다[무치다]

4.1.3. 모음 동화

그 외 **'ㅣ' 모음 역행 동화**된 단어를 표준어로 인정하는 것들에는, '서울내기, 시골내기, 신출내기, 풋내기, 냄비, 동댕이치다, 골목쟁이, 발목쟁이' 등이 있다. 또한 '올창이→올챙이' 처럼 역사적으로 굳어진 어형들은 표준어로 인정되고 있다.

모음 동화에는 전설 모음화와 모음 조화가 있다. 전설 모음화는 앞 음절의 후설 모음 'ㅏ, ㅓ, ㅗ, ㅜ'가 뒤 음절의 전설 모음 'ㅣ'에 이끌려서, 전설 모음 'ㅐ, ㅔ, ㅚ, ㅟ'로 변하는 현상이다. 이때 'ㅏ→ㅐ, ㅓ→ㅔ, ㅗ→ ㅚ, ㅜ → ㅟ'와 같이 변동된다. 여기서 후설 고모음은 전설 고모음으로, 후설 중모음은 전설 중모음으로, 후설 저모음은 전설 저모음으로 변동되어 모음 동화가 모음 체계와 관련되어 있음을 알 수 있다.

모음 동화는 'ㅣ' 앞에 'ㅁ, ㅂ, ㅍ'과 같은 입술 소리나 'ㄱ, ㅇ'과 같은 연구개 자음이 올 때 이루어지는 것이 일반적이다. 동화되는 방향은 닮는 소리가

앞쪽에 있으므로 역행이며, 이 모음 동화를 'ㅣ' 모음 역행 동화라고도 한다.

멋장이 → 멋쟁이, 소금장이 → 소금쟁이
아지랑이 → 아지랭이, 미장이 → 미쟁이, 어미 → 에미
먹이다 → 멕이다, 넘기다 → 넹기다, 업히다 → 엡히다
꾸기다 → 뀌기다, 죽이다 → 쥑이다, 속이다 → 쇡이다

이러한 전설 모음화는 표준어 규정에서 원칙적으로 인정하지 않는다. 그러나 '-장이'가 붙은 말 중에서 '미장이, 유기장이'와 같이 기술자를 표시하는 단어를 제외한, '멋쟁이, 소금쟁이, 담쟁이덩굴'과 같은 경우에 한하여 모음 동화가 적용된 형태를 표준어로 삼고 있다.

모음 조화는 양성 모음은 양성 모음끼리 음성 모음은 음성 모음끼리 어울리는 현상으로서 주로 의성어와 의태어에서 발생하며, 그 외에도 어기(語基) 내에서, 그리고 어간과 어미 사이에서 발생이 되고 있다.

사각사각 - 서걱서걱, 출렁출렁 - 촐랑촐랑
파랗다 - 퍼렇다
죽어, 먹어 - 고와, 보아

모음 조화에 어긋난 단어가 표준어로 인정된 예로는 "깡충깡충, 꼼실꼼실, 보슬보슬, 막둥이, 오뚝이" 등이 있다. 또한 "아름다워, 날카로워, 놀라워, 차가워" 등과 같은 형용사들의 활용도 모음 조화를 따르지 않는다.
모음 조화 현상도 일종의 동화로 볼 수 있으나 앞의 동화 현상과는 구별되는 점이 있다. 앞의 동화 현상은 기본형으로 보이는 어떤 음이 동화에 의해 다른 음으로 바뀐 것이라면 모음 조화는 이러한 기본 어형이 변화를 입은 것으로 볼 수는 없기 때문이다. 모음 조화는 이런 점에서 다른 동화 현상과는 변별된다고 볼 수 있다.
중세에는 엄격하게 지켜지던 모음 조화가 현대에 와서 상당히 문란해졌다. 이는 중세에 'ㅡ'와 대립하는 양성 모음 'ㆍ'가 소멸되고 중립적이던 'ㅣ'가 음성화되었기 때문으로 보인다.

* 'ㅣ' 모음 순행 동화

'ㅣ' 모음 순행 동화는 선행하는 'ㅣ' 모음의 영향으로 후행하는 단모음이 이중 모음으로 발음되는 것을 말한다.

피어 → 피여, 되어 → 되여, 지어 → 지여, 이오 → 이요

한글 맞춤법에서는 이런 'ㅣ' 모음 순행 동화를 표준어로 인정하지 않고 있다. 다만 두 발음 모두 표준 발음으로 허용한다. 다만, 'ㅣ' 뒤에 결합하는 어미 '-오'를 〔요〕로 발음할 수 있도록 허용한 것은 '이오, 아니오'의 경우에만 한하며, "기오, 끼오, (맛이) 시오, (꽃이) 피오" 등은 〔요〕 발음을 허용하지 않는다.

새·겨·알·기

표준 발음법 제22항

다음과 같은 용언의 어미는 [어]로 발음함을 원칙으로 하되, [여]로 발음함도 허용한다.

피어[피어/피여] 되어[되어/되여]

[붙임] '이오, 아니오'도 이에 준하여 [이요, 아니요]로 발음함을 허용한다.

4.1.4. 탈락(脫落)과 축약(縮約)

음운의 탈락(dropping)이나 축약(contraction)은 음운의 수가 결과적으로 줄어들게 되어 발음의 노력이 줄게 되는 노력 경제의 일환이다. 탈락은 형태소 배합 과정에서 어느 음운이 탈락되는 경우이며, 축약은 인접하는 두 음이 하나로 변이되는 현상으로서, 이에는 모음 축약과 자음 축약이 있다.

〈탈락〉

/ㅡ/ - /ㅓ/ → /ø/ - /ㅓ/ : 써(〈쓰어), 떠(〈뜨어)

/ㄹ/ - /ㄴ/, /ㅂ/, /오/, /시/ → /ø/ - /ㄴ/, /ㅂ/, /오/, /시/ : 사는, 삽니다, 사오, 사시오

(ø는 탈락)

〈축약〉

① /ㅏ/ - /ㅢ/ → /ㅐ/ : 나의 → 내

/ㅓ/ - /ㅢ/ → /ㅔ/ : 너의 → 네

/ㅗ/ - /ㅣ/ → /ㅚ/ : 보이다 → 뵈다, 조이다 → 죄다

/ㅣ/, /ㅜ/ - /ㅓ/ → /ㅕ/, /ㅝ/ : 가리어 → 가려, 두었다 → 뒀다

② /ㅎ/ - /ㄱ/, /ㄱ/ - /ㅎ/ → /ㅋ/ : 놓고 → 노코, 낙하 → 나카(落下)

/ㄷ/ - /ㅎ/, /ㅎ/ - /ㄷ/ → /ㅌ/ : 놓다 → 노타, 닫 - 히다 → 다티다(→ 다치다)

/ㅎ/ - /ㅈ/ → /ㅊ/ : 그렇지 → 그러치

/ㅂ/ - /ㅎ/ → /ㅍ/ : 밥 - 하다 → 바파다

축약은 형태 중복(morphemic overlap) 현상을 일으키기도 하는데 '가아〉가', '서어〉서'는 표면상 음운의 탈락이라 하겠으나 엄밀한 의미에서는 축약으로 보아야 될 것이다.

새·겨·알·기

한글 맞춤법 제38항

'ㅏ, ㅗ, ㅜ, ㅡ' 뒤에 '-이어'가 어울려 줄어질 적에는 준 대로 적는다.

(본말)	(준말)	
싸이어	쌔여	싸여
보이어	뵈어	보여
쏘이어	쐬어	쏘여
누이어	뉘어	누여
뜨이어	띄어	
쓰이어	씌어	쓰여
트이어	틔어	트여

4.2. 표현 효과를 위한 음운 변이

4.2.1. 이화(異化)

비슷한 특성을 가진 음소의 연결로 청각 효과가 약하다고 인지될 경우, 오히려 공통성이 적은 다른 음소로 바뀔 수 있다. 이처럼 발음상 힘이 더 들더라도 청각 효과를 높이는 방향으로 변하는 현상을 이화(dissimilation)라 한다. 된소리되기와 사잇소리 현상은 전형적인 이화 현상의 예이다.

> 입고 → [입꼬], 앞길 → [압낄], 젖소 → [젇쏘]
> 차+물 → 찻물 → [찬물], 코+날 → 콧날 → [콘날]
> 초+불(촛불) → [초뿔] [촏뿔], 내(川)+가(냇가) → [내까] [낻까],
> 손+등 → [손뜽]

새·겨·알·기

표준 발음법 제6장 된소리되기

제23항 받침 'ㄱ(ㄲ, ㅋ, ㄳ, ㄺ), ㄷ(ㅅ, ㅆ, ㅈ, ㅊ, ㅌ), ㅂ(ㅍ, ㄼ, ㄿ, ㅄ)' 뒤에 연결되는 'ㄱ, ㄷ, ㅂ, ㅅ, ㅈ'은 된소리로 발음한다.

국밥[국빱] 깎다[깍따] 넋받이[넉빠지] 삯돈[삭똔] 닭장[닥짱] 칡범[칙뻠] 뻗대다[뻗때다] 옷고름[옫꼬름] 있던[읻떤] 꽂고[꼳꼬] 꽃다발[꼳따발] 낯설다[낟썰다] 밭갈이[받까리] 솥전[솓쩐] 곱돌[곱똘] 덮개[덥깨] 옆집[엽찝] 넓죽하다[넙쭈카다] 읊조리다[읍쪼리다] 값지다[갑찌다]

제24항 어간 받침 'ㄴ(ㄵ), ㅁ(ㄻ)' 뒤에 결합되는 어미의 첫소리 'ㄱ, ㄷ, ㅅ, ㅈ'은 된소리로 발음한다.

신고[신:꼬] 껴안다[껴안따] 앉고[안꼬] 얹다[언따] 삼고[삼:꼬] 더듬지[더듬찌] 닮고[담:꼬] 젊지[점:찌]

다만, 피동, 사동의 접미사 '-기-'는 된소리로 발음하지 않는다.

안기다 감기다 굶기다 옮기다

제25항 어간 받침 'ㄼ, ㄾ' 뒤에 결합되는 어미의 첫소리 'ㄱ, ㄷ, ㅅ, ㅈ'은 된소리로 발음한다.

넓게[널께] 핥다[할따] 훑소[훌쏘] 떫지[떨:찌]

제26항 한자어에서, 'ㄹ' 받침 뒤에 연결되는 'ㄷ, ㅅ, ㅈ'은 된소리로 발음한다.

갈등[갈뜽] 발동[발똥] 절도[절또] 말살[말쌀] 불소[불쏘](弗素) 일시[일씨] 갈증[갈쯩] 물질[물찔] 발전[발쩐] 몰상식[몰쌍식] 불세출[불쎄출]

다만, 같은 한자가 겹쳐진 단어의 경우에는 된소리로 발음하지 않는다.

허허실실[허허실실](虛虛實實) 절절-하다[절절하다](切切-)

제27항 관형사형 '-(으)ㄹ' 뒤에 연결되는 'ㄱ, ㄷ, ㅂ, ㅅ, ㅈ'은 된소리로 발음한다.

할 것을[할꺼슬] 갈 데가[갈떼가] 할 바를[할빠를] 할 수는[할쑤는]
할 적에[할쩌게] 갈 곳[갈꼳] 할 도리[할또리] 만날 사람[만날싸람]

다만, 끊어서 말할 적에는 예사 소리로 발음한다.

[붙임] '-(으)ㄹ'로 시작되는 어미의 경우에도 이에 준한다.

할걸[할껄] 할밖에[할빠께] 할세라[할쎄라] 할수록[할쑤록] 할지라도[할찌라도] 할지언정[할찌언정] 할진대[할찐대]

제28항 표기상으로는 사이시옷이 없더라도, 관형격 기능을 지니는 사이시옷이 있어야 할(휴지가 성립되는) 합성어의 경우에는, 뒤 단어의 첫소리 'ㄱ, ㄷ, ㅂ, ㅅ, ㅈ'을 된소리로 발음한다.

문-고리[문꼬리] 눈-동자[눈똥자] 신-바람[신빠람] 산-새[산쌔] 손-재주[손째주] 길-가[길까] 물-동이[물똥이] 발-바닥[발빠닥] 굴-속[굴:쏙] 술-잔[술짠] 바람-결[바람껼] 그믐-달[그믐딸] 아침-밥[아침빱] 잠-자리[잠짜리] 강-가[강까] 초승-달[초승딸] 등-불[등뿔] 창-살[창쌀] 강-줄기[강쭐기]

4.2.2. 첨가(添加)

형태소가 배합될 때 어느 한 형태소 또는 둘 전부에 어떤 음운이 첨가(addition)되는 일이 있다. 이와 같은 변이는 일종의 강화 현상으로서 형태소 배합에서 이루어지는 결합 변이이다.

후행하는 형태소의 두음(頭音)이 /i/나 /j/일 때 흔히 /ㄴ/이 첨가된다.

> 대-잎 → 댓-닢, 콩-엿 → 콩-녓, 낮-일 → 낮-닐, 꽃-잎 → 꽃-닢, 물-약 → 물-냑(→ 물-략), 부엌-일 → 부엌-닐

'댓잎', '아랫니' 에서는 두 개의 /ㄴ/이 첨가되는데 이 두 음운은 선후 형태소에 나누어진다.

선행 형태소 말음이 모음이고 후행 형태소 두음이 /ㄴ/, /ㅁ/일 때 선행 형태소에 /ㄴ/이 첨가된다.

코-날 → 콘-날, 하루-날 → 하룬-날, 배-머리 → 밴-머리

'댓잎', '콧날', '하룻날' 등은 위와는 달리 /ㄷ/(표기법의 'ㅅ' 에 해당됨)의 첨가로 보는 방법도 가능하다. 즉 현행 표기법에서 '사이시옷 (ㅅ)' 으로 표기되는 것은 모두 음운 /t/의 첨가로 보는 방법이다.

기타의 첨가

흐르-어 → 흘러, 이르-어 → 이르러
조-쌀 → 좁쌀, 벼-씨 → 볍씨
암-닭 → 암탉, 수-닭 → 수탉(ㅎ첨가)
소-아지 → 송아지, 개-아지 → 강아지

새·겨·알·기

표준 발음법 제7장 소리의 첨가

제29항 합성어 및 파생어에서, 앞 단어나 접두사의 끝이 자음이고 뒤 단어나 접미사의 첫 음절이 '이, 야, 여, 요, 유' 인 경우에는, 'ㄴ' 소리를 첨가하여 [니, 냐, 녀, 뇨, 뉴]로 발음한다.

솜-이불[솜:니불] 홑-이불[혼니불] 막-일[망닐] 삯일[상닐] 맨-입[맨닙] 꽃-잎[꼰닙] 내복-약[내:봉냑] 한-여름[한녀름] 남존-여비[남존녀비] 신-여성[신녀성] 색-연필[생년필] 직행-열차[지캥녈차] 늑막-염[능망념] 콩-엿[콩녇] 담-요[담:뇨] 눈-요기[눈뇨기] 영업-용[영엄뇽] 식용-유[시굥뉴] 국민-윤리[궁민뉼리] 밤-윷[밤:뉻]

다만, 다음과 같은 말들은 'ㄴ' 소리를 첨가하여 발음하되, 표기대로 발음할 수 있다.

이죽 - 이죽[이중니죽/이주기죽] 야금 - 야금[야금냐금/야그먀금] 검열[검:녈/거:멸] 욜랑 - 욜랑[욜랑뇰랑/욜랑욜랑] 금융[금늉/그뮹]

[붙임 1] 'ㄹ' 받침 뒤에 첨가되는 'ㄴ' 소리는 [ㄹ]로 발음한다.

들 - 일[들:릴] 솔 - 잎[솔립] 설 - 익다[설릭따] 물 - 약[물략] 불 - 여우[불려우] 서울 - 역[서울력] 물 - 엿[물 녇] 휘발 - 유[휘발류] 유들 - 유들[유들류들]

[붙임 2] 두 단어를 이어서 한 마디로 발음하는 경우에는 이에 준한다.

한 일[한닐] 옷 입다[온닙따] 서른 여섯[서른녀섣] 3연대[삼년대] 먹은 엿[머근 녇] 할 일[할릴] 잘 입다[잘립따] 스물 여섯[스물려섣] 1연대[일련대] 먹을 엿[머글녇]

다만, 다음과 같은 단어에서는 'ㄴ(ㄹ)' 소리를 첨가하여 발음하지 않는다.

6 · 25[유기오] 3 · 1절[사밀쩔] 송별 - 연[송:벼련] 등 - 용문[등용문]

이 외에 여러 음운 변동 현상이 겹쳐 있는 사잇소리 현상이 있다. 정리해 보면 다음과 같다.

① 두 형태소의 결합으로 합성 명사를 이룰 때, 앞말의 끝소리가 울림 소리이고 뒷말의 첫소리가 안울림 예사 소리이면, 뒤의 예사 소리가 된소리로 바뀌는 경우가 있다.

> 등 + 불 → 〔등뿔〕
> 초 + 불 → 〔초뿔〕

한자어의 경우에도 이러한 사잇소리 현상이 나타난다. 다만 한자어는 사이시옷을 표기하지 않는 것이 원칙인데 예외적으로 "셋방, 숫자, 횟수, 곳간, 찻간, 툇간"의 경우에는 사이시옷을 표기한다.

두 형태소가 결합할 때에 'ㄴ' 소리가 첨가되지 않는 것을 표준 발음으로 하는 것들에, "육이오, 송별연" 등이 있다.

② 두 형태소가 결합할 때에 'ㄴ' 소리가 첨가되는 경우가 있다.

솜 + 이불 → 〔솜:니불〕
깨 + 잎 → 〔깬닙〕

③ 국어의 음운 현상에 의하면 모음이나 비음과 같은 유성음 사이에 위치한 'ㄱ〔k〕, ㄷ〔t〕, ㅂ〔p〕, ㅈ〔c〕' 등의 무성음은 '가구〔kagu〕, 바다〔pada〕, 갈비〔kalbi〕, 남자〔namʤa〕' 등에서 알 수 있는 바와 같이 유성음화하여 각각 〔g〕, 〔d〕, 〔b〕, 〔j〕로 바뀌는 것이 일반적이다. 사잇소리 현상은 바로 이러한 유성음화를 방지하여 표현의 강화를 이루려는 언어 의식에서 나온 것이다. 이러한 사잇소리 현상은 '강가(姜家)〔-가〕, 강가(江-)〔-까〕'의 어휘 비교에서 나타나는 바와 같이 의미 차이를 유발하는 현상이기도 하다.

사잇소리 표기의 통시적 변화

15세기의 〈용비어천가〉나 《훈민정음》에서는 'ᄆᆞᇫㄱ쓰디, 몇間ㄷ지븨, 사ᄅᆞᆷᄠᅳ 리잇가, 先考ㆆᄠᅳᆮ, 野人ㅅ서리, 나라ᇫ일훔, ᄀᆞᄅᆞᇙᄀᆞᅀᆡ, ᄌᆞ걋오ᅀᆞ란' 등과 같이 단어나 문장 차원에서 사잇소리가 오음(五音)의 계열에 따라 ㄱ, ㄷ, ㅂ, ㅅ, ㆆ, ㅿ를 규칙적으로 표기에 반영하였고, 받침 다음에서도 사잇소리가 표기되었다. 이후에 사잇소리는 'ㅅ'으로 통일되면서, 현대 국어에서는 앞 형태소에 받침이 없는 합성어에서만 제한적으로 표기되고 있다. 또한 〈한글 맞춤법〉(1988)에 의하면 합성어인 경우에도 결합하는 두 형태소가 모두 한자어인 경우에는 '곳간, 셋방, 숫자, 찻간, 툇간, 횟수'의 여섯 어휘를 제외하고는 사이시옷을 표기하지 않는다.

사잇소리 현상은 의미나 습관에 따라, 사잇소리 현상이 일어날 때와 그렇지 않을 때로 구별하기도 한다.

고기배: 물고기의 배 또는 물고기를 배처럼 탄 경우.
고깃배: 고기를 잡는 배 곧 어선(漁船)을 가리킴.
나무집: 나무로 지은 집.
나뭇집: 나무를 파는 집 곧 목재상.

새·겨·알·기

한글 맞춤법 제30항

사이시옷은 다음과 같은 경우에 받치어 적는다.

1. 순 우리말로 된 합성어로서 앞말이 모음으로 끝난 경우

(1) 뒷말의 첫소리가 된소리로 나는 것

고랫재　귓밥　나룻배　나뭇가지　냇가　댓가지

뒷갈망 맷돌 머릿기름 모깃불 못자리 바닷가
뱃길 볏가리 부싯돌 선짓국 쇳조각 아랫집
우렁잇속 잇자국 잿더미 조갯살 찻집 쳇바퀴
킷값 핏대 햇볕 혓바늘

(2) 뒷말의 첫소리 'ㄴ, ㅁ' 앞에서 'ㄴ' 소리가 덧나는 것

멧나물 아랫니 텃마당 아랫마을 뒷머리
잇몸 깻묵 냇물 빗물

(3) 뒷말의 첫소리 모음 앞에서 'ㄴㄴ' 소리가 덧나는 것

도래깻열 뒷윷 두렛일 뒷일 뒷입맛
베갯잇 욧잇 깻잎 나뭇잎 댓잎

2. 순 우리말과 한자어로 된 합성어로서 앞말이 모음으로 끝난 경우

(1) 뒷말의 첫소리가 된소리로 나는 것

귓병 머릿방 뱃병 봇둑 사잣밥
샛강 아랫방 자릿세 전셋집 찻잔
찻종 촛국 콧병 탯줄 텃세
핏기 햇수 횟가루 횟배

(2) 뒷말의 첫소리 'ㄴ, ㅁ' 앞에서 'ㄴ' 소리가 덧나는 것

곗날 제삿날 훗날 툇마루 양칫물

(3) 뒷말의 첫소리 모음 앞에서 'ㄴㄴ' 소리가 덧나는 것

가욋일 사삿일 예삿일 훗일

3. 두 음절로 된 다음 한자어

곳간(庫間) 셋방(貰房) 숫자(數字) 찻간(車間) 툇간(退間) 횟수(回數)

표준 발음법 제30항

사이시옷이 붙은 단어는 다음과 같이 발음한다.

1. 'ㄱ, ㄷ, ㅂ, ㅅ, ㅈ'으로 시작하는 단어 앞에 사이시옷이 올 때는 이들 자음만을 된소리로 발음하는 것을 원칙으로 하되, 사이시옷을 [ㄷ]으로 발음하는 것도 허용한다.

냇가[내: 까/낻: 까] 샛길[새: 낄/샏: 낄] 빨랫돌[빨래똘/빨랟똘] 콧등[코뜽/콛뜽] 깃발[기빨/긷빨] 대팻밥[대: 패빱/대: 팯빱] 햇살[해쌀/핻쌀] 뱃속[배쏙/밷쏙] 뱃전[배쩐/밷쩐] 고갯짓[고개찓/고갣찓]

2. 사이시옷 뒤에 'ㄴ, ㅁ'이 결합되는 경우에는 [ㄴ]으로 발음한다.

콧날[콘날 → 콘날] 아랫니[아랜니 → 아랜니] 툇마루[퇸: 마루 → 퇸: 마루] 뱃머리[밴머리 → 밴머리]

3. 사이시옷 뒤에 '이' 소리가 결합되는 경우에는 [ㄴㄴ]으로 발음한다.

베갯잇[베갠닏 → 베갠닏] 깻잎[깬닙 → 깬닙] 나뭇잎[나문닙 → 나문닙] 도리깻열[도리깬녈 → 도리깬녈] 뒷윷[뒨: 뉻 → 뒨: 뉻]

세·워·가·꾸·기

1. 국어의 음성, 음운, 음절을 이해했는가?

2. 말소리의 본질을 이해하고 말소리의 문화적 가치를 알았는가?

3. 국어의 말소리와 음운의 관계를 파악했는가?

4. 국어의 음운 체계와 변동 규칙을 알았는가?

5. 표준 발음으로 말하려는 태도를 지녔는가?

6. 국어의 정확한 발음을 알고 바르게 사용했는가?

아름다운 우리말

가온누리: '어떤 일이 있어도 세상의 중심이 되어' 라는 뜻의 순우리말

고운매: 아름다운 맵시나 모양. 또는 아름다운 여인

기스락: 초가의 처마끝

기승떨다: 성미가 억척스럽고 굳세어 좀처럼 굽히려 하지 않는다.

풀·어·다·지·기

1. 국어의 상관속은 다음 중 어느 것인가?

   ① '기(氣)'와 '후두긴장'에 의한 삼지적 상관속

   ② '기(氣)'와 '후두긴장'에 의한 이(二)지적 상관속

   ③ '성(聲)'과 '기(氣)'에 의한 삼지적 상관

   ④ '성(聲)'과 '기(氣)'에 의한 이지적 상관

2. □□은 발음 기관을 통해 나오는 구체적인 소리이고 물리적인 소리이며, □□은 말의 뜻과 결부되어 머릿속에 기억되어 있는 추상적이고 관념적인 소리이다.

3. 다음 문장들에 대해 연접 관계를 설명하시오.

   ① 학생만이십명

   ② 아니놀고있다.

   ③ 그녀의옷에대한관심

   ④ 나는철수와영호를때려주었다.

4. 다음 각 항의 음운 현상을 설명하시오.

   ① 아름답+아 → 아름다워

   ② 좋고 → 조코

   ③ 깎이어 → 깎여

   ④ 바늘+질 → 바느질

5. 다음 예문을 보고 음운 변동의 특징을 설명하시오.

① 빛, 빚, 빗/ 책, 밖, 부엌 ② ㄱ. 옷이, 옷을 ㄴ. 옷 안, 옷 아래 ③ 입는, 밥물, 닫는, 국물 ④ 굳혀, 밭이, 닫히어 ⑤ 국밥, 걷고, 밥과

6. 다음을 보고 아래 물음에 답하시오.

망, 방, 공부, 조기

6-1. 위의 단어들을 바탕으로 국어의 '음성과 음운'에 대해 학습하고자 한다. 〈조건〉에 맞게 설명해 보자(단, 여기서의 음운은 분절 음운으로 이해할 것).

〈조건〉

1. 음성과 음운의 차이점을 비교하여 설명할 것.
2. 음운의 기능에 대해 설명할 것.
3. 음성을 음운으로 체계화하는 방법에 대해 위 단어들을 예로 들어 두 가지만 지적하고 설명할 것.

6-2. 어떤 학생이 '수비[subi]'라는 단어를 '수비[suβi]'로 발음했지만, 국어에서 [b]와 [β]는 서로 다른 음운이 될 수 없다는 점을 음운론적으로 간략히 설명해 보자.

7. 예문을 참고로 사잇소리 현상을 설명하고 표기법과 예외적 용법에 대하여 설명하시오.

① 봄+비 → [봄삐] 산+길 → [산낄] 등+불 → [등뿔] ② 뱃길 ③ 고래기름, 기와집, 콩밥 ④ 나무+집 → [나무집][나무찝] ⑤ 곳간, 셋방, 숫자, 툇간, 찻간, 횟수 ⑥ 이+몸 → 잇몸[인몸] 코+날 → 콧날[콘날] ⑦ 집+일 → [집닐] → [짐닐] 부엌+일 → [부억닐][부엉닐] 물+약 → [물냑] → [물략] 아래+이 → 아랫이[아랜니]

8. 다음에 제시된 예를 보고 물음에 답하시오.

① 가자미, 먹이다, 속이다, 죽이다, 기어, 미시오 ② 멋쟁이, 소금쟁이, 새끼, 냄비, 되어, 피어, 이오, 아니오

8-1. 위 예문으로 국어의 모음 동화 현상에 대해 탐구 학습 과정에 따라 교수-학습하고자 한다. 다음 표의 '가설 설정'과 '가설 검증'의 내용을 적고, '결론의 진술 및 적용'의 빈 칸을 채워보자.

문제의 정의	①의 단어들에서 'ㅣ' 모음은 다른 모음에 영향을 주어 전설 모음으로 변하게 하거나 발음을 변하게 하는 경향이 있다. 이 현상을 규칙화할 수 있을까?
가설 설정	(1) (2)
가설 검증	
결론의 진술 및 적용	지금까지 논의한 내용을 (1), (2)로 정리할 수 있다. (1) 〔ㅏ, ㅓ, ㅗ, ㅜ〕→〔 , , , 〕/ __ㅣ (2) 〔ㅓ, ㅗ〕→〔 , 〕/ ㅣ__

8-2. 위 예문 ②를 참고하여 모음 동화의 표준어 규정에 대해 간략히 설명해 보자.

9. 다음 제시된 예를 보고 물음에 답하시오.

(가) 종:공=/ㅈ/, /ㄱ/, 봄:볼=/ㅁ/, /ㄹ/
정:중=/ㅓ/, /ㅜ/, 곰:감=/ㅗ/, /ㅏ/
(나) ㅏ, ㅐ, ㅓ, ㅔ, ㅗ, ㅚ, ㅜ, ㅟ, ㅡ, ㅣ
(다) ㄱ, ㄲ, ㄴ, ㄷ, ㄸ, ㄹ, ㅁ, ㅂ, ㅃ, ㅅ, ㅆ, ㅇ, ㅈ, ㅉ, ㅊ, ㅋ, ㅌ, ㅍ, ㅎ

9-1. (가)의 자료를 바탕으로 '음운'의 개념과 음운 변별 방법에 대한 교사의 설명을 들은 학생이 〔보기〕와 같이 음운을 변별해 냈다고 할 때 〈조건〉에 맞게 서술해 보자.

〈보기〉

(1) 밤:담 → ㅂ+ㅏ+ㅁ: ㄷ+ㅏ+ㅁ →/ㄷ/, /ㅈ/
(2) 공:강 → ㄱ+ㅗ+ㅇ: ㄱ+ㅏ+ㅇ →/ㅗ/, /ㅏ/
(3) 옹:공 → ㅇ+ㅗ+ㅇ: ㄱ+ㅗ+ㅇ →/ㅇ/, /ㄱ/

〈조건〉 1. 음운의 개념을 정의할 것.
2. 학생이 음운을 변별한 자료를 잘한 점과 잘못된 점을 각각 지적할 것.

9-2. 국어의 음운 체계를 다음과 같이 정리할 때 빈칸을 채워 보자.

〔국어의 모음〕

혀의 최고점 위치	앞(전설 모음)		뒤(후설 모음)	
① / ②	평순	원순	평순	평순
높음(고모음)	ㅣ	③	ㅡ	④
중간(중모음)	ㅔ	ㅚ	ㅓ	ㅗ
낮은(저모음)	ㅐ		⑤	

〔국어의 자음〕

소리의 성질 \ 소리나는 위치		두 입술	윗잇몸 혀끝	센입천장 혓바닥	여린입천장 혀뒤	목청 사이
안울림 소리	예사 소리	ㅂ	ㄷ, ⑦	ㅈ	ㄱ	ㅎ
	된소리	ㅃ	ㄸ, ⑧	ㅉ	ㄲ	
	거센소리	ㅍ	ㅌ	ㅊ	ㅋ	
울림 소리	콧소리(비음)	⑥	⑨		⑩	
	흐름소리(유음)		ㄹ			

10. 다음 자료를 읽고 물음에 답하시오.

(가) 소리가 변하는 원인 중에서 가장 큰 요인은 '노력 경제'와 '표현 효과' 두 가지이다. 다시 말하면, 소리는 조음 시 힘이 덜 드는 방향으로 바뀌거나 표현 효과를 얻을 수 있는 방향으로 변한다.

(나) ㉠ 굳이〔구지〕, 같이〔가치〕

㉡ 아비 〉 애비, 어미 〉 에미, 고기 〉 괴기

㉢ 남아/넘어, 고와/구워, 깔깔/껄껄, 바삭바삭/버석버석

㉣ 놓다〔노타〕, 먹히다〔머키다〕, 그리어 → 그려, 남기어 → 남겨

㉤ 멀(다)+니 → 머니, 딸+님 → 따님, 솔+나무 → 소나무

㉥ 안방〔안빵〕, 손등〔손 뜽〕, 길거리〔길꺼리〕

㉦ 하어 〉 하여, 개에 〉 개예

(다) 다음은 한 음운이 변하는 경우와 두 음운이 변하는 경우를 구분해 놓은 것이다.

한 음운이 변하는 경우	두 음운이 변하는 경우
① 대관령 → [대괄령]	① 속리산 → [송니산]
② 전라도 → [절라도]	② 백록담 → [뱅녹땀]
③ 동래 → [동내]	③ 왕십리 → [왕심니]

10-1. 말의 소리가 변하는 이유를 (가)와 같이 두 가지로 분류할 때, (나)의 ㉠~㉦의 예는 각각 어디에 해당하는지 나누고 그렇게 나눌 수 있는 근거를 간략히 설명해 보자.

10-2. 학생이 (다)와 관련하여 "백록담은 세 음운이 변하는 것처럼 보이는데 왜 두 음운이 변하는 경우에 넣었나요?"라는 질문을 하였을 때 이에 대해 교사가 설명할 내용을 기술해 보자.

11. 다음 물음에 답하시오.

11-1. 다음에 제시된 문장을 바탕으로 우리말의 음절 형성 방식을 기술해 보자.

창문을 열어라

11-2. 다음에 제시된 단어들을 조건에 맞추어 서술해 보자.

(1) <u>밤</u>이 깊었다.	(2) <u>밤</u>이 맛있다.
(3) 산에 <u>눈</u>이 많이 내렸다.	(4) 먼지 때문에 <u>눈</u>이 따끔거렸다.

〈조건〉

1. 밑줄 친 낱말을 읽거나 말할 때의 유의점을 밝힐 것.
2. 밑줄 친 낱말들의 의미를 구체적인 방법을 들어 구별할 것.

12. 다음을 읽고, 물음에 답하시오.

〔1〕 (가) ㅁ, ㅂ, ㅃ, ㅍ
(나) ㄴ, ㄷ, ㄸ, ㄹ, ㅅ, ㅆ, ㅌ
(다) ㅈ, ㅉ, ㅊ
(라) ㄱ, ㄲ, ㅇ, ㅋ
(마) ㅎ

〔2〕 (가) ㅗ, ㅚ, ㅜ, ㅟ : ㅏ, ㅐ, ㅓ, ㅔ, ㅡ, ㅣ
(나) ㅣ, ㅔ, ㅐ, ㅟ, ㅚ : ㅡ, ㅓ, ㅏ, ㅜ, ㅗ
(다) ㅣ : ㅔ : ㅐ
ㅡ : ㅓ : ㅏ

12-1. 〔1〕과 〔2〕에서 제시된 자음과 모음의 분류 기준을 밝히고, 각 항목을 구분하는 명칭과 그 방법을 기술해 보자.

12-2. 다음을 읽고 조건에 맞게 기술해 보자.

살어리 살어리랏다 청산에 살어리랏다.
머루랑 다래랑 먹고 청산에 살어리랏다.
얄리얄리 얄랑셩 얄라리 얄라

〈조건〉
1. 밑줄 친 부분을 소리내어 읽었을 때의 느낌을 말할 것.
2. 발음시 나타나는 어감을 음운의 특성을 고려하여 서술할 것.

13. 아래에 제시된 항목에서 일어나는 음운 현상을 쓰고, 그러한 현상들이 일어나는 원인을 언어 사용과 관련하여 설명하시오.

① 대관령, 속리산, 입는, 닫는
② 굳이, 맏이, 미닫이, 같이, 겉이, 피붙이
③ 아비 〉 애비, 어미 〉 에미, 고기 〉 괴기
④ 놓다, 입히다, 파랗다, 잡히다
⑤ 따님, 부삽, 소나무, 마소, 다달이
⑥ 닫는, 각론, 밥물, 꽃잎

아름다운 우리말

길라잡이: 길을 인도하는 사람 (줄인말: 길잡이)
나들목: 나가고 들고 하는 길목
노고지리: [옛] 종달새
다락밭: 비탈진 곳에 층이 지게 만든 밭

"학을 떼다"의 유래

모기가 옮기는 여름 전염병인 말라리아를 '학질'이라고 한다. 학을 뗀다는 것은 죽을 뻔했던 '학질에서 벗어났다'는 뜻이다. 무시무시한 열병인 학질은 높은 열에 시달리는 것이 특징인데 고열이 나면 자연히 땀을 많이 흘리게 되므로, 어려운 곤경에 처했을 때 진땀을 빼는 것에 비유한 것이다. 괴로운 일이나 진땀 나는 일을 간신히 모면하거나 벗어나는 것을 가리킨다.

3

형태와 단어 속에 한번 빠져보시겠습니까?

말이 씨 된다는 말이 있다
말이 씨 될 수 있을까
싸란 열매 속에서 영글어진 것.

마음 속에서 영글고 영글어진 것이
말로 튀쳐나올 때
민들레 홀씨마냥 바람에 날려
가리지 않고 민들레 싹으로 돋아난다.

사람의 말에는 기도와 같은 힘이 있고
그 힘이 신에게로 통하는가 보다
생각만 하는 것과 말로 하는 것은 다르다.

말은 환경에 적응력이 강하고
신뢰성이 있어
어쩜, 예언자인지도 모른다
아름다운 꽃으로 피어나는 말이 좋은 씨 된다.

– 차영섭의 「말이 씨 된다」 –

얼·개·잡·기

형태와 단어 속에 한번 빠져보시겠습니까?

(1) 형태소와 단어의 개념을 안다.
(2) 단어의 짜임새를 이해한다.
(3) 단어의 갈래와 원리를 파악한다.
(4) 단어의 품사적 특성을 알고 바르게 사용할 수 있다.

형태론이란 단어의 형태적 특성을 다루는 문법의 하위 부문으로서 의미나 종류 및 그것들이 결합하여 최소 자립 형식을 이루는 방법을 연구하는 부문이다. 형태론은 문장의 구성 방식과 의미 해석을 다루는 통사론과 함께 문법의 중요 영역을 형성한다. 즉 형태론은 형태소와 그 형태소의 결합으로 만들어지는 단어까지를 다루는 언어학의 한 범주이다.

1. 형태소

1.1. 형태소란 무엇인가?

형태소(morpheme)는 의미를 지닌 최소의 단위이다. 형태소는 나타나는 환경에 따라 모습을 달리하는 일이 많은데, 하나의 형태소가 환경에 따라 모습을 달리할 때 그것을 각각 형태(morph)라 부르며, 한 형태소의 교체형들을 그 형태소의 이형태(allomorph)라 한다.

> **새·겨·알·기**
>
> **형태**: 형태란 일정한 의미를 담고 구체적으로 실현된 언어적 형식인 말소리의 연계로서 언어 형태라고도 한다.
>
> **이형태**: 한 형태소가 주위 환경에 따라 음상(音相, phonemic)을 달리하는 일을 교체(交替, alternation) 또는 변이(變異, variation)라 하는데, 이 교체에 의해 달라진 형태를 한 형태소의 이형태라고 한다.
>
> **기본형**: 한 형태소가 여러 이형태를 가질 때, 그 중 대표가 되는 이 형태를 기본형(basic allomorph)이라고 한다. 기본형은 역사적으로 더 오래 된 것이나, 기능 부담량이 많은 것이거나, 또는 합리적으로 설명할 수 있는 형태로 정한다.

상보적 분포(complementary distribution)
한 형태소에 두 형태가 있다면 그들이 분포되는 환경은 서로 겹치지 않는 특성을 지닌다. 이처럼 놓이는 환경이 겹치지 않으면 그 두 이형태의 분포는 상보적 또는 배타적이라고 말한다. 서로 보완해서 하나가 되는 또는 서로를 허용하지 않는 관계라는 뜻이다. 한 형태소에 속하는 이형태들은 의미가 동일하다. 한 형태소란 이처럼 같은 의미를 가지면서 상보적 분포를 가지는 이형태들의 집합이다.

1.2. 형태소의 기본형 설정

사랑<u>은</u> 나<u>와</u> 하고 사교<u>는</u> 남<u>과</u> 하여라.
마음<u>이</u> 뜨거우면 사랑이요, 머리<u>가</u> 차가우면 이성이다.

한 형태소에 속하는 여러 개의 변이 형태 가운데 가장 대표적인 형태를 기본형이라 한다.(한 형태소가 환경에 따라 두 가지 이상의 형태로 교체될 때는 그 중의 어느 한 형태를 대표 형태로 정해 둘 필요가 있다.) 위의 예에서 '은/는', '이/가', '와/과' 등은 각각 한 형태소의 변이 형태들이다. 이들 중 과연 기본형은 어떤 것으로 설정해야 하나?

기본형 설정의 기준은 다음과 같다.

첫째, 가장 효과적으로 설명해 줄 수 있는 형태를 선택한다. 즉 기본형에서 다른 형태로 바뀌는 규칙을 설정할 때, 가장 바람직한 규칙을 세울 수 있는 형태를 기본형으로 삼는 것이다. 따라서 축소 형태보다는 완전형을 선택하는 것이 좋다.

둘째, 이형태 가운데 가장 넓은 분포를 가진 형태를 선택한다.

셋째, 이형태들이 서로 평행구조를 보일 때는 임의로 하나를 선택한다.

넷째, 통시적 변천 과정을 고려하여 앞선 것을 선택한다.

(1) 는/은, 를/을, 야/아
(2) 과/와, 으로/로, 이고/고, 이며/며
(3) 이/가

형태들이 음운론적인 조건의 영향을 받을 때는 변이의 조건을 설명하기 간편한 쪽을 택하여야 한다.

(1)에서는 '는, 를, 야'를, (2)에서는 '과, 으로, 이고, 이며'를 대표 형태로 정할 수 있다. "은, 을, 아, 와, 로, 고, 며"를 대표 형태로 삼으면 어떤 음운이 첨가되는지 예측할 수 없지만, "는, 를, 으로" 등을 대표 형태로 삼으면 자음 내지 모음 아래서는 특정 음운이 탈락('-ㄴ, -ㄹ'이 자음 뒤에서 탈락, '-으-'가 모음 뒤에서 탈락) 된다고 말할 수 있기 때문이다. (3)의 대표 형태는 관점에 따라 '이' 또는 '가'의 어느 것으로도 가능하다. 그러나 역사적으로 '가'가 후세에 나타났고 지금도 '가'가 쓰여야 할 자리에 '이'가 나타나는 일이 있음을 생각하면 '이'를 대표 형태로 택할 수 있다.

어떤 이형태가 음운론적 환경에 영향을 받을 때 이를 음운론적으로 제약된 이형태라고 하며, 형태론적 환경에 영향을 받으면 형태론적으로 제약된 이형태라고 부른다. 음운론적으로 조건된 이형태란, 의미는 같으나 음소 형상이 다른 경우, 그 차이가 음운론적으로 규정된 것이다. 서로 상호 보완적 분포를 보이며 동일 형태소의 변이 형태이므로 동일 형태소로 본다. '학생이/제자가', '밥을/고기를'에서 각각 '이/가', '을/를'을 선택하게 된 원인은 선행 음운이 자음으로 끝났느냐 모음으로 끝났느냐의 조건에 따른 것이고, '먹어라 - 받아라'에서 '-어라/-아라'는 선행 모음이 양성이냐 음성이냐에 따라 선택된 것이다. 이를 /이~가/, /을~를/, /-어라~-아라/와 같이 표시할 수 있다.

형태론적으로 조건된 이형태란 두 형태가 의미는 같고 음소 형상이 다르지만 그 차이가 형태론적 조건에 의한 것이고 상호 보완적 분포일 때, 그들이 동일한 조어적 계열이면 동일 형태소로 본다. "보아라 - 오너라", "먹어

– 푸르러 – 하여"에서 각각 '-아라/-어라', '-어/-러/-여'를 선택한 것은 특정한 선행 형태에 따른 것이다. 이를 /-아라∞-너라/, /-어∞-러∞-여/와 같이 표시할 수 있다.

한편 자유 이형태란 동일한 환경에서 조건 없이 서로 교체될 수 있는 것을 말한다. '하늘-이'와 '하늘-ø'에서처럼 '이, ø'는 서로 같은 환경에서 자유롭게 교체되어 나타날 수 있으므로 자유 이형태이다. 또한 '노을/놀', '외우다/외다'와 같은 복수 표준어도 자유 이형태로 볼 수 있다.

'읽-었-다'의 '-었-'은, 양성 모음으로 된 '보다'의 어간 뒤에서는 '-았-'으로 교체되므로 두 형태는 음운론적으로 제약된 이형태라고 할 수 있다. 그러나 '하다' 뒤에서는 '-였-'으로 교체되므로 음운론적인 조건으로는 설명되지 않는다. 같은 'ㅏ'로 끝난 말 뒤에서는 '가았다(>갔다)'에서 보는 것처럼 '-았-'이 붙으나 '하다'에서는 '-였-'으로 실현되기 때문이다. 이러한 교체는 특수한 말에 국한하여 나타나므로 형태론적으로 제약된 이형태라고 부른다.

새·겨·알·기

형태론적으로 제약된 이형태 중 {-거라, -너라} 문제

이형태 중에 형태론적 이형태의 개념을 설명하는 예를 들 때 아직도 {-거라, -너라}를 동사 '가다, 오다'류에만 쓰인다고 설명한다. 그러나 {-거라, -너라}를 {-아라}의 형태론적 이형태로 본 것은 고쳐져야 할 것이다.

	하라체	해라체	해라체	
가다	가라	가아라 → 가라	가거라	*가너라
오다	오라	오아라 → 와라	오거라	오너라
먹다	먹으라	먹어라	먹거라	*먹너라
자다	자라	자아라 → 자라	자거라	*자너라

위에서 드러나듯이 {-거라, -너라}는 옛 말투의 보수적 명령형 어미로서 예전에는 "오다, 가다"에서만 쓰여 다른 동사 어간들이 취하는 {-아라/-어라}의 형태론적 이형태로 보았지만 오늘날은 일부 세대에서 나타나는데, 특히 {-거라}는 "오다, 가다"를 포함한 모든 동사 어간에 붙어 쓰일 수 있는 규칙 어미로 변한 것이 현실이다. 또한 "오다, 가다"도 이제는 {-아라}를 더 많이 쓰기 때문에 {-아라/-어라}와 {-거라}는 문체적 차이를 지닌 별개 명령형 어미, 즉 문체론적 이형태로 보아야지 형태론적 이형태로 보면 안 될 것이다.

1.3. 형태소의 종류

진아가 되새김질하는 송아지를 보고 있다.

형태소는 자립성의 여부와 의미의 허실에 따라 자립 형태소(free morpheme)와 의존 형태소(bound morpheme), 실질 형태소(full morpheme)와 형식 형태소(empty morpheme)로 나누어진다. 실질 형태소는 구체적인 대상, 동작, 상태와 같은 어휘적 의미를 표시하므로 어휘 형태소라고 부르기도 하며, 형식 형태소는 말과 말 사이의 형식적 관계를 나타내므로 문법 형태소라고 한다. 형식 형태소에는 조어적 기능을 띤 접사도 포함시킬 수 있다.

형태소 자체가 자립이 가능한가, 아니면 자립이 불가능하여 다른 말에 의존하는가에 따라 자립 형태소(진아, 소)와 의존 형태소(가, 되-, 새기-, -ㅁ, -질, 하-, -는-, -ㄴ, -아지, 를, 보-, -고, 있-, -다)로 나눈다. 의미의 허실에 따라서는 실질 형태소(어휘 형태소)(진아, 새기-, 소, 보-, 있-)와 형식 형태소(문법 형태소)(가, 되-, -ㅁ, -질, 하-, -는-, -ㄴ, -아지, 를, -고, -다)로 나눈다. 이 외에도 주어진 낱말이나 문장을 구성할 때, 핵심 의미나 기능을 지니고 있으면 핵심 형태소, 핵심 형태소에 덧붙여 의미나 기능을 보태 줄 경우엔 부가 형태소로 나누기도 한다.

형식 형태소는 문법적 관계를 지니는 형태소들이므로 문법 형태소라고도 하는데, 이렇게 문법적 관계를 표시하는 형태소는 굴절 접사와 파생 접사로 나뉜다. 조사나 어미가 붙어 문법적 관계를 표시하는 일을 굴절법이라 하는데 어간에 어미가 붙는 것은 완전 굴절법, 체언에 조사가 붙는 것은 준굴절법이라 구분한다. 형태론에는 굴절법뿐만 아니라 단어 형성법(조어법)도 포함된다.

- 형태론
  - 굴절법
    - 완전 굴절법-어미 결합
    - 준굴절법-조사 결합
  - 조어법

* 준굴곡법은 체언에 조사가 붙는 방법이지만, 학교 문법에서는 조사를 단어로 인정하므로 준굴곡법은 취급하지 않는다.

새·겨·알·기

형태소의 IC 분석

직접 구성 성분(Immediate Constituent, I.C.)이란, 언어 단위를 일정한 기준에 따라 하위 단위로 쪼개어 갈 때 얻어지는 구성 성분들 중 그 단위를 가장 먼저 나눈 것을 일컫는다. 직접 구성 성분은 문장을 분석하거나 단어를 분석하는 데 이용되며, 특히 단어 분석에는 일정한 기준이 필요하다.

(1) 단어의 의미를 보존하는 쪽으로 분석해야 한다. 예를 들어 "첫날

밤, 시부모"의 경우, 그 의미상 '첫-날밤', '시부-모'가 아니라 '첫날-밤', '시-부모'로 분석해야 원 단어의 뜻이 보존된다.

(2) 나누어진 직접 구성 요소에 대치될 다른 요소가 지원될 수 있는 방향으로 분석해야 한다. "설늙은이"는 '설-늙은이'로 분석하면 '-늙은이'에 대치될 단어가 없지만 '설늙은-이'(*설-젊은이)라고 분석하면 '설늙은-'에 대치될 것으로 '젊은-, 늙은-, 어린-' 등이 지원되므로 합리적이다.

(3) 주로 직접 구성 성분의 분석은 이분법이 원칙이다. "금귀걸이, 동서남북"은 '금-귀-걸이', '동서-남-북'으로 삼분하지 않고 '금-귀걸이', '동서-남북'으로 양분한다. 물론 "가위바위보"와 같은 경우는 '가위-바위-보'로 함이 더 합리적이다.

(4) 형태소가 셋 이상 복합된 단어의 경우 자립 어근을 우선 분석한다. '밥-벌이', '줄-넘기'는 '밥벌-이', '줄넘-기'가 가능하나 자립 요소를 지닌 전자로 분석한다.

(5) 전체 언어 구조의 문법적 타당성을 지닌 쪽으로 분석한다. "빗나감, 되풀이"는 '빗나가-ㅁ, 되풀-이'로 분석해야 한다.

2. 단어, 어절, 구

마·음·눈·갖·기

눈 덮인 들에
파란 보리싹아
너는 돌 틈에서 꽃피는
난초 같구나
봄바람에 흙 내음
기다리면서
눈보라를 이긴 것은
너뿐이구나.

– 이문구의 「보리싹에게」 중에서

이문구의 「보리싹에게」를 통해서 단어의 구성 방법과 어절, 구 등을 파악하고 단어 형성의 원리 이해와 어휘력 확장에 활용할 수 있다.

(1) 사람, 어머니, 가을, 아름답다, 이, 것, 싶다
(2) 사람이, 어머니가, 가을에, 아름답다
(3) 그 사람이, 나의 어머니가, 그 해의 가을에, 참 아름답다

하나의 문장은 단어의 규칙적 결합에 의해 만들어지며, 하나의 이야기도 그 의미적 · 형태적 기본 단위는 단어로부터 시작된다.

문법론에서 다루는 단어의 뜻은 무엇일까? 국어 단어의 정립 기준은 자립성과 분리성이라고 할 수 있다. 자립성을 띠었다는 것은 앞뒤에 휴지(pause)가 올 수 있음을 의미한다. 국어의 조사는 비록 자립성은 없으나, 자립 형태소에 결합하여 쓰이며, 앞에 다른 말의 개입을 허용하는 등 앞의 말과 쉽게 분리될 수 있는 특성을 지니고 있기 때문에 단어로 간주된다. 그러나 위의 두 가지 조건만으로 단어가 완전히 정립되지는 않는다. 의존 명사와 보조 용언은 자립성이 결여되어 있으나, 일반적인 자립 형태소가 나타나는 환경에 쓰이며, 의미도 완전히 문법적이라고 할 수 없으므로 준자립어라고 부르며 단어로 간주한다. 위의 예 (1)에서 '것, 싶다' 가 이에 해당한다.

한 문장을 작은 단위로 분석하는 데 사용되는 원리를 대치와 결합이라 한다. 대치란 같은 성질을 가진 다른 말을 대신 넣어보는 것이다. 이때 대치될 수 있는 요소들 사이의 관계를 '계열 관계(paradigmatic relation)' 라고 한다. 결합이란 어떤 말이 자신의 앞이나 뒤에 다른 말이 결합할 수 있으면 하나의 단위를 이루는 것으로 간주한다. 이때 결합될 수 있는 요소들 사이의 관계를 '통합 관계(syntagmatic relation)' 라고 한다. 계열 관계와 통합 관계에 따라 마디가 되는 (2)와 같은 것을 어절이라 한다. 현행 맞춤법의 띄어쓰기는 어절을 단위로 하고 있다. 또한 중심 되는 단어와 그것에 부속되는 단어가 단순히 통합되어 큰 마디가 된 (3)과 같은 언어 형식을 구라고 한다.

한 문장은 궁극적으로 형태소의 결합에 의해 이루어지므로 형태소는 문법 기술에서 중요한 자리를 차지한다. 이는 상대적으로 단어의 위치를 낮추는 결과를 가져오지만, 품사 분류를 논의한다든지 단어 형성의 문제를 이야기할 때는 단어에 대한 지식이 절대적으로 필요하다.

3. 단어의 짜임새(조어법)

단어는 형태소 하나로 이루어져 있기도 하고 형태소가 몇 개 모여서 이루어지기도 한다. 단어 형성법은 실질 형태소에 형식 형태소가 붙거나 실질 형태소끼리 모여 새로운 단어를 만들어 내는 절차를 말하는 것인데 이를 흔히 조어법(造語法)이라고 한다.

단어는 그 짜임새가 단일할 수도 있고 복합적일 수도 있다. 어근이 되는 형태소 하나로 이루어진 단일어에 비해 복합어는 그 형성 방식에 따라 실질 형태소와 형식 형태소가 결합한 파생어와 실질 형태소들의 결합인 합성어로 나뉜다.

단어의 결합 방식을 표로 보이면 다음과 같다.

〔단어 형성법〕

단어 ┬ 단일어
　　 └ 복합어 ┬ 파생어 … 파생법
　　　　　　 └ 합성어 … 합성법

3.1. 어근(語根)과 접사(接辭)

(1) 맏아들, 욕심쟁이
(2) 선무당, 햇콩, 올벼
(3) 메마르다, 숫되다, 숫지다, 강마르다
(4) 받아서, 주고
(5) 멋쟁이, 장난질
(6) 덮개, 먹이
(7) 앉은뱅이, 앉음새, 박음질, 좋아하다
(8) 세우다, 되새김질하다

형태소가 모여 단어를 이룰 때 어떤 역할을 하느냐에 따라 형태소를 분류하면 어기(base)와 접사(affix)로 나뉜다. 어기는 어근(root)이라고도 하며 단어의 중심부를 형성하는 형태소이며, 접사는 늘 단어의 주변부 노릇을 하는 형태소이다.

접사는 반드시 어근과 결합해야만 문장에 나타날 수 있는 의존 형태소인데, 어근과 결합되는 자리에 따라 접두사와 접미사로 구분된다. 어근의 앞에 붙으면 접두사(接頭辭) 혹은 앞가지, 어근의 뒤에 붙으면 접미사(接尾辭) 혹은 뒷가지라 부른다.

예를 들어 (1)은 형식 형태소 '맏-'과 실질 형태소 '아들'로 구성되어 있다. '욕심쟁이'의 경우도 실질 형태소 '욕심'과 형식 형태소 '-쟁이'로 구성되어 있다. 이와 같이 단어를 분석했을 때, 실질적 의미를 나타내는 중심 부분을 어근이라 하고, 어근에 붙어 그 뜻을 제한하는 부분을 접사라고 한다.

접사는 파생 접사와 굴절 접사로 나뉘기도 한다. 파생 접사는 어기에 결합하여 새 단어를 만들어 내는 접사로서 국어의 대부분의 접두사는 (2)처럼 뜻을 한정해 주는 파생 접사에 속한다. 그러나 (3)처럼 품사를 파생하는 접두사도 있다. 굴절 접사는 (4)에서의 '-아서, -고'처럼 새 단어를 만들어내는 힘은 없고 다만 한 단어의 형태 변화를 담당하는 접사로서 흔히 어미라고 부른다. 어미란 단어의 끝 쪽에 붙는 특성 때문에 붙여진 이름인데, 어미를 직접 취하는 '받-, 주-' 등과 같은 부분을 어간이라고 부른다.

파생 접사는 그 기능이 어근의 뜻만을 한정하느냐 아니면 더 나아가 품사까지도 바꾸느냐에 따라 (5)와 같은 한정적 접사와 (6)과 같은 지배적 접사로 나눌 수 있다.

접사는 다른 형식 형태소인 조사와 어미와 달리 앞뒤에 오는 어근과의 통합에 제약을 받는 것이 보통인데, 접미사는 어근과 통합될 때 차등이 심하여 규칙성의 정도를 분별해야 한다. 이는 앞에서 어근을 규칙성의 정도에 따라 두 가지로 갈랐던 것과 사정이 비슷하다.

접미사는 어근에 직접적 · 일회적으로 통합되는 것이 일반적이나 파생어 가운데는 (7)처럼 관형사형 · 명사형 · 보조적 연결 어미를 매개로 하는 간접적 통합도 있고, (8)처럼 같은 어근에 접미사가 두 번 이상 되풀이되는 반복적 통합도 있다.

3.2. 파생법

파생법은 두 개 이상의 형태소가 결합하여 한 단어를 만들 때 그 중 한 형태소가 파생 접사로 이루어지는 방법이다. 이러한 파생법에 의해서 이루어진 단어를 파생어라 한다.

(1) 개나리, 돌감, 올감자, 들개, 햅쌀, 찰떡, 참깨, 풋고추
(2) 욕심꾸러기, 소리꾼, 떡보, 놈팽이, 가난뱅이, 멋쟁이, 미용사, 음악가, 손톱깎이, 옷걸이, 돋보기
(3) 선생님
(4) 지붕, 이파리, 미덥다, 아름답다

파생 접사에는 어근 앞에 붙는 접두사와 어근 뒤에 붙는 접미사가 있다. 그에 따라 파생법은 (1)의 접두사 파생법과 (2)의 접미사 파생법으로 세분된다. (3)은 접미사 파생법이지만, (2)와는 달리 통사적 제약을 받는다. (4)는 '집, 잎, 믿(다)'에 접미사 '-웅, -아리, -업다'와 같은 불규칙적인 접미사가 결합되어 있고, '아름답다'는 '-답다'라는 접미사가 특이 형태소인 '아름-'에 결합되어 있다.

3.2.1. 접두파생법

갓-: 갓나오다, 갓스물
개-: 개살구, 개나리, 개머루
군-: 군소리, 군식구
덧-: 덧신, 덧저고리
돌-: 돌배, 돌미나리
되-: 되풀이, 되새기다
드-: 드높다, 드세다
맏-: 맏아들, 맏손녀
맨-: 맨몸, 맨손
빗-: 빗맞다, 빗나가다
새-, 시-: 새까맣다, 시퍼렇다

어근과 어간, 접사와 어미
어근과 어간은 다 같이 실질 형태소란 점에서 공통성이 있고, 접사와 어미는 형식 형태소란 점에서 공통성이 있다. 구성이 복잡한 단어는 어근과 어간, 접사와 어미가 다르지만 단일 구성의 단어는 그들이 같을 수가 있다.
*어근의 규칙성과 불규칙성
· 규칙적 어근: 어근의 품사가 분명하고 다른 말과 자유롭게 통합될 수 있다.
예) 멋-쟁이, 장난-꾸러기, 새-롭다
· 불규칙적 어근: 어근의 품사가 명백하지 않은 어근으로 다른 말과의 통합에 제약이 있다.
→특이 형태(unique morpheme)
예) 착-하다, 오솔-길, 깨끗-이, 아름-답다

선-: 선무당, 선머슴
설-: 설익다. 설늙은이
수-: 수탉, 수놈
시(媤)-: 시동생, 시부모
암-: 암놈, 암탉
애-: 애호박, 애벌레
엿-: 엿듣다, 엿보다
오른-: 오른손, 오른팔
올-: 올콩, 올벼
외(外)-: 외가, 외손녀
왼-: 왼팔, 왼손
짓-: 짓밟다, 짓누르다
풋-: 풋나물, 풋살구
헛-: 헛소문, 헛기침
홀-: 홀아비, 홀어미

접두사는 품사를 바꾸지 않는 어휘적 접사로 알려져 왔는데, 극소수이기는 하지만 품사를 바꾸는 접두사도 존재한다.
예) '메마르다, 강마르다'의 '메-, 강-'과 '숫되다, 엇되다'의 '숫-, 엇-' 등.
접두사의 형태가 바뀌어 나타나는 경우도 있다.
예) 올벼/오조, 애호박/앳되다, 멥쌀/메벼 등.

접두사는 일반적으로 어근의 품사를 바꾸는 지배적 기능은 없고 어근의 의미를 제한하는 한정적 기능만 띠고 있다. 한정적 접사에 의한 파생법을 어휘적 파생법이라고 한다.

명사에 붙은 접두사는 관형사와 성질이 비슷하여 관형사성 접두사라 일컫기도 한다. 관형사는 체언과 분리성이 강하지만, 관형사성 접두사는 어근과의 사이에 다른 말이 끼어들 수도 없을 뿐만 아니라 그것이 붙는 어근의 수효도 제한되어 있다.

용언 파생의 접두사는 부사와 성질이 비슷하여 부사성 접두사라 일컫기도 한다. 부사는 용언과 분리성이 강하지만, 부사성 접두사는 어근과의 사이에 다른 말이 끼어들 수 없으며 통합되는 어근도 제한되어 있다.

새·겨·알·기

(가) 덧신, 덧저고리, *덧머리, *덧집, *덧마당
(나) 새 신, 새 저고리, 새 머리, 새 집, 새 마당
(다) 들볶다, *들 많이 볶다.

(라) 잘 볶다, 잘 많이 볶다.

접두사와 관형사는 의미상 구별이 어렵다. 그러나 명사 앞에 붙는 접두사는 관형사적인 성격을 가지고 있을 뿐 관형사와 같은 것은 아니다. (가), (나)에서 보는 바와 같이 접두사는 그 어근이 제한되지만, 관형사는 뒤에 오는 명사가 크게 제한되지 않는다. 그리고 접두사와 어근 사이에는 다른 말이 삽입될 수 없지만, 관형사와 뒤의 명사 사이에는 다른 말이 삽입될 수 있다(*덧-큰-버선, *덧-작은-신 ; 새 큰 버선, 새 작은 신).

접두사와 부사도 마찬가지다. (다), (라)의 경우처럼 접두사는 특정 어근 앞에만 나타나며, 접두사와 어근 사이에는 다른 말이 삽입될 수 없다. 그러나 부사와 용언은 그렇지 않다.

3.2.2. 접미 파생법

접미사는 접두사와는 달리 한정적 기능뿐만 아니라 지배적 기능도 띠고 있다. 지배적 접사에 의한 파생법을 통사적 파생법이라 한다. 통사적 파생법이란 접사가 붙음으로써 품사를 바꾸거나 통사 구조에 영향을 미치는 것을 말한다.

1) 명사(체언) 파생법

-가(家): 등산가, 사색가
-개: 지우개, 덮개
-기: 말하기, 크기
-꾸러기: 장난꾸러기, 잠꾸러기, 욕심꾸러기
-꾼: 사냥꾼, 일꾼, 짐꾼
-님: 선생님, 부모님
-ㅁ/-음: 웃음, 믿음
-뱅이: 게으름뱅이, 가난뱅이
-보: 잠보, 울보, 꾀보
-사귀: 잎사귀
-아지: 모가지, 바가지
-애: 노래, 마개

-이: 먹이, 벌이, 놀이, 넓이
-자(者): 소유자, 경영자
-장이(-쟁이): 미장이, 욕심쟁이, 멋쟁이
-질: 가위질, 싸움질
-치: 눈치
-희: 너희

접미 파생법에는 어휘적 파생법과 통사적 파생법이 있는데, 어휘적 파생법은 의미만 보태주는 한정적 특성을 지닌다. 통사적 파생법은 "물음, 잠, 기쁨, 크기" 등처럼 품사를 전성시키는 특성을 갖는다. '선생님' 은 통사 구조에 영향을 미친다.

새·겨·알·기

지배적 접사의 보충 예

(ㄱ) -개, -음, 메-, -이-
(ㄴ) 먹다 a. 먹-이-다 : -이-
b. 먹-히-다 : -히-
(ㄷ) 선생님 : -님

지배적 접사란 어간에 뜻을 더하는 것은 한정 접사와 같지만 '덮-개, 믿-음, 메-마르다, 높-이-다' 의 접사 '-개, -음, 메-, -이-' 처럼 용언의 품사를 바꾸거나 (ㄴ)의 '먹다' 에서 a, b의 '-이-, -히-' 처럼 같은 품사 내에서 타동사를 '사동사, 피동사' 로 품사 자질을 변화시키는 접사를 말한다. 이 과정에서 통사 구조도 변화시키므로 '통사론적 접사' 라고도 한다. 피동 · 사동 접사는 모두 지배 접사이며, (ㄷ)의 '선생님' 처럼 존칭 접사 '-님' 이 붙는 문장도 어간 품사에는 변화가 없지만 '선생님이 간다 - 선생님께서 가신다' 처럼 존칭 구문의 변화를 가져오므로 지배 접사라고 한다.

국어의 접두사나 접미사는 모두 한정 접사와 지배 접사로 사용된다. 종래 국어의 접두사에는 한정 접사뿐이라는 기술이 일반적이었으나, 동사 "마르다, 되다"가 형용사 "메마르다, 숫되다"로 접두 파생할 때처럼 어간의 품사를 바꾸는 예가 있어 이러한 기술은 고쳐져야 할 것이다.

2) 동사 파생법

(1) 밀치다, 넘치다
(2) 밝히다, 좁히다, 맞추다
(3) 밥하다, 공부하다
(4) 철렁거리다, 바둥바둥하다
(5) 먹이다, 먹히다, 울리다, 깨뜨리다, 깨지다

위의 예에서 (1)의 '-치-'는 동사에 붙어 의미를 변화시키는 어휘적 파생법이다.

(2), (3), (4), (5)는 통사적 파생법이다. (2)는 접미사 '-히-, -추-'를 형용사에 붙여 동사로 파생되며, (3)은 "밥, 공부, 생산" 등 동작성을 띤 명사에 '-하다'를 널리 붙여 동사로 파생된다. (4)는 '거리-, -하다' 등을 부사에 붙여 동사로 파생시킨 예이다. (5)는 품사는 바꾸지 않았지만 통사 구조에 영향을 미치는 것들로서, '-이(리)-, -뜨리-'는 타동사를 사동사로 파생시켜 "먹이다, 울리다, 깨뜨리다"를 만들며, '-히-, -이(리)-, -지-'는 타동사를 피동사로 파생시켜 "먹히다, 울리다, 깨지다"를 만든 것이다.

3) 형용사 파생법

(1) 빨갛다, 뻘겋다, 노랗다, 누렇다, 파랗다, 퍼렇다, 동그랗다
(2) 굵다랗다, 길다랗다, 높다랗다, 좁다랗다
(3) 조용하다, 정답다, 향기롭다, 걱정스럽다
(4) 그립다, 우습다
(5) 미덥다, 서럽다, 보드랍다, 부드럽다

예 (1)은 '-앟-, -엏-'을 형용사 어근에 붙여 다시 형용사를 만드는 어휘적 파생으로 의미만 변화시킨다. (2) 또한 어휘적 파생법으로서, '-다랗-'은 길이나 넓이를 표시하는 말에 붙인다.

형용사의 통사적 파생법으로는 (3)처럼 '-하다, -답다, -롭다, -스럽다'의 첨가가 있다.

'-하-'는 상태성의 의미를 띤 명사를 형용사화하는데, "분명, 총명"과 같은 한자어에서 많이 발견되며, "단단, 씩씩, 무던, 조용, 쓸쓸" 등의 불규칙적 어근 뒤에서도 쓰인다.

'-답-'은 "어떤 자격이 있다, 무엇과 같다"를 의미하며, 대개 사회적으로나 윤리적으로 긍정적 의미가 내포되어 있다고 평가되는 말에 붙는다.

'-롭-'은 '그럴 만하다'의 의미를 지니며, 명사뿐 아니라 관형사형 어근(새롭다), 불규칙적인 어근(날카롭다, 번거롭다)에도 붙는다. 명사 어근의 경우 대체로 '슬기'와 같이 추상성을 띤 모음으로 끝나는 말과 결합한다.

'-스럽-'은 구체적 대상을 지시하거나(바보스럽다), 추상적이라도 자음으로 끝나는 명사 어근(사랑스럽다)에 붙는데 이런 예들에 '-롭-'은 붙지 못한다. "그러한 성격에 접근해 있다"는 사실을 표시할 때 쓰이는데(어른스럽다, 복스럽다, 혐오스럽다), 이들은 "어떤 기준에 미치지 못함을 아쉬워하"는 화자의 의도가 작용할 때도 쓰인다.

(4)는 동사 어근 '그리-, 웃-'에 접사 '-ㅂ-'가 붙어 형용사화한 것이며 (5)는 '-업-, -압-'을 동사, 형용사, 의태어 및 불규칙적 어근에 붙여 형용사로 파생시킨 예이다.

기타 **파생 부사**로는, '나날-이, 정성-껏, 맞-우(마주), 넘-우(너무), 하여-금, 다시-금, 멀-리, 더욱-이, 끝-내' 등이 있다.
예) 배 <u>없이</u> 건너기가 어렵다.

위의 예문에서 보듯이 '없이'는 주어 '배'의 서술어가 되고 있다.(배가 없다) '같이, 달리'도 이와 같이 분석할 수 있는 파생 부사이다.

4) 부사 파생법

(1) 자연히
(2) 비로소
(3) 많이
(4) 없이

부사 파생법에서는 어휘적 파생법보다는 통사적 파생법이 주를 이룬다. (1)은 명사에서 (2)는 동사에서 (3), (4)는 형용사에서 파생된 것이다. (2)의 '비로소'는 '비롯+오'로 분석되는데 현대어의 '비롯하다'보다는 중세어의 '비롯다'와 관련시켜야만 동사에서 파생된 부사라고 할 수 있다. (3)의 '-이(리)'는 형용사를 부사화시키는 접사의 대표적인 것이다. (4)의 '-이

부사 파생법 중 '가만히'는 부사 '가만'에 부사 파생의 접미사 '-히'가 붙은 어휘적 파생법으로 볼 수 있다.

(리)'는 (3)과 같은 형용사의 부사 파생의 접사이나 기능이 다르다. (4)는 '없다'가 접사 '-이'를 취한 것인데 (3)의 부사류와는 달리 주어의 서술어로 쓰이고 있어 용언적 성격이 그대로 유지되어 있다.

그러나 어휘적 파생법도 더러 눈에 뜨인다.

(1) 다시금
(2) 더욱이

위의 예 (1)과 (2)는 모두 부사 '다시, 더욱'에 접미사 '-금, -이'가 결합하여 다시 부사가 된 경우이다.

새·겨·알·기

파생 접사를 결정하는 기준으로는 비자립성과 분포성을 들 수 있다.

비자립성은 접사가 홀로 자립적 단어나 어기로 쓰이지 않음을 말하는 것으로서, '-하다'는 '공부하다, 이룩하다'처럼 현재 시제 '-ㄴ-/-는-'의 개입이 가능한 동작성의 '-하다'와 '깨끗하다, 참하다'처럼 '-ㄴ-/-는-'의 개입이 불가능한 상태성의 '-하다'가 있는데, 전자는 동사 '하다'가 자립어로 공식적으로 쓰이므로 합성어로 보고, 후자는 자립어로 안 쓰이므로 형용사 파생 접미사로 보아 구별할 수도 있다. 이처럼 동작성과 상태성이라는 두 가지 성격의 '-하다'를 학교 문법에서는 기술상의 간결을 위해 모두 파생 접미사로 처리하기도 한다. 분포 제약성이란 어미와 달리 파생 접사는 분포상 제약이 있음을 말하는 것이다.

5) 조사 파생법

(1) 밖에(밖+에)
(2) 부터, 조차(붙-+-어, 좇-+-아)

위의 예에서 보듯 구성으로 보아 파생어의 성격이 있다는 것이지 단어 형성으로는 분석이 큰 의의가 없다. (1)의 '밖에'는 "너밖에 없다."처럼 "오로지 너뿐이다."의 의미를 지닐 때, 조사로서 앞말에 붙여 쓴다. 만일 "밖에 나가봐라."처럼 독립적으로 '밖에'를 사용하면 원래 파생되기 이전의 '명사+조사'의 역할을 하게 된다.

3.3. 합성법

합성법이란 둘 또는 그 이상의 실질 형태소가 결합되어 단어를 형성하는 방법이다. 즉 어근 결합에 의한 단어 형성을 말한다. 합성법 가운데 구성 성분의 배열 방식이 국어의 정상적인 단어 배열법과 일치하는 합성어를 통사적 합성어라 하고, 구성 성분의 배열 방식이 국어의 정상적인 단어 배열에 어긋나는 합성어를 비통사적 합성어라 한다.

(1) 마소, 우짖다, 높푸르다, 오가다, 돋보다
(2) 소나무, 부삽, 돌다리, 산허리, 칼날, 끝없다, 보름달
(3) 춘추, 밤낮, 산수, 까치눈, 바지저고리

합성어는 구성되는 단어 간의 의미에 따라 세 유형으로 나타나는데, (1)과 같은 것은 병렬 관계로서, 대등한 결합이며 각 형태소의 의미도 유지하는 유형이다. (2)는 주종 관계(유속 관계)로서 수식 관계를 의미하며, (3)은 융합 관계로서 각각의 뜻을 잃고 새 뜻을 지니는 것들이다.

합성어 (어근+어근)	
두 어근이 본래의 의미를 가지고 대등한 자격으로 합성된 말	병렬 합성어
두 어근이 의미가 서로 주종 관계를 이루며 합성된 말	유속 합성어
두 어근이 본래의 뜻을 버리고 비유적인 새로운 의미를 나타낸 말	융합 합성어

3.3.1. 통사적 합성어와 비통사적 합성어

(1) 등불, 개돼지, 줄넘기, 디딤돌 샘물, 콩팥, 봄여름, 갓끈
(2) 꺾쇠, 감발, 묵밭(용언의 어근+명사)/ 부슬비, 촐랑새, 선들바람 (부사+명사)/ 오가다, 여닫다, 높푸르다(용언+용언)

통사적 합성어는 단어의 결합인 구나 절과 구별이 잘 안 되는 일이 많다. 일반적으로 문장에서 합성어는 붙여 쓰고 구나 절은 띄어 쓰고 있으며 쉼표를 사용하여 단어 연결임을 분명히 할 수도 있다. 글을 읽을 때는 단어 사이에 쉼을 두어 합성어가 아님을 구별할 수도 있다. 그러나 어떤 단어 연결체를 놓고 그것이 합성어인지 아닌지를 분간하기는 어렵다.

비통사적 합성어는 우리말의 일반적 단어 배열법에서 벗어나는 경우를 이른다. 위의 예 (1)은 통사적 합성어, (2)는 비통사적 합성어의 예이다.

1	2	3	4
합성어 (어근+어근)	구성 성분의 배열 방식이 국어의 정상적인 단어 배열과 같은가?	같다	통사적 합성어
		다르다	비통사적 합성어

1) 명사 합성법

(1) 손목, 길눈, 고무신, 산나물, 어깨동무, 벽돌, 기와집
(2) 콧물, 담뱃대, 치맛바람, 물개, 눈병
(3) 새서방, 첫사랑, 각살림, 이것
(4) 굳은살, 작은아버지, 어린이, 디딜방아
(5) 접칼, 늦더위, 묵밭, 꺾쇠
(6) 목걸이, 재떨이, 몸가짐, 보물찾기, 술래잡기, 디딤돌
(7) 手足, 父母, 家具, 校旗, 友情

어근의 규칙성과 불규칙성

어근은 규칙적 어근과 불규칙적 어근으로 구분된다. 규칙적 어근은 어근의 품사가 분명하고 다른 말과 자유롭게 통합될 수 있지만, 불규칙적 어근은 품사가 명백하지 않아 어근을 가리키는데 다른 말과의 통합이 제약되어 있다. '아름답다'의 '아름-'은 자립성이 결여되어 있고 격조사가 붙을 수 없어 그 품사를 분명히 말할 수 없다. 이런 어근을 불규칙적 어근이라 한다. 불규칙적 어근은 대개 제한된 접미사와 통합된다. 이런 형태소를 특히 불구 형태소라고 한다. '따뜻하다'의 '따뜻-'도 자립성이 결여되어 있고 격조사가 붙을 수 없으니 어근이 불규칙한 것이다. 이런 어근들은 단어 구성소에 속한다.

(1)은 명사와 명사가 결합된 것이며, (2)는 그 사이에 사이시옷이 개재되어 이루어진 것이다. (3)은 관형사와 명사, (4)는 용언의 관형사형과 명사, (5)는 용언의 어간에 명사가 직접 결합하여 이루어진 것이다. (6)은 한 쪽 구성 요소인 명사를 제외하면 '걸이, 떨이, 다툼, 찾기, 잡기, 디딤'처럼 명사형이지만, 그 자립성이 약하여 아직 독립된 명사까지는 되지 못한 구성 요소가 남는 좀 특이한 합성 명사들이다. (7)은 구성 요소의 하나 또는 둘이 모두 어근인 예들이다. 이처럼 한자어에는 어근이 포함되어 있는 합성 명사가 매우 많은데, 이들은 국어가 합성 명사를 유난히 많이 가지고 있는 언어가 되게 하는 데 기여하기도 하였다.

명사 합성법에는 통사적 합성법과 비통사적 합성법이 두루 확인된다. 위의 자료 중 (5)가 비통사적 합성어이다.

2) 동사 합성법과 형용사 합성법

(1) 겁나다, 낯설다, 본받다, 앞세우다, 힘들다, 선보다
(2) 감싸다, 굶주리다, 날뛰다, 빼앗다, 얽매다, 오가다, 오르내리다
(3) 빌어먹다, 알아보다, 잡아먹다, 일어서다
(4) 마주서다, 잘나다, 수이보다, 그만두다, 마주보다
(5) 검푸르다, 희멀겋다, 높푸르다, 굳세다
(6) 검디검다, 크디크다, 쓰디쓰다, 맑디맑다
(7) 손쉽다, 값싸다, 배부르다, 시름없다, 눈설다, 남부끄럽다, 번개같다, 꿈같다
(8) 깎아지르다, 게을러빠지다, 약아빠지다
(9) 붉디붉은, 머나먼, 하고많은

동사 합성법에도 명사 합성법과 같이 통사적 구성과 비통사적 구성이 두루 나타난다. (1)은 명사와 용언 어간, (2)는 용언 어간과 용언 어간, (3)은 용언의 부사형과 용언 어간, (4)는 부사와 용언 어간으로 이루어진 것이다. (5)는 형용사끼리의 비통사적 합성법이며, (6)은 동일한 형용사 어간 사이에 '디'를 개입시켜 만드는 일종의 반복 합성어이다.

형용사 합성법 가운데는 원래의 품사는 동사일지라도 합성법을 거치게 됨

에 따라 형용사로 바뀌는 것이 있다. 이러한 합성 형용사에는 "기차다, 목마르다, 풀죽다, 맛나다, 못나다, 막되다" 등을 더 들 수 있다.

명사와 용언이 결합된 (7)은 주어와 서술어의 구성으로, (8)은 연결어미 '-아/-어'를 매개로 한 두 용언의 결합으로, (9)는 어미 '-디, -나, -고'를 매개로 한 결합으로 통사적 합성법의 예이다.

새·겨·알·기

· 합성어는 두 어기가 결합하는 방식이 구(句, phrase)를 이룰 때의 방식과 같은가 다른가에 따라 통사적 합성어(syntactic complex)와 비통사적 합성어(asyntactic complex)로 구별하는 일이 있다. "어깨동무, 고무신"처럼 두 명사가 결합된 합성어는 "서울 친구, 고무 제품, 가을 아침"과 같은 구가 가능하고, "뛰어나다, 알아보다" 등은 "비껴가다, 심어 놓다" 등의 구가 가능하므로 모두 통사적 합성어이다. 반면 "접칼, 굶주리다, 검붉다, 펄럭펄럭, 싱글벙글" 등은 구에서는 찾아볼 수 없는 특이한 결합 방식이므로 비통사적 합성어이다.

3) 관형사 합성법, 부사 합성법

(1) 한두, 두세
(2) 밤낮, 여기저기
(3) 온종일, 한바탕, 한참
(4) 죄다, 곧잘, 잘못, 좀더

관형사와 부사의 합성법은 명사, 동사에 비할 때 숫자도 많지 않고 생산성을 띠고 있지도 않다. (1)은 관형사와 관형사의 합성이고, (2)는 명사와 명사가 또는 대명사끼리 결합되어 부사로 합성된 예이다. (3)은 관형사와 명사가 결합되어 부사로 합성된 것으로서 한층(수 관형사+명사), 어느덧, 어느새, 요즈음(지시 관형사+명사) 등도 이에 해당한다. (4)는 부사에 부사가 붙어 합성 부사가 된 예이다.

기타 **합성 관형사**로는, "온갖(관형사+명사), 몇몇(관형사+관형사), 긴긴(형용사+형용사), 여남은(수사+동사), 몹쓸(부사+동사)" 등이 있으며, 기타 **합성 부사**로는, "제각기(대명사+부사), 하루바삐(명사+부사), 가끔가다(부사+동사), 이리저리(부사+부사)" 등을 들 수 있다.

합성법의 예

· 명사끼리 어울려 합성 명사를 이룬 것.(사람사람, 집집, 곳곳)
· 명사끼리 어울려 합성 부사를 이룬 것.(구석구석, 도막도막, 마디마디)
· 수사끼리 어울려 합성 부사를 이룬 것.(하나하나, 몇몇)
· 부사끼리 어울려 합성 부사를 이룬 것.(고루고루, 부디부디, 어서어서, 이리저리)
· 동사끼리 어울려 합성 부사를 이룬 것.(두고두고, 가나오나, 들락날락)
· 의태어나 의성어가 첩어성을 이룬 것.(넘실넘실, 구불구불, 철석철석)
· 명사끼리 어울린 합성 부사인 '미주알고주알, 검불덤불' 은 뒤따르는 말의 첫소리를 바꾸어 대구 형식으로 되어 있으며 그 뜻도 '미주알, 검불' 에서 멀어진 추상성을 띠고 있음.

이정하의 「첫눈」을 통해 합성어의 유형을 파악하고 합성의 예들을 주변에서 찾아 합성어의 형성 방법을 명확히 구분할 수 있다.

4) 반복 합성법

같은 말 또는 비슷한 말이 반복되어 이루어진 말을 반복 합성어라 하는데 이를 첩어라고도 한다. 반복 합성어의 많은 양을 차지하는 합성 부사는 "출렁출렁, 살랑살랑, 번쩍번쩍, 펄럭펄럭, 투덜투덜, 고루고루, 끼리끼리" 처럼 완전히 같은 어기가 그대로 반복되는 것이 있고, "울퉁불퉁, 우글쭈글, 싱글벙글, 알뜰살뜰, 허둥지둥, 찌그락째그락" 처럼 그 음상을 조금씩 바꾸어 반복하는 것도 있다.

마·음·눈·갖·기

아무도 없는 뒤를 자꾸만 쳐다보는 것은
혹시나 네가 거기 서 있을 것 같은
느낌이 들어서이다.
그러나 너는 아무 데도 없었다.
낙엽이 질 때쯤 나는 너를 잊고 있었다.
색 바랜 사진처럼 까맣게 너를 잊고
있었다.
하지만 첫눈이 내리는 지금, 소복소복
내리는 눈처럼
너의 생각이 싸아하니 떠오르는 것은
어쩐 일일까.
그토록 못 잊어 하다가
거짓말처럼 너를 잊고 있었는데
첫눈이 내린 지금,

자꾸만 휑하니 비어 오는 내 마음에
함박눈이 쌓이듯 네가 쌓이고 있었다.

– 이정하의 「첫눈」

3.3.2. 합성어의 파생

합성어가 파생법에 의하여 다시 파생되는 단어 형성의 절차가 있다.

(1) 해돋이(명사+동사+-이)
(2) 글짓기, 달맞이(명사+동사+-이)
(3) 시집살이(명사+동사+-이)
(4) 가을걷이(명사+동사+-이)
(5) 여닫이, 미닫이(동사+동사+-이)
(6) 다달이, 샅샅이(명사+명사+-이)

(1)~(4)의 예들은 통사적 합성 동사에 접미사가 붙음으로써 다시 명사로 파생된 것이다. (1)은 '주어+서술어'의 구조로 된 합성 어근에 접미사 '-이'가 붙은 것이다. (2)는 '목적어+서술어'의 구조로 된 합성 어근에 접미사 '-이'가 붙은 것이다. (3)은 '부사어+서술어'의 구조로 된 합성 동사(시집(에)+살다)에 '-이'가 붙은 것이며, (4)는 '부사어+서술어'의 구조이나 '가을(에)+(무엇을) 걷다'와 관련된 합성 동사에 '-이'가 붙은 것이다. (5)는 비통사적 합성 어근에 '-이'가 붙어서 명사로 파생된 것이며, (6)은 반복 합성 명사에 '-이'가 붙어 다시 부사로 파생된 것이다.

3.4. 한자어 조어법

국어의 어휘 가운데는 고유어의 어휘 이외에 한자어 어휘가 상당한 비중을 차지하고 있다. 한자는 근본적으로 글자 하나가 독립된 뜻을 가진 형태소이기 때문에 서로 결합시키면 수많은 어휘를 만들어 낼 수 있다.

우리말에 쓰이는 한자어는 한문의 문장 구성 유형 '서술어+목적어'나 '서술어+부사어'의 구성으로 된 어휘가 많다. 예를 들어 "독서(讀書), 구인(求人), 급수(給水)" 등이 전자에 "하산(下山), 등산(登山), 등교(登校)" 등이 후자에 속한다.

단어 형성 과정에서 나타나는 음운의 교체도 고유어와는 다르다. 고유어의 합성법에서는 'ㄹ' 이 설단음과 구개음 앞에서 떨어지기도 하나 한자어에서는 그대로 유지되어 있다. 예를 들어 "절단(切斷), 일상(日常), 열중(熱中)" 등이 있다. '불(不)' 의 경우 'ㄹ' 받침을 가지고 있어도 'ㄷ, ㅅ, ㅈ' 앞에서 탈락되고 있으니 일관된 교체 규칙을 찾기가 어렵다. 예를 들어 "부단(不斷), 부실(不實), 부재(不在)" 등이 있다.

국어의 문장 가운데 운용되는 한자어의 각 글자들은 자립 형태소인 것도 있지만 대부분은 의존 형태로서 서로 결합되어야만 자립성을 발휘할 수 있다.

한자 가운데서 접미사의 기능이 가장 분명한 것은 '-적(的)' 이다. '-적(的)' 은 한자어에만 붙는다. 예로 "인간적(人間的), 심적(心的)" 등이 있다. 부정어가 될 때에도 '비(非)' 는 허용되지만 '미(未)' 나 '무(無)' 는 결합되지 않는다. 예로 '비인간적' 은 허용되나 '무인간적' 은 허용되지 않는다. '-적(的)' 이 붙는 말의 가장 큰 특징은 정도를 의미하는 부사가 올 수 있다는 점이다. 고유어도 주관적으로 평가 가능한 말은 '매우' 나 '아주' 와 같은 정도 부사가 올 수 있다. 예로 "그는 매우 인간적이다"처럼 국어에서도 "그는 매우 깍쟁이다"가 가능하다. '-적(的)' 은 고유어 접사 '-스럽-' 과 비슷한 의미를 표시하기도 한다. 그런데 같은 한자어라도 '-스럽-' 이 붙는 말은 '-적(的)' 이 오지 못하고 '-적(的)' 이 붙는 말은 '-스럽-' 이 첨가되지 않는다. 예로 '고통스럽다' 는 가능해도 '*고통적이다' 는 불가능하며, '개방적이다' 는 가능해도 '*개방스럽다' 는 불가능하다.

새·겨·알·기

합성어와 구의 변별 기준

1) 분리성: 분리성은 가장 중요한 변별 기준이 된다. 합성어는 두 어근 사이에 다른 성분이 들어갈 수 없고, 구는 들어갈 수 있다.

2) 띄어쓰기(휴지): 합성어는 붙여 써야 하고, 구는 두 단어 이상이기 때문에 띄어 써야 한다. 합성어는 두 어근 사이를 이어서 발음하고, 구는 중간에 휴지를 두어 발음한다.

3) 의미 변화: 두 어근이 결합할 때 각 어근의 의미가 그대로 유지되지 못하고, 제3의 의미로 변화하는 기준이다. 그러나 의미 변화 기준은 합성어와 구의 절대 변별 기준은 되지 못한다. 융합 합성어의 경우에는 절대적 기준이 될 수 있으나, 대등 합성어의 경우에는 두 어근의 의미가 그대로 유지되기 때문이다.

＊최근 생겨난 단어들에 대하여

(가) 음치, 춤치, 길치, 방향치

(나) 문맹, 컴맹, 넷맹

(다) 햄버거, 새우버거, 치즈버거, 김치버거

(라) 아점, 짬짜면

(가)와 (나)는 외견상 파생법에 의해 만들어진 단어로 볼 수 있다. 그런데 '치'와 '맹'은 원래 접미사가 아니다. '음치'와 '문맹'이라는 말에 쓰이던 것을 유추하여 '치'와 '맹'을 접미사처럼 활용하여 새로운 말을 만든 것이다. 그러나 한자 형태소를 하나의 어근으로 보면 이들을 접미사로 보지 않을 수도 있어 이들을 파생어로 단정하기 어려운 면도 있다. 이런 점에서 파생어나 합성어로 보기 어려운 것은 상위 개념인 복합어로 보고 가르치는 것이 바람직하다.

(다)의 경우에도 '버거'가 '고기 등을 구워서 빵에 얹은 것'이라는 뜻을 지니고 있으며, 그 앞에 사용된 단어가 빵 속에 들어가는 재료이므로 합성어라 할 수 있다. 그러나 '햄버거'가 어원적으로 '함부르크'에서 왔다는 점을 고려할 때 단순히 합성어라 보기 어려울 수도 있다. 즉 '햄+버거'가 아니었기 때문이다. 또한 '버거'가 자립 어근이 아니고 접미사처럼 쓰인 것으로 보면 파생어로도 볼 수가 있다. 따라서 이 역시 상위 개념인 복합어로 가르치는 것이 바람직하다.

(라)의 예는 합성법에 의해 만들어진 단어로 볼 수 있다. 각각 '아침과 점심', '짬뽕과 자장면'을 대등하게 연결한 뒤 축약하여 표현한 것이다.

'-음'에 대하여

예) 야, 너 오늘 죽음이야. 오늘 축구 경기 한마디로 끝내줬음이야.

위 예문에서 '-음'은 명사형 어미로 보아야 할 것이다. '죽음'이나 '끝내줬음'은 서술어의 기능을 하면서 명사의 기능을 하고 있기 때문이다. 또한 뒤에 어미가 결합했다는 것은 접사가 아니라는 증거이기도 한 것이다. 그러나 위 문장에 나타난 표현들은 문장 자체가 자연스러운 문장이 아니다.

4. 품사 분류의 기준과 실제

4.1. 품사 분류의 기준

품사란 단어를 문법적 성질의 공통성에 따라 몇 갈래로 묶어 놓은 것이다. 품사 분류의 기준으로는 일반적으로 의미, 기능, 형태의 셋을 든다. 의미(뜻, meaning)란 개별 단어의 어휘적 의미가 아니라 사물의 이름을 나타내느냐, 움직임이나 성질 상태를 나타내느냐 하는 것을 말한다. 기능(구실, function)은 한 단어가 문장에서 다른 단어와 맺는 관계를 가리킨다. 즉 어떤 단어가 문장에서 주어로 쓰이느냐, 서술어로 쓰이느냐 하는 것을 말한다. 형태(꼴, form)이라고 함은 단어의 형태적 특징을 의미하는 것으로 단어의 꼴이 변화하느냐, 변화하지 않느냐 하는 것이다. 그러나 같은 변화하는 말이라도 성질에 따라 모습을 달리하는 일이 있다.

기능	문장 구성 시 단어의 역할, 다른 단어와 맺는 관계	체언/용언/수식언/관계언/독립언
형태	단어 형태의 활용 여부(꼴의 변화 유무)	가변어(서술격 조사, 동사, 형용사)/불변어
의미	단어가 가지는 의미의 범주	명사/대명사/수사/동사/형용사/관형사/부사/조사/감탄사

4.2. 품사 분류의 실제

전통적인 품사 분류에서는 의미, 기능, 형태 가운데 기능이 우선적으로 고려된다. 9품사 체계에 따라 먼저 기능을 중심으로 국어의 품사를 가르고 다음으로 형식에 따른 분류를 제시한다.

활용어는 활용을 하므로 가변어(inflection word)라 부른다. 관형사, 부사, 감탄사는 불변어(uninflection word)이며, 체언은 자립성을 발휘하므로 역시 불변어이다. 조사는 문법적 관계를 표시한다는 점에서 어미와 비슷한 점이 있지만, 분리적 성격이 있으므로 불변어에, 서술격 조사는 활용을 하므로 가변어에 속한다.

	형태	기능	의미	개념
단어	불변어	체언	명사	일반적으로 사물의 이름을 가리킴
			대명사	사물에 이름을 붙이지 않고 그 사물을 가리키기만 함
			수사	사물의 수량이나 차례(순서)를 가리킴
		수식언	관형사	체언을 수식함
			부사	용언이나 관형사 다른 부사를 수식함
		독립언	감탄사	화자의 부름이나 느낌, 놀람, 대답을 나타냄
		관계언	조사	단어 또는 어절에 붙어 그 말의 다른 말과의 관계를 표시하거나 어떤 뜻을 더해줌
	가변어	관계언	서술격 조사	체언이나 체언 상당 표현에 붙어 해당 표현이 서술어의 기능을 담당함
		용언	동사	사물의 움직임을 과정적으로 표시함
			형용사	사물의 성질이나 상태를 표시함

품사들 중 자립성이 가장 강한 것은 감탄사이다. 다음으로는 체언, 용언으로 순서가 매겨진다. 그 다음으로는 부사와 관형사이다. 관형사까지가 자립어이고 조사는 의존어가 된다. 자립성의 정도를 구분하면 다음과 같다.

감탄사 〉 체언 〉 용언 〉 부사 〉 관형사 〉 조사

4.2.1. 명사, 대명사, 수사 - 체언

명사, 대명사, 수사는 문장의 몸, 주체(임자)되는 자리에 나타나는 일이 많으므로 체언〔임자씨〕라고 부르기도 한다. 명사, 대명사, 수사는 의미에 바탕을 둔 이름이지만, 체언은 기능에 근거한 이름이다.

1) 명사

은화는 학생이다.
기차가 달린다.
하늘이 높다.
슬기가 책을 읽는다.

명사는 일반적으로 사물의 이름을 가리키는 품사로 정의되고 있다. 명사 검증의 기본은 "무엇이 무엇이다, 무엇이 어찌한다, 무엇이 어떠하다, 무엇이 무엇을 어찌한다"의 틀에 나타나는 '무엇'의 자리를 채울 수 있느냐는 것이다. 명사는 단독으로 문장의 주어가 될 수 있으며 관형사나 관형어의 수식을 받는다. 또한 조사와 결합하여 여러 가지 문장 성분으로서 기능할 수 있다.

고유 명사의 보통 명사로의 변화
특정 개체를 나타내는 고유 명사는 지시물을 총칭하는 의미로 사용되게 되면 보통 명사로 바뀌기도 한다.
예) 크리넥스, 초코파이, 미원 등

(1) 명사의 분류

사용 범위	고유 명사	① 특정한 대상의 이름(오직 하나만 존재하는 것) ② 복수 표현이 어려움-'들'(영자들) ③ 수 관련어와 결합 못함(설악산마다, 세 동국대가) ④ '이, 모든, 새' 따위의 관형사와 결합 어려움.(모든 서태지) ⑤ 보통 명사화 가능.(그의 집은 쏘나타를 세 대 갖고 있다. 그는 쏘나타마다 오디오를 장착했다. 이런 쏘나타는 처음 타보네.)
	보통 명사	일반적 사물의 이름
자립성 유무	자립 명사	① 의미가 실질적, 어휘적인 명사. ② 관형어의 꾸밈 없이 홀로 쓰일 수 있음.
	의존 명사	① 의존성 + 명사성 ② 관형어 ∨ 의존 명사(띄어쓰기) ③ 의존성: 관형어의 선행이 필수이다(비자립성) ⇒ 선행어 제약 명사성: 격조사를 취할 수 있다 ⇒ 후행어 제약 → 의존 명사의 분류 ④ 의미가 형식적, 문법적인 명사.(-ㄹ 수 있다.)

(1) 해, 달, 사람, 나라, 도시
(2) 김석영, 이순신, 제주도, 한강
　　*세 이순신들이 걸어오고 있다.
　　*한강마다 홍수가 났다.
　　*그런 동대문은 처음 본다.
(3) 우리 학교는 수많은 이순신들이 있다.
(4) 기르는 것, 다섯 자루
(5) 영화를 본 지가 오래 되었다.
(6) 최선을 다할 따름이다.
(7) 일어난 김에 가져 오렴.

명사는 사용 범위에 따라 (1)과 같은 보통 명사와 (2)와 같은 고유 명사로 나뉘는데, 고유 명사는 특정한 대상에 대해 붙여진 이름이므로 그러한 속성을 띤 대상은 오직 하나이다. 이런 의미상의 특수성 때문에 고유 명사는 수 관형사와 어울리지 못하며 복수 접미사 '-들'과 개체 하나하나를 의미하는 조사 '마다'와 쓰일 수 없다. 또한 지시 관형사와 공존하기가 쉽지 않다. 물론 (3)과 같이 고유 명사도 보통 명사가 될 수 있다.

명사는 자립성의 유무에 따라 자립 명사와 의존 명사로 나누어진다. 어떤 명사가 자립성을 띠었다고 함은 그 의미가 실질적이고 어휘적임을 뜻하며, (4)와 같이 의존성을 띠었다고 함은 그 의미가 형식적이고 문법적임을 뜻한다. 의존 명사는 관형어의 선행을 필수적으로 요구하는데 그 중에는 특정한 성분으로 쓰이는 것이 많다. 주어로만 쓰이는 (5)의 '지'를 주어성 의존 명사, 서술어로 쓰이는 (6)의 '따름'을 서술성 의존 명사, 그리고 부사어로 기능하는 (7)의 '김'을 부사성 의존 명사라고 한다.

(2) 의존 명사의 분류

보편성 의존 명사	주어, 목적어, 보어, 서술어, 부사어 등 여러 성분에 두루 쓰임. 관형어와 조사와의 결합에 큰 제약을 받지 않음. 예) 분, 이, 데, 바, 따위, 놈 → 그 분이, 그 분을, 그 분에게, 그 분이다
주어성 의존 명사	주격 조사와 통합되어 주로 주어로 사용. 예) 지, 수, 리, 나위 → (으)ㄹ+수, 리, 나위+~ '있다/없다'
서술성 의존 명사	주로 서술어로 쓰이며, - 주로 '이다'와 결합. 예) 따름, 뿐, 터, 때문, 노릇, 마련, 셈
부사성 의존 명사	예) 대로, 만큼, 양, 척, 체, 김, 채, 만, 줄(줄, 채+ '로'/김, 통+ '에') (예외: 이게 얼마 만인가? / 아는 체를 하다.)
단위성 의존 명사	수관형사 아래서 수량 단위로 쓰임. 예) 평, 개, 마리, 섬, 원, 쌈, 채, 켤레, 벌 (사람, 병, 그루, 사발 등의 보통 명사도 가능) 바늘 한 쌈(24개), 땅 한 평(여섯 자 입방=3.306㎡)

2) 대명사

(1) 우리가 싸우는 이유는 따로 있다.
(2) 당신은 장미로구려!
(3) 네가 갈래, 내가 갈까?
(4) 당신께서 가시겠다고 하더군요.

대명사는 사람, 사물, 장소 등에 이름을 붙이지 않고 다만 가리키기만 하는 품사로 정의된다. (1)은 나를 포함한 많은 사람을 대신하며, (2)는 상대방을 대신한다. 대명사는 사물에 일정한 이름을 붙이는 대신 그것을 직접 가리키기 때문에 같은 사물이 형태를 달리하여 지시될 수 있다. 대명사는 (3)처럼 주격 조사와 결합하여 형태가 변하기도 하며, (4)처럼 상대방의 지위 여하에 따라 대명사가 선택되고 어미의 선택에도 영향을 미친다.

명사와의 기능상의 공통성 때문에 대명사를 따로 두지 않고 명사에 편입시키는 일도 있으나, 다른 체언에는 나타나지 않는 형태 및 기능상의 특수성이 발견되므로 독립된 품사로 다루어야 한다.

(1) 대명사의 분류

대명사에는 인칭 대명사와 지시 대명사가 있다.

〈1〉 인칭 대명사

인칭 대명사는 '우리, 누구, 아무' 등과 같이 사람을 가리키는 대명사로서 사람 대이름씨라 부르기도 한다.

말하는 이에 대용되는 인칭 대명사를 제1인칭 또는 자칭이라고 한다. 제1인칭 복수는 말하는 이나 듣는 이만 포함하고 제3자를 배제할 경우에도 쓰이는데 이때는 '우리'만 허용하고, '저희'는 허용되지 않는다. 한편 '우리'는 단수적인 상황에서 나타나기도 한다.

듣는 이에 대용될 수 있는 인칭 대명사를 제2인칭 또는 대칭이라고 한다. 복수 형태 '너희'는 앞의 '우리'와 같이 단수적인 상황에서도 쓰일 수 있다.

말하는 이와 듣는 이 이외에 이야기를 듣는 제3자에 대응되는 인칭 대명사를 제3인칭 또는 타칭이라고 한다. 3인칭 대명사는 1 · 2인칭과는 달리 고유한 형태가 없고 지시 관형사와 (의존) 명사의 합성으로 이루어져 있다. 지시 관형사와 명사의 결합으로 성립된 제3인칭 대명사는 말하는 이와 듣는 이를 축으로 하여 이야기의 현장에 있는 인물을 가리키는 기능을 띠고 있다. '이' 계열은 말하는 이에게 가까이 있는 인물을, '그' 계열은 듣는 이에게 가까이 있는 인물을, '저' 계열은 말하는 이와 듣는 이로부터 비슷한 거리에 있는 인물을 가리킬 때 각각 나타난다. 제3인칭 대명사에는 미지, 부정, 재귀의 대명사도 포함될 수 있다.

가리킴을 받는 사람의 이름이나 신분을 정확하게 모를 때는 미지칭이라고 일컫는다. 특정한 사람을 가리키지 않을 때는 부정칭이라고 일컫는다. 제3인칭 주어가 되풀이됨을 피할 때는 재귀칭이라고 일컫는다.

1인칭		나(우리), 저(저희), 짐(朕), 과인(寡人), 본인(本人), 소생(小生)
2인칭		너(너희), 자네, 당신, 댁(宅), 노형(老兄), 어른, 그대, 여러분, 귀형(貴兄), 귀하(貴下)
3인칭	근칭	이애, 이 사람, 이이, 이분, 이 어른, 이
	중칭	그애, 그 사람, 그이, 그분, 그 어른, 그
	원칭	저애, 저 사람, 저이, 저분, 저 어른, 저
	미지칭	누구
	부정칭	아무(누구)
	재귀칭	자기, 저(저희), 당신

1인칭 대명사

· 나-1인칭 대명사의 기본 형태
· 짐-천자(天子)가 스스로를 일컫는 것
· 과인-왕이 자기를 낮추어 말하는 것
· 본인-연사가 자신을 가리킬 때 쓰임
· 소생-주로 편지 쓸 때 자신을 낮추는 표현
· 짐, 과인은 영화나 방송국의 대사에서나 들을 수 있는 한자어 계통의 인칭대명사
· 본인, 소생은 주로 편지 쓸 때 자신을 낮추는 뜻으로 사용되어 왔으나 요즈음은 많이 쇠퇴함.
· 소생과 같은 계열의 제1인칭에는 우생(愚生), 불초(不肖), 소제(小弟), 우부(愚父), 우형(愚兄) 등이 있음.

최승자의 「일찍이 나는」을 통해 대명사의 종류를 파악하고 그 의미를 확인하면서 국어 대명사의 특성을 알 수 있다.

마·음·눈·갖·기

일찍이 나는 아무 것도 아니었다
마른 빵에 핀 곰팡이
벽에다 누고 또 눈 지린 오줌 자국
아직도 구더기에 뒤덮인 천년 전에 죽은 시체

아무 부모도 나를 키워 주지 않았다
쥐구멍에서 잠들고 벼룩의 간을 내먹고
아무 데서나 하염없이 죽어가면서
일찍이 나는 아무 것도 아니었다

떨어지는 유성처럼 우리가
잠시 스쳐갈 때 그러므로,
나를 안다고 말하지 마라
나는너를모른다나는너를모른다
너당신그대, 행복
너, 당신, 그대, 사랑

내가 살아 있다는 것,
그것은 영원한 루머에 지나지 않는다.

– 최승자의 「일찍이 나는」

새·겨·알·기

2인칭 대명사에 대하여

2인칭 대명사로는 "너, 너희(아주 낮춤)/자네(예사 낮춤)/그대, 당신, 임자(예사 높임)/여러분(듣는 이가 여러 사람일 때, 예사 높임)" 등이 있다. 이 외에 요즘 일부층에서 '자기'도 자주 쓰이고 있다. 국어에서는 아주 높임의 2인칭 대명사의 형태가 본디 발달되어 있지 않고, 그 대신 친족명이나 직함 따위의 호칭을 사용하여 왔다.(어른, 어르신(신분 명사), 선생님, 할아버님) 실제 의사 소통 상황에서는 2인칭 대명사 대신 친족명을 확장하여 사용하거나(아저씨, 아주머니, 오빠, 언니 등) 직함(선생님, 김 과장님 등) 등을 사용하는 경우가 더 많다. 또한 우리 말에서는 2인칭 대명사를 아예 생략하는 일이 많다.

2인칭 '당신'은, 체계상 높임의 등급은 갖지만, 일상 언어 생활에서는 그다지 높임의 기능을 발휘하지 못한다. 최근에 그 사용을 보면 싸움판에서 "당신이 뭔데 이래라 저래라야?"와 같이 오히려 불쾌감을 불러일으키기도 한다.

〈2〉 지시 대명사

지시 대명사는 사물을 가리키는 대명사로서 사물 표시와 장소 표시가 있다. 대명사란 원래 지시성을 띤 것인데 '지시'란 말을 쓰는 것은 불합리하므로 사물 대명사란 용어가 합리적이라고도 하나, 이곳에서는 관습에 따라 지시 대명사를 그대로 사용한다.

사물 대명사	이것, 그것, 저것, 무엇
장소 대명사	여기, 거기, 저기, 어디

3) 수사

수사는 사물의 수량이나 순서를 가리키는 품사로, 전자를 양수사, 후자를 서수사라고 한다. 대상을 가리킨다는 점에서 수사는 대명사와 비슷하다. 그러나 대명사는 같은 대상이라도 상황에 따라 달리 표현되지만 수사는 그렇지 않으며, 대명사는 한 문장의 다른 성분과 관련시킬 수 있지만 수사는 그렇지 않다. 이런 의미상의 차이에도 불구하고 수사는 명사, 대명사와 기능상의 차이를 크게 드러내지 않는다.

이 외에도 정확한 수량을 나타내면 정수사, 개략적인 수량을 나타내면 부정수라 한다. 수사는 격변화가 가능하며, 명사를 수량적으로 대용하므로 대명사와 유사하나 상황에 따라 달리 표현하지 않는다는 점에서 대명사와는 다르다. 또한 "하루, 이틀" 등이나 "8 · 15, 6 · 25" 등은 수량과 순서에 관련된 말이지만 특정한 대상에 대한 이름이므로 명사로 처리한다.

수사는 관형사와 형용사의 수식을 받을 수 없으며 위치는 명사 앞일 수도 있고 뒤일 수도 있다. 명사와 대명사는 조사가 붙지 않아도 그 성격에 변화가 없지만 수사는 조사가 붙지 않으면 부사의 성격을 띠게 된다. 수량과 순서를 의미한다고 하여 모두 수사가 되는 것은 아니다. 수사는 모든 사물의 수량을 두루 가리키는 보편적 지시 특성을 띠고 있다.

(1) 송화는 사과를 하나 사 왔다.
(2) 우리는 둘이서 산길을 걸었다.

수사에는 양수사와 서수사가 있다.

양수사는 사물의 수량을 지시하는 수사이다. 우리말의 양수사는 고유어 계통과 한자어 계통이 있다. 1부터 99까지는 "하나, 둘, 셋" 등처럼 고유어 수사가 쓰이고 있으나 그 이상은 "백, 천, 만, 억, 조" 등과 같은 한자어가 보충되고 있다.

서수사는 '첫째, 둘째' 등과 같이 대상의 순서를 가리키는 수사이다. 서수사에도 고유어 계통과 한자어 계통이 있다.

수사는 '무엇'의 자리를 채울 수 있는 체언이지만, 예문 (1)처럼 조사가 붙지 않으면 부사의 성격을 띠게 된다. 이 외에도 수사에는 (2)처럼 사람의 수효를 가리키는 말이 있는데 이를 인수사라고 한다.

새·겨·알·기

수사와 수 관형사의 구별

- 식구 다섯이 모여 야유회를 갔다. (수사)
- 토끼 네 마리가 달리기 경주를 하였다. (수 관형사)

수 관형사와 수사의 구별은 조사를 취할 수 있는가에 의하여 구별하는데, 조사를 취하면 수사이다.

수사가 명사 앞에 놓여 수 관형사가 될 때에는 형태가 같은 것도 있지만, 기본적으로 수 관형사는 형태를 달리하는 경우가 많다.

예) 수사: 하나, 둘, 셋, 넷, 다섯, 여섯 / 수 관형사: 한, 두, 세, 네, 닷, 엿

4) 체언과 복수

명사, 대명사, 수사는 의미는 조금씩 다르지만 모두 '무엇'의 자리를 채울 수 있기 때문에 기능상으로는 큰 차이가 없다. 체언은 목적어나 서술어의 자리에 나타나기도 하지만 주어의 자리에 나타나서 문장의 주체, 곧 몸의 노릇을 하는 것이 중요한 기능이라 할 수 있다. 이러한 체언이 지시하는 대상이 수효가 하나일 때 이를 단수라 하고 둘 이상일 때 복수라고 한다. 체언 중에서 셈의 대상이 되는 명사와 대명사는 복수 표시의 접미사 '-들, -희, -네'를 취해 복수가 된다. 하지만 '-네'는 복수의 의미를 더한다기보다 무리나 집을 의미하는 접미사로 보는 것이 온당해 보인다. 국어의 복수는 명사와 대명사에만 표시될 뿐 수사에는 나타나지 않는다.

대명사의 복수 표시는 명사보다 복잡하기는 하지만 그 사용이 규칙적이다. 보충법과 접미법으로 형성된 복수 대명사에 다시 '-들'이 붙을 수 있다는 점이 대명사 복수의 특징이다. '-들'은 가산성 명사와 대명사에 붙어 그것이 가리키는 대상이 복수임을 표시하기도 하며 가산성을 띠지 않은 명사나 그 외 다른 성분에 붙어 주어가 복수임을 표시하는 기능도 있다.

(1) 지금부터 학생들이 등교하기 시작하는 시간이다.
(2) 얘들아, 많이 먹어라.
(3) 빨리 물들을 마셔라.
(4) 어서들 오너라.
(5) 우선 앉아들 있어라.
(6) 우리는 모두 학생이다.

(1)은 '학생'이라는 명사에, (2)는 '얘'라는 대명사에 '-들'이 붙어 복수가 되었다. 셀 수 없는 명사나 대명사는 원칙적으로 복수가 불가능하다. 그러나 (3), (4), (5)와 같이 주어가 복수이고, 그 주어가 생략될 때 복수 표지의 '-들'이 다른 성분 뒤로 이동하여 나타난다. 이때 '-들'은 (3)의 셀 수 없는 명사 뒤, (4)의 부사 뒤, (5)의 용언의 연결 어미 뒤에서 나타나며, 이 경우 '-들'은 보조사가 된다. 체언의 복수 표시 방법은 위에서 살펴본 바와

같이 '-들' 이나 '-희' 에 의해 나타나며, 특히 '나' 라는 1인칭 대명사는 (6)의 '우리' 라는 보충법에 의해 복수 표현이 된다.

4.2.2. 조사-관계언

마·음·눈·갖·기

류시화의 「짧은 노래」를 통해 다양한 조사의 쓰임을 파악하고 이를 구별하여 사용할 수 있다.

벌레처럼
낮게 엎드려 살아야지
풀잎만큼의 높이라도 서둘러 내려와야지
벌레처럼 어디서든 한 철만 살다 가야지
남을 아파하더라도
나를 아파하진 말아야지
다만 무심해야지
울 일이 있어도 벌레의 울음만큼만 울고
허무해도
벌레만큼만 허무해야지
죽어서는 또
벌레의 껍질처럼 그냥 버려져야지

– 류시화의 「짧은 노래」

조사는 스스로는 실질적인 뜻이 없고 자립성이 있는 말에 붙어 그 말과의 문법적 관계를 표시한다. 단어의 중요한 기능이 관계적이라고 하여 관계언이라고 부르기도 한다. 조사는 원래 활용하지 않지만, 서술격 조사 '이다' 는 체언에 의존한다는 점에서 조사의 성격을 지니고 있으나 활용하는 특성이 있다.

조사가 자립성이 있는 말과 어울릴 때는 스스로 형태를 바꿀 수도 있고 앞의 말에 영향을 미칠 수도 있다. 조사는 조사끼리 서로 결합이 가능하며 구어체에서는 생략되는 경우가 있다.

(1) 연희가 내 책을 자기의 집에 가지고 갔다.
(2) 우리들도 연극과 영화를 아주 좋아합니다.
(3) 이것은 저것과 다르다.

(4) 저것도 나무가 아니다.
(5) 너 학교 가서 그 책 읽었니?
(6) ㄱ. 거기 간 지가 5년이 되었다.
ㄴ. 불굴의 투지로 왜경과 싸웠다.

(1)에는 차례로 주격 조사, 관형격 조사, 목적격 조사, 관형격 조사, 부사격 조사가 쓰였다. (2)에는 접속 조사 '과'가 쓰였다. 접속 조사는 두 단어나 문장을 같은 자격으로 이어주는 구실을 한다. (2)의 '과'는 '연극'과 '영화'를 묶어주고 '연극과 영화'는 '를'이라는 격조사에 의해 목적어가 된다. 접속 조사는 "와/과, 에(다), 하고, (이)며" 등이 있다. 그러나 (3)의 '과'는 '다르다'를 꾸미는 부사어이므로 부사격 조사가 된다. 즉 (2)의 '과'처럼 단어를 같은 자격으로 이어주는 구실을 하는 것이 아니라 체언의 부사어 기능을 보여준다. (4)의 '도'는 보조사이고 '가'는 보격 조사이다. 보조사는 체언을 일정한 격으로 규정하지 않고, 그 조사가 붙는 단어에 특별한 뜻을 더해 주는 조사이다. (5)처럼 구어체 문장에서는 조사 생략이 가능하다. 일반적으로 체언은 모든 조사와 결합이 가능하다. 그러나 몇몇 체언은 특정한 조사와 결합하는데 (6)의 의존 명사 '지'는 주격 조사와만, 자립 명사 '불굴'은 관형격 조사와만 결합하는 조사 결합의 제약을 가지고 있다.

새·겨·알·기

조사를 단어로 볼 것인가?

① 조사를 단어로 보자는 견해

근거 i) 소위 조사라고 하는 형태소는 그들 자체는 자립성이 없어도 이들과 직접 결합되는 형식은 자립 형식이므로 준자립성을 가지고 있다고 할 수 있다.

: 조사는 어미와 비교해보면, 조사가 없어도 체언은 자립할 수 있는데 비해, 어미가 없으면 용언은 자립할 수 없다. 이런 측면에서 보면 조사는 준 자립성을 가지고 있다는 것이다.

ⅱ) 조사는 분리성이 인정되므로 단어이다.

: 조사와 어미가 문법적인 기능을 담당하고 있음은 사실이지만, 용언 어간 형태소는 의존 형태소인데 반하여 체언 형태소는 자립 형식이어서 조사는 분리성이 인정되므로 단어로 간주해야 한다는 주장이다. 그리고 외국어의 경우 특히 영어에서 전치사도 독립 품사이므로, 조사는 하나의 단어로 인정해야 한다는 주장이다.

② 조사를 단어로 볼 수 없다는 견해

근거 ⅰ) 조사는 형태 분석면에서 자립성이 없다.

: '꽃-이'에서 '꽃'이라는 체언이 자립적이고 분립적이기 때문에 '이'라는 조사가 자동적으로 분리되는 결과가 되는 것이지 '이' 자체에 자립성이 있는 것은 아니다.

ⅱ) '붉은 꽃이 많이 피었다'에서와 같이 통사적인 단위로서는 4개 이상의 분석이 불가능하므로, 이 최소의 구문 단위가 형태론적 최대 단위, 곧 단어로 인정되는 것이 합리적이다.

ⅲ) 조사와 어미는 문법적 기능을 가지고 있다는 점에서 문법적인 동질성을 가지고 있다. 그런데 용언 어간은 의존 형식이므로 의존적 어미가 연결되고, 체언은 자립 형식이기 때문에 거기에 붙는 조사도 자립성이 있다고 하는 이론은 성립되지 않는다.

1) 격조사

격조사는 원칙적으로 체언에 붙어 그 말의 다른 말에 대한 관계를 표시하는 것이다. 곧 격조사는 체언으로 하여금 일정한 자격을 갖도록 한다. 따라서 결합되는 체언은 문장 안에서 주어, 목적어, 보어, 서술어, 관형어, 부사어, 독립어 등으로 가능하며 이러한 문법 기능은 조사에 의해 결정된다. 격조사에는 주격 조사, 서술격 조사, 목적격 조사, 보격 조사, 관형격 조사, 부사격 조사, 호격 조사의 7격이 있다.

(1) 주격 조사

(1) 학생들이 노래를 부르고 있다.
(2) 한글이 과학적인 문자임이 일찍부터 밝혀졌다.
(3) 우리 동네에서 주민의 산책로를 만들었다.
(4) 이 옷은 할머니께서 주셨다.
(5) 둘이서 함께 달리기로 했다.

주격 조사는 한 문장의 주어임을 표시해 주는 조사로서, '이/가'가 중심이 된다. '이/가'는 (1)과 같이 명사에는 물론 (2)와 같이 명사화한 구나 절(문장)에도 연결되어 그것들이 그 문장의 주어임을 가리켜 주는 기능을 담당한다. (3)은 "나라, 정부, 학교" 등과 같은 단체 명사 뒤에서 쓰이는 주격 조사 '에서'를 보여주고 있다. '에서'는 한정된 서술어에 사용되며 '에서' 대신에 주격 조사 '이/가'를 대치할 수 있을 때만 주격으로 사용된다. (4)는 존칭 명사 다음에 사용되는 '께서'의 사용을 보여준다. 주어 인물이 숫자로 표시될 경우에는 특수한 주격 조사 '서'가 사용되기도 하는데 그 예가 (5)이다.

(2) 목적격 조사

(1) 채범이가 벌써 소설을 읽는다.
(2) 어제는 종일 소설 읽었어.
(3) 미장이가 보조 기사를 둘을 데리고 왔다.
용환이는 나를 허리를 잡았다.
(4) 주연이는 10년째 그 길을 다닌다.
노인이 한 시간에 40리를 뛰었다.
아직도 시집을 안 갔니?
(5) 그 아이는 유치원을 다닌다. -그 아이는 유치원에 다닌다.
벌써 학교를 갔다고?-벌써 학교에 갔다고?
(6) 우리 아이는 서질 못한다.

타동사문에서 목적어는 체언에 '을/를'을 동반하며, 만약 '을/를'을 취하지 않고 있어도 그 자리에 '을/를' 을 넣을 수 있으면 그 체언은 목적어라고 한다. 이렇게 목적격 조사는 어떤 행위가 미치는 대상을 가리켜 주는 격조사이다. 한 문장에 목적격 조사가 중복되어 사용되는 경우가 있다. (3)의 예에서 보듯이 이 경우는 대부분 명사와 수량구가 한 구문으로 나타날 때이거나 전체 의미를 가진 체언 뒤에 그 일부를 가리키는 말이 올 때 사용된다. 이 경우 어느 한 쪽을 생략하는 경우가 대부분이다. 목적격 조사는 (4)처럼 "뛰다, 다니다, 걷다, 가다" 등의 자동사와 함께 쓰이기도 하는데 이 경우엔 장소 관련의 목적어만을 취한다. 원래 "가다, 다니다" 등의 서술어가 '을/를' 을 취할 경우에는 (5)처럼 대체로 '에' 를 취하는 것이 더 정상적이지만, '을/를' 을 취하면 강조의 효과를 가지게 된다. 특히 (6)처럼 보조 용언과 결합하는 본용언에도 '을/를' 이 사용되는 경우를 보게 되는데, 이에 대해 목적격 조사 여부의 의문을 제기하기도 한다. 현 학교 문법의 규정상 목적격 조사를 인정한다면 이들은 모두 예외적인 특수 용법으로 봐야 할 것이다.

새·겨·알·기

목적격 조사의 보조사적 용법 검토!

(가) 나는 학교에 갔다.
나는 학교를 갔다.
나는 학교에를 갔다.

(나) 지애는 선물을 기연이에게 주었다.
지애는 선물을 기연이를 주었다.

목적격 조사 '을/를' 이 붙으면 무조건 목적어로 보는 학교 문법의 입장에 따를 때, 밑줄 친 '학교를, 학교에를, 기연이를' 은 목적어이고, '학교에, 기연이에게' 는 부사어이다. 그리고 이 때 '을/를' 은 보조사적 성격을 띠는 목적격 조사라고 할 수 있다.

그러나 과연 '학교를' 이 목적어인가 하는 것이다. 서술어 '가다' 는 분명히 위치 또는 방향을 요구하는 소위 필수적 부사어 '학교에' 와 호응하는 동사이다. 현행 학교 문법에서 '학교에' 는 부사어로, '학교를' 은 목적어로 인정하고 있다. 그러나 문장 성분이라는 것이 서술어의 성격에 따라 결정되는 것인데, 똑같은 '가다' 앞인데 왜 하나는 부사어, 하나는 목적어가 되는 것일까? 또 '학교에를'은 문장 성분이 무엇일까? 학교 문법에서는 '을/를'을 목적격 조사로 보되, 이 중 '학교를, 학교에를, 기연이를'은 목적격 조사의 보조사적 용법 정도로 간주하고 있다.

그러나 '학교를' 같은 표현에서 '을/를'을 목적격 조사로 보기는 좀 어렵다고 주장하는 학자들도 있다. '학교를'이 의미적으로나 기능적으로 부사어 '학교에'와 다를 바 없으며, '기연이를' 같은 경우도 필수적 부사어로 보아야만 세 자리 서술어인 '주다'를 만족시킬 수 있기 때문이다. 그래서 이들은 '을/를'을 목적격 조사 '을/를'과 강조 의미를 나타내는 보조사 '을/를'로 나누어 파악하여야 일관성 있게 설명할 수 있다고 주장한다.

처소, 방향, 시간을 나타내는 명사구에 '을/를'이 통합되어 이루어진 성분 같은 것도 흥미로운 탐구의 대상이 될 수 있다. '학교를 간다, 기차를 내렸다, 두 시간을 잤다'에서 선행 성분이 목적어인지 재검토해 볼 수도 있다. '이틀을 먹었다, 예쁘지를 않다, 좋지를 못하다'와 비교하여 보아도 '않다, 못하다'는 타동사가 아닌 형용사이다. 이런 탐구 과정을 통해서 '을/를'의 기능에 대해 진지하게 생각해 보도록 할 수 있다.

(3) 보격 조사

보격 조사는 형태상으로는 보편적 주격 조사인 '이/가'와 차이가 없다. 그러나 다음의 예에서 보듯이 서술격 조사의 부정어인 형용사 '아니다'와 동사 '되다'의 지배를 받는 '이/가'만을 보격 조사라고 한다.

> 많이 가진 사람이 모두 부자<u>가</u> 아니다.
> 그는 훌륭한 성인<u>이</u> 되었다.

(4) 관형격 조사

관형격 조사는 선행하는 체언으로 하여금 후행하는 체언에 대해 관형어가 되게 하는 품사이다.

(1) 나의 연필을 이리 다오.
(2) 방문 손잡이가 고장이 났구나.
(3) 어린이는 나라의 보배이다.
(4) 유연이가 김 선생의 책을 가지고 있다.
(5) 여기 모여서 우리의 나아갈 길에 대하여 의논해 보자.

체언에 관형격 조사 '의'가 붙어 관형어가 된 것 중에는 (2)처럼 '의'가 생략될 수 있는 것이 있다. 그러나 (3)처럼 생략할 수 없는 것들도 있다. 관형격 조사 '의'는 여러 가지 뜻으로 해석될 수 있다. (4)의 "김 선생의 책"은 "김 선생이 소유한 책"과 "김 선생이 지은 책"등으로 해석이 가능하다. '의'는 의미적 특성으로 보아 주어를 나타낼 수도 있는데, (5)의 "우리의 나아갈 길"은 "우리가 나아갈 길"로 해석이 되는 걸 보아 알 수 있다.

(5) 부사격 조사

부사격 조사는 체언으로 하여금 부사어가 되도록 하는 기능을 지닌다. 부사격 조사는 형태가 많고 그 의미가 다의적이며 체계를 정확하게 파악하기가 어렵다.

(1) 정우는 집에 있다.
그것은 부산에서 가져왔다.
어디로 가십니까?
(2) 칼로써 사과를 잘라라.
(3) 배꽃의 희기가 눈과 같다.
(4) 나와 같이 가지 않겠니?
(5) 뽕밭이 바다로 바뀌었군.
(6) "이리 오너라"라고 아버지가 말씀하셨다.
이리 오라고 아버지가 말씀하셨다.

(1)의 예는 장소를 나타내되 낙착점이냐, 출발점이냐, 아니면 지향점이냐에 따라 다양하게 사용된다. (2)는 도구, (3)은 비교의 대상, (4)는 동반, (5)는 변성, (6)은 직접 인용과 간접 인용의 의미를 지닌다.

(6) 호격 조사

호격 조사는 선행하는 체언을 부름의 자리에 놓이게 하여 독립어가 되도록 하는 기능을 지닌다.

영구야, 밥 먹었니?
석준아, 너 뭐하니?

새·겨·알·기

서술격 조사 설정의 불합리성

1. 격조사는 체언에 붙어 문장 안에서의 관계를 나타내는 조사라고 할 수 있는데, 서술격 조사는 그렇지 않다.

2. 다른 격조사들은 변화하지 않는데, 서술격 조사는 활용한다.: 소위 서술격 조사는 체언을 서술어로 만드는 역할을 한다고 하여 '이다'로 설정되고 있으나, '이다' 자체를 용언으로 볼 수 있는 가능성과 '-이-'를 접미사로 볼 수 있는 가능성을 생각해 볼 때 격조사로 인정하는 것은 많은 어려움이 따른다. 서술격 조사가 붙어서 체언이 서술어라는 문장 성분이 된다고 할 수도 있으나, 이 말은 접사설로도 충분한 설명이 가능하고 또한 서술어는 '이다' 이외에도 동사나 형용사 자체가 되기도 하기 때문에, 서술격 조사설은 재고할 필요가 있다.

2) 접속 조사

접속 조사는 둘 이상의 체언을 같은 자격으로 접속시켜 주는 기능을 한다. 접속 조사를 격조사에 포함시키는 경우도 있으나 체언을 병렬시키는 기능을 격으로 처리하는 것은 일반적 정의에 어긋난다고 볼 수 있다.

(1) 난 빵과 떡을 더 좋아한다.
(2) 난 빵하고 떡을 더 좋아한다.
(3) 난 빵이랑 떡을 더 좋아한다.
(4) 난 빵이며 떡은 관심도 없다.
(5) 난 빵에다 떡까지 먹은 상태인걸.

조사의 문체적 차이
격조사나 접속 조사 중 논리적 의미는 같으나 문체적 차이를 수반하는 것들이 있다.

1. 그것은 동생한테 주었어요. -그것은 동생에게 주었어요.
2. 졸업 선물로 친구한테서 받았어요. -졸업 선물로 친구에게서 받았어요.
3. 사과하고 배하고 사와라. -사과와 배를 사와라.

부사격 조사의 처소(낙착점)의 '한테', 처소(출발점)의 '한테서', 동반의 '하고', 그리고 접속 조사의 '하고'는 각각 '에게(서)'와 '와/과'로 바꾸어 쓸 수 있다.

3) 조사 생략

순수하게 문법적 기능을 담당하는 격조사나 단어를 연결하는 접속 조사는 생략이 가능하다.

(1) 손님들 다 오셨구나.
(2) 내가 너 사랑하는 것 알지?
(3) 내가 가장 좋아하는 영화.
(4) 너 정말 그 산 가봤어?
(5) 선생님 신발이 예쁘시네요.
(6) 여진이는 녹차 홍차 모두 좋아한다.
(7) 옛날 옛날 깊은 시골에 수돌이라는 나뭇꾼이 살고 있었다.
나는 애국가를 목청껏 불렀다.

(1)과 (2)처럼 주격과 목적격 조사가 생략된 경우는 구어체에서 현저하다. 이런 생략 현상은 체언만으로도 격 관계가 분명할 때 나타나는데 주격과 목적격뿐만 아니라 (3)의 서술격, (4)의 부사격, (5)의 관형격, (6)의 접속 조사 등에서도 나타난다. 그러나 (7)처럼 생략이 어려운 경우도 있다. 발화에서 초점 구실을 하거나 생략되면 의미 이해가 안 될 경우에 생략이 불가능한데, "황무지가 옥토(로) 변했다."라든가 "목장(의) 소" 등이 그 예이다.

이미 의존 명사에서 설명한 바와 같이 조사는 의존 명사와 결합할 때 제약이 따른다(의존 명사 부분 설명 참조). 이 외에도 자립 명사와의 경우에도 통합의 제약을 받는데, 이때의 자립 명사는 대부분 한자어들이다.

(1) 그들은 불굴의 의지로 왜경과 싸웠다.
(2) 그런 행동은 매우 고무적인 일입니다.
(3) 그렇게 말하는 것은 죽으라는 거나 마찬가지입니다.

(1)의 '불굴'은 관형격 조사와, (2)의 '고무적'은 서술격 조사, 보격 조사, 부사격 조사와, (3)의 '마찬가지'는 서술격 조사, 보격 조사, 관형격 조사, 부사격 조사와만 통합이 가능하다.

4) 보조사

마·음·눈·갖·기

삶이라는 것도 언제나 타동사는 아닐 것이다.
가끔 이렇게 걸음을 멈추고
자동사로 흘러가게도 해주어야 하는 걸 게다.
어쩌면 사랑, 어쩌면 변혁도 그러하겠지.
거리를 두고 잠시 물끄러미 바라보아야만 하는
시간이 필요한 것이다.

– 공지영의 「길」 중에서

공지영의 「길」을 통해 보조사를 찾아내어 어떤 성분에 해당하는지, 어떤 의미를 부여하는지 파악하고 다양한 보조사의 특징을 구분할 수 있다.

'는, 도, 만' 과 같은 조사는 각각 공통된 의미를 띠고서 여러 가지 격에 두루 쓰인다. 이와 같이 체언의 격을 표시하는 격조사와는 달리 뜻을 더해 주는 조사를 보조사 또는 도움 토씨라고 하며 여러 격에 두루 쓰인다고 해서 특수 조사라 부르는 일도 있다. 명사, 부사, 용언의 연결 어미에 두루 쓰이기도 한다.

네가 가면 나도 가겠다.
현민이는 입에 맞는 음식만 골라서 먹는다.
이 식물이 고산에서는 잘 자란다.
이룩이는 생물은 좋아하지만 화학은 싫어한다.
저는 어제 시계를 샀습니다.
너조차 날 바보로 여기느냐?
*여러분조차 함께 일터로 나갑시다.
너마저 나를 배신하다니.
이번 대회까지 우승할 수 있으면 얼마나 좋을까?
자낸 생김생김이 예뻐서 그런지 말씨도 훌륭하네그려.

보조사 '은/는'의 연결 관계 및 그 특성

1) 체언에 연결–진희는 학생이다.
떡은 내가 먹었다.
내가 미나에게는 책을 주었다.
2) 부사에 연결–지희가 그림을 잘은 그린다.
우선은 밥부터 먹어라.
성수가 성하보다 키가 조금은 크다.
3) 용언에 연결–입학원서를 받아는 왔다.
성재는 공부를 열심히 하려고는 한다.
호박꽃이 예쁘지는 않지만 꽃은 꽃이다.

'도' 는 어떤 다른 것에 그것이 함께 포함됨을 의미하며, '만' 은 여러 후보 중 유독 그것이 선택됨을 가리키는 보조사로서 '도' 와는 대립된다. '는' 은 대조와 배타의 의미를 지니는데, 배타의 의미를 지니는 점은 '만' 과 공통적이나, '만' 은 나머지 후보를 전부 배제하는 적극성을 지니나, '는' 은 나머지

기타 여러 보조사의 쓰임

1. (다른 것은 하지 말고) 굿이나 보고 떡이나 먹어라.
2. (좋은 음식은 못 먹지만) 죽이나마 먹을 수 있어 다행이다.
3. (다른 것은 기대하지 않는다) 말이라도 좀 따뜻하게 해라.
4. (삼국지는 안 읽었어도) 홍길동전이야 읽었겠지.
5. 진규가 가긴 갔다마는.
6. 진규가 벌써 갔네그려.
7. 아, 진규가 갔구먼그래.
8. 내가요 지금요 집에를요 가야만요 하거든요.

체언의 준굴절성

체언에 조사가 붙어 문법적 관계가 표시되는 현상을 곡용이라고 한다. 조사를 독립된 단어로 보는 관점에서는 조사에 의한 문법적 관계의 표시 방식이 용언의 활용과 비슷하므로 준굴절성을 띠었다고 할 수 있으며, 이를 준굴절법이라고 한다.

후보에 대해 태도를 보류하는 소극성을 지닌다. '는'은 대조되는 절에서는 대조의 의미를 지니며 주어 자리에서는 주제 표지로 사용되기도 한다.

'조차'는 말하는 이가 기대하지 못하는 일에 쓰이는 제약을 가지기 때문에 이미 기대를 하고 말하는 명령문이나 청유문에는 잘 사용하지 않는다. '마저'는 '조차'와 비슷하나 "하나 남은 마지막"이라는 의미가 강하고 기대되는 일에도 쓰이는 일이 있다는 점에서 '조차'와 변별된다. '까지'도 '조차'와 비슷하나 기대하지 않은 일에도 쓰인다는 점에서는 '마저'와도 매우 가깝다.

그러나 '마저'는 주로 그 결과가 말하는 이에게 불리한 일에 사용되고 '까지'는 그렇지 않은 일에도 사용된다. 보조사 중에는 다른 가치를 띠고 있음을 나타내는 표별(表別)의 '은/는, (이)나, 만, (이)야말로, 부터, 든지, 라도, 나마, 인들, 밖에, (을)랑' 등과 같은 가치를 의미하는 협수(協隨)의 '도, 까지, 조차, 마저' 등이 있다.

문장 끝에만 쓰이는 것은 종결 보조사로서, '마는, 그려' 등이 있고 '요'는 어느 문장 성분이나 두루 결합이 가능하므로 특수한 높임 의미의 보조사라고 할 수 있다.

보조사	의 미	보조사	의 미	보조사	의 미
그려	감탄	도	역시, 또한	마다	각각
(은)는	지정, 구별	마는	뒤집은	만	유일
말이야	입버릇	을랑	지정	조차	더보탬
부터	시발	이나	과장, 선택	커녕	고사
시피	같이	이나마	불만, 미흡	마저	최종
밖에	불과	(이)든지	불택, 선택	요	강세, 지정
씩	배당, 균일	(이)야말로	특수, 힘줌	까지	미침

4.2.3. 동사, 형용사-용언

동사와 형용사는 의미상의 차이뿐만 아니라 형식상의 차이도 있다. 그러나 동사와 형용사는 주체를 서술하는 기능을 띠고 있다는 공통점이 있어 용언이라고 부른다. 용언과 서술격 조사 '이다'는 활용하기 때문에 활용어라고 부르기도 한다.

1) 동사

동사는 사물의 움직임이나 작용을 과정적으로 표시하는 품사이다. '독서'와 '일출'은 '읽다'와 '솟다'와 의미에 있어서 큰 차이는 없으나, 전자는 움직임을 대상으로 파악한 것인 데 대해 후자는 그것을 과정적으로 파악하여 서술한다는 차이점이 있다. 과정으로서의 움직임이라는 동사의 의미상 특수성은 기능면에서도 드러난다. 동사 검증의 틀로 흔히 사용되는 것은 '무엇이 (무엇을) 어찌한다'인데, 여기서 '어찌한다'의 자리를 채우는 것이 동사이다.

> 새가 난다. / 꽃이 핀다.(자동사)
> 밥을 먹는다. / 책을 읽는다.(타동사)
> 멈추다 / 다치다 / 움직이다.(능격 동사)

동사는 그 움직임이 주어에만 미치느냐 주어 이외 목적어에도 미치느냐에 따라 나누어질 수 있다. 하나는 움직임이 주어에만 미치는 동사로 자동사(intransitive verb) 또는 제움직씨와 타동사가 자동사된 것(피동 접사가 결합한 것)이 있다. 다른 하나는 움직임이 주어 이외의 목적어에도 미치는 동사로 타동사(transitive verb) 또는 남움직씨와 자동사 및 타동사가 타동사된 것(사동 접사가 결합한 것)이 있다. 그리고 접사의 결합 없이 그대로 자동사와 타동사로 공용되는 능격 동사(ergative verb) 또는 중립 동사(middle verb)가 있다.

새·겨·알·기

능격 동사에 대하여

1) 현수가 바위를 움직인다.
2) 바위가 움직인다.

흔히 '움직이다'와 같은 국어의 일부 동사들은 1)의 타동문과 함께 2)의 자동문도 능격 구성을 취할 수 있다. 이런 부류의 동사들을 흔히 '능격 동사'라 하고, 능격 동사에 의한 능격 구성의 구문을 '능격문(능격구문)'이라 한다. 즉 자동문의 주어 표지와 타동문의 목적어 표지가 같은 구문을 말한다.

중세 국어에도 능격 동사가 많았다. '박다' 이외에 'ᄢᅳ다(부화)', 'ᄀᆞᆯ다(替)', '닫다', '버히다', '흩다' 등의 단어가 있는데, 그 예를 찾아보면, '박다'는 타동사인데 '뫼해 살이 박거늘〈월인천강지곡41〉'에서 보듯이, 자동사 표지인 선어말 어미 '거'와 결합한 것을 보면 자동사로 쓰인 것을 알 수 있다. 'ᄀᆞᆯ다'는 '날와 밤과애 서르 ᄀᆞᆯ어늘〈능엄경언해 10:82〉', '버히다'는 '아비를 버히거늘〈삼강, 효20〉' 등과 같이 나타난다.

2) 형용사

꽃이 곱다/물이 깊다.
내 얼굴은 붉다/희다.
배가 몹시 고프다/아프다/싫다/좋다
저렇게 아름다운 여자는 처음 본다.

형용사는 사물의 성질이나 상태를 표시하는 품사이다. 동사가 주체의 움직임을 과정적, 동태적으로 표시하는 것이라면 형용사는 주체의 성질 · 상태를 상태적이고 정지적으로 표시하는 것이라고 할 수 있다. '즐거움'과 같은 낱말은 성질이나 상태의 의미와 관련이 있음이 틀림없지만 그것을 대상으로만 파악하고 있을 뿐 주체의 속성을 상태화하여 서술하는 능력은 없다. '무엇이 어떠하다' 에서 '어떠하다' 의 자리를 채울 수 있는 형용사는 '-아라/-어라, -자, -는, -(으)러, -(으)려고' 등의 어미는 붙지 않는다.

형용사는 동사와 달리, 대상의 속성이나 상태를 표시하는 성상 형용사와, 성상 형용사로 표시된 말을 지시하는 지시 형용사로 나뉜다. 지시 형용사는 배열 순서상 성상 형용사에 앞서는 것이 원칙이다.

새·겨·알·기

동사와 형용사의 분류 기준

1. 의미 차원에서 볼 때, 동사는 주어의 동작이나 과정을, 형용사는 성질이나 상태를 나타낸다.

2. 기본형에 현재 시제 선어말 어미 '-는-/-ㄴ-' 이 들어갈 수 있으면 동사, 들어갈 수 없으면 형용사이다.

3. 동사는 현재를 나타내는 관형사형 전성 어미 '-는' 이 사용되고, 형용사는 '-ㄴ, -은' 이 사용된다.

4. 의도의 의미를 지니는 어미 '-려' 나 목적의 의미를 지니는 어미 '-러' 와 함께 쓰일 수 있으면 동사, 아니면 형용사이다.

5. 명령형과 청유형 어미를 사용할 수 있으면 동사, 아니면 형용사이다.

물론 4와 5는 동사 가운데 인간의 의지를 나타내는 동사만 되는 것으로, 안 된다고 해서 꼭 형용사인 것은 아니다.

3) 보조 용언

아침을 든든하게 먹어 두었다.
나도 너를 따라가고 싶다.
여름 날씨가 그다지 덥지 않다.
지연이는 조금 전에 집으로 가 버렸다.
새아는 종이를 접고 있다.

본래의 뜻을 가지고 있으며 자립적으로 문장의 서술어가 되는 용언을 본용언이라고 한다. 이 본용언에 기대어 쓰이면서 그 말에 문법적 의미를 더해 주는 용언을 보조 용언이라고한다. 보조 용언은 의존적 성격을 띠며, 일정한 어미의 뒤에만 쓰이고, 본용언을 삭제하면 문장이 성립되지 않는다. 또한 의미에 있어서도 어휘적이기보다는 문법적 성격이 강하다. 보조 용언은 삭제하여도 문장이 성립되는데, 이때 제거하기 전과 비교해 보면 보조 용언이 쓰인 문장에 문법적 의미가 더해져 있음을 알 수 있다. 그리고 보조 용언은 의존 명사와 함께 준자립 형식을 구성하며, 부정법, 피동 · 사동법, 동작상 등의 문법 범주를 형성하기도 하고 말하는 이의 생각과 결부되기도 한다. 보조 용언은 다시 보조 동사와 보조 형용사로 나뉜다.

보조 동사 가운데에는 그 형태가 본동사와 같아서 식별하기 어려운 경우가 많다. 보조 동사를 식별하기 위한 방법으로는 보조 동사만으로 문장이 성립되는가를 따져 보는 것이다. 예를 들어 "비나는 빵을 먹어 버렸다."라는 문장에서 보조 동사 '버리다' 만으로는 다른 의미의 문장이 된다. 또한 "빨리 가지 마라."에서 보조 동사 '말다' 만으로는 문장이 성립할 수 없다.

보조 동사가 본용언에 결합될 때에는 일정한 어미를 요구한다. 다른 연결어미의 아래 쓰이는 경우에는 보조 동사가 아니라 본용언의 병치(竝置)로 보아야 한다.

몇몇 보조 동사들은 본용언으로 쓰이는 경우가 없으나, 대부분의 보조 동사는 본동사에서 유래한 것이다. 보조 용언 가운데에는 "한방 맞아가 정신을 잃었어."(보조 동사), "하고파서, 바쁜갑다"(보조 형용사)에서 보듯이 융합을 일으켜 형태가 변형된 경우도 있다. 이러한 현상은 이들이 본용언으로부터 완전히 멀어졌음을 의미한다. '뻔하다, 체하다, 양하다' 등은 '의존 명사+하다' 로 분석되며, '-어 쌓다' 는 동남 방언에서 주로 쓰이는 보조 동사이다.

보조 형용사는 그 수도 얼마 되지 않을 뿐더러 대부분 본용언과 의미상의 관련을 맺을 수 없다. 부정의 보조 형용사로 '말다' 가 없는 것은 형용사에는 명령형과 청유형이 없기 때문이다. 추측의 '보다' 는 본동사로서의 '보다' 와는 의미상의 관련성이 거의 없다. '있다' 는 진행의 뜻인 경우 보조 동사로,

보조 용언과 띄어쓰기

보조 용언은 띄어 씀을 원칙으로 하되, 경우에 따라 붙여 씀도 허용한다. 다만 앞말에 조사가 붙거나, 앞말이 합성 동사인 경우, 그리고 중간에 조사가 들어갈 때에는 그 뒤에 오는 보조 용언은 띄어 쓴다.

불이 꺼져 간다. 불이 꺼져간다.
잘도 놀아만 나는구나. 네가 덤벼들어 보아라. 그가 올 듯도 하다.

상태 내지 완료의 뜻인 경우 보조 형용사로 보았으나, 확실한 구별 기준을 내세우기는 어렵다. 보조 동사와 보조 형용사 목록은 다음과 같다.

〈1〉 보조 동사

진행 - (고)있다: 편지를 쓰고 있다.
종결 - (어)내다: 종민이는 마침내 자격증을 얻어 냈다.
(고야)말다: 이루어 내고야 말겠다.
봉사 - (어)주다: 동생에게 연필을 만들어 주었다.
사동 - (게)하다: 누구를 가게 하느냐?
부정 - (지)말다: 주연이는 가지 말아라.

〈2〉 보조 형용사

희망 - (고)싶다: 금강산에 가고 싶다.
부정 - (지)못하다, 아니하다: 걷지 못하다, 예쁘지 않다.
추측 - (ㄴ가, 나, (으)ㄹ까)싶다: 한번 사볼까 싶다.
상태 - (어)있다, 계시다: 말라 있다.
시인 - (기는)하다: 곱기는 하다.

4) 용언의 활용

단어의 줄기 되는 부분에 변하는 말이 붙어 문장의 성격을 바꾸는 일을 활용 또는 끝바꿈이라고 부른다. 활용하는 말, 즉 활용어에는 동사, 형용사와 서술격 조사가 있다.

(1) 어간과 어미

"읽는다, 읽고, 읽느냐, 읽어, 읽는, 읽기" 등에서 앞부분인 '읽-'은 고정되어 있으나 뒷부분인 '-는다, -고, -느냐, -어, -는, -기' 등은 여러 갈래로 바뀌고 있다. 이렇게 활용어의 중심 되는 줄기 부분을 어간(stem) 또는 줄기라고 하고, 어간에 가지나 잎사귀처럼 붙는 부분을 어미(ending) 또는 끝

'보다'에 대하여
'보다'가 본용언일 때는 "사물의 모양을 눈을 통하여 알다."의 의미를 지닌다. 그러나 동사 어미 '-아/-어' 등의 뒤에서 "시험삼아 하다"라는 뜻을 지니면 보조 동사가 된다. 그리고 형용사가 동사의 어미 "-ㄴ가, -는가, -ㄹ까, -을까" 등의 뒤에서는 추측이나 막연한 의향을 나타내는 의미로 사용되며, 이 경우엔 보조 형용사가 된다.

이라고 한다. 어간에 어미 '-다'를 붙인 활용형을 기본형이라고 부르고, 활용형의 대표형으로 삼으며, 사전의 표제 형태로 쓴다.

(2) 활용의 갈래

종결형이란 문장을 종결하는 활용형(종지법, 종지형)으로 평서형, 의문형, 감탄형, 청유형, 명령형이 있다. 연결형은 문장을 다른 문장과 연결시켜주는 활용형(접속법, 접속형)으로 대등적 연결형, 종속적 연결형, 보조적 연결형이 있으며, 전성형은 문장의 성격을 전성시키는 활용형(자격법)으로 명사형, 관형사형, 부사형이 있다.

종결형	문장을 끝맺는 활용 형태 전통 문법-종지법, 종지형	평서형, 감탄형, 의문형, 명령형, 청유형
연결형	문장을 연결시켜주는 활용 형태 전통 문법-접속법, 접속형	대등적 · 종속적 · 보조적 연결
전성형	문장의 자격을 바꿔주는 활용 형태 전통 문법-자격법	명사형, 관형사형, 부사형

새·겨·알·기

존재사의 활용에 대해

전통 문법에서 존재사라 하는 이것은 동사와 형용사의 두 측면을 아울러 지니고 있다. '있다, 없다'를 따로 존재사라고 부르기도 하는 것은 이러한 형식상의 독자성과 의미상의 특수성을 고려한 것이며, 여기서 형용사에 포함시키는 것은 종결 평서형이 다른 활용형 보다 기초적이라고 보기 때문이다. 그러나 '있다'는 명령형과 청유형이 가능하다는 점에서 동사에 더 가까우며, 최근에는 '있는다'가 되는 경향이 강하여 동사로서의 특징이 두드러져 가고 있다고 할 수 있다.

(3) 활용의 불완전성

활용이 완전하지 못하여 불구적인 모습을 보여주는 동사를 불완전 동사 또는 불구 동사라고 부른다. "가로다(가로되, 가론), 대하다, 비롯하다, 관하다, 의하다, 위하다, 말미암다, 즈음하다, 더불다" 등이 불완전 동사에 포함된다. 이들이 조사 '에, 를, 과' 뒤에 쓰이면 활용 형태가 '-ㄴ, -어' 등에 국한되어 활용상의 불완전성이 쉽게 인식된다. '달라, 다오'를 불완전 동사로 보는 견해도 있으나, 이들은 "주라, 주오"의 보충 형태이므로 참다운 불완전 동사라고 하기는 어렵다.

(4) 활용의 규칙성과 불규칙성

어간에 어미가 붙어 활용할 때, 환경에 따라 어간이나 어미의 모습이 형태를 바꾸는 일이 있다. 이러한 형태 변이 가운데는 일정한 환경에서 예외 없이 자동적으로 바뀌는 것이 있는가 하면 부분적으로 바뀌는 것이 있는데, 후자를 불규칙 활용 또는 변칙 활용이라고 부른다. 예외 없이 보편적으로 일어나는 형태 바꿈을 자동적 교체(automatic)라고 부른다. 변이에 대한 환경만 알고 있으면 어떤 경우에든지 그 바뀜을 점칠 수 있다. 이와 반대로 불규칙 활용 또는 변칙 활용은 예측이 불가능하므로 비자동적 교체(non-automatic)라고 부른다.

어간의 자동적 교체는 받침 규칙과 자음 동화에 의한 어간의 변이와 '으' 탈락과 'ㄹ' 탈락이 있다. 어미의 자동적 교체는 모음 조화에 따른 교체와 매개 모음의 삽입인 어간이 'ㄹ'을 제외한 자음으로 끝날 때, 어미 "-ㄴ(니, 냐, ㄴ가, ㄴ데, …), -ㄹ(리라, 려고, 러, …), -ㅁ(마, 며), -오, -시-"의 앞에서 모음 '으'가 삽입되는 것이 있다. 어간이 'ㄹ'인 경우는 "-ㅁ, -며, -면서"의 앞에서는 아무런 변화가 없으며, 이들을 제외한 위의 어미들과 '-ㅂ니다/까' 등의 앞에서는 'ㄹ'이 탈락한다.

어간과 어미의 변이는 모두 그에 대한 규칙만 알고 있으면 그 변화를 예측할 수 있다. 이런 현상은 형태의 가변성에도 불구하고 규칙 활용으로 간주하는 것이다.

불규칙 활용
우리말의 용언은 변화하지 않는 어간 부분과 변화하는 어미 부분으로 이루어져 있다. 이때 어간이나 어미, 또는 어간과 어미 모두가 불규칙한 방식으로 연결되면 그것을 불규칙 활용이라고 한다.

불규칙 활용은 크게 어간의 불규칙과 어미의 불규칙으로 나뉜다. 이 밖에 어간과 어미가 함께 불규칙 활용하는 것도 있다.

〈1〉 어간의 모습이 바뀌는 불규칙 활용

'ㅅ' 불규칙 용언은 대부분 음장(音長)을 가지고 있으며, 'ㅅ' 규칙 용언은 그 반대인 것으로 알려져 있다. 'ㅅ' 불규칙 용언은 어간의 끝소리인 'ㅅ'이 모음 어미 앞에서 탈락되며 동시에 음장은 상실된다. 역사적으로 'ㅅ' 불규칙 활용은 반치음 'ㅿ' 탈락 과정을 거친 것이 많으며 남부 방언에서는 아직도 'ㅅ' 규칙 활용을 하는 말도 있다.

'ㄷ' 불규칙 용언은 동사에만 있고 형용사에는 없다. 'ㅅ' 불규칙 용언과 마찬가지로 대부분 음장을 가지고 있으며, 모음 어미와 결합되면서 'ㄹ'로 바뀌며 동시에 음장은 상실된다.

'ㅂ' 불규칙 어간이 2음절 이상인 경우는 모음 조화가 지켜지지 않고, 모음 어미와 결합되면 'ㅂ'은 '오'나 '우'로 바뀐다.

'르' 불규칙은 모음 어미와 결합하면 '으'가 탈락하고 동시에 'ㄹ'이 덧생긴다. 'ㄹ'의 덧생김을 어미의 변이로 볼 수도 있으나, 이 경우 '-러', '-라'와 같은 어미를 인정하게 되어 어미 체계가 복잡해지므로 어간의 모습이 바뀌는 활용으로 취급한다.

'우' 불규칙은 '푸다' 하나만 있다.

〈2〉 어미의 모습이 바뀌는 불규칙 활용

'하다'의 경우는 '여' 계통의 어미를 취한다. 어간 '하-' 뒤에 오는 어미 '-아, -어'가 '-여'로 바뀌어 나타나며, 이런 용언을 '여' 불규칙 용언이라 한다.

'러' 불규칙 용언은 어미 '-어'가 '-러'로 바뀌어 나타나며, "이르다(至), 누르다(黃), 푸르다"의 셋뿐이다.

'너라' 불규칙 용언은 명령형에서 '-아라' 대신 '-너라'가 붙으며, 줄어들어 '-ㄴ'으로 되기도 한다. 예를 들어 '오너라'는 '온'으로도 쓰일 수 있으며, 이렇게 '오다'가 붙는 모든 용언은 '너라' 불규칙 용언에 해당된다.

〈3〉 어간과 어미의 모습이 바뀌는 불규칙 활용

어간과 어미의 불규칙 용언에는 'ㅎ' 불규칙이 있다. 'ㅎ' 받침을 가진 형용사 중에서 대부분이 일반적인 자음 어미와 결합되면 그 어미가 기음으로 바뀌는 것 이외에는 별다른 변화가 없다. 그러나 '으'가 삽입되는 어미의 앞에서 'ㅎ'이 탈락하는 것은 어간의 불규칙이고, 모음 어미 '-아'와 결합하면 'ㅎ'이 탈락하면서 어간 모음 'ㅏ'와 어미 '-아'가 화합되어 'ㅐ'(/ɛ/)로 바뀌는 것은 어간과 어미의 불규칙이다. 형용사에만 나타나며 'ㅎ' 받침을 가진 형용사 중에서 규칙 활용을 하는 것은 '좋다'만 있다.

새·겨·알·기

'오' 불규칙 활용

본래 '주다'는 두 가지 의미를 가지고 있다. 하나는 남에게 주는 것이고, 또 하나는 남이 나에게 주는 것이다. 전자의 경우는 모든 종결 표현에서 쓰일 수 있으나, 후자의 경우는 그렇지 않다. '주게, 주오, 주십시오, 줘, 주어요'처럼 하게체, 하오체, 하십시오체, 해체, 해라체에는 쓰일 수 있고, 해라체 '주어라'와 객관적 표현인 소위 하라체 '주라'는 쓰이지 않는다. 이들 대신 '달라, 다오'가 쓰일 뿐이다. 따라서 이들은 '주다'의 보충법 표현이라고 말할 수 있다. 따라서 명령형 어미 '-어라'가 일반적이나, '다오'에서처럼 '-오'로 바뀐 것을 '오' 불규칙이라고 한다.

제6차 교육 과정에서 **'거라' 불규칙**은 명령형에서 '-아라' 대신 '-거라'가 붙는 경우였다. 그러나 구어체에서는 "가라, 자라, 일어나라"에 '-거라'의 쓰임이 늘어나고 있으며, 한편 "있다, 서다, 듣다, 앉다" 등은 구어체에서 "있거라, 서거라, 듣거라, 앉거라"로 나타나는 일이 있으나, 규칙 용언이다. '-거라'의 '거'는 중세어에서는 명령형뿐만 아니라 다른 종결 어미와 연결 어미, 그리고 전성 어미에서도 나타났었는데, 주로 자동사, 형용사, 존재사, 서술격 조사 등 비타동사에 연결된 바 있다.

활용 부분	불규칙 활용 명칭	내 용	용 례	규칙 활용 용례
어간	'ㅅ' 불규칙	'ㅅ'이 모음 어미 앞에서 떨어지는 현상	짓+어 ← 지어 잇+어 ← 이어	벗다, 빗다, 빼앗다, 씻다, 솟다 등
	'ㄷ' 불규칙	'ㄷ'이 모음 어미 앞에서 'ㄹ'로 변하는 현상	묻(問)+어 ← 물어 듣+어 ← 들어	묻다(埋), 닫다, 믿다, 쏟다, 얻다 등
	'ㅂ' 불규칙	'ㅂ'이 모음 어미 앞에서 '오/우'로 변하는 현상	돕+아 ← 도와 굽+어 ← 구워	잡다, 씹다, 입다, 뽑다 등/굽다(曲), 좁다 등
	'르' 불규칙	'르'가 모음 어미 앞에서 'ㄹㄹ'로 변하는 현상	흐르+어 ← 흘러 빠르+어 ← 빨라	치르다, 따르다, 다다르다, 들르다 등
	'우' 불규칙	'우'가 모음 어미 앞에서 떨어지는 현상	푸+어 ← 퍼	두다, 주다 등
어미	'여' 불규칙	어간이 '하'로 끝나는 용언에 모음 어미 '아'가 '여'로 바뀌는 현상	하+아 ← 하여 하+어서 ← 하여서	파다, 사다, 가다 등
	'러' 불규칙	어간이 '르'로 끝나는 용언에 모음 어미 '어'가 '러'로 바뀌는 현상	이르(至)+어 ← 이르러 푸르+어 ← 푸르러	치르다, 따르다 등
	'너라' 불규칙	'오다'가 명령형이 되면 '너라'를 취하는 현상	오+아라 ← 오너라	보다, 먹다 등
어간·어미	'ㅎ' 불규칙	'ㅎ'으로 끝나는 어간에 '어/아'가 오면 어간의 일부인 'ㅎ'이 없어지고 어미도 변하는 현상	하얗+아서 ← 하얘서 파랗+아 ← 파래	좋다
동사의 어간 가운데 특정한 어미 앞에서 형태가 송두리째 바뀌는 것			주게, 주오, 주십시오, 주어, 주어요 → 다오, 달라	
			(먹지) 않는다, 않느냐, 않는구나 → (먹지) 말아라, 말자, (먹든지) 말든지	

(5) 어미

마·음·눈·갖·기

차창룡의 「눈을 감고 한강을 건너다」를 통해 다양한 어미의 쓰임을 파악하고 각 어미의 특징을 명확히 구분하여 사용할 수 있다.

어둠은 늘 그렇게 한강쯤에서 밀려온다
불빛은 늘 그렇게 어둠과 함께 밀려와
강물에 나무로 쏟아진다
쏟아진 나무들이 숲을 이루면서
사람들의 눈을 감겨준다
언젠가는 감을 눈을 미리 감으면
이토록 편안한 것을,
한사코 눈 감지 않는 티코여 소나타여 그랜저여,

25번이여, 85번이여, 145-1번이여,
아직 숲이 되지 못한 수많은 나무들이여,
어디엔가는 아무도 없는 숲이 있고,
어디엔가는 아무나 있는 숲이 있어
그대들을 편안히 눈 감기겠지만,
숲이 그대들을 눈감기기 전에 미리
눈을 감아볼 일이다.
눈을 감으면 세상은 빛의 속도로 숲으로 가고,
빛은 숲에 이르기 전에 거꾸로 처박힌다.

— 차창룡의 「눈을 감고 한강을 건너다」

어간에 붙는 가변 요소를 어미라고 한다. 그 자체만으로는 단어를 완성시키지 못하는 형태소를 개방 형태소라고 하며, 단어를 완성시킬 수 있는 형태소를 폐쇄 형태소라고 한다. 단어의 끝에 오는 폐쇄 형태소를 어말 어미(final ending)라고 하고, 이에 앞서는 개방 형태소를 선어말 어미(pre-final ending) 또는 비어말 어미(non-final ending)라고 한다. 종래의 전통 문법에서는 선어말 어미를 보조 어간 또는 도움 줄기로 처리하여 어간의 일부로 보기도 하였다. 또한 종전의 보조 어간 가운데, 피동, 사동, 강세 등의 요소는 선어말 어미로 처리하는 경우도 있으나, 그것이 붙는 어근의 수효가 제한되어 있기 때문에 접사로 간주한다.

〈1〉 선어말 어미

선어말 어미는 분포에 따라 두 부류로 나누어 분포가 넓은 것을 분리적 선어말 어미라고 하고, 분포가 좁은 것을 교착적 선어말 어미라고 한다.

주체 높임법의 문법 범주를 형성하는 '-시-'는 선어말 어미 가운데서 어미와의 결합 비율이 가장 높다.

일반적으로 시제 범주를 형성하는 선어말 어미에는 "-는-, -었-, -겠-" 등이 있다. '-는-'은 자음 어간과 평서형 어미 '-다' 사이에 쓰이는 현재 시제 선어말 어미이다. 이형태인 '-ㄴ-'은 모음 어간 아래 쓰이므로 이는 음운론적으로 제약된 이형태이다. "먹는구나, 먹는구려" 등의 '-는-'은 앞의 '-는-

/-ㄴ-' 과는 형태론적으로 제약된 이형태이다. 현재 시제를 나타내며, 평서형과 감탄형에만 나타난다는 분포상의 제약이 있다. '-었-' 은 과거 시제의 선어말 어미인데 음성 모음으로 된 어간 아래 쓰이며 양성 모음 아래서는 '-았-' 이 선택된다. 따라서 양자는 음운론적으로 제약된 이형태가 되며, '하-' 가 붙은 어간에는 '-였-' 이 선택되므로 형태론적으로 제약된 이형태이다. '-었-' 은 '-시-' 에는 미치지 못하나 대부분의 어미와 결합할 수 있다. '-겠-' 은 단독으로 쓰이면 미래 시제를 나타낼 수 있으나, '-었-' 과 결합되면 '추측' 의 의미만을 표시하고, 후행하는 어미도 '-었-' 보다는 제한되어 있다.

'-옵-' 은 말하는 이가 상대방에게 공손의 뜻을 표시할 때 쓰인다. 중세어의 '-숩-' 의 직접적 계승형으로 주로 문어체에서 쓰인다. 매개 모음을 취하는 어미와 모음 어미 앞에서는 '-오-' 로 변이된다.

교착적 선어말 어미는 사전에 개별 항목을 분석하지 않고 활용형을 그대로 실었다.

'-ㅂ-' 은 상대 높임법의 '하십시오체' 표지로서 '공손' 의 '-옵-' 과는 구별된다. 평서형, 의문형, 감탄형, 명령형, 청유형에서만 쓰인다.

"-느-, -더-, -리-" 는 서법 표시의 선어말 어미인데, '-느-(직설법), -더-(회상법)' 는 서실법을 구성한다. 합쇼체의 '-ㅂ-' 뒤에서 '-니-', '-디-' 로 바뀐다. 평서형, 감탄형, 의문형에서만 나타난다. '-리-(추측법)' 는 서상법을 구성하는데, 의미가 '-겠-' 과 비슷하나 분포가 제한되어 있으며, 평서형과 의문형에 나타난다.

"-니-, -것-" 은 강조법의 선어말 어미로 이들은 평서형에만 쓰인다. '-것-' 은 확인법을 구성하고, '-리-' 의 뒤에서는 '-엇-' 으로 교체된다. '-니-' 는 원칙법을 구성하며, 합쇼체의 직설법 '-니-' 의 뒤에서는 '-ㄴ-' 으로 교체가 된다.

선어말 어미의 차례는 일정하여 그 자리를 함부로 바꿀 수 없다. 선어말 어미의 차례는 분포의 넓고 좁음에 비례한다. '-시-' 와 '-었-' 의 경우, '-시-' 는 모든 선어말 어미와 어말 어미에 결합할 수 있지만 '-었-' 은 그렇지 않다. 예를 들어 '-었-' 은 '-(으)려고' 와 결합할 수 없다. '-었-' 과 '-겠-' 의 경우 '-었-' 은 확인법의 '-것-' 과 결합할 수 있으나, '-겠-' 은 그렇지 않다.

'-(으)ㅂ-'과 '-니-, -디-'의 경우에 전자는 모든 문장 종결법에 다 나타나나, 후자는 평서형과 의문형에 국한된다. 원칙법의 '-니-'와 '-느-, -더-'의 경우 전자는 평서형에만, 후자는 평서형과 의문형에만 나타난다. '-겠-'은 '-었-'에 후행하기도 하는데, 이때에는 '추측'의 의미만 갖는다. 이러한 선어말 어미 배열 차례를 순서대로 보면 다음과 같다.

주체 높임법 : -시-
시제 : -는-〈현재〉, -었-〈과거〉, -겠-〈미래〉
공손 : -오-, -옵-, -잡-
상대 높임법의 하십시오체 : -ㅂ-
서법 : -느-, -더-, -리-
강조법 : -것-, -니-

〈2〉 어말 어미

(1) 송이가 사과를 먹는다(먹었느냐? 먹어라, 먹자, 먹는구나).
(2) 산은 높고, 물은 맑다.
(3) 봄이 되니 날씨가 따뜻하다.
(4) 윤숙이는 학교에 가지 않았다.
(5) 이 책은 읽기가 어렵다.
(6) 우리는 그의 말이 옳았음을 깨달았다.
(7) 은기는 청소하시는 어머니를 도와 드렸다.

어말 어미

- 어말 어미
  - 종결 어미
  - 전성 어미
    - 명사형 어미
    - 관형사형 어미
    - 부사형 어미

어말 어미는 용언을 끝맺는 위치에 놓이는 어미이다. 어말 어미는 그 자체만으로 어간에 결합하여 단어를 이룰 수 있다. 어말 어미는 선어말 어미와는 달리 그 종류가 상당히 많다. 어말 어미는 기능에 따라 종결 어미, 연결 어미, 전성 어미로 나뉜다.

종결 어미는 문장을 종결시키는 어말 어미이며 문장 종결법과 상대 높임법에 따라 일정한 형식을 갖추고 있다. 말하는 이는 문장을 끝맺는 종결 어미에 기대어 자신의 생각이나 느낌을 여러 가지 방식으로 표현할 수 있다. 종결 어미의 종류는 (1)의 차례대로 평서형, 의문형, 명령형, 청유형, 감탄형 종결 어미로 구분된다. 이러한 종결 어미를 정리하면 다음과 같다.

	해라	하게	하오	하십시오	해	해요
평서형	-(는/ㄴ)다	-네	-오	-(ㅂ니)다	-어	-어요
의문형	-(느)냐	-(느)ㄴ가	-오	-(ㅂ니)까	-어	-어요
감탄형	-(는)구나	-(는)구먼	-(는)구려		-어	-어요
명령형	-어라	-게	-오	-(ㅂ)시오	-어	-어요
청유형	-자	-세		-(ㅂ)시다	-어	-어요

어말 어미에는 종결 어미와는 반대의 기능을 띤 비종결 어미가 많다. 비종결 어미는 문장을 종결시키는 기능이 결여된, 문장 접속이나 전성의 기능을 띤 어말 어미를 말한다.

(2), (3), (4)는 연결 어미의 예이다. 연결 어미는 문장이나 단어를 연결시키는 어미이다. 문장을 연결시키는 어미에는 (2)의 '-고'와 같이 문장을 대등적으로 연결해 주는 대등적 연결 어미와 (3)의 '-니'와 같이 문장을 종속적으로 연결해 주는 종속적 연결 어미가 있다. (4)의 '-지'는 보조적 연결 어미로 본용언과 보조 용언을 연결해 주는 어미를 말한다.

(5), (6), (7)은 전성 어미의 예이다. 전성 어미는 서술하는 기능과 더불어 한 문장이 더 큰 문장의 성분으로 쓰이는 기능을 하도록 하는 어미이다. 즉 용언의 성질을 명사나 관형사로 임시로 바꿔주는 기능을 하는 어미이다. 전성 어미에는 (5)의 '-기'와 (6)의 '-(으)ㅁ'과 같은 명사형 전성 어미와 (7)의 '-는'과 같은 관형사형 전성 어미가 있다. 관형사형 전성 어미에는 '-는' 이외에도 '-은, -던, -을'이 있다.

이처럼 전성 어미는 문장을 관형사나 명사, 또는 부사처럼 바꾸어주는 어말 어미, 연결 어미는 문장을 대등적 · 종속적 · 보조적으로 연결해주는 어말 어미를 말한다. '-게'는 때로 부사 형성의 어미 역할을 하는 일도 있고, 종속적 연결 어미의 기능을 띠기도 한다. 더구나 연결 어미들은 모두 다 중심 서술어와 관계를 맺기 때문에 부사형 전성 어미와 동일 기능을 하기도 한다. 따라서 연결 어미는 부사형 전성 어미 속에 포함할 수 있다.

새·겨·알·기

어미 결합의 제약

동사의 경우 '-는/-ㄴ다, -느냐, -는구나, -는'이 쓰이는 자리에, 형용사나 서술격 조사가 오면 '-는/-ㄴ, -느-'가 빠진 '-다, -냐, -구나(서술격 조사일 때에는 -로구나), -ㄴ'이 쓰인다. '하게체'의 평서형에서 동사에는 '-네'가 쓰이지만, 형용사에는 '-(으)이', 서술격 조사에는 '-ㄹ세'가 붙는다. 불규칙 활용에 있어서도 'ㄷ, 우' 불규칙은 동사에만 나타나며, 'ㅎ' 불규칙은 형용사에만 나타난다. 동사에는 붙을 수 있으나 형용사, 서술격 조사에는 붙을 수 없는 어미로는 명령형과 청유형이 있다. 약속의 평서형 어미 '-(으)마', 허락의 명령형 어미 '-(으)려무나'가 형용사, 서술격 조사에 쓰이지 못한다. '-면서', '-자', '-다가' 등은 형용사나 서술격 조사에 결합하는 일도 없지 않으나 흔한 것은 아니다. 보조적 연결 어미는 동사와 형용사에만 붙고 서술격 조사에는 쓰이지 않는다. 또한 의도를 나타내는 '-러, -려고'는 동사와만 결합하고, 이유를 나타내는 '-(어)서'는 명령형이나 청유형 어미와 결합하지 못한다.

예) *졸음이 와서 공부하지 말아라(말자).

4.2.4. 관형사, 부사-수식언

한 문장 안에서 다른 말을 꾸며주는 것을 수식언이라고 하며, 관형사와 부사가 여기에 속한다.

명사 앞에서 그 뜻을 '어떠한'의 방식으로 좀더 분명하게 제한해 주는 것을 관형사〔매김씨〕라고 하고, 동사나 형용사 앞에서 그 뜻을 '어떻게'의 방식으로 좀더 분명하게 제한해 주는 것을 부사〔어찌씨〕라고 한다. 관형사나 부사는 다른 말을 수식해 주는 기능상의 공통성이 있으므로 수식언〔꾸밈씨〕으로 묶을 수 있다. 수식언은 활용하지 않는다는 형식상의 공통성이 있다.

1) 관형사

관형사는 체언 중 주로 명사를 꾸며 주며, 두 개 이상이 겹쳐 쓰여도 앞의 관형사가 뒤의 관형사를 꾸미지 않는다.

(1) 이 헌 구두가 내 것이다.
(2) 모든 학생이 울었다.
(3) 이 책은 나의 것이다.
이는 참으로 어려운 일이다.
(4) 다섯 학생이 걸어온다.
다섯이 넷보다 많다.

관형사는 조사나 어미가 붙지 않으며, 활용하지 않는다. 대명사와 형태가 같아도 체언을 꾸며 주면 관형사이고, 조사가 붙으면 대명사이다. "다섯, 여섯, 열…, 첫째, 둘째" 등과 같이 수사와 형태가 같으나 뒤에 조사가 오지 않으면서 체언을 꾸미면 관형사이고, 조사가 붙으면 수사이다.

관형사에는 성상 관형사, 수량 관형사, 지시 관형사가 있다.

갈 래	성 격	보 기
성상 관형사	뒤에 오는 체언의 성질이나 상태가 어떠하다고 꾸며줌.	새, 헌, 온갖, 오른, 첫, 옛, 순, 잡, 생
지시 관형사	어떤 대상을 가리키며 꾸며줌.	이, 그, 저, 어떤, 무슨, 어느, 다른
수 관형사	뒤에 오는 명사의 수량과 순서를 표시하거나, 의존 명사와 어울려 앞에 오는 명사의 수량을 표시함.	한, 두, 세, 셋째, 둘째, 여러, 전(全)

명사의 성질이나 상태를 실질적으로 제한한다고 하여 성상 관형사라 한다. 성상 관형사에는 "온갖, 새, 헌" 등과 같이 상태를 나타내는 것들이 있다.

대부분 단위성 의존 명사와 결합하여 사물의 수량을 표시하는 관형사를 수량 관형사 또는 수관형사라고 한다. "한, 두" 등의 양수와 서수가 있는데, 서수에는 "첫, 첫째, 둘째" 등과 같은 정수(定數)와 "한두째, 여남은째" 등의 부정수(不定數)가 있다. 수사와 형태가 같은 것이 대부분이지만, 기본적으로 수 관형사는 수사와 형태를 달리하는 경우가 많다.

"이, 그, 저" 등의 공간을 나타내는 것과 "옛, 헌, 신" 등의 시간을 나타내는 관형사는 발화 현장이나 문장 밖에 존재하는 대상을 가리킨다고 하여 지시 관형사라고 한다. 인칭 대명사의 3인칭과 대응 체계를 이루고 있으며, 성상 관형사와 수 관형사에 앞서는 통사적 특징이 있다. 관형사는 지시 관형사, 수 관형사, 성상 관형사의 순서로 배열된다.

(1) 저 모든 새 집
(2) 이 세 헌 상자들

2) 부사

(1) 저 차는 너무 빨리 달려서 위험하다.
(2) 내가 사려했던 물건이 바로 그것이다.
(3) 파도치는 소리만 철썩철썩 들려온다.
(4) 이리 와서 내 말을 들어 보아라.
(5) 그 분을 한 번도 못 뵈었습니다.
(6) 과연 나는 똑똑해.
(7) 사람에게는 의식주가 필요하다. 그러나 그것만으로는 살 수 없다.

부사는 용언이나 다른 말 앞에 놓여 그 말의 뜻을 분명히 제한하는 품사이다. 주로 용언을 한정하지만, 문장 전체, 명사, 관형사를 한정하는 경우도 있다. 부사는 활용하지 않으며, 조사가 자유롭게 붙을 수 없다.

(1)의 '빨리'는 뒤에 오는 용언을, '너무'는 뒤에 오는 다른 부사 '빨리'를, (2)의 '바로'는 뒤에 오는 대명사 '그것'을 수식한다.

부사는 기능에 따라 성분 부사, 문장 부사, 접속 부사로 나뉜다. (1)~(5)는 성분 부사이다. 성분 부사는 문장에서 한 성분만을 한정해 준다. 성분 부사는 의미에 따라 다시 성상 부사, 지시 부사, 부정 부사로 나뉜다. (1), (3)은 성상 부사이다. 성상 부사는 '어떻게' 방식으로 용언을 수식하는데, (1)

의 일반 부사와 (3)의 의성 부사, 의태 부사를 포함한다. (2), (4)는 지시 부사이다. 지시 부사는 특정한 대상을 가리키는데, (2)의 '바로'는 체언을, (4)의 '이리'는 용언을 수식하고 있다. (5)의 '못'은 부정의 뜻을 나타내는 부정 부사이다. (6)의 '과연'은 문장 부사로 문장 전체를 꾸며주는 기능을 한다. (7)의 '그러나'는 접속 부사로 앞 문장의 뜻을 뒤의 문장에 이어주면서 뒤의 문장을 꾸며준다.

지시 부사도 지시 관형사와 같은 통사적 기능을 띠고 있어 성상 부사에 앞서며 부정 부사는 성상 부사의 뒤에 붙는다.

'바로'는 위치를 의미하는 명사와 어울리고, '겨우'는 수량 표시의 단어 앞에 놓이며, '아주'는 정도 표시의 단어를 꾸민다.

문장 전체를 꾸며 주는 부사를 문장 부사라 한다. 문장 부사는 말하는 이의 태도를 표시하는 것으로 자리 옮김이 비교적 자유롭다. 이러한 부사의 의미에 상응하여 어미가 선택되는 것이 보통이다. 접속 부사는 앞 문장의 의미를 뒤 문장에 이어주면서 그것을 꾸민다. "및, 또는, 혹은"과 같이 단어를 이어주는 말도 포함된다. 접속 부사를 문장 부사로 보지 않고 접속사라 하여 따로 독립시키는 견해도 있다.

갈래	기능		용법	예
성분 부사	성상	수식	동사를 꾸밈	잘, 자주
			형용사를 꾸밈	매우, 참
			명사를 꾸밈	바로, 꼭
		의성	사물의 소리를 본뜸	철썩철썩
		의태	사물의 모양을 본뜸	데굴데굴
	지시	지시	시간, 장소 등을 지시하여 꾸밈	이리, 그리, 여기
	부정	부정	사실을 부정하여 꾸밈	아니, 못, 잘못
문장 부사	양태	단정	사실의 단정을 나타냄	과연
		의혹	의혹을 문장에 나타냄	설마
		희망	바라는 마음을 나타냄	제발
	접속	문장	문장과 문장을 연결함	그러나, 그리고, 또는, 및, 그러므로

4.2.5. 감탄사-독립언

감탄사는 문장 속의 다른 성분들의 구속을 받지 않고 독립성의 특성을 지닌다. 감탄사는 형태가 변하지 않으며 놓이는 위치도 비교적 자유롭다.

(1) 천만에, 웬걸
(2) 상혁아, 아버님께서 부르신다.
(3) 청춘, 이는 듣기만 하여도 가슴 설레는 말이다.

위의 예에서 문두에 나온 것들이 모두 감탄사는 아니다. 감탄사의 특징을 설명하면 다음과 같다.

첫째, 체언에 조사가 붙었어도 하나의 굳어진 형태로 된 것은 감탄사로 다룬다. (1)

둘째, 실제적인 이름으로 부르는 말은 감탄사가 아니다. (2)

셋째, 문장 머리에 놓인 제시어 및 표제어는 감탄사가 아니다. (3)

감탄사는 말하는 이가 자신의 느낌이나 의지를 특별한 단어에 의지함이 없이 직접적으로 표시하는 품사로서, 다음에 다른 말이 계속되지 않더라도 독립된 문장과 같은 기능을 발휘할 수 있다. 문장의 처음에는 물론 문장의 가운데와 끝으로 자리를 옮길 수 있으며, 구어체에 많다. 감탄사는 불변어이며, 조사가 결합하는 일이 없다.

감탄사는 감정 감탄사, 의지 감탄사, 그리고 입버릇 및 더듬거림 등으로 나눌 수 있다.

감정 감탄사는 상대방을 의식하지 않고 감정을 표출하는 데 쓰이는 감탄사이며, 의지 감탄사는 발화 현장에서 상대방을 의식하며 자기의 생각을 표시하는 것이다. 의지 감탄사는 상대방의 사회적 지위에 따라 어느 정도 구별되는 형태를 보여 준다. 입버릇 및 더듬거림은 특별한 뜻이 없이 나는 소리들을 말한다.

감탄사
말하는 이의 느낌이나 응답 등을 표시하는 의미상의 특징에 근거하여 감탄사라 부르는데, 기능상으로 보아 따라오는 문장과의 관련을 짓지 않고 독립해서 쓰일 수 있으므로 독립언이라고도 일컫는다. 감탄사도 관형사, 부사와 마찬가지로 활용하지 않는다.

구 분	내 용	보 기
감정 표시	놀람, 느낌, 기쁨의 감정을 나타냄	허허, 아이고, 아무렴, 에구머니, 저런, 참, 아, 아차
의지 표시	상대방을 의식하며 말하는 이의 뜻을 나타냄	단념 - 아서라
		독려 - 자
		부름 - 여보, 여보세요, 얘
		대답 - 예, 암, 오냐, 응
		긍정 - 그래, 옳소
		부정 - 아니오
		의혹 - 글쎄
입버릇 및 더듬거림	입버릇이나 말 더듬거림을 나타냄	머, 뭐, 그래, 말이지, 거시기, 예, 어, 저

4.2.6. 품사의 통용

지금까지 살펴본 명사, 대명사, 수사, 조사, 동사, 형용사, 관형사, 부사, 감탄사의 아홉 품사는 각 부류에 소속되는 단어들의 문법적 성질이 일정하다고 생각하고 분류한 것이다. 그런데 단어 가운데는 하나 이상의 문법적 성질을 함께 가지고 있는 것이 있다. 이를 품사의 통용이라고 한다.

(1) 나도 참을 만큼 참았다. - 나도 그 사람만큼 될 수 있다.
(2) 그 애는 열을 배우면 백을 안다. - 열 사람이 백 말을 한다.
(3) 오늘은 달이 매우 밝다. - 벌써 날이 밝는다.
(4) 바람이 아니 분다. - 아니, 어디 가겠단 말이냐?
(5) 나는 이기적이다. - 그는 자신이 이기적 인간이라고 말했다.
(6) 그의 한 평생이 행복스러웠다. - 그런 이야기는 평생 처음 듣는다.
(7) 길이, 높이, 처음, 자연
(8) 서로, 모두, 더러, 다

품사의 통용을 만일 품사 전성으로 처리할 경우엔 기본이 되는 품사를 결정해야 하는데, 그 기준을 결정하기가 어렵고 전성의 절차를 규정하기가 쉽지 않다. 이 경우 (1)은 명조류, (2)는 수관류, (3)은 형동류, (4)는 부감류, (5)는 명관류, (6)은 명부류, (7)은 명부류로 부를 수 있다. (8)은 흔히 부사로 쓰이는 것들이 격조사를 취하여 명사가 되기도 하는 예인데 이럴 경우는 '통용 부명류'라 하는 것이 합당할 것이다. 대개의 경우 자립성이 강한 품사를 앞에 써서 표시하지만 (8)의 경우처럼 하나의 품사로 훨씬 더 많이 쓰이면 많이 사용하는 품사명을 앞에 둘 수 있다.

세·워·가·꾸·기

1. 형태소, 단어, 어절의 개념을 알았는가?

2. 단어의 짜임새를 이해했는가?

3. 파생어와 합성어의 형성 원리를 이해했는가?

4. 단어의 품사적 특성을 알고 바르게 사용하고 있는가?

5. 어미의 다양한 쓰임을 이해하고 바르게 사용하는가?

아름다운 우리말

다솜: '애틋한 사랑'의 옛말

댓돌: 집채의 앞뒤에 오르내릴 수 있게 놓은 돌층계, 집채의 낙숫물이 떨어지는 안쪽으로 조금 높게 돌려 가며 놓은 돌

되모시: [사람] 이혼하고 다시 처녀 행세를 하는 여자

마당맥질: [일] 우툴두툴한 마당에 흙을 이겨 고르게 바르는 일

풀·어·다·지·기

1. 다음 중 명사가 아닌 것은?

① (그것)뿐(이었다) ② (덥기)때문(이었다) ③ (앉은)채(로) ④ (여섯)켤레(였다)

2. 다음 각 예문에 들어 있는 대명사 중에서 미지칭이 사용된 대명사가 들어 있는 예문은?

① 너는 누구니? ② 아무라도 오기만 해라.

③ 나는 누구라도 만나겠다. ④ 무엇이든지 물어 보세요.

3. 다음 예문에 쓰인 수사의 용법이 사람을 가리키는 것은?

① 형이 선물 상자 둘을 보냈다.

② 물줄기는 바다에 이르러 하나가 된다.

③ 사과를 너희 셋에게 고루 나누어 주겠다.

④ 드디어 합계가 백이다.

4. 다음 예문들 중 밑줄 친 부분이 보조 동사인 것은?

① 내일쯤은 무슨 소식이 옴 직하다.

② 내일 오후의 약속을 깜박 잊을 뻔하였다.

③ 내가 한번 뛰어 보겠다.

④ 그 영화는 누구나 한번 볼 만하다.

5. 다음은 감탄사에 대한 진술이다. 바른 것은?

① 문장 앞에만 올 수 있다.

② 조사는 붙을 수 있으나 활용하지는 않는다.

③ 감탄사는 하나만으로도 문장은 성립된다.

④ 모든 독립어는 감탄사이다.

6. 접두사와 접미사에 의한 파생어를 만들고자 한다. 각 의미에 해당하는 접두사나 접미사를 쓰고 그들과 결합된 파생어를 한 개씩 들어 보시오.

① 야생의(질이 떨어지는, 제구실을 못하는, 가짜의) - (　　　　): (　　　　　)

② 품질이 썩 좋은 - (　　　　): (　　　　　)

③ 끈기가 없는 - (　　　　): (　　　　　)

④ 찰기가 있는 - (　　　　): (　　　　　)

⑤ 시기적으로 이른 - (　　　　): (　　　　　)

⑥ 사람의 성질, 독특한 습관, 행동, 모양 등의 의미를 나타냄 - (　　　　): (　　　　　)

⑦ 사물(도구)의 이름을 나타냄 - (　　　　): (　　　　　)

7. 다음 각 문항의 어휘들은 서로 어떤 문법적 특성이 있는지 정리해 보시오.

(반드시 문제점을 한 가지씩 들 것)

① 헛손질, 헛먹었다, 허깨비, 허탕

② 멋쟁이, 수다쟁이, 난쟁이, 깍쟁이

③ 메마르다, 숫되다, 숫지다, 강마르다

④ 맨책뿐, 맨처음, 맨손, 맨발

⑤ 참아름답다, 참깨, 참새

8. 다음 합성법들은 어떻게 만들어진 것인지 설명해 보시오.

① 녹나다　② 늦추위　③ 부슬비　④ 까막까치　⑤ 감돌다　⑥ 파묻다

⑦ 걸쇠　⑧ 밤이슬　⑨ 늦봄　⑩ 오른손　⑪ 겁나다　⑫ 길바닥

⑬ 콩밥　⑭ 아들딸　⑮ 열쇠

9. 다음 광고 텍스트에 나타난 대용어를 분석하여, 이 광고를 수용하는 수용자를 선정해보자. 그리고 광고에 나타나는 대명사들은 어떤 의도와 특성을 지니는지도 토론해 보시오.

① · 나도(두) 공짜가 좋아!

· 내가 살아있는 소리, 카스.

· 난 깎는 맛에 산다.

· 전 부드러운 모카골드, 나는 깊고 풍부한 리치, 저는 커피 그대로의 맛 오리지날, 우리는 모두 맥심을 마십니다.

② 당신이 꿈꾸던 냉장고, 지펠.

③ 이분은 비듬을 빨리 없애고 싶어합니다.

10. 다음 예문을 보고 아래 물음에 답하시오.

ㄱ. 깊은 잠을 자고 나니 피로가 풀렸다.
ㄴ. 깊이 잠으로써 피로가 풀렸다.
ㄷ. 큰 웃음을 웃었다.
ㄹ. 크게 웃음으로써 분위기를 바꾸었다.
ㅁ. 음치, 춤치, 길치, 방향치, 문맹, 컴맹, 넷맹
ㅂ. 햄버거, 새우버거, 치즈버거, 김치버거

10-1. 예문 ㄱ~ㄹ을 바탕으로 〈조건〉에 맞게 설명해 보자.

〈조건〉
1. 밑줄 친 단어들의 품사적 특징을 비교하여 설명할 것.
2. 위 예문을 바탕으로 이러한 단어들을 구별하는 방법을 각각의 특성에 비추어 설명할 것.

10-2. 예문 ㅁ~ㅂ을 바탕으로 다음 〈조건〉에 맞게 설명해 보자.

〈조건〉
1. 단어들의 구조 및 형성 원리를 설명할 것.
2. 위 예문을 바탕으로 단어 조어법에 대해 지도할 때 유의할 점을 〈조건 1〉을 참고로 설명할 것.

11. 아래 예문을 바탕으로 관형사에 관한 물음에 답하시오.

① *한 민하가 가고 있다.
*두 신라가 멸망하였다.
?이 민하가 간다.
?그런 동대문은 처음 본다.

② 현실적 문제로 고민하였다.
그것은 현실적인 문제이다.
비교적 성실하다.
가급적 빨리 해라.
③ 다른 학생들도 같은 생각을 하고 있다.
성희는 건하와는 다른 학생이다.
④ 한 개, 두 개 / 한 사건, 두 사건
⑤ 서 말, 너 말 / 석 장, 넉 장 / 닷 말, 엿 말

11-1. ①의 예를 통해 관형사의 쓰임의 제약에 대해 설명해 보자.

11-2. ②와 ③의 예를 통해 다른 품사와의 차이점을 설명해 보자.

12. 현행 학교 문법에서 규정하고 있는 단어와 형태소의 개념을 참고하여 다음 자료를 읽고 물음에 답하시오.

〔가〕 우리말의 음절을 이루는 방식을 다음 문장의 음절을 통해 설명해 보자.
외양간 고친다.
(학생의 답): '자음+모음' 으로 된 음절: 외, 고, 다
'모음+자음' 으로 된 음절: 양
'자음+모음+자음' 으로 된 음절: 간, 친
〔나〕 다음 문장을 단어로 나누어 보자.
나는 너와 같은 민족이다.
(학생의 답): 나, 는, 너, 와, 같, 은, 민족, 이, 다
〔다〕 다음 주어진 단어를 형태소로 나누어 보자.
밤나무, 높다.
(학생의 답): 밤 + 나 + 무, 높 + 다.

12-1. 위 〔가〕와 〔나〕의 학생의 답에서 잘못된 점을 지적하고 바르게 고쳐 보자.

12-2. 위 〔다〕의 학생의 답에서 잘못된 점을 지적하고 교사가 설명할 내용을 〈조건〉에 맞게 서술해 보자.

〈조건〉

형태소와 형태소가 아닌 것을 구별하는 기준으로 사용되는 '뜻이 있다'는 것의 의미를 〔다〕의 학생 답안을 예로 들어 구체적으로 설명할 것.

13. 다음을 읽고 물음에 답하시오.

(1) 우리는 큰 집으로 갔다. / 우리는 큰 그 집으로 갔다. (2) 우리는 큰집으로 갔다. / *우리는 큰그집으로 갔다. (3) 큰형, 작은형 : 큰 형, 작은 형 (4) 돌아 가다(回去) : 돌아가다(死)

13-1. 합성어와 구의 판별 기준으로 분리성, 띄어쓰기, 쉼(휴지)을 들 수 있다. 이 세 가지 판별 기준을 (1), (2), (3)에 적용하여 구체적으로 설명해 보자.

13-2. 합성어와 구의 판별 기준으로 '의미 변화'를 하나 더 들 수 있다. (4)의 예를 적용하여 합성어와 구를 판별하고, 이러한 기준을 적용할 때 생기는 문제점을 간략히 서술해 보자.

14. 다음을 읽고 물음에 답하시오.

(가) 햇나물, 날고기, 풋고추	(나) 알밤, 개살구, 돌배
(다) 햇병아리, 햇보리, 햇나물	(라) 큰아버지, 군밤
(마) 손발, 오가다, 늦가을, 손수레, 밤낮, 춘추	

14-1. 위의 (가)~(라)에 관해 다음과 같은 학생의 질문에 대해 교사가 지도할 내용을 서술해 보자.

① 선생님, (가)에서 접사와 어근을 실질적인 의미의 유무에 따라 분류하여 '햇-', '날-', '풋-'은 실질적인 의미가 없으므로 '접사'라고 하셨는데 이 접사들도 나름대로 의미가 있잖아요. '햇-'은 '그 해에 새로 나온'이라는 뜻이 있고, '날-'은 '물건을 익히거나 가공하지 않았음'이란 뜻이 있는 걸 사전에서도 봤어요. 그런데도 '햇-', '날-', '풋-'을

접사로 봐야 하나요?

② 선생님, (나)에서 '알-', '개-', '돌-'이 왜 접사인가요? 새가 낳은 '알', 멍멍멍 짖는 '개', 돌담, 돌집 등에서도 알 수 있듯이 딱딱한 '돌'처럼 의미가 있고 또 이 낱말들은 혼자 쓰일 수도 있잖아요.

③ 선생님, (다)의 '햇'을 형태소로 '해+ㅅ'으로 분석하는 게 맞지 않나요? 그러면 'ㅅ'도 형태소인가요?

④ 선생님, (라)의 낱말들을 어근과 어근으로 나누면 '큰아버지'는 '큰+아버지'로 '군밤'은 '군+밤'으로 나누어야 할 것 같은데, 왜 '크+아버지', '굽+밤'이라고 나눴나요? 원래 '큰아버지'에서 '큰'의 'ㄴ'은 어디로 갔어요? 그리고 '군밤'에서 왜 어근이 '군'이 아니고 '굽'이 되었나요?

14-2. (마)에서 합성어를 어근 사이의 관계에 따라 세 가지로 분류하여 쓰고 그렇게 분류할 수 있는 근거를 서술해 보자.

15. 다음 제시된 자료를 활용하여 의미를 기준으로 분류되는 국어의 품사를 〈보기〉와 같은 방법으로 정리하시오.

(가) 공자, 색종이, 자유, 행복, 이런 단어를 나는 좋아한다.
(나) 나는 이것을 찾아 여기까지 왔습니다.
(다) 하나, 둘 숫자를 배웁니다. 첫째, 둘째, 셋째 차례도 배웁니다.
(라) 새가 날아간다. 나는 사과를 먹는다. 수다쟁이는 시간과 장소를 가리지 않고 떠든다. 기혁이는 입이 크다. 인환이는 키가 작다. 영미는 아름답다.
(마) 현정이는 새 옷을 빨았다. 모든 사람은 소중하다. 혜숙이는 청소를 깨끗이 하였다. 어제 영미는 일찍 일어났다.
(바) 기혁이가 개를 물었다. 동생과 나는 매일 운동을 한다.
(사) 아, 나른한 오후여. 으악! 뱀이다.

〈보기〉

〔명사〕: 구체적인 대상이나 추상적 대상의 이름을 나타내는 단어.
예: (가)에서 공자, 색종이, 자유, 행복 등

16. 다음을 읽고, 물음에 답하시오.

(가) ㉠ 새 옷을 빨았다.
㉡ *옷을 새 빨았다.
㉢ *옷을 빨았다. 새.
(나) ㉠ 옷을 깨끗이 빨았다.
㉡ 옷을 빨았다. 깨끗이.
㉢ 깨끗이 옷을 빨았다.
(다) 도깨비는 부잣집 문 앞에서 둘째 아들을 세워 놓고,
"여보게, 자네는 여기서 기다리고 있게. 나는 들어가서 딸의 혼을 꾀어 올 테니."
하고는 그 집으로 들어갔다.
둘째 아들이 잠시 기다리고 있는데, 도깨비가 금방 나왔다.
"딸의 혼은 어떻게 했나?"
"여기 있네. 지금 이렇게 손에 꼭 쥐고 있지 않은가?"

16-1. 위에서 (가)와 (나)의 밑줄 친 부분의 품사를 밝히고, 제시된 문장을 바탕으로 그 기능과 역할의 공통점과 차이점을 기술해 보자.

16-2. 위의 (다)에서 '사람, 사물, 장소의 이름을 대신하여 가리키는 말'을 모두 찾아 다음 〈조건〉에 맞게 기술해 보자.

〈조건〉

1. 찾은 단어의 품사를 밝히고 하위 갈래를 밝힐 것.
2. 찾은 단어가 대신한 의미를 기술할 것.
3. 찾은 단어의 사용 원인을 언어의 표현과 관련지어 설명할 것.

4

알쏭달쏭 어휘의 세계로 풍덩!

한 마디의 말이 있습니다.
진실로 다른 사람의 가슴 속에서 한 점 별빛으로 빛나는 말.
그 말만으로도 어떤 사람은 일생을 외롭지 않게 살 수가 있습니다.
반면, 또 다른 한 마디의 말이 있습니다.
비수처럼 다른 사람의 가슴 속을 헤집는 말.
그 말로 인해 어떤 사람은 일생을 어둡고
암울하게 보낼 수도 있습니다.

– 이정하의 「돌아가고 싶은 날의 풍경」 중에서 –

얼·개·잡·기

알쏭달송 어휘의 세계로 풍덩!

(1) 어휘의 개념과 체계를 이해한다.
(2) 어휘의 분류를 알고 서로의 관계를 이해한다.
(3) 어휘의 양상을 파악하고 다양한 어휘들을 바르게 사용할 수 있다.

마·음·눈·갖·기

엄한얼의 「신체로 표현하는 희로애락의 언어」를 통해 국어 어휘의 다양성을 파악할 수 있다.

우리는 희로애락 그 감정의 표현을 신체의 변화와 연결시켜 말하는 지혜를 갖고 있는데 그것은 재치, 풍자 그리고 은유를 갖고 있어 독특한 맛과 멋이 있다. 인간의 몸은 '모으다'에서 나온 말로 오장육부로 구성되어 있고 70%가 물인데, 바로 우리가 살고 있는 지구 5대양 6대주도 70%가 물(바다)의 넓이라 하니 기막힌 조물주의 창조물이다.

공포 영화를 볼 때 '등골이 오싹하다', '간담이 서늘하다', '모골이 송연하다'라고 그 무서움을 신체로 표현하는 것은 정확한 의학(과학)적 증거가 있는 알맞은 표현 아닌가? 아니꼽고 더러운 일을 당하면 '밸(창자)이 뒤틀린다' 하고, 남이 잘 되는 것에 대한 질투심을 '사촌이 땅 사면 배 아프다'고 말하며, 상식을 뛰어 넘거나 평소와 다른 거친 행동을 하면 '간덩이가 부었다'고 하지 않던가? 정말 재미있는 말이다. 감동적인 글이나 영화를 보면 '폐부를 찌르다' 하고, 거꾸로 화가 났을 때 '부아(폐)가 난다' 하는 것은 폐가 호흡과 관계가 많아 일컫는 말이다. '기(氣)가 질린다'(어의없다, 어안이 벙벙하다, 말문이 막힌다), '기진맥진하다'도 힘이 다한 상태를 가리키니 적당한 표현이라 하겠다.

– 엄한얼의 「신체로 표현하는 희로애락의 언어」 중에서

어휘란 단어가 모여서 이루어진 집합을 말한다. 이런 의미에서 단어는 어휘소(語彙素)라고 할 수 있다. 단어가 개별적인 단위라면, 어휘는 이 단어들이 모인 총체를 집합 개념으로 나타내는 말이다. 그러나 어휘는 단어들의 단순한 집합의 형태로 이루어져 있는 것이 아니라, 단어들 간에 의미상 긴밀한 관련성을 이루는 하나의 유기체적인 구조로서 의미망을 이루고 있다. 따라서 어휘론은 개별 어휘소, 즉 단어들을 전체 집합 차원에서 연구하는 학문이다. 어휘는 그 나름대로의 체계를 가지고 있는 것이며, 그 안에서 다양한 양상으로 존재하고 있다.

어휘 능력에 대하여
정상적인 사람은 매우 어린 나이에 말소리나 문법 능력을 습득한다. 그러나 어휘 능력은 늦은 시기까지 계속된다. 이러한 어휘 능력은 개인의 지적 역량을 반영하며 문화를 반영한다고 할 수 있다. 따라서 어휘는 문명의 발전과 더불어 끊임없이 탄생하며 어휘부 자체는 부단히 팽창한다.

1. 어휘의 체계

어휘를 집합의 성격에 따라 분류를 하면 개방 집합과 폐쇄 집합으로 나뉜다.

<table>
<tr><td rowspan="5">어휘
체계</td><td rowspan="2">집합의 성격에 따라</td><td>개방 집합</td><td>어휘 구성 단어들이 유동적인 것</td></tr>
<tr><td>폐쇄 집합</td><td>어휘 구성 단어들이 고정된 것</td></tr>
<tr><td rowspan="3">국어 어휘의 체계</td><td>어종에 따라</td><td>고유어, 한자어, 외래어</td></tr>
<tr><td>품사에 따라</td><td>명사, 대명사, 수사, 조사, 동사, 형용사, 관형사, 부사, 감탄사</td></tr>
<tr><td>의미에 따라</td><td>자연 어휘, 인간 어휘, 우주 어휘</td></tr>
</table>

개방 집합은 본질적으로 그 한계가 명확히 정해져 있지 않은 집합으로서 개인의 어휘, 한 언어의 어휘, 현대 국어의 어휘, 평안 방언의 어휘 등과 같은 예를 들 수 있으며, 유동적인 집합이라고 한다. 폐쇄 집합은 김유정의 어휘, 중세 국어의 어휘, 『표준어국어대사전』의 어휘처럼 집합을 구성하는 원소가 더 이상 줄어들거나 늘어나지 않는 집합으로서 고정적인 집합이라고 한다.

2. 어휘의 분류

어휘를 구성하는 단어는 체계성을 가지고 있으므로 서로 고립적으로 존재하는 것이 아니라 어떤 형태로든 서로 집합을 이루면서 존재한다. 어휘가 어떻게 서로 관계를 맺으면서 존재하는가는 의미, 어종, 품사 등에 따라 분류할 수 있다.

구 분	분류 기준	설 명
고유어, 한자어, 외래어	어종	단어의 기원에 따른 구분. 명사는 '사물/장소/사람'의 이름.
명사, 대명사, 수사	의미	대명사는 명사를 대신함. 수사는 '수량/순서'를 의미함.
동사, 형용사	의미/형태	동사는 '동작/작용', 형용사는 '성질/상태'를 의미하며 동사는 '-는-'이 붙을 수 있으며 청유형이나 명령형이 가능하나 형용사는 불가능함.
관형사, 부사	기능/의미	관형사는 체언을 수식, 부사는 주로 용언이나 문장 전체를 수식한다. 또한 관형사는 '어떠한'의 의미를, 부사는 '어떻게'의 의미를 지님.
천문 용어, 지리 용어, 농업 용어, 경제 용어, 민속 용어, 건축 용어, 법률 용어	해당 분야	여러 가지 해당 분야의 전문 어휘들.

단어들의 어종을 기준으로 하여 분류해 보면, 우리말의 어휘는 '고유어, 한자어, 외래어'의 삼중 체계를 이루고 있음을 알 수 있다. 어종에 의한 분류는 개별 어휘소들을 그것의 기원, 즉 출신 성분에 근거하여 분류하는 것이다. 사용자가 그것을 인식하든 아니든 간에 한 언어에서 총 어휘 집합을 구성하고 있는 개별 어휘소들은 각각 하나하나마다 그 출신이 어디인지를 알 수 있다. 가령 국어의 경우 어떤 어휘소가 우리의 고유어이냐, 한자어이냐, 외래어이냐 등에 대한 문제는 현실적으로 매우 민감하게 작용되는 언어 의식의 일부를 형성하고 있다. 우리말 어휘에는 이처럼 외래적 요소가 많기 때문에 어종별 분류 작업의 의미는 그만큼 크다.

2.1. 고유어와 한자어

고유어와 한자어는 둘을 합하면 전체 어휘의 84.4%에 이를 만큼 방대한 양이 되며, 우리가 자주 사용하는 고유어들은 대개 다의어이다. 국어의 한자어는 이미 귀화가 끝난 우리말이다.

2.1.1. 고유어

마·음·눈·갖·기

밀래초 코딱지나물 풍년초 참빗살나물
싸리나물 간짓대나물 돌나물 머슴둘레
박조갈레 콩박나물 양판쟁이 달룽개
관대살이 쑥부쟁이 한가꾸 나숭개
꼬치뱅이 옥동나물 머위나물 밤지나물
걸럭지나물 까시랑코 포도쟁이 개미취
원추리 고들빼기 딱쥐나물 자운영
저 남산 꽃산자락에
이 모든 풀이 우리들의 밥이었니라
목숨이었니라

– 김용택의 「흉년양식」

김용택의 「흉년양식」을 통해 우리말에 고유어가 담당하는 기능을 이해하고 고유어에 대한 각별한 애정을 깨달을 수 있다.

고유어는 우리가 옛날부터 사용하여 온 순수한 우리말을 말한다. 전체 어휘의 25.9%를 차지하는 고유어는 의미의 폭이 넓고 다의어가 많아서, 고유어 하나에 둘 이상의 한자어들이 폭넓게 대응하는 현상이 존재한다. 이들은 우리 민족 특유의 문화나 정서를 표현하며, 정서적 감수성을 풍요롭게 한다.

고유어의 다의성
① 의미가 넓고, 통사적 제약이 적다.
② 모호성이 발생하여 언어사용에 장애를 유발한다.
③ 고유어 단어들은 문맥에 의해서 정확한 의미가 결정되기 때문에 의미의 자립성이 한자어보다 낮다.
④ 우리말의 고유어는 사용의 폭이 넓은 반면, 한자어는 주로 섬세하고 구체적인 표현에 사용된다.

2.1.2. 한자어

한자어는 중국의 한자를 기반으로 하여 만들어진 단어들을 말하며, 모두 한국식으로 발음되기 때문에 한국식 한자어라고 한다. 국어의 한자어는 전체 어휘의 58.5%를 차지하고 있다. 한자어는 주로 추상어 · 개념어로서 정확하고 분화된 의미를 가지고 있으며 고유어를 보완하는 역할을 한다. 주로 잡지 표제문 등과 같이 전문적인 세부 분야에서 정밀한 의미를 나타내는 데 이용된다.

고유어와 한자어의 대응 현상의 예

① 깊은 생각에 빠져 있다.(사색, 사유, 명상, 상념 등)
② 새로운 발명품을 생각해 내었다.(창안, 고안, 궁리, 연구, 착안, 구상, 구안 등)
③ 생각을 잘 더듬어 보세요.(기억, 추억 등)
④ 도대체 그 사람의 생각을 모르겠다.(의사, 의향, 의도, 심산, 심중 등)
⑤ 그거 참 좋은 생각이구나.(착상, 발상, 구상 등)

〔고유어와 한자어의 일대다(一對多) 대응 현상〕

고유어	한자어
글	문(文), 문장(文章), 문헌(文獻), 문권(文券), 문적(文籍), 전적(典籍), 문서(文書), 서류(書類), 서면(書面), 문자 언어(文字言語), 문장어(文章語), 문어(文語), 문어체(文語體), 문장체(文章體), 문구(文句), 구절(句節), 기록(記錄), 문면(文面), 문안(文案), 문자(文字), 작문(作文), 문학(文學), 문필(文筆)

〔한자어와 고유어의 일대다(一對多) 대응 현상: 분포가 극히 제한적〕

한자어	고유어
착용(着用)(하다)	(옷을) 입다, (신발을) 신다, (장갑을) 끼다, (모자나 안경을) 쓰다

2.2. 외래어

외래어

뉴스, 타임, 오케이, 다시("우려낸 국물"이라는 뜻으로 일본에서 들여온 외래어), 아르바이트, 패션, 댄스, 페스티벌, 캘린더, 헤어스타일, 턱시도, 점퍼, 드레스, 트레이닝, 후드티, 노트, 라면, 자장면 등

외국 문화를 접할 경우, 특히 상대적으로 발전한 문화를 접할 때 관련 어휘가 함께 묻어 들어오게 되므로, 다른 나라의 문명과 접촉하는 과정에서 외래어는 필연적으로 유입된다. 외래어는 외국에서 들어온 말들 중에서 국어의 일부로 인정된 것이다.

외국어는 "란제리, 하이 소사이어티, 인텔리전트, 라운지" 등과 같이 다른 나라에서 온 말이라는 것을 금방 알 수 있는 말이며, 외래어는 "오페라, 버스, 잉크, 아이스크림, 컴퓨터" 등과 같이 우리말처럼 느껴져 다른 나라에서 온 말이라는 것을 쉽게 느낄 수 없는 말이며, 귀화어는 "수수, 거위, 빵, 찰나"등과 같이 외래어의 감각을 많이 잃어버려 우리말로 받아들일 수 있는 말이다. 그러나 외래어도 근본적으로는 다른 나라의 말이므로 쉽고 아름다운

우리말이 있다면 이를 살려 쓰려는 마음가짐이 필요하다.

새·겨·알·기

우리말의 외래어는 개화기 무렵부터 서양 문명과의 접촉이 늘어난 결과 많이 유입되기 시작했다. 외래어 유입이 지나칠 경우 문화적 자긍심의 손상과 자국어의 정체성 위협을 초래할 수 있다. 이러한 외래어 유입의 문제점은 새로 들어오는 어휘를 먼저 고유어나 한자어로 바꾼 뒤에 사용함으로써 해결할 수 있을 것이다.

핸들 = 운전대
쇼바(쇽옵소버) = 완충기, 완충 장치
악세레타/엑셀러레이터 = 가속기, 가속 페달
브레이크 = 제동 장치
시트 = 의자, 좌석
헤드라이트 = 전조등
쌍라이트 = 상향등
백미러 = 후사경
에어컨 = 공조기
핸드폰 = 휴대 전화
컴퓨터 = 셈틀
키보드 = 자판
애니메이션 = 만화 영화
리어카, 구루마 = 손수레
포크레인 = 굴삭기
스케줄 = 일정표
다이어리 = 수첩
카페트 = 융단
커텐 = 막, 장막
호프 = 생맥주
치킨 = 닭튀김
크리스마스 = 성탄절

외래어가 지나치게 많으면 문화적 자긍심도 손상되고 자국어의 정체성이 손상될 수 있기 때문에 외래어가 남용되는 현상에 대해서는 비판적 안목을 지녀야 한다.
[국어 순화의 예]
스시 → 초밥, 우동 → 가락국수, 다마네기 → 양파, 야끼만두 → 군만두, 패스트푸드 코너 → 즉석 식당 등

귀화어의 예
구두(일본어의 '구쓰'에서 온 말), 냄비(일본어에서 온 말), 남포(영어 'lamp'에서 온 말), 담배(포르투갈어 'tabacco'에서 온 말), 고추(한자어 '苦草'에서 온 말), 껌(영어 'gum'이 일본을 거쳐 들어온 말), 부처(산스크리트어 'Buddha'의 한자 표기 '佛陀'에서 온 말), 반찬(한자어 '飯饌'에서 온 말), 옷(만주어에서 온 말), 고무(프랑스어 'gomme'에서 온 말), 절(인도어에서 온 말), 붓(중국어 '筆'의 고대 발음[piet]에서 온 말), 먹(중국어 '墨'의 [mik]에서 온 말), 송골매(몽고어에서 온 말), 사탕(중국어 '沙糖'에서 온 말), 빵(포르투갈어 'pao'에서 온 말), 비닐(영어 'vinyl'에서 온 말), 말(몽고어에서 온 말), 보라매(몽고어에서 온 말) 등

〔귀화어의 예〕

산스크리트어	보살(菩薩), 불타(佛陀), 사리(舍利), 석가(釋迦), 열반(涅槃), 찰나(刹那)	불교 문화와 관련
영어	버스, 컴퓨터, 로켓	근대에 들어 새로 발명된 문물들과 관련
프랑스어	망토, 루주, 상송, 모델, 마담, 앙코르	프랑스 문화, 패션, 예술과 관련
그리스어	로고스, 파토스	그리스 고대 철학과 관련
이탈리아어	첼로, 오페라, 템포, 아리아, 스파게티	이탈리아의 음악, 음식과 관련
러시아어	툰드라, 패치카	한대 기후 지역의 자연, 문물과 관련

이 외래어들을 우리말로 바꾸어 보면 국어에서 외래어가 담당하는 기능을 파악할 수 있다. 대부분 외래어를 우리말로 바꾸기가 어려우나, '알리바이'와 같은 단어는 '부재 증명'처럼 바꾸는 일이 가능하기도 하다. 이처럼 우리말로 바꾸는 것이 가능한 경우에도 외래어가 사용되는 이유는 무엇인지 함께 생각해 볼 필요가 있다.

새·겨·알·기

북한의 우리말 사용

남한	북한	남한	북한
가사(家事)	집안거두메	각선미	다리매
게시판	알림판	거짓말	꽝포
골키퍼	문지기	구설수	말밥
기성복	지은옷	구성	엮음새
다이얼(전화)	번호판	노크	손기척
도넛	가락지빵	도화선	불심지
레코드	소리판	롤러	굴개
리본	댕기	몽타쥬	판조림
명령문	시킴문	보조개	오목샘

3. 어휘의 존재 양상

〔국어 어휘의 존재 양상〕

<table>
<tr><td rowspan="8">어휘의 양상</td><td rowspan="5">+변이</td><td rowspan="3">+위상적</td><td colspan="2">+지리적</td><td>방언 어휘</td></tr>
<tr><td rowspan="2">-지리적</td><td>+隱秘</td><td>은어(집단은어)</td></tr>
<tr><td>-隱秘</td><td>남성어, 여성어, 아동어, 노인어, 청소년어</td></tr>
<tr><td rowspan="2">-위상적
(화용적)</td><td colspan="2">+대우</td><td>공대어, 하대어</td></tr>
<tr><td colspan="2">-대우</td><td>속어, 완곡어, 관용어(숙어, 속담)</td></tr>
<tr><td rowspan="3">-변이
(팽창)</td><td colspan="3">+집단성</td><td>전문어(직업어, 집단어)</td></tr>
<tr><td rowspan="2">-집단성</td><td colspan="2">+항구성</td><td>신어</td></tr>
<tr><td colspan="2">-항구성</td><td>유행어</td></tr>
</table>

3.1. 방언

마·음·눈·갖·기

"아부지 애 많이 잡샀지예?"

"내사 뭐……, 그런데 우예 된기고? 아이들한테 대강 들었다마는 도통 뭐가 뭔동 모리겠다. 가들 말로는 돈 20만 원만 있으믄 너가 산다 캤지만 이 난리판에 그러큼 큰 돈을 어디가 구하며 구한들 누가 가노? 거다 저쪽에서는 다시 치고 내려온다카제……."

"……."

"또 너가 죄를 짓으믄 뭔 죄를 짓겠노? 차마 육십 노인하고 잉부를 죽이기사 하겠나 싶기도 하고 – 그래 밍기작거리는데 서울이 떨어졌다카는 기라. 인자사 죽었든동 살았든동 너는 다시 몬 보는 줄 알았제. 그래고 저 아이들을 우얄꼬 카고 있는데 너그 고부(姑婦)가 닥치드라. 도대체 우예 된기고?"

– 이문열의 「영웅 시대」 중에서

이문열의 「영웅 시대」를 통해 방언이 가지는 우리 언어의 다양성을 확인하고, 방언이야말로 우리말의 귀중한 문화 자산임을 이해할 수 있다.

우리말에는 방언들이 매우 다양하게 존재한다. 방언은 우리 언어의 다양성을 확인시켜 주는 훌륭한 언어 자료가 될 수 있으며 우리말의 한 부분을 차지하는 귀중한 문화 자산이기도 하다.

방언은 분화를 거듭하면서 매우 다른 형태로 변화하기도 하고, 외부의 언

다양하게 분화된 방언
· 주머니: 옆차개, 춤치(충청), 봉창(전라, 충청), 개야줌치, 개줌치, 갬치, 개무치(경남), 거르마니(함북), 엽주머니(강원)
· 변소/뒷간: 정낭, 정난간(충청, 함경), 드나깃간, 측슬(함남), 똥간, 똥경간, 소맛간(충청)
· 서풍: 가일바람, 화니바람, 화을바람, 화누바람(경북)

요즘 통신상에서 사용하는 언어들의 특징을 몇 가지 살피면 다음과 같다.
· 약어: 고딩, 유딩, 대딩, 잼나게, 토욜, 넘(너무), 서울녀(서울여자), 드뎌, 셤(시험), 추카함다 등
· 속어: 고삐리, 열라, 딤따, 갈구다 등
· 은어: 번개, 잠수, 당근(당연), 황당띠용(매우 황당함), 빵(기념식), 원빵(패싸움) 등

어로부터 새로운 형태를 받아들이기도 한다. 이런 과정을 거치면서 각 방언에서 사용되는 단어들이 현저하게 달라지는 일이 발생하게 된다. 이렇게 달라진 단어들을 방언 어휘라고 한다. 지역 방언은 지역에 따라 달라진 말(동북 방언, 서북 방언, 제주 방언 등)이며 사회 방언은 연령, 성별, 사회 집단 등에 따라 분화된 말을 의미한다.

3.2. 은어와 속어

은어(隱語)는 어떤 특정 폐쇄된 집단에 속한 사람들이 내부의 비밀을 유지하고 다른 집단으로부터 자신들을 방어하려는 목적으로, 다른 사람들이 알아듣지 못하도록 만들어 사용하는 말이다. 따라서 은어는 비밀 유지를 위한 암호의 성격을 가지며, 은어를 사용하는 집단 내에서는 관계가 돈독해지고 결속력을 주지만, 집단 외부에는 소외감을 주는 단점이 있다. 이에 따라 은어는 강한 폐쇄성과 은비성(隱秘性)을 특징으로 한다. 그러나 일반 사회에 알려지면 즉시 속어나 비어 등으로 변하여 이러한 특징이 소멸된다.

청과물 시장 숫자 은어: 먹주, 대, 삼패, 을씨, 을씨본 등
심마니어: 뿌리시나(산삼), 달코(어린 삼), 모래미(쌀밥) 등
범죄인어: 뿌시니(담배), 학삐리(학생) 등

비속어(卑俗語)는 어떤 대상을 아주 얕잡아 보고 경멸하는 태도로 하는 상스럽고 거친 말로서 속어(俗語)와 비어(卑語)가 있다. 속어는 표준어에 비해 점잖지 못한 말이라서, 공식적이거나 점잖은 자리에서는 쓰이지 않는다. 속어적 표현은 장난기 어린 표현, 신기한 표현, 반항적인 표현, 구체성을 강하게 드러내는 사실적인 표현을 위해 사용된다. 비어는 속어처럼 거친 말들이지만 속어보다는 더 욕말에 해당하는 것이라고 할 수 있다. 비속어 사용이 가까운 사이의 정겨움을 표현하기도 하지만, 비속어를 습관적으로 사용하거나 경우에 어긋나게 쓸 경우, 다른 사람에게 불쾌감을 주거나 교양 없는 사람이라는 인상을 주기도 한다.

골때리다: 어이가 없다, 쪽팔리다: 창피하다, 끝내주다: 대단하다
깜씨: 얼굴이 까만 사람

3.3. 금기어와 완곡어

금기어(禁忌語)는 사람들이 흔히 입 밖에 내기를 꺼려하는 말이다. 예를 들어 "죽음, 질병, 범죄, 위험한 동물, 추한 동물, 성(性), 배설" 등과 같이 불쾌하고 두려운 것을 연상하게 하는 단어들을 말한다.

완곡어는 금기어 대신 만들어 사용하는 불쾌감이 덜한 말이다. 예를 들어 금기어 '천연두'는 완곡어 "마마, 손님"으로, 금기어 '쥐'는 완곡어 "서생원, 아기네"로, 금기어 '변소'는 완곡어 "뒷간, 화장실, 해우소"로, 금기어 '똥누다'는 완곡어 '뒤보다'로 사용한다. 상황과 장면을 고려하지 못하고 금기어를 사용하면 상대방에게 불쾌감을 줄 수 있다. 이 때 완곡어는 이 불쾌감을 줄여주는 효과를 가져와 교양 있는 언어 생활을 할 수 있게 해준다.

3.4. 관용어와 속담

관용어(慣用語)는 둘 이상의 단어들이 결합하여 특별한 의미로 사용되는 관습적으로 굳어진 말이다. 예를 들어 "저 치마는 내가 점 찍었다."라고 하면 치마가 마음에 들어 내가 미리 선택하여 두었다는 의미를 가지게 된다. 두 개 이상의 단어들이 결합하지만 의미의 특수화 현상에 따라 단위 개념으로 사용되는 관용어는 한 개의 어휘소와 동일한 가치를 지닌다. 또한 일반적인 낱말로 이루어져 있으나 관용어가 표현하는 의미는 그 낱말의 기본적 의미와는 관련이 없다. 이것은 아래 예의 (1)의 경우들인데, 특히 "시치미를 떼다", "산통을 깨다", "화촉을 밝히다" 등은 유래담을 가지고 있는 경우이다.

(1) 미역국을 먹었다, 발이 넓다, 지도를 그리다, 바람이 나다, 시치미를 떼다, 산통을 깨다, 화촉을 밝히다.

은어와 **속어**는 대화 참여자들을 강하게 결속시키는 효과를 보인다는 점에서 비슷하나, 속어가 "성별 계급, 신분, 직업" 등에 따른 집단 속에서 나타나는 강한 폐쇄성과 은비성(隱秘性)이 없다는 것이 다르다.

- 은어: 직딩(직장인), 뽀대(폼난다), 구라(거짓말), 쌩까(모른체하다), 초딩(초등학생), 중딩(중학생), 고딩, 고등어(고등학생), 대딩(대학생), 깔식(언약식), 깔(이성 친구), 당근(당연하다), 좁밥(인기 없는 아이), 영걸(젊은 아이), 딩구, 댕구(바보), 꼬댕이(공부도 못하고 놀지도 못하는 애), 번개(통신하다가 실제 만나는 것), 방가(반가워요), 감솨(감사합니다), 잠수(일시적인 두 사람간의 대화 상태), 쏘다(한 턱 내다), 잠수함, 뽀글뽀글(잠정적으로 대화를 지켜보거나 둘만의 대화 상태), 죽돌이(오락실 등에서 오래 머무는 사람), 껌(무시당하는 대상), 당빠('당근빠따'의 줄임말. 당연하다), 썰하다(분위기가 썰렁하다, 분위기가 좋지 못하거나 어색하다), 쭉빵이다(몸매가 늘씬하면서도 풍만하다), 얼큰이(얼굴 큰 사람), 폭탄(소개받은 사람이 외모나 성격 등이 마음에 안들 때 쓰는 말), 후다(성경험이 많은 아이), 짱(가장 잘난 사람) 등.
- 속어: 풀떼기(야채음식), 마빡(이마), 꼬봉(힘없는 약한 아이), 면상(얼굴), 원빵(패싸움), 선빵(먼저 주먹을 날림), 쌔삥(새 물건), 담탱이(담임 선생님), 짜뎅, 짝퉁(가짜), 딥따(무척), 대빵(아주 많이), 쪽(얼굴), 쪽이야(창피하다), 쌔끈하다, 뽀대난다(멋지다), 꼬질르다(고자질하다), 오케바리(오케이), 까다(밝히다), 씹다(무시하다), 열라(굉장히, 많이), 쪼가리(쪽지), 아가리(입), 씨봉(씨팔), 씹창(못생긴 사람), 대가리(머리), 존나, 졸라(대단히), 구라(거짓말), 콩까다(성관계를 하다), 야리다, 갈구다(째려보다), 쌩까다(무시하다) 등

(2) 아는 길도 물어가라, 백지장도 맞들면 낫다. 개 같이 벌어서 정승처럼 쓴다.

속담(俗談)은 우리의 전통적 생활 문화와 농축된 삶의 지혜가 완결된 문장의 형태로 들어 있는 표현으로서 (2)와 같은 예가 이에 속한다.

속담은 오랜 역사를 동일한 언어 집단과 함께 생활하여 왔다는 점에서 진부할지는 모르나 우리의 생활에 적절하게 부합되는 은유적 특질에 참신성을 되살리는 관용적 표현이다. 속담은 하나의 단어로는 형성될 수 없는 언어 표현으로서, 특정 언어 환경에서 다른 사물에 비유될 수 있을 때에만 속담의 기능을 수행하는 비유성을 띠며 문장의 통사적 구조상으로 '서술성'을 드러낸다.

금기어들이 부정적인 인상을 주는 현상에 대해 말이 오염되었기 때문이라고 하는 사람도 있으나 사실은 이러한 현상은 말 그 자체와는 직접 관계가 없다. '감옥' 보다는 '형무소' 라는 말이 '형무소' 보다는 '교도소' 라는 말이 좀더 불쾌한 느낌이 적다. 그러나 사람에 따라서는 '교도소' 란 말 역시 불쾌한 느낌이 들 수도 있다. 이는 그 사물 자체가 가지고 있는 특성이 본질적으로 좋지 않기 때문이다. 따라서 이런 말들을 완곡어로 바꾸면 잠깐 동안 인상이 개선될 수는 있지만, 사물의 본질이 변하지 않는 한 말만 바꾼다고 하여 그에 대한 인상까지 개선되지는 않는다. 이것이 완곡 표현이 갖는 한계이다.

관용어

· 나발(을) 불다.
나발은 놋쇠로 된 우리 나라 고유의 관악기로, 이 말은 객쩍은 소리나 당치도 아니한 말을 함부로 떠벌여 대는 것을 말함.
☞ 허풍을 떨다.

· 기(氣)가 막히다.
신체의 원동력인 기(氣)가 막혀서 잠시 움직일 수 없는 상태를 이름.
☞ 몹시 어처구니 없는 일을 당했을 때 이런 말을 쓴다.

· 뚱딴지같다.
뚱딴지는 본래 돼지감자를 이르며, 아무렇게나 된 것에 비유하여 우둔하고 완고하며 무뚝뚝한 사람을 이름.

· 무슨 뾰족한 수 있나.
아무런 신통한 수가 없다.
☞ 매우 난처하다.

· 박차(拍車)를 가하다.
말을 빨리 달리게 하기 위하여, 승마용 구두의 뒤축에 댄 쇠로 만든 톱니바퀴 모양의 물건.
☞ 일이 더 빨리 진행되도록 힘을 더하다. 재촉하다.

새·겨·알·기

① 관용어의 특징

· 다채로운 표현 효과를 올려 같은 내용이라도 좀 더 효과적이고 신선하게 표현할 수 있다.(목이 빠지게 기다리다, 입에 풀칠하고 산다, 너의 콧대를 꺾어주겠다, 간이 크다 등)

· 의미상 각 낱말이 가지는 그 본래의 의미 결합 외에도 새로운 의미를 창조해 내는 이중적 특성을 지닌다.(못을 박다: 단단히 언질을 주다, 눈을 감다: 죽다.)

· 어순 도치가 어렵고 대부분 고정된 요소를 가지고 있어 자유로운 대치가 쉽지 않고 내적 확장에 구속을 받는다.(두 사람 사이에 다리를 놓아 주겠다.-?놓은 다리, ?그릇을 놓다, ?긴 다리를 놓다)

② 속담의 특징

· 완결된 통사 구조와 의미 구조를 갖춘다.(맑은 물에 고기가 안 논다, 누워서 침 뱉기 등)

· 교훈성과 풍자성을 갖는다.(선무당이 사람 잡는다, 원숭이도 나무에서 떨어진다 등)

· 대치되는 서로 다른 두 개의 서술부가 결합하여 특별한 교화를 거

둔다.(고기는 씹어야 맛이고 말은 해야 맛이다, 옷은 새 옷이 좋고 사람은 옛 사람이 좋다 등)

③ 관용어와 속담의 공통점과 차이점

· 공통점: 관용어와 속담은 다채로운 표현 효과를 지니는 공통성을 지니며, 민족의 문화나 사고 방식을 파악할 수 있는 우리 고유의 언어문화 자산들이다. 또한 두 개 이상의 단어가 모여서 만들어진 것이지만, 그 의미가 특별하게 바뀌어 사용되기 때문에 하나의 단어나 마찬가지로 취급된다.

· 차이점: 속담은 대개 완결된 문장 형태이지만 관용어는 그렇지 못하다. 속담은 하나의 서술에 다른 하나의 서술이 결합되어 특별한 효과를 거두며, 구체적인 사실을 가지고 주로 교훈적 개념을 표현하되 상징적으로 전달한다.

3.5. 전문어

전문어(專門語)는 전문 분야의 일을 효과적으로 수행하기 위하여 도구처럼 사용되는 말로서, 의미가 매우 정밀하고 다의성이 적으며, 그에 대응하는 일반 어휘가 없는 경우가 많다. 전문어는 전문 분야에 종사하는 사람들이 일반인들에게 비밀을 유지하기 위한 방편으로 사용할 경우, 은어와 유사한 기능을 하기도 한다. 그러나 은어는 일반인에게 알려지면 즉시 비속어로 변하지만 전문어의 경우엔 그렇지 않다. 어떤 사람이 해당 분야의 전문가인지 아닌지 판단할 때, 해당 분야의 전문어에 대한 지식이 그 기준이 될 수 있다. 예로 의사들이 쓰는 의학 용어, 직업 전문어(농업, 건축업 등) 등에서 살필 수 있다.

전문어의 특성은 다음과 같다.

첫째, 다의성이 적으며 그에 대응하는 일반 어휘가 없다.

둘째, 의미가 문맥의 영향을 덜 받는다.

셋째, 감정적인 의미 문제가 개입되지 않는다.

속담

· 가까운 길 마다하고 먼 길로 간다.
· 가까운 이웃 먼 친척보다 낫다.
· 가까운 제 눈썹 못 본다.
· 가꿀 나무는 밑동을 높이 자른다.
· 나갔던 며느리 효도한다.
· 다 된 밥에 재 뿌리기.
· 다람쥐 쳇바퀴 돌 듯한다.
· 다리 아래서 원을 꾸짖는다.
· 마당쓸고 돈줍고.
· 마당 터진 데 솔뿌리 걱정한다.
· 마디에 옹이.
· 마루 넘은 수레 내려가기.
· 마른 나무를 태우면 생나무도 탄다.
· 바가지 긁는다.
· 바늘 간 데 실 간다.
· 바늘 구멍에 황소 바람 들어온다.
· 바늘 구멍으로 하늘 보기.
· 바늘 도둑이 소도둑 된다.

전문어

전문어는 일반 사회의 어휘로 사용되는 경향이 적고 외래어로부터 차용된 어휘가 많으며 신어의 생성이 활발하다.

· 농업: 삼태기, 소쿠리, 가래삽, 양수기, 탈곡기, 절단기 등
· 어업: 안강망 어선, 연승망 어선, 저인망 어선, 닻배 등
· 건축(전통 가옥): 포집, 도리, 서들, 간답, 장부 등

＊교과서에서 사용되는 전문어

· 물리: 중력 가속도, 포물선 운동, 탄성, 만유인력, 도플러 효과, 변위 등
· 생물: 고분자 물질, 항상성, 난할, 뉴런, 사상돌기, 체세포 등
· 국사: 공명첩, 관수 관급제, 납속책, 봉수제, 식읍, 음서 등
· 음악: 보표, 높은음자리표, 홑박자, 당김음, 화음, 돌림노래, 소프라노 등

넷째, 일반 사회의 기본 어휘로 사용되는 경향이 적다.

다섯째, 새로운 단어의 생성이 활발하다.

여섯째, 의미의 의도적 규제가 가해질 경우가 많다.

일곱째, 외래어로부터 차용된 어휘가 많다.

여덟째, 국제성이 강하다.

3.6. 새말

신조어

- 새로운 어형: 쌕쌕이, 통통배, 깍두기, 삐삐
- 정부 차원에서 계획적으로 만든 단어: 벤또 → 도시락, 구루마 → 수레, 바께쓰 → 양동이
- 기존의 단어들을 합성(대다수의 신조어를 만드는 방법): 통조림, 불고기

새말은 새로운 사물이나 개념을 표현하기 위하여 언어 사회에 새로이 등장하는 어휘로서, 자국의 조어 방식에 따라 새로 만들어 쓰는 신조어와 외국의 말을 그대로 빌려 쓰는 차용어로 나뉜다.

새말은 완전히 새로운 말을 만드는 방법, 즉 새로운 어형을 창조하는 경우와 외래어를 차용해 들여오는 경우이며, 기존에 있던 말들을 이용하는 방법, 즉 정부 차원에서 계획으로 만든 고유어의 경우와 기존 단어를 복합화하여 사용하는 경우, 그리고 기존의 형태는 그대로 두고 의미만을 바꾸어 사용하는 경우가 있다.

신어(새말)와 사어

- 신어 – 신조어, 차용어(귀화어, 외래어, 외국어)
- 사어 – 고유어 자체 내에서의 변천 (이바디 〉 잔치)

새·겨·알·기

어휘의 수는 무한하며 그 많은 어휘를 습득한다는 것은 거의 불가능하다. 학생들이 뜻을 모르는 낯선 어휘를 접할 때마다 국어사전을 찾는다는 것은 가장 이상적인 방법임에도 불구하고 한정된 시간에 쫓기는 현실 속에서 큰 부담이 될 수밖에 없다. 언어 습득 과정을 거치면서 모국어 말하는 이는 자연스럽게 단어와 단어가 결합해 새로운 단어가 형성된다는 사실을 언어 생활을 통해 익힌다. 특히 새말의 생성 현상이나 그 원리를 보면 어근이나 접사 등에 대한 전문적인 지식이 없는 모국어 언중들도 언어 현상을 통해 형태소들을 분리 혹은 결합해 새로운 단어를 생성하고 있음을 확인할 수 있다. 그러므로 어휘를 형성하고 있는 형태소인 접미사, 접두사, 어근 등의 뜻을 통하여 어휘의 의미를 추리하는 것도 효과적인 어휘 학습이 될 수 있다.

〔새말의 유형〕

새 말	뜻	만드는 과정	발생 과정
강퇴(强退)	있던 자리에서 강제로 물러나 나가도록 함	'강제 퇴장'의 준말	컴퓨터, 통신 대화방
개구리 주차	보도 위에 어느 한 쪽에 차바퀴를 올려놓은 주차	'개구리'와 '주차'를 합친 말	주차 공간 부족
게임방	각종 게임기와 컴퓨터 시설을 갖추고 그 자리에서 게임이나 인터넷을 즐길 수 있도록 공간을 마련하여 둔 곳	외래어 '게임'과 한자어 '방(房)'을 합친 말	문화, 생활, 컴퓨터
라이브 카페	관객들 앞에서 현장감 있게 노래하고 연주하는 음악 공연이 있는 카페	영어 '라이브(live)'와 프랑스어 '카페(cafe)'를 합친 말	문화
교통 카드	대중 교통 수단인 시내 버스나 전철을 탈 때 요금 대신 사용하는 카드	한자어 '교통(交通)'과 외래어 '카드(card)'를 합친 말	대중 교통 요금 납부 수단의 변화
골뱅이	컴퓨터 자판의 @를 가리키는 말	인터넷 주소에서의 'at' 표시로, 그 모양을 본떠 지음	컴퓨터, 인터넷, 전자 우편
나홀로족	단체 활동이나 사람들과 어울리는 것에 관심이 없고 여가 시간을 혼자 보내는 무리	우리말 '나홀로'와 한자어 '족(族)'을 합친 말	생활, 문화
냄비 투자	쉽게 달구어지고 쉽게 식는 냄비에 빗대어 충분한 지식이나 고려 없이 쉽게 하는 투자	우리말 '냄비'와 한자어의 '투자(投資)'를 합친 말	증권, 경제
러브콜	재능 있는 선수들을 스카웃하기 위하여 좀더 좋은 조건을 내걸고 선수들을 부르는 것을 비유적으로 이르는 말	영어 '러브(love)'와 '콜(call)'을 합친 말	스포츠
물타기	자기편의 손실이나 위험 요소를 줄이기 위한 일련의 행동을 비유적으로 이르는 말	명사 '물'에 동사 '타다'를 합치고, 이에 접사 '-기'를 붙인 파생어	경제, 정치
블루칩	주식 시장에서 재무 구조가 건실하고 경기 변동에 영향을 받지 않는 대형 우량주를 통틀어 이르는 말	포커 게임에 사용되는 백색, 적색, 청색의 칩 가운데 청색이 가장 높은 것에서 따온 말	경제, 주식
사추기(思秋期)	중·장년층이 새롭게 정신적, 육체적으로 변화를 겪는 시기를 이르는 말	사춘기(思春期)의 '춘(春)' 대신 '추(秋)'를 사용하여 대비적으로 만든 말	생활, 문화

쐐기포	축구나 농구 야구 경기 따위에서 상대팀이 더 이상 승부를 뒤집을 일이 없도록 하는 데에 결정적인 역할을 하는 골이나 홈런	우리말 '쐐기'에 한자어 '포(砲)'를 합쳐 만든 말.	스포츠
아나바다(운동)	'아껴쓰고, 나누어 쓰고, 바꾸어 쓰고, 다시 쓰자'는 재활용 활용 및 공유 운동을 이르는 말	우리말 동사의 앞 글자만을 따서 만든 말	문화, 생활
아바타(avata)	사이버 공간에서 활용되는 애니메이션 캐릭터	고대 인도어로 분신이나 화신을 뜻하는 말에서 따온 말	컴퓨터, 통신 대화방
리콜제	판매한 물건에 이상이 있을 경우 판매한 모든 물건을 회수하는 제도	영어 '리콜(recall)'과 한자어 '제(制)'를 합친 말	생활, 경제
작업창	컴퓨터 프로그램에서 실제로 작업을 하고 있는 화면을 이르는 말	한자어 '작업(作業)'과 윈도우 프로그램의 이름을 다서 가져온 '창(窓)'을 합친 말	컴퓨터

새·겨·알·기

영어로부터의 차용어는 그 수도 많고 그 종류도 여러 분야에 걸쳐 있다. 대표적인 것들을 제시하면 다음과 같다.

· 의류: 넥타이, 셔츠, 스커트, 스타킹, 블라우스, 투피스, 핸드백

· 음식: 아이스크림, 케이크, 커피, 크림, 주스, 햄버거, 피자, 스푼

· 전기: 안테나, 텔레비전, 앰프, 스피커, 컴퓨터, 칩, 소프트웨어

· 자동차: 택시, 타이어, 배터리, 기어, 범퍼, 브레이크, 헤드라이트

· 스포츠: 홈런, 스트라이크, 아웃, 테니스, 라켓, 네트, 트랙, 마라톤

· 사회 활동: 뉴스, 퀴즈, 리포트, 세미타, 심포지엄, 브리핑, 미팅

· 기타: 드라마, 세일, 파트너, 룰, 힌트, 리더십, 이미지

영어의 차용어는 현재도 계속 늘어나서, 신문 분야에서는 물론 일상 생활에서도 그 사용 비중이 점차 커지고 있다. 외래어의 범람에 대해 경계하고 그것을 저지하려는 노력이 지속적으로 진행되고 있지만 영어의 영향은 앞으로도 줄어들 것으로 보이지 않는다.

그러나 국어로 바꾸려는 노력의 예들이 보인다.(국립국어원)

파이팅 → 아자, 올인 → 다걸기, 웰빙 → 참살이, 유비쿼터스 →

두루누리, 네티즌 → 누리꾼, 이모티콘 → 그림말, 인터넷 → 누리그물, 퀵서비스 → 늘찬배달(늘차다: 빠르다), 네비게이션 → 길도우미, 방카슈랑스 → 은행연계모험, 스크린도어 → 안전문, 스팸메일 → 쓰레기편지, 스타일리스트 → 맵시가꿈이, 컬러링 → 멋울림, 콘텐츠 → 꾸림정보, 포스트잇 → 붙임쪽지 등.

3.7. 차용어

차용어는 다른 언어 체계의 자료를 자국어 체계에 자의적이든 타의적이든 간에 빌려 넣어서 그 사용이 사회적으로 승인된 것이다.

차용은 두 극단 사이에서 일어나는데, 알맹이 있는 말(명사, 형용사, 동사)이 없는 말(부사, 대명사, 조동사 등)에 대비하여 차용이 현저하다. 차용에는 새로운 사실의 접촉에 따른 어의 차용인 문화적 차용과 다른 두 언어가 지형학적으로나 정치적으로 동일한 사회 내에서 쓰일 때 일어나는 접합적 차용, 그리고 동일 언어 내의 차용 관계어의 차용인 방언적 차용이 있다.

차용어를 사용함으로써 얻을 수 있는 장점은 어휘의 풍부성을 들 수 있다. 또한 차용어에 의해 새로운 조어법이 발달하며, 단축어를 쓰게 됨에 따라 많은 동음이의어의 혼란에 빠지기도 한다. 이 외에도 새로운 음운 발음법의 가능성, 두음자 약어, 외래어 표기, 정서법의 혼란 등을 초래할 수 있다.

국어의 차용어는 대륙계 차용어와 해외어 차용어가 있다.

대륙계 차용어는 외국어 의식이 거의 없으며 한자어는 차용 과정에서 고유어를 구축한다. 또는 고유어의 위치를 상대적으로 비하하며 오랜 세월을 두고 쓰여 왔기 때문에 국어의 음운 법칙에 따라 변화되어 고유어로 변하고 있다. 이런 대륙계 차용어에는 한국식 한자어, 범어(梵語, sanskrits), 몽고어, 만주 · 여진어 등이 있다. 해외어 차용어는 갑오경장 이후 서구 세력의 등장으로 해외 문물을 접하면서 만들어진 것으로서, 20세기 이후 일본어 유입 등을 들 수 있다. 해외어 차용어는 차용 연대가 오래지 않기 때문에 외국어 의식이 있고, 국어의 음운 법칙, 두음 법칙, 구개 음화에 따르지 않고 고

차용어에 의한 영향
1. 어휘를 풍부하게 한다.
2. 차용어에 의한 새로운 조어법이 발달한다. ('미장원'을 위한 다양한 합성법 발달-hair shop, hair bank, hair salon, hair studio 등)
3. 단축어를 쓰게 됨에 따라 많은 동음이의어의 혼란에 빠질 수 있다. ('드라이클리닝'이나 '머리말림'이나 모두 다 '드라이'라고 하는 것 등)
4. 두음자(頭音字) 약어가 생산된다. ("프로"는 "프로페셔널, 프로그램, 퍼센트" 모두를 지칭하는 것 등)
5. 새로운 음운 발음법의 가능성을 보인다. ("f, v"는 "ㅍ, ㅂ"로 대치하고, "로케트, 스트라이크"처럼 원어에 없는 자음이나 모음이 첨가되며, 또는 '아파트먼트'를 '아파트'라고 하듯이 원어의 단어나 음절이 생략되기도 한다.)

차용어(borrowing)는 능동적인 입장에서 구해 오는 것이고, 외래어(loaning)는 원하든 원치 않든 간에 타의에 의한 유입의 뜻이 강하다.

유 형태를 유지하려는 경향이 있다. 해외어 차용어는 직접 차용 및 간접 차용 등이 있다.

3.8. 유행어

유행어는 어느 한 시기에 널리 쓰이다가 안 쓰이게 되는 새로운 말의 일종으로서, 일정한 시간이 지나면 대부분 사라진다. 유행어는 대체로 그 시대상을 반영하여 '시대의 거울'이라고도 한다. 1997년 '명퇴'라는 말이 가장 유행한 말이었는데, 이는 IMF 당시의 어려운 시대상을 반영한 것이다. 유행어는 한 때 잠깐 일시적으로 성행하는 말로서 새말에 비해 해학, 비판, 신선감, 풍자 등을 느낄 수 있다. 그러나 최근에는 연예인들이 만들어 낸 말장난 같은 말이 인기를 얻어 유행어가 되는 경우가 많다. 이런 말들에 쉽게 빠지지 않도록 언어 사용에 신중을 기해야 한다.

유행어의 예
"부자 되세요!", "니들이 게 맛을 알아?", "쿵스 쿵스 쿵스 쿵쿵따리 쿵쿵따"(끝말 잇기 전통 놀이를 세 글자 단어로 제한한 코미디 포맷. 언제 어디서나 두 사람 이상이면 할 수 있어 대회까지 열릴 정도로 인기를 얻었다.), "꿈★은 이루어진다"
- 유행어의 장단점
· 긍정적인 측면: 유행어는 사회상을 이해하는 데 도움이 되고 사람들에게 웃음을 줄 수 있으며, 사람들의 언어 생활에 있어 다양한 선택의 기회를 제공한다.
· 부정적인 측면: 그다지 좋은 내용이 아니라면 국민적 정서를 해칠 가능성이 크다.

배의성
기존 형태소에 다른 형태소가 붙어 새말을 만들 수 있도록 배려해주는 성질.

새·겨·알·기

국어 어휘의 특질

① 배의성이 강하다.
② 논리적이고 개념적인 어휘가 부족하다.
③ 감각어와 상징어가 발달되어 있다.
④ 높낮이 어휘가 발달되어 사회적 위상이 잘 드러나 있다.
⑤ 3중 체계를 지니고 있는데, 고유어와 한자어가 혼용되고 있다.
⑥ 합성법과 파생법이 발달되어 있어, 시각적으로 의미적 분리가 용이하다.
⑦ 자음과 모음이 교체되어 의미를 분화시키거나 어감상의 차이를 가질 수 있다.

세·워·가·꾸·기

1. 어휘의 개념과 어휘 분류 기준을 알았는가?

2. 국어의 어휘 체계를 이해했는가?

3. 다양한 어휘의 양상을 알고 언어 활동에 적절히 활용하는가?

4. 어휘 사용에 주의하며 국어를 순화하려는 태도를 지니고 있는가?

아름다운 우리말

면구스럽다: 낯을 들고 대하기에 부끄러운 데가 있다.
모르쇠: 아는 것이나 모르는 것이나 전부 모른다고 잡아떼는 일
모지랑이: [물건] 오래 써서 끝이 닳아 떨어진 물건
모집다: 허물이나 과실 같은 것을 명백하게 지적하다

"심금(心琴)을 울리다"의 유래

심금(心琴)이란 말의 유래는 부처님이 설하신 '거문고의 비유'에서 비롯된다. 부처님의 제자 중에 '시로오나'라는 제자가 있었는데 그는 고행을 통해 깨달음에 이르고자 했다. 그러나 아무리 열심히 해도 깨달음의 길이 보이지 않자 시로오나는 지치기 시작했고 마음이 조급해졌다. 이를 본 부처님이 "시로오나야, 거문고의 줄은 지나치게 팽팽하지도, 늘어나지도 않아야 고운 소리가 난다. 그렇듯 수행이 너무 강하면 들뜨게 되고 너무 약하면 게을러진다. 수행은 알맞게 해야 몸과 마음이 어울려 좋은 결과를 얻는 것이니라."고 하셨다.
마음의 거문고인 심금(心琴)을 울린다는 말은 바로 이 일화에서 비롯된 것이다.

풀·어·다·지·기

1. 다음 글을 읽고 우리 언어 생활의 문제점에 대하여 생각해 보시오.

> 주말이다. 가족끼리 영화를 보고 밥을 먹으려고 했는데, 모두 의견이 엇갈렸다.
> 아버지는 일식집에서 스시와 우동을 먹자고 하셨고, 어머니는 레스토랑에서 스테이크와 브로콜리 수프를 드시고 싶어 하셨다. 동생은 중국집에서 다마네기를 가득 넣은 야끼 만두를 먹고 싶다고 하였고, 나는 귀찮아서 패스트푸드 코너에서 간단하게 햄버거와 콜라 한 잔이면 충분하다고 말하였다. 영화를 고를 때에는 모두 의견이 같아서 전혀 고민이 되지 않았는데, 식사할 때 네 사람의 의견이 전부 다르다니…….

1-1. 위 글에서 다른 나라 말에서 온 말을 찾아 우리말로 바꾸어 보자.

1-2. 이와 같은 언어 생활의 문제점을 모둠별로 토론한 후 발표해 보자.

1-3. 우리의 주변에서 다듬어야 할 말들을 함께 찾아보고, 우리말로 순화해 보자.

2. 다음 소설 자료를 보고 방언에 대하여 모둠별로 활동하시오.

> "아부지 애 많이 잡솼지예?"
> "내사 뭐……, 그런데 우예 된기고? 아이들한테 대강 들었다마는 도통 뭐가 뭔동 모리겠다. 가들 말로는 돈 20만 원만 있으믄 너가 산다 캤지만 이 난리판에 그러큼 큰 돈을 어디 가 구하며 구한들 누가 가노? 거다 저쪽에서는 다시 치고 내려온다카제……."
> "……."
> "또 너가 죄를 짓으믄 뭔 죄를 짓겠노? 차마 육십 노인하고 잉부를 죽이기사 하겠나 싶기도 하고 - 그래 밍기작거리는데 서울이 떨어졌다카는 기라. 인자사 죽었든동 살았든동 너는 다시 몬 보는 줄 알았제. 그래고 저 아이들을 우얄꼬 카고 있는데 너그 고부(姑婦)가 닥치드라. 도대체 우예 된기고?"
>
> - 이문열의 「영웅 시대」 중에서

"보자 보자 허니께 참말로 눈꼴시어서 볼 수가 없네. 은혜를 웬수로 갚는다드니 그 말이 거그를 두고 하는 말이고만. 올 디 갈 디 없는디 신세 하도 불쌍혀서 들어앉혀 놓게로 인자는 아도 으런도 몰라보고 갖인 야냥개를 다 부리네그랴. 미쳐도 곱게 미쳐야지. 그렇게 숭악시런 맘을 먹으며는 댑대로 거그한티 날베락이 내리는 벱여."

– 윤흥길의 「장마」 중에서

2-1. 각각 어느 지방의 방언인지 알아보자.

2-2. 위 소설에서 방언 어휘를 찾아 표준어로 바꾸어 보고, 방언의 기능과 가치에 대하여 이야기해 보자.

3. 다음 광고문에 나타난 관용적 표현이나 속담을 찾아내어 참뜻을 이야기해 보자. 또한 그 표현에 들어있는 선인들의 발상 및 한국 사회와 문화의 특성이나 가치에 대해 토론하시오.

① '되' 로 드리고 '말' 로 받아온 부모님 큰 사랑

② 하나를 보면 열을 안다.

③ 될성부른 놈은 떡잎부터 알아본다는데.

④ 부모님 살아실 제 자식의 정성을 드리세요.

⑤ 깊은 물이라야 고기가 큰다.

4. 언어에 관한 다음 속담들을 통해 우리의 언어 습관이 우리의 경험 양식, 사고 양식 등 한국 문화 특질에 어떻게 반영되어 있는지 파악하시오.

(가) 부정적인 면

* 말이 많으면 실언이 많다.
* 말이 많으면 쓸 말이 적다.
* 가루는 칠수록 고와지고 말은 할수록 거칠어진다.
* 낮말은 새가 듣고 밤말은 쥐가 듣는다.
* 발 없는 말이 천리 간다.
* 살은 쏘고 주워도, 말은 하고 못 줍는다.
* 혀 밑에 죽을 말 있다.
* 제게서 나온 말이 다시 제게로 돌아온다.
* 관 속에 들어가도 막말은 하지 마라.

* 좁은 입으로 말하고 넓은 치맛자락으로 못 막는다.
* 웃느라 한 말에 초상 난다.
* 숨은 내쉬고 말은 내하지 마라.
* 입 찬 말은 묘 앞에 가서 하라.
* 옥니박이 곱슬머리와는 말도 말아라.
* 내 말은 남이 하고 남말은 내가 한다.
* 들은 말 들은 데 버리고 본 말 본 데 버려라.
* 실 없는 말이 송사 건다.

(나) 긍정적인 면

* 고기는 씹어야 맛이고 말은 해야 맛이다.
* 말 안하면 귀신도 모른다.
* 입은 비뚤어져도 말은 바로 하랬다.
* 말 한 마디에 천 냥 빚 갚는다.
* 힘센 아이 낳지 말고 말 잘하는 아이 낳아라.
* 가는 말이 고와야 오는 말이 곱다.
* 여자의 말 잘 들어도 패가하고 안 들어도 망신 당한다.

5. 다음 글을 읽고 고유어의 필요성에 대해 정리하시오.

원래 김치는 겨울철 음식이었으나 요즘에는 냉장고의 보급으로 年中食品이 되었다. 나라 밖에서도 동포가 사는 곳에는 반드시 있으니, 김치는 이미 국경을 뛰어넘었으며, 88올림픽을 계기로 외국에도 널리 알려져서 바야흐로 세계의 먹거리로 등장하게 되었다. 그런데 최근의 조사에 의하면 어린이에게는 김치가 '가장 싫은 음식'으로 꼽히고 있다. 당황스럽고 걱정스럽기만 하다. 김치는 가장 한국적인, 살아있는 文化財라 할 것이다. 사계절이 분명한 우리 기후 풍토에다 우리 민족의 식문화적 감각이 함께 어우러지고, 우리 고등 기술의 참여로 완성된 세계적인 걸작품인 것이다. 고추가 이 땅에 들어온 것은 임진왜란 전후로 알려지고 있는데, 그 때 비로소 김치에 들어가게 된다.

– 권태원의 「김치가 싫다니…」 중에서

6. 다음에 제시된 단어를 보고, 물음에 답하시오.

(가) ㉠ 빵, 담배
㉡ 왕따, 잔챙이, 날라리
㉢ 주둥아리, 대가리
㉣ 공주병, 왕자병

(나) · 하이루 → 안녕
· 노노 → 안 된다
· 챗 → 채팅, 대화
· 리하이 → 다시 안녕
· 면상을 갈겨 주마 → 얼굴을 때려 주마
· 뽀대 → 폼난다
· 구라 → 거짓말
· 덴장 → 제기랄
· 설 → 서울

6-1. (가)에 제시된 단어들을 지칭하는 명칭과 개념, 그리고 그 특징에 대해 간단히 기술해 보자.

6-2. (나)는 컴퓨터 통신에서 쓰이는 통신어와 그것을 바르게 고쳐 쓴 예이다. 이를 바탕으로 통신어의 특징은 무엇인지 간략하게 네 가지만 기술해 보자.

7. 다음 글을 읽고 물음에 답하시오.

(가) **축구 대표 팀 공격수 잔류 경쟁 점입가경**
"지금 대구는 공격수 생존 경쟁의 무대"

거스 히딩크 축구 대표 팀 감독이 최종 선발 출전 선수의 밑그림을 거의 완성한 가운데 공격수의 빈 자리를 놓고 선수들 간의 보이지 않는 경쟁이 갈수록 뜨겁다.

전방 공격수 자리를 놓고 여러 선수들이 경쟁하면서 주전 경쟁이 짙은 안개 속으로 밀려 들어가고 있다.

즉, 부상에서 회복 중인 이○○와 신진 세력들이 자기 몫을 노리고 있는 가운데 설○○은 갑작스레 부상의 빨간 등을 켜는 등 이들의 주전 경쟁은 한 치 앞을 내다보기 힘든 지경이다. 안○○은 소속 팀의 일정상 중국과의 경기가 끝난 직후, 소속 팀으로 되돌아가야 하는 부담 때문에 코스타리카전과 중국전에서 눈도장을 확실히 찍겠다는 생각이다.

(연합 뉴스) 박○○ 기자

(나) · 물이 깊을수록 소리가 없다.
· 이가 없으면 잇몸으로 산다.
· 서당개 삼년이면 풍월을 읊는다.

(다) · 바람을 넣다. → 펌프질을 하다.
· 비행기 태우다. → 로켓 태우다.
· 천릿길도 한 걸음부터 → 천릿길은 고속 전철로
· 콩 심은 데 콩 나고 팥 심은 데 팥 난다. → 콩 심어도 팥 나고 팥 심어도 콩 난다.

7-1. (가)의 밑줄 친 부분과 (나)를 참고로 국어의 관용어에 대하여 다음 조건에 맞게 기술해 보자.

〈조건〉 1. 관용어의 개념을 설명하되, 반드시 (나)에 대한 설명을 포함시킬 것.
2. 관용어의 일반적인 특징을 세 가지만 제시할 것.

7-2. 위의 (다)를 바탕으로 속담이 고정되어 쓰이지 않고 시대 변화에 맞게 변형되어 쓰일 수 있다는 점을 언어의 특징과 관련하여 기술하시오.

8. 다음 제시된 속담의 기능을 〈조건〉에 맞게 서술하시오.

〈조건〉 1. 속담의 뜻을 쓸 것.
2. 속담의 기능을 일상 생활과 관련지어 서술할 것.

(1) 등잔 밑이 어둡다.
(2) 열두 가지 재주에 저녁거리가 없다.

9. 다음 밑줄 친 단위어와 어울리는 말에 ◯ 표 하시오.

① 어머니는 할머니께 (석, 서, 세) 돈 짜리 금반지를 해 드렸다.

② 결혼하고 누나는 황금 열쇠 (석, 서, 세) 냥을 해 갔다.

③ (석, 서, 세) 자 장롱은 이 방에 너무 작다.

④ 시골에 사는 고모님께서 참기름 (넉, 너, 네) 되를 보내 주셨다.

⑤ 지난달에 산 쌀 (석, 서, 세) 말이 아직까지 남아 있다.

10. 다음을 읽고, 물음에 답하시오.

(가) 밀래초 코딱지나물 풍년초 참빗살나물
싸리나물 간짓대나물 돌나물 머슴둘레
박조갈레 콩박나물 양판쟁이 달룽개
광대살이 쑥부쟁이 한가꾸 나숭개
꼬치뱅이 옥동나물 머위나물 밤지나물
걸럭지나물 까시랑코 포도쟁이 개미취
원추리 고들빼기 딱쥐나물 자운영
저 남산 꽃산자락에
이 모든 풀이 다 우리들의 밥이었니라
목숨이었니라.

- 김용택의 「흉년 양식」

(나)

어휘의 양상
- +변이
  - +위상적
    - +지리적 방언 어휘
    - −지리적
      - + 隱秘 —— 은어(집단은어)
      - −隱秘 —— 남성어, 여성어, 아동어, 노인어, 청소년어
  - −위상적 (화용적)
    - +대우 —— 공대어, 하대어
    - −대우 —— 속어, 완곡어(금기어), 관용어(숙어, 속담)
- −변이 (팽창)
  - +집단성 —— 전문어(직업어, 집단어)
  - −집단적
    - +항구성 —— 신어
    - −항구성 —— 유행어

10-1. '우리말에서 고유어가 담당하는 기능을 안다.' 라는 학습 목표를 달성하기 위해 위의 (가)를 자료로 활용하고자 한다. (가)를 바탕으로 학생들에게 제시할 수 있는 탐구 활동을 한 가지 제시하고, 지도상의 유의점에 대해 기술해 보시오.

10-2. 위의 (나)에 제시된 어휘 양상 체계를 살펴보고, 우리 국어에서의 어휘의 '변이'와 '팽창'에 대하여 설명해 보시오.

11. 다음을 읽고, 물음에 답하시오.

> (가) ① 감옥 → 형무소 → 교도소 ② 운전수 → 기사
> ③ 후진국 → 개발 도상국 ④ 보신탕 → 영양탕, 사철탕
> ⑤ 청소부 → 환경 미화원
>
> (나) ① 교통 정리 ② 군살 빼기 ③ 번개

11-1. 위의 (가)에 제시된 자료를 바탕으로 같은 대상을 가리키는 단어가 새롭게 만들어지는 이유를 기술하고, 새롭게 만들어진 말들의 한계성에 대해 설명해 보시오.

11-2. 위의 (나)는 기존의 의미에 새로운 의미가 첨가되어 사용되기 때문에 새말이라고 부를 수 있다. 다음 표에 제시된 (나)의 단어에서 기존의 의미를 살펴 보고, 새롭게 첨가된 의미를 기술해 보시오.

새 말	기존의 의미	새로운 의미
교통 정리	교통의 흐름을 원활하게 하고 사고를 방지하기 위하여 사람이나 차의 통행을 규제, 지시, 유도하는 일	
군살빼기	영양 과잉이나 운동 부족 따위 때문에 찐 군더더기 살을 빼는 행위	
번개	구름과 구름, 구름과 대지 사이에서 공중 전기의 방전이 일어나 번쩍이는 불꽃	

[15~16] 다음 글을 읽고 물음에 답하시오.

(가) '새말'이란 ㉠이미 있었거나, 새로 생겨난 개념 혹은 사물을 표현하기 위해 지어낸 말, 그리고 ㉡이미 있던 말이라도 새뜻이 주어진 것을 통틀어 일컫는다. 다른 언어로부터 사물과 함께 차용되는 외래어도 여기에 포함된다.

새말은 민중에 의해서 자연 발생적으로 만들어져 쓰이는 것과, 언어 정책상 계획적으로 만들어져 보급되는 것이 있다. 자연 발생적으로 만들어지는 새말들은, 앞에서 언급한 바와 같이, 새로운 사물을 표현하기 위한 실제적인 필요에 의해 생겨나는 것과, ㉢언어 표현이 진부해졌을 때 그것을 신선한 맛을 가진 새 표현으로 바꾸기 위한 대중적 욕구 때문에 생겨나는 것이 있다. 여기에는 고유어, 한자어, 외래어 등이 모두 재료로 쓰인다.

정책적인 계획 조어의 경우는 대개 국어 순화 운동의 일환으로 진행되기 때문에 주로 고유어가 사용되며, 한자말일지라도 아주 익어서 고유어처럼 된 것들이 재료로 쓰인다. '한글, 단팥죽, 꼬치안주, 가락국수, 덮밥, 책꽂이, 건널목' 등은 계획 조어로서 생명을 얻은 것들이며, '덧셈, 뺄셈, 모눈종이, 반지름, 지름, 맞선꼴' 등의 용어들이 학교 교육에 도입되면서 자리를 굳혔다.

그러나 '불고기, 구두닦이, 신문팔이, 끈끈이, 맞춤, 병따개, 비옷' 등과 같이 누가 먼저 지어냈는지 모르지만 생명을 얻은 말들도 많다. 이렇게 해서 새로 나타난 말들은 민중들의 호응을 받아서 기성 어휘로서의 지휘를 굳히는 것과 잠시 쓰이다가 버림을 받는 것, 처음부터 별로 호응을 받지 못하여 일반화되지 못하는 것 등이 있다. 잠시 쓰이다가 버림을 받게 되는 말들은 대개 어느 한 사회 계층이나 특정 지역에서만 호응을 받았을 뿐 널리 일반화될 기회를 얻지 못한 것들이다.

(나) 이미 써 오던 말을 새말로 바꿔 쓰자고 하면 민중으로부터 강한 저항을 받는 것이 보통이다. 하지만 특별한 경우 새말이 익히 쓰이던 말을 제치고 통용되는 일도 있다. '도시락'이란 말이, 이미 익히 써 오던 '벤또'를 대체한 것이 그 예다. 심지어 '덮밥'은 국어에서는 매우 흔하지 않은 조어(造語) 방식에 의해 만들어진 말임에도 불구하고, 이미 써 오던 '돔부리'를 대체하고 완전한 생명을 얻었다. 이런 새말들이 성공적으로 통용될 수 있었던 것은 대체된 말인 '벤또, 돔부리'가 일본어에서 유래한 외래어이기 때문이었다. 이는 ㉣조어 방식에서 문제가 되는 말이거나 느낌상 다소 어색하고 생소한 말이더라도 강력한 동기가 제공될 때에는 생명을 얻을 수 있음을 보여 준다.

그러나 같은 계열의 외래어인 '센누끼'는, 광복 후 오랫동안 '마개뽑이'가 권장되었지만 민중들의 호응을 받지 못하고 후에 자연 발생적으로 만들어진 '(병)따개'로 대체되었다. 아마도 이는 ㉤새말이 내포하는 뜻이나 정서적 느낌이 대체될 말과 달랐던 것에서 비롯하였던 듯하다. 물론 조어 방식이나 길이가 문제되었을 수도 있다. 또한 '데이트'를 '만날 약속'으로, '결벽(潔癖)'을 '깨끗버릇'으로 바꿀 것을 제안한 적이 있으나 이들도 생명력을 얻지는 못하였다. 전자는 그 뜻이나 느낌이, 후자는 조어 방식이 문제가 되는 말이었던 까닭에 살아남지 못한 것으로 여겨진다. '데이트'는 만나기 위한 약속만을 가리키지는 않기 때문에, '버릇'은 '손버릇, 잠버릇'에서 보듯 명사와만 결합하여 '깨끗'과 같은 어근에는 결합하지 않기 때문에 그리 되었다는 것이다. 새말을 만드는 일이, 그리고 익히 쓰이던 말을 대체하기 위해 새말을 만들어 보급하는 일이 얼마나 어려운지를 알려주는 예들이다.

12. 다음은 위 글의 ㉠~㉤에 대해 구체적인 예를 밝힌 것이다. 적절하지 않은 것을 찾고, 그 이유를 설명하시오.

㉠ : 외국에서 들어온 새로운 종의 개구리를 가리키는 '황소 개구리'
㉡ : 일부 사람들이 나이 어린 여자 점원을 부를 때 쓰는 '언니'
㉢ : 부사 '몰래'와 명사 '카메라'를 결합하여 만든 '몰래 카메라'
㉣ : 동사 어간 '먹-'과 의존 명사 '거리'를 결합하여 '먹거리'
㉤ : '헤어스타일'을 대체할 말로 제안되었던 '머리틀'

13. 다음 〈보기〉의 밑줄 친 단어들의 생성 원인을 (가)의 내용에 비추어 설명하고, 이를 통해 알 수 있는 통신 언어의 특징을 세 가지만 밝히시오.

〈보기〉

요즈음 휴대 전화나 인터넷을 통해 '반가워(요)', '컴퓨터'를 '방가', '컴'으로 바꿔 쓰는 현상이 급속히 확산되어 우리말을 오염시키고 있다.

5

문장, 이제 네 차례네~!

언어는 사고가 깃든 집이다.
언어는 사유의 모든 것이다.
우리의 정보 세계를 구성하는 것의 많은 부분은 언어다.
언어는 다양한 방식으로
우리의 사고 체계를 조직화하고 재구성한다.

- 정은숙의 「문학을 사랑하는 민족이 흥한다」 중에서 -

문장, 이제 네 차례네~!
(1) 문장의 개념을 이해한다.
(2) 문장 성분을 구별할 줄 안다.
(3) 다양하고 확대된 문장을 쓸 수 있다.
(4) 문법 요소의 기능을 파악하고 어법에 맞게 쓸 수 있다.

얼·개·잡·기

1. 문장의 특성과 구성 단위

문장이란 생각이나 감정을 완결된 내용으로 표현하는 최소의 언어 형식이다. 문장은 주어와 서술어를 갖추어야 하는 것이 원칙이다. 문장은 의미상으로 완결된 내용을 갖추고 형식상으로 문장이 끝났음을 나타내는 표지(마침표, 물음표, 느낌표)가 있는 것을 가리킨다.

담장의	개나리가	소란스레	피었다.
관형어	주어	부사어	동사
주어부		서술부	

문장을 이루는 문법 단위는 어절, 구, 절이다.

저 코스모스가 아주 아름답다. (문장)
저 코스모스가 아주 아름답다. (어절)
저 코스모스가 아주 아름답다. (구)
아름다운 코스모스가 활짝 피었다. (절)

위의 예문에서처럼 어절은 띄어쓰기와 대체로 일치하며, 조사나 어미와 같이 문법적 기능을 하는 요소들은 앞의 말에 붙어서 한 어절을 이룬다. 구는 두 개 이상의 어절이 모여서 하나의 의미 단위를 이루며, 자체 내에 주어와 서술어의 관계를 가지지 않는다. 절은 구와 같이 두 개 이상의 어절이 모여 하나의 의미 단위를 이루지만, 주어와 서술어를 가진다는 점에서는 구와 구별된다.

이 내용을 도표로 보이면 다음과 같다.

문장	· 우리의 생각이나 감정을 완결된 내용으로 표현하는 최소의 언어 형식. · 의미상으로 완결된 내용을 나타내며, 구성상으로는 주어와 서술어의 관계를 갖추고, 형식상으로는 문장이 끝났음을 나타내는 표지가 있음.
절	· 두 개 이상의 어절이 모여 하나의 의미 단위를 이룸. · 주어와 서술어의 관계를 갖는 단위를 설정할 수 있음. · 더 큰 문장 속에 들어 있음.
구	· 둘 또는 그 이상의 어절이 어울려서 하나의 단어와 동등한 기능을 함. · 자체 내에서 주어와 서술어의 관계를 가지지 못함.
어절	· 띄어쓰기 단위와 일치함. · 조사나 어미와 같이 문법적 기능을 하는 요소들이 앞의 말에 붙어 한 어절을 이룸.

2. 문장 성분

문장 성분은 문장을 구성하면서 일정한 구실을 하는 요소들이며, 이 성분이 되게 하는 여러 언어 형식들을 성분의 재료라고 한다. 문장 성분은 대체로 띄어 읽거나 쓸 수 있는 단위들인 어절을 대상으로 하며, 이들은 그 기능에 따라 주어, 목적어, 보어, 서술어, 관형어, 부사어, 독립어 등으로 분류한다.

문장 성분은 그 성격에 따라 '주성분', '부속 성분', '독립 성분'으로 나뉜다. 주어, 목적어, 보어, 서술어 등의 성분은 문장의 뼈대를 이루는 필수적 성분으로서 '주성분'이며, 관형어와 부사어는 주성분에 딸려 있는 성분으로 파악되어 '부속 성분'이라고 한다. 또 '호칭', '응답', '감탄' 등의 기능을 하는 성분들은 문장 안에서 여타의 성분들과 특별한 관련을 갖지 않는다 하여 '독립 성분'으로 분류된다.

2.1. 주성분

2.1.1. 주어

잎이 무성하니, 나무가 더욱 푸르구나!
선생님께서 우리들을 칭찬하셨다.
이번에도 우리 학교에서 야구 경기를 이겼다.
둘이서 함께 산책을 했다.
우리는 항상 함께 다녔다.
너만이 옳다고 생각하지 말아라.
너 어디 가? 응, 나 도서관 가.

한 문장은 '무엇이 어찌한다, 무엇이 어떠하다, 무엇이 무엇이다' 중의 한 가지 형식을 취한다. 이 때의 '무엇이'(또는 '누가')에 해당하는 것이 주어이다.

주어는 체언이나 체언의 기능을 하는 말에 주격 조사가 붙어서 이루어지며, 때로는 보조사가 결합하기도 한다. 주격 조사로는 '-가'(끝소리가 자음인 명사 다음에서는 '-이') 외에 주어를 높여서 말할 때는 '-께서'가 쓰이고, 주어가 단체를 뜻하는 명사일 때는 '-에서'가 쓰인다. '-에서'가 주격 조사로 쓰일 때는 주어로 쓰이는 명사가 무정 명사인 것이 원칙이다. 유정 명사는 그것이 단체를 뜻하는 말일지라도 '-에서'를 취하지 않는다.

(1) 나 너를 사랑해.
(2) 삼식이도 집에 간다.

(3) <u>할아버지께서만</u> 그 일을 하실 수 있다.
(4) <u>여기까지가</u> 내 한계이다.

예 (1)처럼 주격 조사 없이 체언만으로 주어가 되는 경우도 있다. 이러한 것은 주격 조사가 없어도 격 관계가 분명한 경우에 한하여 쓰이며 주로 구어적 표현에서 나타난다. 그러나 주격 조사가 있는 경우와 비교하면 약간의 의미상 차이가 있다.

한편 예 (2)처럼 주격 조사의 자리에 보조사가 쓰이기도 하는데 이 때는 주격 조사가 속에 숨어 있다고 할 수 있을 것이다. '-는/은, -도' 와 같은 보조사가 주어나 목적어에 쓰이면 주격 조사나 목적격 조사가 나타나지 않는다. 그런데 같은 주격 조사이지만 예 (3)에서 보듯이 '-께서' 나 '-에서' 는 보조사 '-는/은, -도' 와 함께 쓰일 수도 있다. 예 (4)처럼 '-만, -부터, -까지' 같은 보조사는 주격 조사 '-가/이' 나 목적격 조사와 함께 쓰이기도 한다.

주어는 다른 문장 성분이 지니고 있지 않은 몇 가지 통사적 특징이 있다. 주어가 존대해야 할 대상이면 서술어에 높임의 선어말 어미 '(으)시-' 를 붙여 쓰게 된다. '주어' 는 추상적인 문법 용어이므로 실은 높임을 받는 대상이 아니다. 높임의 대상은 문법 용어로서의 '주체' 라고 해야 하나 여기서는 편의상 '주어' 가 '주체' 를 지칭하는 것으로 한다.

한 문장 안에 주어와 같은 말이 반복될 때는 뒤의 말이 '자기' 로 나타난다. 다만, 주어가 1인칭이나 2인칭일 때는 '자기' 의 쓰임에 제약이 있다.

주어는 문장의 첫머리에 오는 것이 정상이다. 주어가 문장 첫머리의 위치를 벗어날 수도 있으나 그것은 효과적인 표현을 위하여 도치법을 사용하는 경우이다. 국어는 격을 표시하는 조사가 있기 때문에 정해진 위치를 벗어날 수가 있다.

새·겨·알·기

이중 주어에 대해 검토하기!

예) 코끼리는 코가 길다.

① 겹문장으로 보아 서술절을 설정하는 방법(현행 학교 문법)이다.

-'코가 길다'를 서술절로 인정하는 것이다.

-외연적으로 서술어가 하나밖에 없는데 어떻게 겹문장이라고 볼 수 있는가의 문제가 있다.

② 홑문장으로 보아 단순히 주어가 두 개 있다고 보는 방법이다.

-대주어와 소주어로 보는 방식이다.

③ 홑문장으로 보면서, 앞에 있는 '코끼리는'을 주제어로 보는 방법이다.

-'주제어+주어+서술어' 방식. 국어의 모든 문장에 주제어를 설정해야 한다는 가설이 필요하다.

④ 홑문장으로 보면서, 어느 하나를 강조한다는 초점 기능으로 파악하는 방법이다.

-문장의 일정한 성분에 강조하고자 하는 초점화를 인정하는 견해이다.

-화자가 강조하고자 하는 성분에 보조사 '은/는'을 붙인다는 것이다.

-이 방법은 이중 목적어에 대해서도 설명이 가능하다.

주어는 필수적 성분이지만 생략되는 경우가 있다. 문맥으로 보아 주어가 명시되지 않아도 그 문장의 주어가 무엇인지 알 수 있는 경우에 주어를 생략할 수 있기 때문이다. 그러나 묻는 말에 대답하는 문장의 경우, 주어가 무엇이 될지에 대하여 아무런 정보가 없기 때문에 대답하는 문장에서 주어가 생략되지 않는다.

2.1.2. 서술어

새가 날아간다. (어찌한다)
산이 푸르다. (어떠하다)

영구는 <u>학생이다</u>. (무엇이다)

서술어(풀이말)는 주어에 대하여 그것이 '어찌한다', '어떠하다', '무엇이다' 등을 설명하는 말을 이른다. 서술어는 위에서 보는 바와 같이 동사, 형용사, 체언 또는 체언 구실을 하는 말에 '-이다'가 붙어서 된 말들로 이루어진다.

서술어는 종결형으로서 뿐만 아니라 연결형, 관형사형, 명사형으로도 나타난다. 특수한 경우에 한하는 것이기는 하지만 서술어가 연결형이나 명사형으로 문장을 끝맺는 일도 있다.

(1) 비가 오고 바람이 분다.
(2) 그가 올 사람이 아니다.
(3) 빨리 일을 끝내기.
(4) 다행이다, 그가 실험에 성공해서.

1) 서술어와 자릿수

서술어가 되는 용언은 그 종류에 따라서 주어만을 필요로 하는 것이 있고 주어와 목적어가 있어야 하는 것도 있으며, 주어 또는 주어와 목적어 외에도 그 밖의 성분을 필수적으로 요구하는 것도 있다.

(1) 날씨가 맑다.
(2) 은혜가 신문을 읽는다.
(3) 유경이가 숙영이와 닮았다.
(4) 김 영감님은 주희를 며느리로 여기신다.

한 자리 서술어는 자동사나 대부분의 형용사처럼 서술어의 기능을 하기 위하여 주어 한 자리만 있으면 하나의 완전한 문장을 이룬다.(오다, 높다, 예쁘다 등) (1)의 예가 여기에 해당한다.

두 자리 서술어는 타동사(읽다, 보다 등)나 '같다, 아니다, 닮다, 적합하

서술어의 다양한 예

1) 민아가 밥을 먹는다. 비가 내린다. 하늘이 푸르다.
2) 이것은 연필이다. 자영이가 먹는 것은 사과이다.
3) 공부하다, 일하다, 수고하다, 고생하다, 낭비하다
사고가 나서 길이 막혔습니다. 기다리고 기다리던 방학이다.
숙제를 안했으니, 넌 이제 죽음이다.

신문 지면에 '-하다'나 '-이다'가 생략된 채 사용되는 예들

옛 추억 물씬 전통의 맛 향긋 / 판교 불안 '수원 청약 인기' / 일부 평형 9대 1 기록 / 리조트 때맞춰 가면 축제 풍성 / "노인요양제" 2007년 도입

서술어

1. 서술어는 용언, 그리고 체언, 또는 체언 구실을 하는 말에 '-이다'가 붙어서 이루어진다.
2. 서술절이 서술어가 되기도 한다.
3. 서술어는 종결형으로서 뿐만 아니라 연결형, 관형사형, 명사형으로도 나타난다.

다, …'와 같은 형용사처럼 주어 외에 또 다른 성분을 필요로 하는 것을 말한다. (2)와 (3)의 예가 여기에 해당한다.

세 자리 서술어는 '주다, 넣다, 삼다, 여기다, …' 등의 동사처럼 주어를 포함하여 세 자리의 성분을 필요로 하는 것이다. (4)의 예가 여기에 해당한다.

2) 서술어와 보조 용언

마·음·눈·갖·기

포리스터 카터의 「내 영혼이 따뜻했던 날들」을 통해 실제 보조 용언의 쓰임을 파악하고 문법 요소의 기능을 이해할 수 있다.

때로는 혹독한 겨울도 필요하다고
할아버지는 말씀하셨다.
그것을 정리할 것을 정리하고 남은 것들이
보다 튼튼하게 자라게 하는 자연의 방식이었다.
예를 들면 겨울에 약한 나뭇가지들을 꺾여 버리고
강한 가지들만 겨울을 이기고 살아남게 된다.
그래서 산 속에 더 크고 좋은 열매들이
자랄 기회를 제공해 준다.

– 포리스터 카터의 「내 영혼이 따뜻했던 날들」 중에서

(1) 신지가 신문을 찢어 버렸다.
(2) 나래가 신문을 찢어서 버렸다.

보조 용언은 단독으로는 쓰이지 못한다. 보조 용언 중에는 본용언으로 쓰이는 것도 있으나 그 쓰임이 다르다. 보조 용언은 본용언의 특정한 활용형에 붙어서 쓰이며, 보조 용언은 한 문장에서 하나만 쓰이는 것이 아니라, 여러 개가 연달아 쓰일 수가 있다. (1)의 '버렸다'는 형식적으로 끝맺는 서술어이면서도 제 홀로는 서술하는 힘이 없고 서술을 돕기 때문에 보조 용언이라고 한다. 그러나 (2)는 각각 '찢다'라는 동작과 '버리다'라는 동작이 연결된 본 용언 두 개의 결합이므로 (2)의 '버리다'는 보조 용언이 아니다.

3) 서술어의 생략

서술어는 문장의 필수적 성분이므로 생략될 수 없는 것이 원칙이다. 다만 여러 개의 문장이 이어져서 하나의 문장을 이루는 경우에 같은 서술어가 반복되면 반복되는 서술어가 생략될 수 있으며, 또 문맥에 의해 서술어가 무엇인지 예측이 가능할 때 서술어의 생략이 가능하다.

새·겨·알·기

서술격 조사 '-이다'에 대해 검토하기!

ㄱ. 집에 간 사람은 은화이다.

ㄴ. *은화가 이다.

ㄱ에서처럼 체언(은화)으로 하여금 주어의 내용(집에 간 사람)을 지정·서술하는 기능을 갖도록 하는 것을 서술격 조사라 한다. 이 서술격 조사 '-이다'는 용언과 마찬가지로 활용을 한다. 이것은 동사나 형용사가 서술어의 기능을 담당하는 반면 서술격 조사는 ㄴ에서처럼 단독으로 서술어의 기능을 가지지 못하고 체언을 서술어로 만드는 역할을 한다는 점 때문이다.

ㄷ. 저것이 칠판이다.

ㄹ. 저것이 의자다.

ㄹ에서 '의자다'는 '의자이다'에서 '이-'가 빠진 것인데 둘 다 허용된다는 점에서 '이고/고, 이며/며, …' 등과는 성격을 달리한다. '저것은 돌다리다'와 같이 '이'로 된 명사 아래서는 '이-'를 줄이는 것이 더 자연스러우며 '사상, 감정의 표현 도구인 언어'에서와 같이 관형사형 앞에서는 '이'를 줄이기가 어렵다. 같은 '-이다'라도 주어의 내용을 확인·지정하는 기능이 없으면 서술격 조사로 보기 어렵다.

-서술격 조사 설정의 불합리성(임용에 출제되었던 부분)

① 격조사는 체언에 붙어 문장 안에서의 관계를 나타내는 조사라고 할 수 있는데, 서술격 조사는 그렇지 않다.

② 다른 격조사들은 활용하지 않는데, 서술격 조사는 활용한다.

: 소위 서술격 조사는 체언을 서술어로 만드는 역할을 한다고 하여 '–이다'로 설정되고 있으나, '–이다' 자체를 용언으로 볼 수 있는 가능성과 '–이–'를 접미사로 볼 수 있는 가능성을 생각해 볼 때 격조사로 인정하는 것은 많은 어려움이 따른다. 서술격 조사가 붙어서 체언이 서술어라는 문장 성분이 된다고 할 수도 있으나, 이 말은 접사설로도 충분히 설명 가능하고 또한 서술어는 '–이다' 이외에도 동사나 형용사 자체가 되기도 하기 때문에, 서술격 조사설은 재고될 필요가 있다.

–새로운 범주 설정의 가능성: 지정사

: 선행 성분을 지정하는 기능을 한다 하여 소위 지정사라 칭할 수 있다. 즉, 조사가 아닌, 독립적인 품사로 설정하는 것이다. 크게는 용언의 하나로 집어넣을 수 있을 것이다.

2.1.3. 목적어

동생은 과자를 잘 먹고, 나는 과일을 잘 먹는다.
나는 과일도 잘 먹고, 과자도 잘 먹는다.
동생은 과자만을 좋아한다.
너 사과 좋아해?

타동사는 어떤 대상을 필요로 하는 행위를 나타낸다. 목적어는 이러한 타동사에 의해 표현되는 행위의 대상을 나타내는 문장 성분을 일컫는다. 목적어가 특별히 주성분의 하나로서 다루어지는 것은, 목적어를 취하느냐 아니냐에 따라 동사가 크게 자동사와 타동사의 두 부류로 나뉘기 때문이다.

목적어는 주어의 경우와 마찬가지로 체언 구실을 하는 말에 목적격 조사 '–을/를'이 붙어서 이루어진다. 목적격 조사 '–을/를'은 줄어서 '–ㄹ'로 나타나기도 하며, 생략되어 쓰이지 않는 일도 있다. 목적격 조사가 생략되는 것은 그것이 생략되어도 어느 것이 목적어인지가 분명한 경우인데, 특히 관용적인 구어체 표현에 흔히 나타난다.

한 문장에 목적어가 하나인 것이 보통이지만, 목적어가 둘 이상 나타나는 경우도 있다.

> 이순신은 <u>활을</u> 쏘아 <u>과녁을</u> 한가운데를 맞혔다.
> 이번 중간 고사에서 <u>국어 성적을</u> 만점을 받았다.
> 그녀는 <u>보석을</u> <u>진주를</u> 좋아한다.
> 어머니께서는 <u>용돈을</u> <u>만 원을</u> 주셨다.
> 왜 지나가는 <u>사람을</u> <u>이름을</u> 부르니?
> 정아는 <u>나를</u> <u>책을</u> 주었다.
> 삼순이는 그 <u>책을</u> <u>두 권을</u> 더 달라고 하였다.

목적어가 둘 이상 나타날 때는 두 번째 목적어가 첫 번째 목적어의 한 부분이거나, 그것의 한 종류, 또는 그 수량을 나타내는 것일 때가 보통이다. 그런데 목적어의 수량을 나타내는 말이 목적격 조사를 취할 때는, 두 목적격 조사 중의 하나가 생략될 수 있다.

한편 방향이나 처소, 또는 함께 함을 나타내는 말을 목적으로 표현하는 일이 있다. 그러나 이러한 경우는 극히 제한된 서술어에 한한 것이며, 그 서술어들 또한 늘 그러한 것은 아니다.

> 나는 학교를 간다
> 자영이는 영옥이를 닮았다.

2.1.4. 보어

보어는 불완전 용언을 보충하여 주는 필수 성분이다. 일반적으로 불완전 용언인 동사 '되다'나 형용사 '아니다'가 서술어로 쓰일 때는 체언에 보격 조사 '-이/가'가 붙은 보어를 요구한다.

보어는 체언뿐만 아니라 명사구, 명사절을 비롯하여 체언 구실을 하는 말

보어의 한계
오늘날 학교 문법에서는 동사 '되다'와 형용사 '아니다'의 앞에 오는 '체언+이/가'만 보어로 인정하고 있다. 이 때 보격 조사는 '-이/가'로 한정되어 비교적 명백하기는 하나 주격 조사와 형태가 같다는 것은 여전히 문제점으로 남는다. 또한 보어를 하나의 문장 성분으로 설정하는 것과 그렇지 않은 것에 대한 탐구가 필요하다.

에 조사 '-이/가'가 붙어서 이루어진다.

> 네가 벌써 대학생이 되었구나.
> 나이는 어리게 보이나 여간 깍쟁이가 아니다.

1) 보어와 필수 부사어

> 앞으로 멋진 선생님이 되고 싶어.
> 경석이가 벌써 대학생이 되었구나.
> 그는 영리한 아이가 아니다.
> 물이 얼음으로 된다.
> 농사가 기후에 적합하다.
> 아영이는 가영이와 키가 비슷하다.

문장이 성립하기 위한 필수적인 성분으로 주어, 서술어, 목적어, 보어가 설정되었으나 이것으로 모든 필수적 성분이 다 망라되는 것은 아니다.

> 물이 얼음이 되었다.
> 물이 얼음으로 되었다.

문장 성분으로 없어서는 안 될 성분이라도, 어떤 경우에는 보어로 처리하기 어려운 경우가 있다. 첫째로 이들을 다 보어로 처리하려면 "-(으)로, -와/과, -에(게)" 등을 보격 조사로 규정해야 하는데 이들은 다른 서술어와 함께 부사격 조사로서의 기능을 한다. 그러므로 "-(으)로, -와/과, -에(게)" 등의 조사를 동시에 보격과 부사격의 두 가지로 분류하는 바람직하지 않은 결과를 낳게 된다.

둘째로 목적어는 거의 대부분의 동사가 필요로 하는 것으로, 그 유무에 따라 동사가 크게 자동사와 타동사로 분류될 만큼 중요한 의미를 지니는 것이지만, 일반 부사격 조사가 붙어서 된 말을 필수적으로 요구하는 용언은 수도 많지 않으며, 그 통사적 특징도 한 가지로 묶을 수가 없다. 그러므로 문장 성분론에서 다루기보다는 용언 하나하나의 개별적인 사전적 특성으로 규정하는 것이 합당하다.

2.2. 부속 성분

부속 성분은 주어, 서술어, 목적어, 보어 등에 종속하여 그 의미를 수식, 한정하는 성분으로 관형어와 부사어가 이에 속한다.

2.2.1. 관형어

> 나는 새 친구를 사귀었다.
> 어린이는 나라의 보배이다.
> 내가 책을 빌린 도서관이 저 쪽에 있다.
> 큰 것보다 작은 것이 더 소중할 때가 있다.

관형어는 체언으로 된 주어, 목적어 같은 문장 성분 앞에 붙어서 그것을 꾸며 주는 말을 이른다. 이 때 관형어의 꾸밈을 받는 체언이 중심이 되고 관형어는 그의 부속 성분이 된다. 관형어가 없어도 문장이 성립할 수 있으므로 관형어는 수의적 성분이다. 그러나 주성분인 체언이 의존 명사이면 관형어가 필수적으로 나타나야 한다.

관형어는 관형사, 용언의 관형사형, 그리고 체언이나 체언 구실을 하는 말에 관형격 조사 '-의'가 붙어 이루어진다.

> 1) 관형사 : 새 옷을 아끼기 위해 헌 옷을 입고 왔다.
> 2) 용언의 관형사형 : 아름다운 꽃이 넓은 뜰에 가득 피었다.
> 3) 체언+관형격 조사('의') : 지금은 명상의 시간이다.

관형어는 단독으로 쓰일 수 없다. 반드시 그것이 꾸미는 체언 앞에서만 쓰인다. 이것은 같은 부속 성분인 부사어와 다른 점이다. 부사어도 그것이 꾸미는 용언 앞에 쓰이는 것이 정상이지만 때에 따라서는 자리 바꿈을 하여 용언 뒤에 오는 수도 있다. 그러나 관형어는 그것이 꾸미는 체언 뒤에서는 절대로 쓰이지 못한다.

1) 관형사형의 기능

용언이나 서술격 조사의 관형사형이 관형어가 될 때는 관형사형 어미 "-는, -(으)ㄴ, -(으)ㄹ, 던" 중의 어느 하나를 취하게 된다.

용언이 관형사형 어미를 취하여 관형어가 될 때 그 시간 표현은 서술어로서의 시간 표현과 일치한다. 그런데 용언의 관형사형이 체언을 꾸밀 때, 그 관형어의 특징은 다음과 같다.
첫째, 체언 없이 단독으로 쓰이지 못하고, 반드시 체언 앞에서 수식한다.
둘째, 관형어가 없어도 문장은 성립할 수 있으므로 수의적 성분이다.

(아름다운) 꽃이 (넓은) 뜰에 가득 피었다.

셋째, 체언이 의존 명사이면 관형어가 필수적으로 나타난다.

작은 것이 더 아름답다.

꾸밈을 받는 체언이 항상 그 용언을 서술어로 했을 때의 주어나 목적어 등의 성분인 것은 아니다. 물론 이들 명사의 경우도 항상 그러한 것은 아니다.

2) 관형격 조사

체언에 관형격 조사 '-의'가 붙어서 관형어가 된 것 중에는 '-의'가 생략될 수 있는 것이 있다. 어떤 경우에 '-의'가 생략되어도 좋은지 그 조건은 확실히 알 수 없다. 또한 조사 '-의'는 뜻으로 보아 주어를 나타낼 때가 있는데, "나의 살던 고향"과 같은 예를 들 수 있다.

3) 관형어의 겹침

관형어는 여러 개가 겹쳐 쓰일 수 있다. 관형어가 겹쳐 쓰일 때는 관형어 사이에 일정한 순서가 있어서 그 순서가 뒤바뀌면 말이 되지 않는다. 관형어 사이의 순서는 지시 관형어가 가장 먼저 쓰이고 그 다음에 수량을 나타내는 관형어, 그 다음에 모양이나 상태를 나타내는 관형어의 순서로 쓰인다.

저 두 새 벽돌집 사이로 길이 있지?

2.2.2. 부사어

부사어는 관형어와 같은 수의적 성분으로, 서술어, 관형어, 부사어, 문장 전체 등을 수식하는 문장 성분으로서, 같은 부속 성분인 관형어와는 달리 앞에 문맥이 주어져 있으면 단독으로 쓰일 수 있다.

야, 빨리 일어나라.
글쎄, 나는 그렇게 생각하지 않아.
올해는 눈이 참 많이 내린다.
그는 아주 새 사람이 되었다.
다행히 다친 사람은 없었다.

참, 너 시험 봤지? 그런데 결과가 언제 나온대?
님은 갔습니다. 그러나 나는 님을 보내지 아니하였습니다.

부사어가 이루어지는 방식은 여러 가지이다. 우선 부사는 모두 그대로 부사어가 된다. 또한 체언에 여러 가지 부사격 조사가 붙은 말이 부사어가 된다. 부사격 조사의 종류에는 원인, 처소, 도구, 자격 등이 있다.

한편 부사성 의존 명사가 그에 딸린 관형어와 함께 부사어가 되기도 하고, 어미 '-게'에 의한 용언의 활용형이 부사어가 되기도 한다. 그리고 용언에서 파생되어 나온 부사가 주어, 목적어 등을 수반하고 서술어의 기능을 띤 채 부사어(부사절)가 되는 일이 있다.

'주다'와 같은 수여 동사는 체언에 '-에게'가 붙은 부사어를 필요로 하는데 구어체에서는 '-한테'가 쓰이는 것이 보통이다. 한편 부사어에 보조사가 붙어서 그 뜻을 돕기도 한다.

부사어도 관형어와 같이 그것이 한정하는 말 바로 앞에 오는 것이 원칙이다. 그런데 앞에서도 언급한 바와 같이 부사어는 표현 효과를 위해 자리바꿈을 하여 여러 자리에 자유롭게 나타날 수 있고, 때로는 그것의 꾸밈을 받는 말 뒤에도 올 수 있다.
문장 부사어의 경우에 그 자리바꿈이 더 자유스러운 것은 그것이 문장 전체를 꾸미는 까닭에 문장 앞이나 뒤에 오는 것이 더 자연스럽기 때문이다. 다만 부정 부사 '아니(안), 못', 성분 부사 중에 '잘, 좀' 같이 자리바꿈을 하지 않는 것이 있다.

1) 성분 부사어

부사어는 문장의 한 성분으로서 서술어의 뜻을 한정하여 꾸며 주는 것과 문장 전체를 꾸며 주는 것의 두 가지로 나뉜다. 앞의 것을 성분 부사어, 뒤의 것을 문장 부사어라 이른다.

성분 부사어는 서술어의 뜻을 수식해 주는 것이 주된 기능이므로 서술어가 되는 모든 용언에 얹혀 쓰인다. 용언이 종결형이 아닌 경우에도 부사어가 쓰일 수 있다. 부사어는 다른 부사어나 관형어도 꾸민다. 또한 특수한 경우이긴 하지만 부사어가 체언을 꾸미는 일도 있다. 체언을 꾸미는 부사어는 수량이나 정도 또는 위치를 한정해 주는 것이다.

코스모스가 참 예쁘다.
그는 아주 새 사람이 되었다.
연이 매우 높이 난다.
겨우 하나를 만들었어?

용언의 활용형을 부사어로 인정하는가에 대한 검토!
용언의 활용에서는 연결 어미로 처리하는 '-아/-어, -게, -지, -고'를 가진 용언의 일부를 부사어로 보기도 하나 그 한계가 문제가 된다. 대등적인 연결 어미나 종속적인 연결 어미로 이어진 문장의 상위 범주도 결국은 부사절로 볼 수 있기 때문에 이 활용 체계는 문장의 성분과 연계된 흥미로운 언어 현상의 하나로 볼 수 있다. 연결 어미를 갖는 용언은 서술어이면서 어미와 함께 부사어가 되는 것 등도 탐구 과정으로 다루어 볼 수 있다.

☞ 필수적 부사어
체언에 부사격 조사가 붙어서 된 부사어 중에는 문장을 이루기 위해 필수적으로 요구되는 것이 있다. 이것은 이들 문장의 서술어가 부사어를 필수적으로 요구하기 때문이다.

2) 문장 부사어

문장 부사어는 문장 전체를 수식하는 부사어이다. 말하는 사람의 심리적 태도를 나타내며, '과연, 설마, 모름지기, 확실히' 등이 있다.

> 과연 그 아이는 똑똑하다.
> 설마 그가 거짓말이야 하겠느냐?

접속 부사어는 '그러나, 그리고, 그래서' 등과 같이 문장 접속을 하는 부사어와 '및' 처럼 단어를 접속하는 부사로 나뉜다. 문장 접속 부사는 6차 교육과정까지 독립어로 보았으나 7차 교육과정에서는 부사어로 보고 있다.

또한 형용사에 어미 '-게' 가 붙어서 되는 것이 있다.

> 다행스럽게도 나는 시험에 합격할 수 있었다.
> 불쌍하게도 그가 사고를 당했다.

새·겨·알·기

수의적 부사어와 필수적 부사어

다음 밑줄 친 부분의 문장 성분을 모둠별로 탐구해 봄으로써 (가)와 (나)의 밑줄 친 부분의 차이점을 구별할 수 있다.

(가) 나는 나, 너와는 많이 다르다.
아버지는 일찍이 그 아이를 수양딸로 삼으셨다.
태훈이는 아빠와 꼭 닮았다.

(나) 피망은 고추와 다르다.
아버지는 그 아이를 수양딸로 삼으셨다.
윤이는 아빠와 닮았다.

2.3. 독립어–독립 성분

독립어는 문장 중의 어느 성분과도 직접적인 관련이 없는 독립된 성분을 말한다. 그 특징은 다음과 같다.

첫째, 문장의 어느 성분과도 직접 관련이 없는 문장 성분이다.

둘째, 문장 내에서의 위치가 자유롭다.

셋째, 감탄사(화자의 슬픔이나 비웃음과 같은 감정이나, 발화 현장에서 상대방을 의식하며 자기의 생각을 표시하는 것), 체언에 호격 조사가 결합된 형태이다.

> 아이구, 내가 잊었네.
> 예, 그것이 사실입니다.
> 대우야, 어서 이리와 앉아라.

2.3.1. 독립어의 성립

독립어는 감탄사나, 체언에 호격 조사가 붙은 것으로 이루어진다. 그런데 체언에 호격 조사가 붙어서 독립어가 될 때 그 체언이 무정 명사이면 호격 조사가 붙지 않으며, 유정 명사일 때에도 하게체의 문장에서는 호격 조사를 생략할 수 있다.

그러나, 그런데… 등은 접속 기능을 수식 기능으로 이해할 수 있다는 점에서 독립어보다는 부사어(문장 접속 부사)로 설정하는 것이 보다 타당하다.

2.3.2. 독립어의 특징

독립어는 문장 부사어의 한 가지로 생각하기 쉽다. 그러나 독립어는 그것을 뒤따르는 문장의 한 성분이 되지 못하지만 문장 부사는 한 성분이 된다. 부르는 말이 독립어로 나타날 때 그것은 그 뒤에 오는 문장 속의 한 성분과 일치하는 것이 보통인데, 이 때는 독립어와 일치되는 말이 대명사로 바뀌거나 아예 생략되는 일이 흔하다.

3. 문장의 짜임새

한 문장 안에서 주어와 서술어의 관계가 한 번만 이루어져서 주어와 서술어가 하나씩 있는 것이 있고, 주어와 서술어의 관계가 한 번 이상 이루어져 있는 것도 있다.

(1) 오늘은 기분이 굉장히 좋다.
그들 형제는 부지런하다.
제비가 급격히 줄어가고 있다.
모든 시계바늘은 오른쪽으로 돌아간다.

(2) 한 발자국 떼고 두 발자국 떼고 세 발자국 떼려다가 그는 고즈넉이 돌아섰다.
목숨이 끊어지는 날까지 너의 반려자가 되어 줄게.
나는 대학에 들어가면 가장 먼저 여행 동아리에 들고 싶어.

주어와 서술어가 하나씩 있어 그 관계가 한 번만 이루어지고 있는 문장을 홑문장이라 한다. (1)의 예가 여기에 해당한다. 한편 주어와 서술어의 관계가 한 번 이상 이루어져 있는 문장을 겹문장이라 한다. 겹문장 중에는 어떤 문장이 다른 문장 속에 한 성분으로 들어가 안긴 것도 있고, 나란히 이어져 있는 것도 있다. (2)의 예가 여기에 해당한다.

문장의 구조
- 홑문장
- 겹문장
  - 안긴 문장 - 명사절, 관형절, 부사절, 서술절, 인용절
  - 이어진 문장 - 대등, 종속

3.1. 문장의 안김과 성분의 생략

명사절, 관형절, 부사절, 인용절, 서술절은 모든 성분을 온전하게 갖춘 문장의 형태를 지니고 있다. 그런데 이들이 그것을 안고 있는 문장의 한 성분과 동일하면 수의적으로 또는 필수적으로 탈락한다.

3.1.1. 명사절로 안김

> 나는 우리 모두가 합격하기를 간절히 바란다.
> 이제부터 우리가 무엇을 할 것이냐(것인가, 것인지)가 문제다.
> 채환이가 축구에 소질이 있다는 것이 학교에 알려지게 되었다.
> 우리는 그가 옳았음을 깨달았다.

명사절은 문장이 명사화하여 이루어진 것이다. 즉 한 문장의 서술어가 명사형 어미 '-(으)ㅁ/-기' 또는 의존 명사 '것' 등을 취하여 형성된다. 명사절은 일반 명사처럼 주어도 될 수 있고, 목적어도 될 수 있다.

안김과 안음
한 문장이 그 속에 다른 문장을 한 성분으로 안고 있을 때 그것을 안은 문장이라 한다. 한 문장이 큰 문장 속의 한 성분으로서 안겨 있는 것을 절이라 하는데, 절에는 명사절, 서술절, 관형절, 부사절, 인용절이 있다.

'-느냐/(으)냐, -는가/(으)ㄴ가, -는지/(으)ㄴ지' 등의 종결 어미로 끝난 문장은 그냥 그대로 명사절로 쓰일 수 있다.
'음' 명사절과 '것' 명사절은 대부분 서로 엇바뀌어 쓰일 수 있는데 구어체에서는 '것' 명사절이 많이 쓰이는 경향이 있다.
문장 종결형에 붙어서 명사절을 만드는 '-는 것'은 본래 '-고 하는 것'이 줄어서 된 것이다.

새·겨·알·기

명사절 구성 요소의 의미 차이

(가) 그녀는 좋은 시절이 다 {지나갔음을 / *지나갔기를} 알았다.
(나) 철이는 소풍날이 {오기를 / *옴을} 기다린다.

위의 두 문장에 들어 있는 명사절은 각각 '좋은 시절이 다 지나갔음'과 '소풍날이 오기'이다. 이때 '-(으)ㅁ'과 '-기'는 둘 다 명사형 어미지만, '-(으)ㅁ'이 완료를 나타내는 데 반해 '-기'는 미완료를 나타낸다는 점에서 차이가 있다. 이런 특성은 '-(으)ㅁ'이 '알다'와 같은 서술어와 어울리고, '-기'가 '기다리다'와 같은 서술어와 어울리는 데에서도 확인할 수 있다. '-(으)ㅁ'이 '알았다'에서처럼 과거 시제 선어말 어미와 함께 사용되고 '-기'는 그렇지 않은 것도 이러한 의미 차이 때문이라고 할 수 있다.

3.1.2. 서술절로 안김

> 서영이가 얼굴이 예쁘다.
> 우리 어머니께서는 인정이 많으시다.
> 김 선생은 김 선생이 직접 차를 운전한다.

서술절은 한 문장이 서술어의 기능을 하는 것을 이른다. 서술절을 따로 떼어 놓으면 그대로 독립된 문장이 된다.

서술절은 다른 종류의 절과 다른 점이 있다. 한 문장이 절이 되어 다른 문장 속의 한 성분으로 안길 때는 거기에 문법적 요소가 붙어서 그것이 어떤 종류의 절이라는 것을 표시한다. 그런데 서술절은 그러한 표지가 없다.

3.1.3. 관형절로 안김

(1) 오빠가 그린 그림이 멋지다.
(2) 한국인의 따뜻한 마음을 안고 떠납니다.
(3) 영미가 임용 고시에 합격했다는 소식을 들었다.
(4) 임용 고시에 합격한 영미는 좋은 선생님이 될 것이다.

관형절은 문장의 종결형에 '-(고 하)는'이 붙거나 관형절이 될 문장의 서술어가 관형사형 어미를 취함으로써 이루어진다. 편의상 문장의 종결형에 '-(고 하)는'이 붙어서 관형절이 되어 다른 체언을 꾸며 주는 관형절을 긴 관형절, 서술어 어간에 관형사형 어미가 붙어서 이루어진 관형절을 짧은 관형절이라고 부른다.

또한 관형절은 두 가지 유형이 있다. 관형절과 그 관형절의 수식을 받는 체언이 동격 의미를 지니는 경우와 관형절 속에 하나의 성분이 빠져나와 그 관형절의 수식을 받는 체언이 되는 경우이다. 전자를 동격 관형절, 후자를 관계 관형절이라고 한다. (1), (2), (4)가 관계 관형절에 해당하며, (3)은 동격 관형절에 해당한다.

3.1.4. 부사절로 안김

그는 아는 것도 없이 잘난 체한다.
그 곳은 꽃이 아름답게 피어 있다.
나는 잠을 못 자서 수업 시간에 졸았다.
우리는 그녀가 지나가도록 길을 비켜 주었다.

부정절로 안긴 문장은 홑문장이 부사절이 되어 전체 문장의 부사어 구실을 하는 경우를 말한다. 부사형 어미 "-이, -게, -(아)서, -도록" 등과 결합하여 부사절을 이룬다.

3.1.5. 인용절로 안김

현수는 당황하며 "무슨 일이지?"라고 말하였다.
우리는 인간이 누구나 소중하다고 믿는다.
그 사람은 자기가 학생이라고 주장한다.

인용절은 주어진 문장에 인용격 조사 "-라고, -고"가 붙어서 이루어진다. 인용절은 그 통사적 특징이 독특하여 별도로 다루고 있으나 기능으로 보아서는 부사어에 가깝다.

'-고' 가 붙을 때 인용되는 부분의 종결 어미를 정리하면 다음과 같다.

<table>
<tr><th></th><th>동 사</th><th>형용사</th><th>서술격 조사</th><th>서술격조사</th></tr>
<tr><td>평서형</td><td>-다</td><td>-다</td><td>-라</td><td rowspan="4">+ -고</td></tr>
<tr><td>의문형</td><td>-느냐</td><td>-(으)냐</td><td>-냐</td></tr>
<tr><td>명령형</td><td>-라</td><td></td><td></td></tr>
<tr><td>청유형</td><td>-자</td><td></td><td></td></tr>
</table>

형은 "철수가 학교에 갑니다."라고 말했다.
→ 형은 철수가 학교에 간다고 말했다.
선생님께서 내게 "요즘 공부 열심히 하니?"라고 물으셨다.
→ 선생님께서 내게 요즘 공부 열심히 하느냐고 물으셨다.
인환이가 내게 "창문 좀 닫아."라고 말했다.
→ 인환이가 내게 창문 좀 닫으라고 말했다.
기혁이가 나에게 "축구를 하자."라고 말했다.
→ 기혁이가 나에게 축구를 하자고 말했다.

위의 예들은 직접 인용을 간접 인용으로 바꾸면서 인용절의 어미가 변화했음을 보여주고 있다.

안은 문장의 문법 현상
안은 문장에서 서로 같은 말이 있으면 다른 말로 대치되거나 생략되기도 한다.

(1) 나무꾼은 나에게 자기를 도와주기를 바랐다.
(2) 나무꾼은 나에게 도와주기를 바랐다.

위의 문장은 "나무꾼은 나에게 나무꾼을 도와주기를 바랐다."로 이해되는 원래의 문장에서 '나무꾼'이 중복되어 있어, 안긴 문장의 '나무꾼'을 '자기'로 대치하거나 아예 생략해 버린 것이다.

3.2. 이어진 문장

마·음·눈·갖·기

정희성의 「저문 강에 삽을 씻고」를 통해 이어진 문장의 쓰임을 파악하여 문장이 확대되는 방식을 이해하고 다양한 수준의 문장을 쓸 수 있다.

흐르는 것이 물뿐이랴
우리가 저와 같아서
강변에 나가 삽을 씻으며
거기 슬픔도 퍼다 버린다
일이 끝나 저물어
스스로 깊어가는 강을 보며
쭈그려 앉아 담배나 피우고
나는 돌아갈 뿐이다.
삽자루에 맡긴 한 생애가
이렇게 저물고, 저물어서
샛강 바닥 썩은 물에
달이 뜨는 구나
우리가 저와 같아서
흐르는 물에 삽을 씻고
먹을 것 없는 사람들의 마을로
다시 어두워 돌아가야 한다.

– 정희성의 「저문 강에 삽을 씻고」

홑문장이 둘 이상 이어져 이루어진 겹문장이 이어진 문장이다. 이 때 서로 이어진 문장 하나하나는 각각 절이 된다. 이렇게 문장 여러 개가 이어질 때는 연결 상의 계층이 생기게 되는데, 종속적으로 이어진 것은 늘 후행절에 매여서 그것과 함께 한 단위를 이루며, 대등하게 이어진 것들 사이에도 계층이 생길 수 있다.

> 너는 나를 찾아다니고 나는 너를 찾아다녔으니 오늘 하루 서로 까막잡기를 한 셈이구나.

위의 예에 나타나는 연결 어미 "-고, -(으)니" 등은 연결 어미가 붙은 문장의 뜻을 풀이해 주면서 동시에 뒤에 오는 문장과 이어주는 일을 한다. 이처럼 연결 어미의 종류에 따라 그 뜻이 서로 다르다.

대학생이 되니 생각하는 폭이 넓어졌다.

이 문장은 "대학생이 되다"라는 홑문장과 "생각하는 폭이 넓어졌다"라는 홑문장이 연결 어미 '-니'에 의해 이어진 문장이다. 여기에서 "고등학생이 되니"를 선행절이라 하고, "생각하는 폭이 넓어졌다"는 후행절이라 한다.

이어진 문장은 선행절에 결합된 연결 어미의 뜻에 의해 선행절과 후행절의 관계가 결정된다. 연결 어미 '-고'가 결합된 문장은 선행절과 후행절의 의미 관계가 대등적인데 반하여 연결 어미 '-면'이 결합된 문장은 의미 관계가 종속적이다.

유미는 음악을 좋아하고 석인은 그림을 좋아한다.(대등)
기둥을 치면 들보가 운다.(종속)

연결 어미에 의해서 두 문장이 이어질 때 반복되는 요소는 생략된다. 이어진 문장에서는 이렇게 선행절의 어느 요소가 후행절에 반복되어 나타나지 않는 일이 많기 때문에 두 문장이 이어진 것이 아닌 것처럼 생각하기 쉽다.

나는 진희를 자주 만나지만, 좋아하지는 않는다.(목적어 생략)
용하는 서울로, 송화는 부산으로 갔다.(서술어 생략)
콩이는 학교에 갔고, 쑥이도 그랬다.(대용어 '그러하다'로 대치)

연결 어미는 이상과 같이 그 하나하나가 각기 특수한 의미를 가지고 있다. 각 연결 어미의 쓰임에는 여러 가지 문법적 제약이 따른다. 연결 어미 "-고서, -아/어서, -(으)ㄴ들, -건대" 등은 시제를 나타내는 어미가 붙지 않으며, 연결 어미에 따라서 후행절이 평서형, 의문형, 청유형, 명령형 중에 일부만 취하는 일이 있다. "-느라고, -고서, -(으)려고" 같은 것들은 선후행절의 주

안긴 문장과 이어진 문장에 대하여!

안긴 문장에서 의미상 명칭인 인용절은 통사상 명칭인 부사절의 일종으로 볼 수 있고, 관형절은 명사절이나 부사절과 마찬가지로 품사 명칭을 사용한 관형사절로 부르는 것이 타당하다. 이어진 문장 가운데 종속적으로 이어진 문장은 '부사절로 안긴 문장'으로 처리할 수 있다.

어가 항상 같아야 한다. 따라서 후행절의 주어는 언제나 생략되어 있다.

날씨가 좋으니까 소풍을 가자. / *날씨가 좋아서 소풍을 가자.
비가 오니까 서둘러 가자. / *비가 와야 서둘러 가거라.

새·겨·알·기

부사형 어미와 종속적 연결 어미

7차 문법 교과서에서는 종래에 '부사형 어미'가 설정되지 않아 모호하고 불균형하게 기술되었던 활용 어미 체계의 문제점을 개선하여 "꽃이 아름답게 피었다."의 '-게'와 같은 것을 부사형 어미로 보도록 하였다. 더 나아가 종속적 연결 어미도 부사형 어미로 볼 수 있는 점을 명시하였다. 이는 궁극적으로 국어의 어말 어미 체계를 다음과 같이 기술하는 것이 가능함을 뜻한다.

<table>
<tr><td rowspan="7">어말 어미</td><td colspan="4">종결 어미</td></tr>
<tr><td rowspan="6">전성 어미</td><td colspan="3">명사형 어미</td></tr>
<tr><td colspan="3">관형사형 어미</td></tr>
<tr><td rowspan="4">부사형 어미</td><td rowspan="2">문장(주절) 수식</td><td>대등적으로 수식(대등적 연결 어미)
예) 비가 오고 바람은 안 분다.</td></tr>
<tr><td>종속적으로 수식(종속적 연결 어미)
예) 비가 와서 길이 질다.</td></tr>
<tr><td rowspan="2">단어 수식</td><td>보조 용언 수식(보조적 연결 어미)
예) 비가 오고 있다./비가 오게 된다.</td></tr>
<tr><td>일반 용언 수식
예) 비가 지루하게 내린다.</td></tr>
</table>

문법 교과서에는 "국어에서 종속적 연결 어미에 의하여 종속적으로 이어진 문장들은 부사절로 볼 수 있는 면이 있다. … 종속적으로 이어진 문장에는 … 명사절이나 관형절로 된 것도 있다."라고 말하고 있다. 이는 종속적으로 이어진 문장이 부사절을 안은 문장과 동일한 성격도 있음을 보인 것이다. 종속적으로 이어진 문장을 설정하는 것을 원칙으로 하면서도 부사절을 안은 문장으로 볼 수도 있다는 것을 허용한 입장인

것이다. 이는 문법에 대한 해석이 하나만 있다는 데서 벗어나 다양한 사고력 개발을 위한 탐구 활동을 중시한 데서 나온 것이라 볼 수 있다.

따라서 넓게 본다면, 두 문장을 이어 준다는 종속적 연결 어미는 모두 부사형 전성 어미와 같은 것으로 볼 수도 있다. 7차 문법 교과서에서는 "꽃이 아름답게 피었다: 길이 비가 와서 질다"에서 "-게, -아서, -도록"을 종속적 연결 어미로 보는 것을 원칙으로 하고, 또 부사형 어미로도 인정하고 있다. 결국 같은 문법 현상에 대해서 두 가지 설명을 하고 있는 셈이다.

3.2.1. 대등하게 이어진 문장

대등하게 이어진 문장에서 선행절과 후행의 의미 관계는 나열, 대조, 선택 등이다.

> 죽고자 하면 살고 살고자 하면 죽을 것이다.(나열)
> 호랑이는 죽어서 가죽을 남기지만 사람은 죽어서 이름을 남긴다.(대조)
> 산으로 가든지 바다로 가든지 어서 결정합시다.(선택)

3.2.2. 종속적으로 이어진 문장

선행절과 후행절의 의미가 독립적이지 못하고 종속적인 관계에 있는 문장으로, 선행절과 후행절이 어떠한 의미 관계에 놓이느냐에 따라 다양한 종속적 연결 어미가 사용된다. 예를 들면 '-(아)서'는 원인, '-(으)면'은 조건, '-(으)려고'는 의도, '-는데'는 배경, '-(으)ㄹ지라도'는 양보의 의미를 갖는다. 그 외에 다양한 종속적 연결 어미가 있다.

> 약속한 시간이 다 되어서 나는 더 있을 수 없었다.(이유)
> 기업이 없으면 근로자도 없다.(조건)
> 한라산 등반을 하려고 우리는 아침 일찍 일어났다.(의도)
> 내가 집에 가는데 저쪽에서 누군가 달려왔다.(배경)

설령 비가 올지라도 우리는 어김 없이 출발한다.(양보)

대등적 연결 어미	나열	-고, -으며, -으면서, -고서, -거니와
	대조	-어도, -지만, -건만, -느니
	나열(선택)	-거나~-거나, -든지~-든지
종속적 연결 어미	조건	-(으)면, -거든, -어야, -(으)ㄴ들
	양보	-더라도, -(으)ㄹ지라도
	의도	-(으)러, -(으)려(고), -고자
	더함	-(으)ㄹ지언정, -(으)ㄹ수록
	인과	-(으)니, -(으)니까, -어서, -느라고
	배경	-(으)ㄴ데

위의 도표에 해당하는 어미의 예를 문장에서 살펴보면 다음과 같다.

오늘은 하늘도 맑고 바람도 잔잔하다.
함박눈이 내리지만 날씨가 춥지는 않다.
산으로 가든지 바다로 가든지 어서 결정합시다.
손님이 오시거든 반갑게 맞이하여라.
네가 가더라도 나는 가지 않을 것이다.
공부를 하러 도서관에 간다.
그가 그럴수록 네가 더 잘해야지.
약속 시간이 다 되어서 나는 가야겠다.
기차 시간이 다 되어 가는데 왜 아직 안 오지?

새·겨·알·기

대등하게 이어진 문장과 종속적으로 이어진 문장의 구별

1. 선행절과 후행절을 바꾸었을 때, 문장이 성립되면 대등하게 이어진 문장이고, 그렇지 않으면 종속적으로 이어진 문장이다.

(가) 봄이 오고, 겨울이 간다. → 겨울이 가고, 봄이 온다.(대등적)

(나) 수업 시간이 다 되어서 나는 있을 수 없었다. → *나는 있을 수가 없어서 수업 시간이 다 되었다.(종속적)

2. 선행절이 후행절의 안은 절로 안겼을 때, 문장이 성립되면 종속적으로 이어진 문장이고, 그렇지 않으면 대등하게 이어진 문장이다.

(가) 눈이 와서 길이 미끄럽다. → 길이 눈이 와서 미끄럽다.(종속적)

(나) 형은 시인이고, 동생은 소설가이다. → *동생은 형은 시인이고 소설가이다.(대등적)

3. 후행절의 내용을 '-것'으로 받고 선행절의 내용을 '-이다'로 받는 '~것은 ~이다' 구성을 비교적 잘 성립시키면 종속적으로 이어진 문장이고, 그렇지 않으면 대등하게 이어진 문장이다.

(가) 봄이 오면 꽃이 핀다. → 꽃이 피는 것은 봄이 오면이다.(종속적)

(나) 동생이 크고 형이 작다. → *형이 작은 것은 동생이 크고이다.(대등적)

4. 문법 요소의 통사적 기능과 그 의미

4.1. 문장 종결법

마·음·눈·갖·기

"태형아, 너도 건희와 함께 탈래? 아줌마가 집까지 데려다 줄게."
"그렇게 해, 태형아."
건희도 옆에서 거들었지만, 태형이는 완강히 고개를 가로저으며 따로 갈 곳이 있다고 둘러대었다.
"아주머니, 전 그냥 걸어서 갈래요. 가다가 들러야 할 곳이 있거든요."
건희 엄마는 하는 수 없다는 듯 고개를 끄덕였다.
"으응, 그러니? 그렇다면 건희야, 너나 얼른 타라. 날이 무척 더워."
"그럼, 안녀~엉! 내일 학교에서 보자."

– 김소진의 「열한살의 푸른바다」 중에서

김소진의 「열한살의 푸른바다」를 통해 문장 종결법의 다양한 쓰임의 실제를 확인하고 바르게 쓸 수 있다.

말하는 이는 문장을 끝맺는 종결 어미에 기대어, 자신의 생각이나 느낌을 듣는 이에게 여러 가지 방식으로 표현할 수 있다. 말하는 이의 태도는 대체로 다섯 가지로 분류되는데 이에 따라 문장의 종결 방식이 달라진다. 문장의 종결 유형은 평서문, 의문문, 명령문, 청유문, 감탄문 등이 있다. 형용사의 경우는 명령문과 청유문을 만드는 종결 어미와 어울리지 못한다. 한편 문장 종결법은 상대 높임법과 밀접히 관련이 된다.

4.1.1. 평서문

마·음·눈·갖·기

데일 카네기의 「생각이 사람을 바꾼다」를 읽으며 평서문의 쓰임을 파악하고 구별해 볼 수 있다.

유쾌한 사람은
자기 일에만 몰두하는 사람이 아니다.
때론 자신의 일을 전부 제쳐놓고 다른 사람의 문제에
온힘을 쏟는 열정이 있는 사람이다.
어려운 사람에게 자신의 힘을 나누어주고
마음을 열어주는 것은 자신의 삶을
행복하게 만드는 방법이다.

– 데일 카네기의 「생각이 사람을 바꾼다」 중에서

평서문은 말하는 이가 듣는 이에게 하고 싶은 말을 진술하는 문장 유형이다. 진술도 듣는 이에 대한 말하는 이의 일방적 진술과 듣는 이의 질문에 대한 말하는 이의 응답 진술로 구분할 수 있다.

평서문 형성의 대표적인 것은 해라체의 평서형 어미 '-다'이다. 이 어미는 형용사와 서술격 조사에 쓰일 때는 어간에 직접 붙기도 하지만, 동사에 쓰일 때는 그 앞에 선어말 어미를 앞세우는 것이 보통이다. 이 외에 '-라, -네, -지, -어, -(으)마, -렷다' 등이 있다.

일반적으로 평서문은 끝이 '-다'로 되어 있어 온점을 찍지 않아도 문장이 종결되었음을 나타내나 두루 낮춤과 두루 높임의 경우는 모든 문체법에 걸쳐 각각 형태가 같으므로 온점을 사용하지 않으면 안 된다.

자장가 소리도 어둠 속으로 잦아들었다.
슬픔도 기쁨도 마음이 중요합니다.
너무 걱정 마세요.
큰일 날 뻔 했다구요.

평서문이 간접 인용절로 안길 때에는 종결 어미가 모두 '-다' ('-이다' 일 경우에는 '-라')로 바뀐다.

나경이는 어제 할머니댁에 다녀왔다.
→ 나경이는 어제 할머니댁에 다녀왔다고 말했다.

약속을 표현하는 특수한 평서문도 있다.

(1) 나도 네 뜻을 따르마.
(2) 이번 일요일에는 반드시 갈게요.

예 (1)과 (2)는 말하는 이가 듣는 이에게 자기의 의사를 드러내어 그 실현을 기꺼이 약속하는 문장이다. 이 경우에는 간접 인용절에서 '-다' 로 중화되지 않고 '-마' 의 형태를 유지한다. 위의 예, "나도 네 뜻을 따르마."는 "삼식이가 자기도 삼순이의 뜻을 따르마고 말했다."로 바꿀 수 있다.

4.1.2. 의문문

마·음·눈·갖·기

칭찬과 아첨의 차이는 무엇일까?
어떻게 구별할 수 있을까?
답은 간단하다. 한 쪽은 진지하고,
다른 한 쪽은 성의가 없다는 것이다.
한 쪽은 마음속으로부터 우러나오는 것이고,
다른 한 쪽은 이빨 사이에서 새어나오는 것이다.

– 데일 카네기의 「카네기 인간 관계론」 중에서

데일 카네기의 「카네기 인간 관계론」을 읽으며 의문문의 실제 쓰임을 확인할 수 있다.

(1) 무슨 일에 그렇게 핑계가 많은가?
(2) 네 발 달린 짐승이 어딘들 못 가랴?
(3) 내가 제일 좋아하는 것이 무엇인지 아니?
(4) 떠날 즈음에 다른 일이 생길 줄 누가 알았나?

의문문은 말하는 이가 듣는 이에게 질문을 던짐으로써 해답을 요구하는 문장 유형이다. '예/아니오'의 대답을 요구하는 의문문을 판정 의문문이라고 하고 설명을 요구하는 의문문을 설명 의문문이라고 한다. 대답을 요구하는 것이 아니라 말하는 이의 강한 긍정 진술을 표시하고 있는 의문문을 수사 의문문이라고 한다.

(1) 할머니, 씨름 구경 가도 돼요?
(2) 네 생일이 언제니?
(3) 딸자식밖에 없는데 별수 있나요?
(4) 그렇게만 된다면 얼마나 좋을까?
(5) 빨리 가지 못하겠니?/ 얘야, 이거 안 씻어 오니?
(6) 너무 덥구나. 창문 좀 열어 주겠니?

의문문은 듣는 이에게 대답을 요구하는 문장이지만, 위의 (3), (4), (5), (6)의 경우처럼 굳이 대답을 요구하는 것이 아니면서 서술이나 명령의 효과를 나타내기도 한다. (3), (4)는 서술의 효과를 나타내고 있으며, (5)와 (6)은 명령의 효과를 나타내고 있다.

의문문 형성의 대표적 형태는 '-냐'이다. 이는 해라체인데 직설법과 회상법의 선어말 어미를 앞세울 수도 있다. 의문문은 평서문과 같이 상대 높임법에 따른 등분을 가지고 있다. 의문문은 상황에 따라 명령, 금지, 권고 등의 의미를 나타낼 수 있다. 수사 의문문의 형성에 많이 참여하는 것은 '-(으)랴'이다.

의문문이 간접 인용절로 안길 때에는 종결 어미가 모두 '-느냐' 또는 '-(으)냐'로 바뀐다.

너는 언제 왔니? → 너는 언제 왔느냐고 물었다.
그 산은 높은가? → 그 산은 높으냐고 물었다.

4.1.3. 명령문

마·음·눈·갖·기

생각할 시간을 가져라.
기도할 시간을 가져라.
웃는 시간을 가져라.

그것이 힘이 솟게 하는 샘이다.
그것은 세상에서 가장 큰 힘이다.
그것은 영혼의 음악이다.

– 루신다 바디의 「사랑의 등불 마더 데레사」 중에서

루신다 바디의 「사랑의 등불 마더 데레사」를 읽으며 명령문의 실제 쓰임을 확인할 수 있다.

명령문은 말하는 이가 듣는 이에게 자기의 의도대로 행동해 줄 것을 요구하는 문장 유형이다. 명령문에는 직접 명령문과 간접 명령문이 있는데, 두 가지 명령문의 형태가 다르다는 것이 국어 명령문의 특징이다.

나뭇가지를 꺾지 마시오.
행렬의 첫머리는 천천히 걸어라.
제자리에 앉아.
무성아, 전화 받아라.
꽃병을 제자리에 가만 두어라.
지식을 가지려면 호기심부터 가져라.
절망하지 마라.

국어 직접 명령문의 대표적 형태는 해라체인 '-(아)라'이다. 우리가 상대 높임법의 이름을 "해라체, 하게체, 하오체, 하십시오체"라고 부르는 것은 바로 명령형 어미에 근거한 것이다. 명령문의 주어는 항상 듣는 이(2인칭)로, 서술어는 동사로 한정되며, 시간 표현의 선어말 어미가 나타나지 않는다.

'고르라'와 같은 간접 명령문은 매체를 통한 간접적 발화 상황, 곧 신문 기사의 제목이나 시위 군중의 구호, 플래카드, 책의 제목에 어울린다. 이런 경우에 해라체는 어울리지 않고 하라체를 써야 한다.

> 송화야, 눈 떠봐.
> 우선 무부터 강판에 조금만 갈아 오너라.
> 알맞은 답을 고르라.
> 공권력 투입을 중단하라.

명령문은 상대 높임법에 따라 의미가 조금씩 다르다. 해라체에서는 시킴이나 지시의 의미가 강하고, 하게체 이상에서는 권고나 제의, 나아가 탄원을 의미할 수도 있다.

한편 '경계'를 나타내는 특수한 명령문이 있다.

> 얘야, 넘어질라.

명령문이 간접 인용절로 안길 때는 종결어미가 모두 '-(으)라'로 바뀐다.

> 건강한 생활을 위하여 골고루 먹어라.
> → 건강한 생활을 위하여 골고루 먹으라고 하였다.
>
> 길이 막히니 서두르십시오.
> → 길이 막히니 서두르라고 하였다.

4.1.4. 청유문

> 어려움에 대처하기 위하여 정신을 가다듬자.
> 입가심으로 맥주 한 잔씩을 마시자.
> 빨리 몸과 마음을 씻고 새 아침의 들녘을 달리자.

청유문은 말하는 이가 듣는 이에게 어떤 행동을 함께 하도록 요청하는 문장이다. 즉 말하는 이가 듣는 이에게 같이 행동할 것을 요청 · 제안하는 문장 유형인 것이다. 청유문은 의미상으로는 명령문이라 할 수 있으나 문장 구성의 방식이 다르다. 청유문의 주어는 말하는 이와 듣는 이의 합동인 데 비하여 명령문의 주어는 듣는 이 단독이다.

청유문의 주어는 '우리'와 같이 반드시 말하는 이와 듣는 이가 함께인 경우이며, 서술어도 동사로 한정되며, 시간 표현인 '-었-, -더-, -겠-'과 함께 쓰이지 않는다.

> 우리 함께 강가로 가자.

청유문이 간접 인용절로 안길 때에는 종결 어미가 모두 '-자'로 바뀐다.

> 우리 함께 강가로 가자. → 우리 함께 강가로 가자고 제안했다.

4.1.5. 감탄문

> 구름이 하늘 높이 둥둥 떠가는구나.
> 드디어 졸업 작품을 완성했구나.
> 참, 귀엽기도 하구나!
> 가락지를 낀 손이 매우 아름답구나.
> 꽤 값이 많이 나가겠는걸!

감탄문은 말하는 이가 듣는 이를 별로 인식하지 않거나 독백하는 상황에서 자기의 느낌을 표현하는 문장 유형이다.

감탄문 형성의 어미에는 여러 갈래가 있다. 이 가운데서 '-구나' 계열이 대표적이다.

'-구나'는 과거, 현재, 미래 시제의 선어말 어미가 쓰일 수 있으며, 회상법의 '-더-'가 붙을 수도 있다. '-구' 계열의 감탄문은 처음 알게 된 사실을 '영탄'의 의미로 진술할 때 쓰인다.

'-어라'는 상대방을 고려하지 않은 독백에서 나타난다. 쓰이는 상황이 독

문장 종결에는 어미 자체의 형태뿐만 아니라 어조도 중요한 역할을 한다. 문자 언어에서는 문장의 종류에 따른 적절한 어미와 문장 부호의 사용으로 문장의 종류가 분명해지지만, 음성 언어에서는 형태상으로가 아니라 어조에 의해 종결의 유형이 결정된다. 문장 끝의 억양에 따라, 대개 하향이면 평서문이나 청유문, 상향이면 의문문, 수평이면 명령문으로 파악된다.

예) 철수가 가.

어조에 따라 평서문, 감탄문, 의문문, 명령문, 청유문 모두 될 수 있다.

김소진의 「열한살의 푸른바다」를 통해 높임법의 쓰임을 익힐 수 있다.

백에 국한되는 만큼 상대 높임법에 따른 등분이 없다. '-어라' 감탄문은 해체인 '-어'로도 나타난다. 이 때에는 느낌표를 붙여야 한다.

감탄문 형성의 어미에는 '-구' 계열의 어미와 '-어라' 이외에 "-는걸, -는데, -거든, -(으)ㄹ꺼나" 등이 있어 여러 가지 미묘한 감정을 표시할 수 있다.

감탄문이 간접 인용절로 안길 때에는 종결 어미가 모두 '-다'로 바뀐다.

> 아이, 재미있어라. → 나는 재미있다고 말했다.
> 너는 노래도 잘 부르는군! → 나는 네가 노래도 잘 부른다고 말했다.

4.2. 높임법

마·음·눈·갖·기

> "맞단다. 저 글씨는 증조 할아버지께서 손수 쓰신 것이란다. 증조 할아버지가 태형이보다 몇 대가 위인지 알고 있니?"
> "그걸 왜 몰라요? 할아버지의 아버지죠."
> "그래, 맞아. 잘 알고 있구나. 나한테는 할아버지가 되는 분이지. 그 어른의 함자는 물맑을 형(瀅) 자, 빼어날 수(秀) 자를 쓰시던 '형수' 어른이시다. 지금부터 그 분이 남긴 저 글의 뜻에 대해서 말해 줄 테니, 좀 어렵더라도 한 번 들어 봐."
>
> – 김소진의 「열한살의 푸른바다」 중에서

높임법은 말하는 이가 어떤 대상이나 듣는 이에 대하여 그의 높고 낮은 정도에 따라 언어적으로 구별하여 표현하는 방식이나 체계이다. 말하는 이가 말 듣는 이를 높여야 하는 경우, 문장의 주체를 높여야 하는 경우, 목적어나 기타 부사격으로 등장하는 객체를 높여야 하는 경우, 특별히 자기를 낮춤으로써 상대방을 높여야 하는 경우 등, 이렇게 형편에 따라서 높임법의 종류가 달라진다.

> 잊지 말고 가끔가끔 찾아주게.
> 제발 얼굴값 좀 하십시오.
> 할아버지께서 먼저 수저를 드셔야지요.

지붕을 오르내릴 때 사다리를 이용하지요.
나이가 지긋한 어른이 한 분 오셨다.

우리 국어의 높임법은 주체 높임, 객체 높임, 상대 높임의 세 유형이 있다. 주체 높임과 객체 높임은 문장 구조 속에는 있지만 대화 장면에는 없을 수도 있는 인물에 대한 높임 여부를 나타낸다면, 상대 높임은 대화의 장면에는 있지만 문장 구조 안에는 없을 수도 있는 인물에 대한 높낮이 여부를 나타낸다. 이렇게 화맥에서 단순히 말하는 이와 듣는 이만을 고려한 것이 아니라 말하는 이와 듣는 이 사이를 오가는 제3자까지도 염두에 두었다는 것이 한국어 높임법 특징이다. 한국어의 이런 높임법은 주체나 말하는 이를 제외한 객체나 듣는 이인 상대방을 이야기 구심점에 놓고 대우하는 것으로서 한국어가 객체 중심의 언어(상대방 중심의 언어)임을 입증하는 실례라고 할 수 있다.

국어의 높임법은 규칙적인 용언의 활용에 의한 문법적인 것과 존대를 나타내는 특수한 어휘에 의한 것이 있는데, 특수 어휘에 의한 존대는 불규칙한 것으로서 문법 범주에 해당하는 것은 아니다. 용언의 규칙적 활용에 의한 높임법은 문장의 주체를 높이는 법과, 말 듣는 이를 높이거나 낮추는 법의 두 가지로 갈린다. 주체 높임법은 용언의 어간에 높임의 선어말 어미 '-(으)시-'를 붙여서 표현하며, 상대 높임은 "하십시오, 하오, 하게, 해라"체의 어미 중 선택해 사용함으로써 이루어진다.

4.2.1. 주체 높임법

주체 높임은 문장의 주어가 지시하는 대상, 곧 문장이 기술하는 행위, 상태, 존재, 환언의 주체를 말하는 이가 높이는 것이다. 주체 높임이거나 상대 높임이거나 남을 높이는 조건은 나이, 사회적 지위, 성별, 개인적 친분 관계 등 복잡한 요인이 작용한다. 즉 높임법은 격식화한 사회적 규범으로서의 조건이 전부가 아니라, 그러한 기반 위에 다시 존대해야 할 대상에 대해 각별히 친밀한 뜻을 표시하는 기능도 있다.

주체 높임은 말하는 이가 주체에 대해 존경, 공경의 뜻을 나타내는 것이다.

가까운 사이, 특히 연인 관계에서, 비격식체인 '해체'를 사용하다가 갑자기 존댓말을 사용하는 경우, 말하는 이는 듣는 이와 심리적으로 거리감을 가지고 있음을 표현한다. 높임 표현은 이처럼 말하는 이의 심리적 태도를 드러내기도 한다. 또한 학생들이 토의 활동을 할 때, 토의를 시작하기 전에는 비격식체를 쓰다가 토의를 시작하면 격식체를 쓰는 경우 사적인 대화가 아닌 공적인 대화임을 환기시키는 역할을 갖는다.

주체 높임의 언어 행위는 적어도 세 사람의 인물이 필수적으로 관여하게 된다. 즉 말하는 이와 듣는 이, 그리고 문장의 주어가 되는 인물인데, 주어만이 문장 성분으로 나타나고, 말하는 이와 듣는 이는 언어 행위의 요소로서 문장 밖에 있다.

주체 존대 선어말 어미인 '-(으)시-'의 용법은 단순히 나이, 직위, 직업, 성별 등 주어진 사회적 조건에 의해 공식적으로 높이는 것이 아니라, 말하는 이가 주체를 각별히 한 사람의 개체로서 친애감을 가지고, 특별한 관심을 가지고 높이는 뜻이 더 있음을 알 수 있다.

새·겨·알·기

'-시-'가 붙었으나 오히려 낮추는 의미의 표현이 되는 경우 검토!

(가) 자, 식기 전에 빨리 드셔.
자, 안으로 들어가시게.
할머니 아침은 잡수셨어?
(나) 김 선생, 인사 좀 하시지.
들어올 테면, 어디 한 번 들어와 보시지.
자신 있으면 어디 덤벼 보시지.

위 예문들에는 높임의 선어말 어미 '-(으)시-'나 높임의 뜻을 나타내는 어휘(드셔, 잡수셨어)가 사용되었기 때문에 표면상 높임 표현이라고 할 수도 있다. 그러나 그 의미를 자세히 살펴보면, 종결 어미로 낮춤 표현(해체)이 사용되었기 때문에 어색한 높임 표현이거나 아니면 특이한 낮춤 표현이라고 볼 수 있다.

(가)의 경우 높임 선어말 어미 '-(으)시-'가 사용되어 주체를 높이고 있으면서 '해체' 종결 어미가 사용되고 있어 어색하다. 이러한 표현은 일상 생활에서 가끔 사용되는 것으로 일단 높임의 의미는 지니고 있는 것으로 보인다. 첫째 문장의 경우 동료나 친구들 사이에서 사용되는 친근함의 표현이다. 둘째 문장은 윗사람이 아랫사람에게 이야기

하면서 높임 표지를 사용한 것으로 아랫사람을 어느 정도 존중하는 의미가 담겨 있다. 마지막 문장은 할머니에게 친근하게 이야기하면서도 '잡수시다' 라는 특수 어휘를 사용하여 조금이나마 높임을 실현하고자 했다. (나)의 경우는 모두 높임 선어말 어미를 사용했으나 종결 어미로 낮춤 표현이 사용되었다. 의미상으로는 높임의 뜻보다 낮춤의 뜻이 강하다. 첫째 문장은 아랫사람인 김 선생이 인사를 하지 않음에 대한 섭섭함과 꾸짖음의 의미를 나타내고 있으며, 둘째 문장과 셋째 문장의 경우 상대방을 높이는 척하면서 오히려 얕보는 의미를 강하게 드러내고 있다. 결국 (가)에서의 '-(으)시-' 는 약간이나마 존중의 뜻을 가지면서 친근함을 드러내는 반면, (나)에서는 낮춤과 얕봄, 비꼼의 의미를 더욱 강하게 부각시키고 있다.(교육인적자원부 2002: 176 참조)

4.2.2. 상대 높임법

마·음·눈·갖·기

아배요 아배요
내 눈이 티눈인 걸
아배도 알지러요.
등잔불도 없는 제사상에
축문이 당한기요.
눌러 눌러
소금에 밥이나마 많이 묵고 가이소.
윤사월 보릿고개
아배도 알지러요.
간고등어 한 손이믄
아배 소원 풀어드리련만
저승길 배고플라요
소금에 밥이나마 많이 묵고 묵고 가이소.

여보게 만술 아비
니 정성이 엄첩다.

박목월의 「만술 아비의 祝文」은 아들과 아비의 대화이다. 첫째 연은 높임이, 둘째 연은 낮춤이 쓰이고 있어 상대 높임법을 이해하고 그 사용 방법을 파악할 수 있다.

이승 저승 다 다녀도
인정보다 귀한 것 있을락꼬.
망령도 감응하여, 되돌아가는 저승길에
니 정성 느꺼느꺼 세상에는 굵은 밤이슬이 온다.

- 박목월의 「만술 아비의 祝文」

상대 높임법은 말하는 이가 특정한 종결 어미를 씀으로써 말 듣는 이를 높이거나 낮추어 말하는 법을 일컫는다. 종결 어미는 그 높임의 정도에 따라 아주 높임, 예사 높임, 예사 낮춤, 아주 낮춤의 네 가지 등급이 있는데, 이에 해당하는 종결 어미를 각각 하십시오체, 하오체, 하게체, 해라체라 한다. 이 밖에 해요체와 해체가 있어서 해요체는 아주 높임과 예사 높임에 두루 쓰이고, 해체는 예사 낮춤과 아주 낮춤에 두루 쓰인다.

여러 등급의 상대 높임법은 특정한 인물 대 특정한 인물 사이의 개체적 의식을 바탕으로 하여 듣는 이를 높이는 기능이 있다. 종결 어미를 격식체와 비격식체로 나누고, 다시 존대와 비존대로 나누어 볼 수 있다. 격식체는 존대에 하십시오체, 하오체, 비존대에 하게체와 해라체, 그리고 비격식체는 존대에 해요체와 비존대에 해체가 있다. 일반적으로 격식체 표현은 직접적이고 단정적이며 객관적인 데 반해, 비격식체는 부드럽고 비단정적이며 주관적이다. 격식체와 비격식체를 갈라 봄으로써 같은 사람이 같은 때에 동일한 인물에 대하여 하는 말 속에 한 등급 이상의 종결 어미가 섞여 쓰이는 것을 설명할 수 있다.

듣는 이를 높이는 방법은 존대의 근본적인 의미를 말하는 이와 듣는 이 사이의 인격적인 소통에 있는 것이며, 어느 특정한 등급의 존대를 선택하느냐 하는 것은 사회적 규범에 의한 것이다. 그럼에도 때로는 개인적 친화를 위한 정감적 표현이 가능하다는 것을 알 수 있다.

상대 높임의 종결 어미 외에 '-(으)옵/으오-', '-삽/사옵/사오-', '-잡/자옵/자오-'와 같은 활용 어미가 있어서 말 듣는 이에 대해서 각별히 공손한 뜻을 나타내는 방법이 있다. 이 어미들은 지금은 문어체에서 사용하고 구어체에서는 별로 쓰지 않는다.

〈상대 높임법의 유형〉

(1) 하십시오체: 예) 죄송합니다. 선생님, 오늘 발표는 안 들은 셈 치십시오.

성 격	평서형	의문형	명령형	청유형	감탄형
아주 높임	-ㅂ니다 가십니다	-ㅂ니까 가십니까?	-ㅂ시오 가십시오	-시지요 가시지요	-

(2) 하오체: 예) 이 발표를 어떻게 해 나갈지 앞일이 막막하구려.

(-오, -구려, -소, -리다 등)

성 격	평서형	의문형	명령형	청유형	감탄형
예사 높임	-오 가(시)다	-오 가(시)오?	-오 가오, 가구려	-ㅂ시다 갑시다	-(는)구려 가는구려

(3) 하게체: 예) 내가 너무 소심하였던 것 같네.

(-게, -네, -나, -ㅁ세, -는가, 세 등)

성 격	평서형	의문형	명령형	청유형	감탄형
예사 낮춤	-네 가네, 감세	-(는)가 가는가, 가나?	-게 가게	-세 가세	-(는)구먼 가는구먼

(4) 해라체: 예) 발표 끝나면 그때 내가 사과하마.

(-어라, -느냐, -다, -자, -마, -니, -려무나 등)

성 격	평서형	의문형	명령형	청유형	감탄형
아주 낮춤	-(는/ㄴ)다 간다	-(느)냐 가냐, 가니?	-어라 가(거)라	-자 가자	-(는)구나 가는구나

(5) 해요체: 예) 언니는 이번 수능 시험을 잘 보셨어요?

(-어요, -지요, -군요, -ㄹ게요, -ㄹ까요 등)

성 격	평서형	의문형	명령형	청유형	감탄형
두루 높임	-어요 가요	-어요, -ㄹ까요 가요?	-어요 가(세/셔)요	-어요 가(세/셔)요	-어요 가(세/셔)요

한국어에서 **높임법**은 현대로 올수록 그 복잡한 체계가 단순화되어 간다. 이러한 높임법의 변화는 언어 내적인 이유만으로 설명하기 어렵다. 그것은 아마도 사회의 변화와 관계가 있을 것으로 보인다. 우리 사회는 현대로 올수록 신분의 평등화가 이루어지고 있다. 그래서 평등화된 인간 관계가 어떤 식으로든지 언어에 투영되리라는 생각을 할 수 있다. 적어도 50년 전의 말에서는 자연스럽게 쓰였던 '하게'나 '하오'와 같은 말투가 근자에는 매우 제한된 자리에서만 쓰이게 되는데 이런 것도 사회의 변화와 무관하지 않을 것이다. 마찬가지로 반말 또는 반말에 '-요'를 붙여 말하는 방식이 널리 쓰이게 되는 것도 높임법의 단순화 경향의 하나라 할 수 있으니, 우리말에서 높임법의 변화는 곧 사회의 변화를 반영한 것이다.

해요체와 해체는 **비격식체**로서, 말하는 이와 듣는 이가 가까울 때 사용되는 상대 높임법이다. 비격식체는 비공식적, 비의례적, 비단정적이고 부드러우며 주관적인 성격을 지닌다.

객체 높임법의 특징

① 말하는 이, 듣는 이, 주체와 객체의 상관 관계로 이루어져 있다.

② 현대에 쓰이는 객체 높임은 특수 동사들에 의해서 이루어져 있다.

예) 드리다, 뵙다, 모시다 등 ⇒ 현대 국어에서 객체 높임법은 다른 높임법에 비해 쓰임이 한정적이다. 이것은 객체 높임법이 어미 같은 문법 형태소에 의하지 않고 어휘적인 방법에 의해 실현되기 때문이다.

③ 객체 존대의 경우에는 그 객체가 문장에 대한 말하는 이와 주체보다 상위자여야 한다.

예) 영태 형께서 교수님께 분필을 드렸습니다.

④ 듣는 이가 객체보다 존귀하다면 객체에 대한 높임이 이루어지지 않는다.

예) 선생님, 자영이가 우섭 형에게 막걸리를 주었어요.

⑤ 말하는 이가 객체나 듣는 이보다 높은 입장에 있더라도 듣는 이를 대우하여 객체를 높일 수도 있다.

예) 이 빗자루를 너의 아버님께 갖다 드려라.

⇒ 이 예의 경우 같은 가족일 때는 성립될 수 없다.

(6) 해체: 예) 나는 동국대 사범대에 원서를 넣기로 했어.

(-어, -야, -지, -나 등)

성 격	평서형	의문형	명령형	청유형	감탄형
두루 낮춤	-어 가, 가지	-어 가, 가지?	-어 가, 가지	-어 가, 가지	-어 가, 가지

(7) 중화체 (하라체)

· 명령법에서 구호(口號) 표현에 제한적으로 쓰인다.

예) 정부는 모든 사범대 학생에게 장학금을 지급하라.

· 격식체나 비격식체가 간접 인용문으로 바뀔 때도 쓰인다.

예) 조원들이 나보고 발표하라고 한다.

4.2.3. 객체 높임법

객체란 문장의 목적어나 부사어로 등장하는 사람이나 사물을 가리키는 말이다. 문장의 목적어나 부사어를 높이는 방법을 객체 높임법이라 한다. 예를 들어 "은정이가 할머니를 모시고 왔다."란 문장에서 '모시고'라는 술어는 그 목적어인 '할머니' 때문에 쓰인 어휘이다. 만약 '할머니'가 아니라 '동생'이었다면 "지영이는 동생을 모시고 왔다."라는 문장 대신 "지영이는 동생을 데리고 왔다."라고 해야 할 것이다. 여기서 우리는 '데리고'와 '모시고'의 대립 서술어를 보게 되는데, 그 차이는 순전히 목적어에 의한 것으로 '모시고'는 '데리고'의 객체 높임 표현이 된다. 현재 우리말에는 '모시다' 외에도 "드리다(주다), 여쭈다(묻다), 뵙다(보다)" 등과 같은 객체 높임 어휘들이 있다.

〈높임을 위한 특수 어휘〉

국어의 높임법에는 특수 어휘에 의하여 남을 높이거나 자기를 낮추어서 상대편을 존대하는 방법이 있다. 존대나 겸양을 나타내는 특수 어휘로는 '진지, 치아, 약주, 댁, 저, 자당, 가친, 함씨, 주무시다, 계시다, 잡수시다, 돌아가시다, 드리다, 뵙다, 여쭙다' 등이 있다. 이들 어휘는 '저, 소생' 등의 자기를 낮추어 겸양을 나타내는 말, "가친, 아버님" 등과 같이 듣는 이나 주체로서 높여야 할 대상 인물을 직접 높이는 말, "할씨, 진지, 치아" 등과 같이 높여야 할 대상과 관계 있는 인물이나 그의 소유물, 그와 관계 있는 사물을 높이는 말, '주무시다, 잡수시다, 계시다' 등의 주체의 행동을 높이는 말, "드리다, 뵙다, 여쭙다" 등의 객체를 높이는 말로 나눌 수 있다.

4.3. 시제와 동작상

마·음·눈·갖·기

깨어나셨군요. 안녕하세요? 나는 사뮈엘 핀처라는 의사입니다. 이제부터 내가 마르탱 씨를 돌볼 거예요. 좋은 소식 하나와 나쁜 소식 하나가 있어요. 좋은 소식이란, 마르탱 씨가 사고를 당하고도 살아남았다는 거예요. 마르탱 씨가 받은 물리적 충격을 고려할 때, 이건 진짜 기적입니다. 나쁜 소식이란 마르탱 씨의 뇌줄기가 손상을 입었다는 거예요. 숨뇌 조금 위쪽이 손상되었어요. 그 결과, 한 가지 병이 생겼는데 우리 의사들은 그것을 리스Lis라고 불러요. 록트 인 신드롬Locked-in Syndrome이라는 영어 단어의 약자예요. 말 그대로 환자가 자기 안에 감금되어 버린 듯한 상태가 되는 증후군이지요. 마르탱 씨의 뇌는 여전히 기능하고 있는데, 신경 계통의 여타 부분이 더 이상 뇌에 응답하지 않는 상태예요.

– 베르나르 베르베르의 「뇌」 중에서

베르나르 베르베르의 「뇌」를 통해 시제의 쓰임을 이해하여 바르게 사용하는 방법을 터득할 수 있다.

4.3.1. 시제

시제란 발화시를 중심으로 앞뒤의 시간을 제한하는 문법 범주를 가리킨다. 시제의 성격이 지시성을 띠었다고 함은 발화시를 중심으로 시간을 지시한다는 사실을 고려하기 때문이다. 국어의 시제는 보통 선어말 어미에 의해 표시된다. 그러나 경우에 따라서는 사건시를 나타내는 부사와 어울림으로써 시제의 의미가 분명해지기도 한다.

발화시는 서술 대상의 동작이나 상태가 전달되는 시점을 말하며 사건시는 동작이나 상태가 일어나는 시점을 말한다. 시제는 말하는 이가 발화시를 기준으로 사건시의 앞뒤를 제한하는 문법 기능을 의미한다.

발화시를 기준으로 결정되는 문장의 시제를 절대적 시제라 하고 주문장의 사건시에 의존하여 상대적으로 결정되는 시제를 상대적 시제라고 부른다.

시제는 발화시와 사건시의 관계에 따라 다시 현재, 과거, 미래 시제로 나뉜다.

(1) 학생들은 지금 도서관에서 책을 읽는다.
(2) 지구는 자전하면서 또한 태양의 주위를 공전한다.
(3) 나는 어제 공원에 갔다.
(4) 현호는 운동장에서 농구를 하더라.
(5) 내일은 비가 오겠다.
(6) 보연이도 지금 오고 있습니다.

(1), (2)는 현재 시제로 발화시와 사건시가 같은 시점임을 나타낸다. 현재 시제는 (1)처럼 동작이나 상태가 현재 일어나고 있는 것, (2)처럼 보편적 진리, 그 외에 확실성 있는 미래를 표현한다. 현재 시제는 (1), (2)처럼 동사일 경우에는 선어말 어미 '-(으)ㄴ-, -는-'으로 실현되고, 형용사나 서술격 조사 '-이다'의 경우에는 선어말 어미가 결합되지 않은 채 실현된다.

(3), (4)는 과거 시제로 발화시를 기준으로 사건시가 앞선 시간임을 나타낸다. 대체로 (3)의 선어말 어미 '-았/었-'에 의해 실현된다. (4)는 과거 시제 중 회상 표현이다. 회상은 과거의 어느 때에 기준을 두고, 그 때의 일이나 경험을 돌이켜 생각하는 것으로 선어말 어미 '-더-'에 의해 실현된다. 과거 시제에는 사건시가 발화시보다 훨씬 오래 전에 일어나 현재와는 강하게 단절된다.

(5)는 미래 시제로 발화시를 기준으로 사건시가 뒤에 선 시점임을 나타낸다. 장차 일어날 일, 즉 단순한 미래를 표현하는 것 이외에도 추측, 의지를 나타내기도 한다. 미래 시제는 대부분 선어말 어미 '-겠-'에 의해 실현되나, 선어말 어미 '-(으)리-'나 관형사형 어미에 의존 명사가 결합된 '-을 것'에 의해서도 표현된다. 현재, 과거, 미래 시제는 각 시제를 나타내는 시간 부사나 특정 부사와 함께 쓰이면 의미가 더욱 분명해진다.

(6)은 동작상 중에서 진행상을 나타내는 것으로 발화시를 기준으로 동작이 계속 이어가는 모습을 나타낸다. 진행상은 (6)에서처럼 연결 어미 '-고'와 보조 용언으로 나타난다. 완료상은 발화시를 기준으로 동작이 막 끝난 모습을 나타내는데, '-아 있-'의 형태로 실현된다. 동작상은 특정한 선어말 어미에 의해 실현되지 않고 보조적 연결 어미 '-아/어'나 '-고'에 보조 용언이 이어져 실현된다.

1) 현재 시제

마·음·눈·갖·기

> 전철이 멎는다. 문이 열리고 많은 사람과 함께 나는 긴 통속으로 빨려 들어간다. 출입문 옆에 매미처럼 바싹 붙어 선다. 시간과 공간을 함께 호흡하면서 흘러가는 강물처럼 낯선 사람들과 한 덩어리로 엉긴다. 문이 열리면 사람들이 한 뭉치로 뭉쳐서 문안으로 떠밀고 들어 온다. 비좁은 공간에서 서로 몸을 맞대고 있다. 서로 다른 목적을 갖고 각양각색의 옷을 입고 매일 다른 사람과 함께 서서 달리는 이 시간도 인연이 아닐까?
>
> – 신영자의 「글 바람 부는 곳」 중에서

신영자의 「글 바람 부는 곳」을 읽으며 현재 시제의 실제 쓰임을 확인하고 그 의미를 파악할 수 있다.

(1) 선혜가 사과를 먹는다.
(2) 사과를 먹는 선혜의 손이 예쁘다.
(3) 내일은 이모네 간다.
(4) 지구가 태양 주위를 돈다.
(5) (과거 이야기를 하다가) 온 몸을 부르르 떤다.
(6) 영옥이는 현재 우리 학교 댄스부 주장이다.

현재 시제는 일반적으로 사건시가 발화시와 일치되는 시간 표현으로 규정되고 있다. 현재 시제는 예 (1)과 (2)에서처럼 종결형과 관형사형에서 표시된다.

현재 시제 형태라고 해서 발화시와 일치하는 시제만 표시하는 것은 아니다. 예 (3)처럼 발화시 이후의 사건시를 표시하기도 하고, 예 (4)처럼 시간의 제한에 구애되지 않는 보편적 사실을 진술하기도 한다. 또 예 (5)처럼 과거의 사건이나 상태를 생생하게 표현할 때에 쓰이기도 한다.

특히 예 (6)처럼 "지금, 요즈음, 현재" 등과 같은 시간 부사와 함께 쓰이면 현재의 의미가 더욱 분명해진다.

2) 과거 시제

마·음·눈·갖·기

임철우의 「그 섬에 가고 싶다」를 읽으며 과거 시제의 실제 쓰임을 확인하며 장면에 따른 시제의 사용법을 이해할 수 있다.

한 때 우리는 모두가 별이었다.
저마다 꼭 자기 몫만큼 크기와 밝기와
아름다움을 지닌 채
해 저문 하늘녘 어디쯤에선가 꼭 자기만의 별자리에서
자기만의 이름으로 빛나던
우리 모두가 다 그렇게 영롱한 별이었다.

– 임철우의 「그 섬에 가고 싶다」 중에서

과거 시제는 일반적으로 사건시가 발화시에 선행되는 시간 표현으로 규정되고 있다. 과거 시제는 현재 시제와는 달리 그 형태가 선어말 어미 '-었/았-' 등으로 갖추어져 있다. 이러한 과거 시제 형태도 단독적 장면이 쓰일 때는 과거 시제의 성격이 뚜렷하게 부각되지 않는다.

(1) 우리가 어제 심은 나무는 무궁화였다.
(2) 그 책을 읽은 사람들은 모두 감탄하였다./아주 즐거웠던 겨울 방학이었다.
(3) 윤석이는 학창 시절에 운동 선수였었다.
(4) 태욱이는 어제 도서관에서 신문을 읽더라.

(1)은 사건시가 발화시보다 앞선 시간임을 나타내는 과거 시제이다. 특히 '어제, 옛날' 등의 시간을 나타내는 부사어와 함께 쓰이면 발화시보다 사건시가 앞서 있음이 더욱 분명해진다. (2)는 동사의 경우 관형사형 어미 '-(으)ㄴ', 형용사나 '-이다' 일 때는 '-던' 을 사용한다. (3)은 선어말 어미 '-었-' 을 중복 사용하여 발화시보다 훨씬 전에 발생하여 현재와는 강하게 단절된

시간을 표현하고 있다. (4)는 과거의 어느 때를 기준으로 그 때의 일이나 경험을 돌이켜 회상할 때 사용하는 선어말 어미 '-더-'가 쓰여 과거를 나타내고 있다.

평서문에서 주어가 말하는 이 자신일 때, **'-더-'**를 사용할 수 없으나 자기 자신을 객관화한 경우에는 그렇지 않다.
예) *나는 어제 집에서 공부하더라./어젯밤 꿈에, 나는 집에서 공부하고 있더라.

3) 미래 시제

마·음·눈·갖·기

"하루가 지나면 그 날은 더 이상 없는 거야.
그 날 뒤엔 무엇이 남는지 아니? 이야기가 남는단다.
만일 이야기들이 없고, 책들이 씌어지지 않는다면
사람은 그저 하루하루를 짐승처럼 살게 될 게다."
제부룬 선생님은 이런 말을 남겨 주었습니다.
"우리가 오늘을 살고 있지만, 내일이 되면
오늘은 이야기로 될 것이다. 모든 인간의 생활은
하나의 긴 이야기란다."

– 아이작 싱어의 「행복한 바보들이 사는 마을」 중에서

아이작 싱어의 「행복한 바보들이 사는 마을」을 읽으며 미래 시제의 실제 쓰임을 확인하고 사용법과 의미를 파악할 수 있다.

미래 시제는 발화시를 기준으로 사건시가 뒤인 시점을 나타낸다.

다음에 가겠습니다.

"내일, 다음에"와 같은 말과 함께 나타내면 의미가 더 분명해진다. 미래 시제는 선어말 어미 '-겠-', '-으리-'로 실현되거나 관형사형 어미와 의존 명사가 합쳐진 '-(으)ㄹ 것이-'로도 실현되어 '-겠-'과 유사 의미를 표현한다. 또한 관형사형 어미 '-(으)ㄹ'를 사용하여 나타낸다.

내일은 비가 오겠다.
그 일은 제가 맡으리라고 예상했어요.
내일은 눈이 올 것이다.
몇 시간이면 떠날 사람이 도대체 어디를 돌아다니는 거야.

'-겠-'은 단순 미래 시제만 나타내는 것이 아니라 추측, 의지를 나타내기도 한다. 부사 '아마, 틀림없이' 등과 쓰이면 추측의 뜻이 강하다. 또한 '꼭, 반드시'와 쓰이면 의지의 뜻이 분명해진다.

예) 중학생도 아마 그 정도의 문제는 풀겠다.(추측)
그 일은 제가 꼭 하겠습니다.(의지)

한편 현재, 과거의 추측도 가능하다.

예) 어제는 매우 신이 났겠네.
지금 고향에 꽃이 만발하겠지.

새·겨·알·기

시제 문제의 검토

시제는 중요한 문법 범주의 하나로서 모든 문법서에는 반드시 시제가 다루어지고 있다. 그러나 시제에 관한 처리는 아직도 미진한 점이 많다.

시제(tense)는 원래 '시간'을 뜻하는 말로, 발화시를 중심으로 앞뒤의 시간을 제한하는 문법 범주를 가리킨다. 국어 문법에는 Jespersen식의 시제 개념에 의해 현재, 과거, 미래의 용어를 쓰며, 이 삼분시(三分時)가 불가변의 기본적 필수 개념인 것으로 생각하고 있다.

1) 어린애들이 또 울겠다.

2) 어제는 굉장히 신이 났겠네.

1)은 미래의 일로도 해석이 되지만, 지금 또 어린애들이 울고 있을 것 같다는 뜻의 현재 사실에 대한 진술(추측)로도 해석이 된다. 2)는 과거의 추측을 나타낸다. 그러나 현행 고등학교 문법 교과서에서는 '-겠-'을 미래 시제를 나타내는 대표적인 어미로 인정하고, 현재나 과거의 추측도 나타낼 수 있다는 예외 규정을 따로 두어 1)과 2)와 같은 경우가 있음을 보여주고 있다.

3) 어제 이 곳을 지나가는 사람에게 그것을 주었다.

4) 우리는 내일 그 친구와 만난다.

3)의 '-는-'은 '현재'로 규정되고 있는 것이지만, 위 문장에서 '어제'란 말이 쓰인 것을 보아도 '이 곳을 지나간 것'은 분명히 과거의 사실이므로, '-는-'을 반드시 '현재'라고만 할 수는 없는 것이다. 4)는 현행 고등학교 문법에서 미래 시제로 명시하고 있다.

4.3.2. 동작상

동작상이란 시간의 내적 양상인 완료와 진행 등을 가리키는 개념으로서, 발화시를 기준으로 동작이 일어나는 모습을 나타내는 문법 기능을 말한다.

동작이 일어나는 양상은 완료상과 미완료상으로 나눈 후, 미완료상은 다시 진행상과 예정상으로 나눌 수 있다. 국어의 동작상은 특정 선어말 어미에 의해 실현되기보다는 보조적 연결 어미 '-어, -고'가 보조 용언과 결합하여 실현되거나 연결 어미에 의해서도 표시될 수 있다.

> 성윤이는 지금 학교에 오고 있다.
> 그녀는 늘 포플린 치마를 입고 있다.
> 나는 밥을 다 먹어 버렸다.
> 그녀는 얼굴에 웃음을 지으면서 말하였다.

1) 완료상

완료상은 어떤 일이 끝나서 그 결과가 지속되는 의미를 표시한다. '-어 있다'가 결과성을 의미하는 동사에 붙으면 동작의 완료를 표시하는데 이런 동작의 양상을 완료상이라고 한다. '-어 버리다'는 '-어 있다'와는 달리 동작의 완료 이외에 양태적 의미도 결부되어 있다. 완료상 형태에는 '-어지다, -어 두다, -어 놓다, -어 내다' 등이 있다. 또한 연결 어미 '-고서-' 등을 활용하여 나타내기도 한다.

> 영림이는 밥을 다 먹어 버렸다.
> 하선이는 이미 자고 있었다.
> 유연이는 밥을 다 먹고서 집을 나섰다.

완료상

완료상
- -어 있다. (동작의 완료)
- -어 버리다. -어지다. -어 두다. -어 놓다. -어 내다 (말하는 이의 심리도 표시)
- -고서, -어서, -다가, -자마자 (선행절의 동작이 끝나고 그 결과가 후행절에 이행)

새·겨·알·기

동작상 문제의 검토

현행 고등학교 문법 교과서에는 동작상에 대한 기술이 극히 간략하게 제시되어 있으며, 국어에서 동작상을 특정한 선어말 어미에 의해 실현되기보다는 보조적 연결 어미 '-어'나 '-고'에 보조 용언이 이어져 실현된다고 되어 있다.

1. 신조는 집에 가다가 왔다.
2. 신조는 집에 갔다가 왔다.

위의 예에서 '-았-'은 단순한 '과거'로서는 설명이 되지 않는다. 즉 1의 '가다가'는 과거의 일인에 '-았-'이 첨가되지 않았다. '-았-'을 첨가하면 2와 같이 되는데, 1과 2의 '가는' 행위가 이루어진 것은 모두 과거의 일이요, 그들 사이에 시간상의 선후의 관계가 있는 것은 아니다. 다만 1은 목적지까지 다 가지 않고 중단한 것이요, 2는 목적지까지 다 가서 일단 그 '가는' 행위가 완료되었음을 보인다.

3. 네 옷에 흙이 묻었다.
4. 시장에 봄나물이 나왔다.

위의 예는 동작이 완료되고 그 결과가 나타나 있음을 보인다. '우리말본'에서 '-았-'을 '현재 완료'로도 본 것은 이와 같은 이유에서다.

2) 진행상

진행상은 발화시를 기준으로 동작이 계속 이어가는 모습을 나타낸다. 동작성을 표시하는 동사에 '-고 있다'가 붙어 동작의 진행을 표시할 경우에, 이런 동작의 양상을 진행상이라고 한다. 이 외에도 연결 어미 '-면서'에 의해 실현되기도 한다. 또한 목표점을 향하여 끊임없이 진행되는 "-어 오다, -아 가다" 등을 연결하여 나타낸다.

바람이 불고 있다.
그녀는 웃음을 지으면서 대답하였다.
하나는 성적이 조금씩 올라간다.
그는 오늘까지 도둑으로 살아왔다.

3) 예정상

동작이 예정되어 있음을 표시하는 동작의 양상을 예정상 또는 전망상이라고 한다. 주로 "-게 되다, -게 하다, -려고, -고자, -러" 등으로 실현되지만 학교 문법에서는 도입하지 않고 있다.

> 우리는 그 곳에서 계속 살게 되었다.(피동 표현으로 과거에 있어 동작이 예정)
> 아이들은 못 들어 가게 한다.(사동 표현으로 현재에 있어서 예정)
> 저도 같이 가고자 한다.(현재에 있어서 예정된 일)

새·겨·알·기

시제, 상, 서법 중 어느 것으로 국어의 시간 표현을 처리할 것인가에 대해 검토!

국어의 시제들은 모두 선어말 어미에 의해 실현된다. 서법도 선어말 어미에 의해 실현된다. 더 나아가 시제와 서법 형태들은 동작상의 관점에서도 해석될 수 있다. 이러한 점에서 시제, 서법, 상은 공존하고 있으며, 국어의 시간 표현을 어느 것으로 할 것인가의 논란이 있을 수 있다.

1. (가) 어디 갔느냐?
   (나) 벌써 떠났을까?

1의 (가), (나)를 보면 시제는 서법 형태소에 선행되어 있다. 국어의 시제는 서법을 토대로 하여 성립된다는 것을 알 수 있다.

2. (가) 나는 지금 책을 읽는다.
   (나) 저는 지금 책을 읽습니다.
   (다) 명엽이는 벌써 학교에 갔다.
   (라) 오늘 오후에는 비가 오겠다.

서법(敍法)
명제(命題)에 대한 말하는 이의 심리적 태도를 나타내 주는 문법 범주이다. 한 문장의 내용은 사태를 바라보는 말하는 이의 태도에 따라 현실적으로 표현될 수도 있고, 비현실적으로 표현될 수도 있으며, 동작을 현실화시키고자 하는 말하는 이의 의지가 수반되기도 한다. 이러한 의미 특징을 심리적 태도라 하는데 그것이 일정한 활용 형태로 표시될 때 서법이라고 한다.
서법은 주로 선어말 어미나 어말 어미에 의해 실현된다. 물론 말하는 이의 심리적 태도를 드러내는 것으로는 주로 종결 표현이 사용되나 양태 부사, 보조 용언, 보조사 등에 의해서도 드러낼 수 있다. 문장 종결법 가운데서 약속 평서형과 명령형, 청유형은 말하는 이의 의지가 말하는 이 자신에게 미치거나 말하는 이의 의지가 듣는 이의 행동을 제어하므로 의지적 서법이다. 의지적 서법은 어말 어미로 표시되며 품사도 동사에 국한된다. 직설법, 회상법, 추측법, 원칙법, 확인법의 다섯 가지 서법 범주는 말하는 이가 듣는 이에게 일방적으로 행동에 제약을 가하는 것이 아니다. 이러한 서법을 무의지적 서법이라고 한다.

2. (가)의 '읽는다'에서 '-는-'은 현재 시제를 표시하지만, 동작의 측면에서 보면 진행상이다. (나)의 '읽습니다'의 '-니-'는 직설법을 표시하지만, 시제로는 현재로 해석되고 동작의 양상으로는 진행상이다. (다)의 '-았-'은 시제로는 과거이나 동작의 양상으로는 완료이다. (라)의 '-겠-'은 추측의 의미도 띠고 있지만 시제로는 미래이고 동작의 양상으로는 예정상이다. 이처럼 세 가지가 공존하는 양상을 보일 때, 국어의 시간 표현이 과연 어느 것을 토대로 드러나는 것인가가 탐구 과제로 제시될 수 있는 것이다. 학교 문법의 관점으로 보아, 시제로 본다면 가장 큰 문제는 '-겠-'이다. '-겠-'은 미래 시제를 나타내 주는 것으로 보아 현행 학교 문법에서는 '현재/과거/미래'의 삼분법적인 체계를 따르고 있다. 그러나 아래 예문들에서 보듯이 추측, 의지 및 능력을 나타내는 '-겠-'은 대표적인 서법 형태소의 하나이다.

3. (가) 지금 진해에는 벚꽃이 한창이겠다.
(나) 이번에는 꼭 이기고야 말겠어요.
(다) 나 혼자서는 도저히 못 들겠다.

이와 같은 문제점 때문에 과거와 비과거만 인정하는 이분법적인 체계임을 주장하기도 하며, 더 나아가 국어에 시제는 없다는 주장이 제기되기도 한다. 국어에 시제가 없다는 주장은 앞에서 살핀 '-겠-'의 문제와 함께 '-았/었-'의 문제 때문이다.

일반적으로 '-았/었-'은 과거 시제를 표현하는 선어말 어미로 알려져 있다. 그러나 이것은 다음 용례를 볼 때, 상황에 따라서 '실현 인식'이라는 다소 추상적인 의미를 띠기도 한다. 즉 미래에 어떤 일이 실현될 것을 인식함을 나타내는 것이다.

4. (가) 너, 누구 닮았니? 저는 엄마를 닮았어요.
(나) 나는 조금 전에 왔고 성희는 지금 왔어.
(다) 숙제를 하나도 안 했어? 넌 내일 학교 가면 혼났다.

(가)에서 누구를 닮았다는 것은 현재에까지 이어지는 것으로 단순히 과거를 나타낸다고 할 수 없다. 이러한 '-았/었-'을 '완료' 또는 '완

결 지속'이라고 표현하기도 한다. (나)에서 앞절의 '-았'은 과거 시제를 나타내나 뒷절의 '-았-'은 '지금'이라는 현재 시간 부사어와 함께 사용되고 있으며 앞절보다 약간 뒤의 행동을 표현하고 있다. 이때의 '-았/었-'은 뚜렷하게 과거를 나타낸다기보다 이미 실현된 것을 나타내는 것으로 보인다. 이를 '실현 인식' 또는 '완결'이라고 부르기도 한다. (다)에서 앞 문장의 '-였-'은 과거로 생각할 수 있으나, 뒤의 '-었-'은 엄밀하게 따져 보면 미래의 일이므로 원칙적으로 과거 시제 선어말어미가 올 수 없다. 그러나 이 때의 '-았/었-'은 실현될 것을 확신하는 사건이나 사태에 쓰여, 실현될 것에 대한 '실현 인식'을 의미한다고 볼 수 있다.(교육인적자원부 2002 참조)

결국 '-았/었-'이 어떤 사건의 '완결' 내지는 '실현 인식'을 나타내는 '상'적인 것을 나타낼 때는 현재나 미래임을 나타내는 시간 부사와 함께 쓰이는 경우가 많으며, 이때는 오히려 '상'적인 개념으로 파악해야 하는 것이다. 이는 '-았/었-'이 어원상으로는 중세 국어의 '-아/어 잇-'에서 온 것으로 본래부터 '상' 표지였던 것과 무관하지 않은 듯하다.

따라서 국어의 시간 표현을 시제, 상, 서법 중 어느 것으로 처리할 것인가를 심도 있게 검토해야 하며, 시제로 파악한다 하더라도 현행 학교 문법에서처럼 삼분법적인 체계를 따를 것인지도 좀 더 논의해야 할 것이다.

4.4. 사동과 피동

4.4.1. 사동문

(1) 연정이는 정현이를 기둥 뒤에 숨겼다.
입가에 미소를 띄운다.
바람이 서 있는 간판을 눕혔다.
(2) 건아는 동생에게 옷을 입게 했다.
영수가 철수에게 책을 읽게 했다.

문장에서 동작이나 행동을 자기 스스로 행하느냐, 남으로 하여금 어떤 동작을 하게 하느냐에 따라 주동문과 사동문으로 나누어지며 주어가 직접 동작을 하는 것을 주동(主動)이라 하고, 주어가 남에게 동작을 하게 시키거나 특정한 행위나 상태에 이르게 만드는 것을 사동(使動)이라 한다. 이러한 사동의 표현법을 문법적으로 사동법이라 한다.

사동문은 형태적으로 파생적 사동과 통사적 사동으로 나눠 볼 수 있다. 파생적 사동은 예문 (1)처럼 자동사, 타동사, 형용사에 사동 접미사 "-이-, -히-, -리-, -기-, -우-, -구-, -추-" 등이 붙어서 사동사가 되어 실현되는 것으로 파생적 사동이라고도 한다. 통사적 사동(syntactic causative)은 (2)처럼 "-게 하다"와 같이 특별한 문법적 장치를 쓰는 방법이다.

사동법은 원인과 결과라는 두 개의 상황을 가지고 설명이 가능하다. 세상의 모든 사건에는 원인과 결과가 있다. 이 때 어떤 사건을 서술함에 있어 사건의 결과가 외적인 원인에 의해 발생한 것임을 드러내어 표현한 문장이 사동문이고 그것이 문법적인 장치에 의해 실현되었을 때 이를 사동법이라 한다. 어떤 일이 이루어지도록 원인을 제공하는 것을 사동이라 한다면 상대적으로 결과를 당사자의 행위로 표현하는 것은 주동이라 할 수 있다.

내가 동생을 문 뒤에 숨겼다.
동생이 문 뒤에 숨었다.

두 번째 예에서 문 뒤에 숨은 사람은 동생이다. 또 경우에 따라서 동생이 문 뒤에 숨은 것이 처음 문장처럼 누군가 시켜서 일어난 결과일 수도 있다. 그러나 두 번째 문장에서는 원인에 대해서 아무런 언급이 없이 숨게 된 결과만을 표현하고 있는 반면, 첫 번째에서는 동생을 숨게 만든 원인과 그래서 숨게 된 결과를 하나의 복합 상황으로 표현하고 있다.

1) 사동 표현의 유형

(1) 사동사에 의한 사동법-파생적 사동문

마·음·눈·갖·기

향단아, 그넷줄을 밀어라.
머언 바다로
배를 내어 밀듯이,
향단아.

이 다수굿이 흔들리는 수양버들나무와
벼겟모에 뇌이듯한 풀꽃데미로부터,
자잘한 나비새끼 꾀꼬리들로부터
아주 내어 밀듯이, 향단아.

산호도 섬도 없는 저 하늘로
나를 밀어 올려 다오.
채색한 구름같이 나를 밀어 올려 다오.
이 울렁이는 가슴을 밀어 올려 다오!
서으로 가는 달같이는
나는 아무래도 갈 수가 없다.

바람이 파도를 밀어 올리듯이
향단아.

– 서정주의 「추천사–춘향의 말 1」

(1) 길이 참 넓은걸. - 시에서 길을 넓혔지.
(2) 왜 어린 아이에게 짐을 지웠니? - 내가 안 시켰어. 그 아이가 짐을 졌어.
(3) 할머니께서 정민이에게 밥을 먹게 하셨니? - 아니, 직접 먹이시던걸.

서정주의 「추천사–춘향의 말 1」을 통해 파생 사동의 쓰임을 익히고 주동문과의 관계를 이해할 수 있다.

사동사는 주동사인 자동사나 타동사, 또는 형용사에 사동의 접미사 "-이-, -히-, -리-, -기-, -우-, -구-, -추-" 등이 붙어서 이루어진다.

형용사에 사동 접미사가 붙어서 된 경우, 형용사는 주동사가 될 수 없으므로 이들을 사동사가 아니라고 할 수도 있겠으나, 형용사에서 파생된 사동사가 쓰인 구문이 동사에서 파생된 사동사의 구문과 다름이 없고, 사물을 "어떻게 되게 한다"는 뜻으로 쓰인다는 점으로 보아, 동사에서 파생된 사동사와 한 가지이므로 이들도 역시 사동사라고 할 만하다.

사동문에는 해당 주동문의 주동사에 대한 사동사가 쓰이고, 주동문에 없던 새로운 주어가 도입되어 그 일을 시키는 주체가 된다. 그리고 주동문의 주어는 주격 조사 대신 부사격 조사 '-에게' 등이 붙는다.

주동사가 쓰인 구문과 사동사가 쓰인 구문 사이에는 구조적인 관계가 있고, 구문상의 변화가 서로 대응될 수 있기 때문에 통사론에서 다루어지고 있다. 그런데 모든 동사가 그에 대응하는 사동사가 있는 것이 아니기에 사동사의 파생은 극히 제한되어 있다. 사동사의 파생이 극히 제한되어 있다는 것은 "가다, 하다, 모으다, 닫다" 등 아주 흔히 쓰이는 동사에 대한 파생 사동사가 없다는 것을 미루어 보아서도 알 수 있다. 또한 사동사에 의한 사동문에 대해 그에 대응되는 주동문이 없는 경우가 있다.

① 사동사: 주동사의 어간+사동 접미사 "-이-, -히-, -리-, -기-, -우-, -구-, -추-"

깨우다, 숨기다, 높이다, 들리다, 넓히다, 맡기다 등

파생적 사동법은 매우 제약적이다. 동사에 따라 붙을 수 있는 사동 접사가 한 가지로 정해져 있다. 또한 "깊다, 오다"에 사동 접사가 붙을 수 없는 것처럼, 모든 동사와 형용사에 사동 접사가 붙을 수 있는 것은 아니다. 또한 파생적 사동법에 의한 사동문은 그 뜻이 중의적인 경우가 많다.

어머니가 아이에게 밥을 먹이셨다.

위의 문장에서 '먹이시다'는 어머니가 아이로 하여금 밥을 떠먹도록 하였다는 의미와 어머니가 직접 아이의 입에 밥을 떠 먹여 주었다는 의미 두 가지로 해석이 가능하다. 또한 파생적 사동법으로 생성된 사동사가 주동사의 사동 의미 외에 특수한 의미를 가지는 경우도 있다.

우리 집에서는 닭을 키운다.

여기서 '키우다'는 '크다'의 사동의 의미인 '크게 하다'가 아니라 '사육하다'의 의미로 쓰였다.

② 자동문-사동문

철수가 속았다-민수가 철수를 속였다.
속이다, (먼지를) 묻히다, 울리다, 숨기다, 깨우다, 일구다, 맞추다

③ 타동사문-사동사문

아기가 우유를 먹는다-어머니가 아이에게 우유를 먹인다.
보이다, 입히다, 들리다(擧), 물리다, 맡기다, 지우다(負), 갖추다

④ 형용사문-사동문

담장이 높다-담장을 높이다.
높이다, 넓히다, (배를) 불리다, 낮추다, 늦추다

⑤ 접미사 '-시키다'로도 실현

용주는 주차 관리원에게 자신의 차를 주차시켰다.

한편 일부 용언은 사동 접미사 두 개를 겹쳐서 사동사를 이룬다.

서다-세우다, 자다-재우다, 뜨다-띄우다, 차다-채우다, 쓰다-씌우다

그리고 특이한 사동 접미사로 '없애다'의 '-애-'와 '적시다'의 '-시-' 등이 있는데 이들은 그 쓰임이 생산적이지 않다.

파생적 사동법에는 이 외에도 '없다'에 대한 '없애다', '일다'에 대한 '일으키다', '돌다'에 대한 '돌이키다'를 사동사로 들 수 있다. 여기에서 '-애-, -이키-, -으키-'는 사동 접미사인데, 이들에 의해 생성된 어휘가 하나씩뿐이어서 생산력이 있다고 보기는 어렵다.
또한 형용사의 사동법은 형용사에 사동 접미사가 붙어서 된 것인데, 이 경우 형용사는 주동사가 될 수 없지만 동사에서 파생된 사동사 구문과 의미적·통사적으로 동일하므로 사동 표현의 실현으로 본다.

새·겨·알·기

'-시키-'에 대해 검토!

1. 교육시키다 / 등록시키다 / 이해시키다
2. 심부름을 시키다.

7차 문법 교과서에는 사동문이 접미사 '-시키다'로도 실현된다고 지적하고 있으며, 교사용 지도서에는 '시키다'가 어휘적 사동의 예로 쓰이기도 하고 접미사로도 보아 파생적 사동으로도 설정한다고 말하고 있다. 덧붙여 요즘 '시키다'를 남용하는 경우가 많은데 이에 주의하여 지도해야 한다고 지적하고 있다. 즉 1의 예는 접미사에 의한 파생적 사동이고, 2의 예는 어휘적 사동으로 보는 것이다. 그러나 어휘 자체가 사동의 의미를 갖는 경우를 사동 표현으로 인정하기 어렵다는 점에서 문제가 있다. 이는 피동 표현에서도 마찬가지로 '당하다'와 같은 동사는 그 자체가 피동의 의미를 가지고 있는 어휘이며, 이를 피동 표현으로 인정하지 않는 것이다. 즉 사동 표현이나 피동 표현은 사동과 피동의 의미뿐만 아니라 접미사나 '-게 하다, -어지다' 등의 문법 요소까지 갖추어야 하는 것이다. 그런 점에서 '시키다'에 의한 것은 재고의 여지가 있다. 7차 문법 교과서에서 '시키다'를 접미사에 포함시킨 것은 요즘 일부 명사들에 '시키다'를 붙여 파생어처럼 남용하는 표현이 많기 때문일 것이다. 그런데 이 '시키다'가 위 예문 2와 같은 어휘적 사동의 '시키다'와 어떤 차이가 있는지 의문일 뿐만 아니라, 교사용 지도서에서 지적한 바와 같이 '시키다'를 남용하는 국어 생활을 주의해야 한다는 점에서 생각해 봐야 할 문제인 것이다. 또한 위의 1과 같은 경우를 학교 문법에서처럼 파생어로 보지 않고, 합성어로 볼 수 있다는 점도 고려해 보아야 한다.

(2) '-게 하다'에 의한 사동법-통사적 사동문

마·음·눈·갖·기

김현승의 「가을의 기도」를 통해 장형 사동의 쓰임을 익히고 파생 사동법과의 차이점을 기능적 · 의미적으로 파악할 수 있다.

가을에는 기도하게 하소서……
낙엽들이 지는 때를 기다려 내게 주신
겸허한 모국어로 나를 채우소서.
가을에는 사랑하게 하소서……
오직 한 사람을 택하게 하소서.
가장 아름다운 열매를 위하여 이 비옥한
시간을 가꾸게 하소서.

가을에는 호올로 있게 하소서……
나의 영혼,
굽이치는 바다와
백합의 골짜기를 지나
마른 나뭇가지 위에 다다른 까마귀같이.

– 김현승의 「가을의 기도」

통사적 사동법은 주동사에 어미 '-게'를 붙이고 보조 동사 '하다'를 써서 사동의 뜻을 나타내는 방법이다. 이 때 주동문의 주어는 그대로 쓰이기도 하지만 조사 '를'을 취하거나 조사 '에게, 한테'를 취하여 목적어나 부사어가 된다. 통사적 사동문은 표현 분포에 있어서 파생적 사동문보다 제약을 받지 않는다.

그 외 "시키다, 만들다" 등의 유형은 어휘적 사동으로 보고 사동 범주에는 포함시키지 않는다.

어머니는 호형이에게 책을 읽게 하셨다.

파생적 사동과 통사적 사동에서 대개 단형 표현은 직접적이고 장형 표현은 간접적인 표현이라는 의미 차이를 갖는다. 사동법에 있어서도 이러한 일반 원칙은 지켜지지만 사동법 나름대로의 독특한 특성이 드러나기도 한다.

사동사와 피동사의 형태가 같은 경우

사동사와 피동사의 형태가 같을 경우가 존재한다.

예) 아이가 엄마에게 안겼다.
엄마는 성란이에게 아기를 안겼다.

위의 두 문장에서 동사 '안기다'는 피동사로도 쓰였고 사동사로도 쓰였다. 이와 같은 동사들은 대체로 '안기다, 보이다, 잡히다, 업히다, 끌리다, 뜯기다' 등이다. 이를 처리하는 방법은 세 가지이다. 둘을 동음 이의어로 보는 견해, 둘 중 하나를 기본형으로 삼고 다른 하나는 여기서 파생된 것으로 보는 견해, 그냥 하나로 보면서 상황에 따라 이렇게 저렇게 쓰인다고 보는 견해 등이다. 세 번째 경우는 소위 중립 동사라 하여 '안기다, 보이다, 잡히다, 업히다, 끌리다' 등을 별종의 동사로 처리하는 방안이다. 두 번째 견해는 예컨대 피동사로 '안기다'를 기본적으로 설정한 다음에 여기에 사동사 '안기다'로 파생되었다고 보는 경우이다. 물론 이는 기본형과 파생형을 반대로 설정할 수도 있는 것이다. 학자에 따라 여러 가지 의견이 있는데 중립 동사 등의 인위적인 새로운 문법 범주를 만들어낼 필요가 없다는 이유 때문에 첫 번째 동음 이의어로 처리하는 경우도 있다.

단형 사동문과 장형 사동문이 반드시 똑같은 의미를 지니지 않는다. 대개 파생적 사동은 주체가 객체에게 직접적인 행위를 한 것이고 통사적 사동은 간접적인 행위를 한 것으로 알려져 있다.

어머니께서 딸에게 색동옷을 입히셨다.

위의 예문은 어머니가 직접 딸에게 색동옷을 입히거나, 또는 어머니가 딸에게 스스로 색동옷을 입도록 했다는 뜻이 둘 다 가능하다.

어머니께서 딸에게 색동옷을 입게 하셨다.

이 문장에서는 어머니가 직접 딸에게 옷을 입혔다는 뜻은 없다.

2) 두 가지 사동법의 통사적 차이점

파생적 사동문과 통사적 사동문 사이에는 통사적으로 다른 점이 많다.

① 부사의 수식 범위가 다르다.

(1) 어머니가 아이에게 옷을 빨리 입혔다.
(2) 어머니가 아이에게 옷을 빨리 입게 했다.

위의 문장에서 부사 '빨리'는 (1)에서는 어머니의 행위만을 꾸미고 있는데 (2)에서는 아이의 옷 입는 행위도 꾸밀 수 있다.

② 보조 동사의 쓰이는 자리가 '-게 하다' 사동문에서 더 자유스럽다.

(1) 나는 미영이에게 책을 읽혀 보았다.
(2) 나는 미영이에게 책을 읽어 보게 하였다.
(3) 나는 미영이에게 책을 읽게 해 보았다.

사동사에 의한 사동문 (1)에서는 보조 동사 '보다'가 사동사 다음에만 쓰일 수 있으나, '-게 하다' 사동문인 (2)와 (3)에서는 보조 동사가 쓰일 수 있는 자리가 두 군데 있으며 그 뜻도 더 변화 있게 쓸 수 있다.

③ 주체 높임의 어미 '-시-'가 쓰일 수 있는 자리가 사동사에 의한 사동문에서는 한 군데밖에 없으나 '-게 하다' 사동문에서는 두 군데가 있다.

(1) 선생님께서 지연이에게 책을 읽히시었다.
(2) 선생님께서 지연이에게 책을 읽게 하시었다.
(3) 우리들이 선생님께 책을 읽으시게 하였다.
(4) 박 선생님께서 우리 선생님께 책을 읽으시게 하시었다.

사동사에 의한 사동문인 (1)에서는 사동문의 주어만 높여 말할 수 있다는 것을 알 수 있다. 그러나 (2), (3), (4)에서 보는 바와 같이 통사적 사동문에서는 사동문의 주어만 높일 수도 있고 시킴을 받는 사람을 높일 수도 있으며 둘을 동시에 높일 수도 있다.

④ 통사적 사동문에서는 사동사를 다시 사동화할 수 있다.

내가 우승이에게 토끼한테 풀을 먹이게 하였다.

'먹이다'가 사동사인데 이를 재차 사동화한 것이다.

4.4.2. 피동문

마·음·눈·갖·기

합숙소 아래로 황토가 드러난 언덕길과 모래, 갯벌, 바다가 차례로 이어져 있었다. 서쪽 하늘 구석에 몰린 햇빛은 붉은 색이 넓게 퍼져가고 있으며, 만의 양끝에서 직선으로 뻗어나간 궤도차의 선로가 바다 속으로 감춰지고 있었다. 밀물에 덮인 검은 개펄은 백사장과 파도를 가르는 가느다란 띠처럼 보였다.

– 황석영의 「객지」 중에서

황석영의 「객지」의 밑줄 친 부분을 통해 피동문의 쓰임을 이해하고 장형 피동과 단형 피동을 구별할 수 있다.

(1) 엄마가 아기를 요 위에 누이다.
간병인이 병자를 자리에 누이다.
(2) 그 아이는 어려도 나이가 있어 보인다.
인천 바다가 오늘 따라 맑게 보인다.
(3) 갑자기 소나기가 쏟아졌다.

어떤 행위나 동작에 관해서, 주어로 나타낸 인물이나 사물이 제 힘으로 행하는 것이 아니라, 남의 행동에 의해서 되는 행위를 피동이라 하고, 이러한 피동의 표현법을 문법적으로 피동법이라 한다. 피동에 대해 스스로의 힘으로 행하는 행위나 동작을 능동이라 한다. 이는 어떤 한 사건을 "누구의 입장"에서 서술하느냐에 따른 입장 차이라고 볼 수 있다. 예를 들어 아래의 예문에서 엄마의 입장에서는 주연이를 '잡은' 것이지만 주연이의 입장에서는 결국 '잡힌' 것이 된다.

엄마가 주연이를 잡았다.
주연이가 엄마에게 잡혔다.

한편 능동과 피동을 한 문장에서 알아보면 다음과 같다.

그렇게 오랫동안 잡으려고 해도 잡히지 않던 도둑이 어제 경찰에 잡히었다.

능동과 이에 대응되는 피동의 의미는 근본적으로 같지만 말하는 상황에 따라 능동으로 나타내기도 하고, 피동으로 나타내기도 한다. 흔히 피동의 대상을 더 부각하고자 할 때는 피동문으로 표현한다.

토끼가 호랑이에게 잡히었다.

1) 피동 표현의 유형

(1) 피동사에 의한 피동법-파생적 피동문

① 능동사의 어간+피동접미사 '-이-, -히-, -리-, -기-'

보이다, 묻히다, 말리다, 안기다

모든 타동사가 피동사로 되는 것은 아니다. 각각의 피동 접미사가 개별 타동사에 따라 다르게 붙는다. 이처럼 피동 접미사 "-이-, -히-, -리-, -기-"는 제약성을 가지고 있다. 이러한 피동 접사에 의한 파생적 피동법은 매우 제약적이므로 통사적 피동법이 생겨나게 된 것이라 할 수 있다.

② 능동문의 주어는 피동문의 부사어가 되고, 능동문의 목적어는 피동문의 주어가 되며 능동사는 피동사가 된다. 다음 예문에서 확인할 수 있다.

태풍이 도시를 휩쓸었다.
도시가 태풍에 휩쓸렸다.

용 언	단형피동	장형피동	중첩피동	비 고
보다	보이다	보아지다	보여지다	
끊다	끊기다	끊어지다	끊겨지다	
잡다	잡히다	잡아지다	잡혀지다	
듣다	들리다	들어지다	들려지다	
얻다	*얻히다	얻어지다	*얻혀지다	
만나다	*만나이다	만나지다	*만나여지다	
알다	*알리다	알아지다	*알려지다	
피다	*피이다	피어지다	*피여지다	
예쁘다	*예쁘이다	예뻐지다	*예쁘이어지다	
밝다	*밝히다	밝아지다	밝혀지다	밝히다는 사동사이고, 밝혀지다는 어떤 사실이 알려지다의 뜻

③ 피동문의 부사어

능동문의 주어가 무정 명사일 때는 부사격 조사 '에'가, 유정 명사일 때는 '에게'가 쓰인다. 이것은 피동사의 종류에 따라 결정되는 것으로 보인다. "끊기다, 묻히다, 걸리다, 닫히다, 풀리다, 찢기다" 등은 "에 의해(서)"를 요구하며 "안기다, 잡히다, 눌리다, 보이다, 쫓기다" 등은 조사 "에게, 한테, 에"를 취한다.

영희가 어항에 금붕어를 담았다.
 → 금붕어가 영희에 의해 어항에 담겼다.
고양이가 쥐를 물었다. → 쥐가 고양이에게 물렸다.

④ 능동사와 피동사의 대응

모든 능동사가 피동사에 의해 파생이 되는 것은 아니다. 예를 들면 "*넣이다, *주이다, *가이다" 등과 같은 경우를 보면 알 수 있다. 이렇게 모든 능동문과 피동문이 일대일로 대응하는 것이 아니다. 다음 예는 능동문이 없는 피동문이다.

나무에 열매가 열렸다. → *나무가 열매를 열었다.
옷이 못에 걸렸다. → *못이 옷을 걸었다.
그가 김 씨한테 밀려서 선거에 떨어졌다.
 → *김 씨가 그를 밀어서 선거에 떨어졌다.

반대로 피동문을 만들 수 없는 능동문도 있다.

지훈이가 풀을 열심히 뽑았다. → *풀이 지훈이에게 열심히 뽑혔다.
선정이가 칭찬을 들었다. → *칭찬이 선정이에게 들렸다.

이러한 모든 사실로 보아 능동문과 파생 피동문에 의한 관계는 엄격하게 규칙화되는 것이 아니라고 할 수 있다.

(2) '-어지다', '-게 되다'에 의한 피동문-통사적 피동문

'-어지다' 에 의한 피동은 별반 큰 제약이 없이 거의 모든 동사에 쓰인다. 단형 피동이 이루어지는 피동 표현은 물론이고 단형 피동이 불가능한 것들까지 모두 가능하다. 장형 피동은 타동사뿐 아니라 자동사, 형용사, 그리고 '밝혀지다' 와 같이 사동사에서도 모두 가능하다. 뿐만 아니라 단형 피동에 다시 장형 피동이 이루어질 수도 있다. 단, '알려지다' 의 경우는 중첩 피동이 아니라 사동사로서 타동사인 '알리다' 에 '-어지다' 가 붙어서 장형 피동이 된 것이다.

① 주로 〈어근+-어지다〉의 형태로 피동문을 이루나, '-게 되다' 가 쓰이기도 한다.

속상했던 마음이 이제 다 풀어졌다.
그 사실이 곧 드러나게 된다.

② 어휘적 피동이라고 하는 "당하다, 받다" 등은 학교 문법에서는 피동문으로 인정하고 있지 않다. 어휘적 피동이 제외되고 있는 가장 중요한 이유는 파생적 피동과 통사적 피동이 접미사와 '-어지다' 와 같은 문법 요소를 갖추고 있음에 비하여 '당하다' 류의 어휘적 피동은 문법적 피동이 아니기 때문이다. 이것들은 동사 자체가 피동 의미를 가지고 있는 어휘일 뿐이지 그것으로 인해서 어떤 문장이 피동문으로 만들어지는 것이 아니라는 것이다. (이것으로 우리는 학교 문법에서 인정하고 있는 피동문 형성 조건은 바로 "어휘적 뜻+문법적 요소"라는 것을 알 수 있다.) 따라서 다음의 예들은 피동문이라 할 수 없다.

승효가 은희에게 사탕을 받았다.
매일 한 명씩 구속이 된다.
나는 그에게 협박을 당했다.
너는 그에게 사랑을 받았다.

피동문에 담긴 가치관과 태도

요즘 "생각하다, 기억하다, 판단하다, 짐작하다, 추측하다"처럼 '-하다' 로 사용해야 정상적인 문장을 '-되다' 로 표현하는 경향이 많아지고 있는데, 이것은 스스로가 지닌 책임을 외부 요인에 전가시키려는 심리적 측면과 관련된다. 자신이 주체가 되어 단정하는 것보다는 일어나는 상황을 수용한다는 수동적 표현이 책임을 면하게 해주고, 객관성을 높여 준다는 심리가 작용한 결과라고 할 수 있다. 특히 신문, 뉴스 등의 언론 매체에서 주관적 사실을 객관적으로 표현하고자 할 때 많이 사용한다. 심지어는 과도한 피동 표현의 사용으로 이중 피동 표현도 남용되고 있다.

예) 요즈음 환경 문제가 급증되고 있는데, 이것을 해결하는 방법은 국민 모두가 스스로 이 환경 속의 주인이라는 생각을 가져야 할 것으로 보여진다.

→ 요즈음 환경 문제가 급증하고 있는데, 이것을 해결하는 방법은 국민 모두가 스스로 이 환경 속의 주인이라는 생각을 가지는 것이다.

'-어지다'의 문법적 성격에 대해

(1) 현행 학교 문법에서는 '지다'를 보조 동사로 보고 있으면서 맞춤법 상으로는 선행 '-어'와 항상 붙여 쓰도록 규정하고 있어 혼란스럽다.
(2) 본용언으로 보는 견해: '지다'가 독립적인 피동의 의미를 가지고 있다는 것이다. '지다' 피동문이 본래 능동문에서 변형된 것으로 본다. '지다'를 반드시 붙여 써야 한다는 규정도 '반드시 띄어 써야 한다'로 바꿔야 한다는 입장이다.
(3) 합성 동사의 후행 용언으로 보는 견해: 항상 붙여 쓴다는 현행 표기 방법과 더불어 설득력이 있어 보인다. 그러나 모든 용언에 '-어지다'가 붙을 수 있기 때문에 하나의 단어인 합성 동사의 후행 성분으로 보기에는 어려움이 있다.
(4) 접미사로 보는 견해: 어미인 '-어' 뒤에 접사가 붙는다고 인정하거나 '-어지-' 모두가 하나의 접미사라고 보거나 해야 하는데, 두 경우 모두 다른 용례를 들 수 없다.

2) 피동문의 의미 해석

피동문의 의미 해석을 하는 이유는 보다 올바른 국어 생활을 영위하기 위함이다. 올바른 피동문과 능동문을 사용할 수 있도록 그 의미 차이를 정확히 알아야 한다.

① 단형 피동과 장형 피동이 동일한 의미를 가지는가?

"토끼가 사냥꾼에게 잡혔다."와 "토끼가 사냥꾼에게 잡아졌다."에서 단형 피동의 경우는 어떤 직접적인 힘이 토끼에게 가해졌고 장형 피동에서는 어떻게 하다보니까 그렇게 되었다는 간접적이고 우연적인 내용을 담고 있다.

② 능동문과 피동문의 의미가 동일한가

(1) 포수 열 명이 토끼 한 마리를 잡았다.
(2) 토끼 한 마리가 포수 열 명에게 잡혔다.
(3) 본훈이는 그 문제를 풀 수 없다
(4) 그 문제는 본훈에게 풀릴 수 없다.

피동문의 의미 해석에 있어서 논란이 많았던 부분이다. 이들은 수량 표현이나 부정 표현이 왔을 때 능동문과 피동문에서 의미 차이가 생김을 알 수 있다. (1)은 포수 열 명이 토끼 한 마리씩 잡거나 모두 합해서 한 마리만 잡은 것으로 해석되는 데 비해, (2)는 포수 열 명에게 토끼 한 마리만 잡힌 것으로 해석된다. 그리고 (3)은 능력 부정을 나타내나 (4)는 가능성 부정으로 해석되어 의미의 차이가 있다.

새·겨·알·기

'-게 되다'에 대한 검토!

1. 이것은 저것과 관련된다.

2. 곧 사실이 드러나게 된다.

7차 문법 교과서에서는 피동 표현에 대하여 파생적 피동문을 이끄는 접사에 '-되-'를, 통사적 피동문에 '-게 되다'를 추가 설정하고 있다. 사동문에서 '시키다'를 추가한 것과 같은 맥락으로 일부 명사에 '-되다'가 붙어 파생적 피동이 된다는 것이다.(예1) 그러나 접미사 피동의 '-되다'와 통사적 피동의 '-게 되다'에서 사용된 '되다'가 '물이 얼음이 되다'에서의 '되다'와 어떤 의미상 차이가 있는지 생각해 볼 필요가 있다. 즉 사동문에서 '시키다'와 같은 문제점이 있는 것이다. '되다'는 그 자체가 '이루어짐'을 의미하는 어휘적 피동으로 볼 수 있는 것이다. 다만 접미사 '되다'는 '시키다'와는 약간 다르게 보이는 면도 있으나, 역시 접미사로 볼 수 있는지 깊이 탐구할 필요가 있다. 즉 예1처럼 '되다'는 명사와 결합하여 동사로 파생되는 것처럼 보이지만, 예2처럼 '-게 되다'는 본용언과 보조 용언의 결합으로 나타나 두 가지가 서로 다른 문법 범주로 보이는 것이다. 따라서 '되다'는 '가결되다, 사용되다, 형성되다'에서처럼 일부 명사 뒤에 붙어 피동의 의미를 더하고 동사를 만들거나 '거짓되다, 참되다, 어중되다, 숫되다, 막되다, 못되다, 안되다'에서처럼 몇몇 명사, 어근, 부사 뒤에 붙어 형용사를 만드는 접미사로 볼 수 있다. 하지만 '-게 되다'는 앞에서 지적한 바와 같이 그 자체가 '당하다'와 마찬가지로 어휘적 피동으로 볼 수 있으며 이를 통사적 피동으로 보는 것은 재고의 여지가 있다고 본다.

4.5. 부정법

마·음·눈·갖·기

'나 같으면 하루도 못 배기겠다. 벌써 다시 집으로 기어 들어가서 부모의 밥을 먹었을 것이다.'고 덕기는 생각하였다.

염상섭의 「삼대」에는 '안'과 '못'이 함께 쓰이고 있다. 각각의 부정 의미를 파악할 수 있고 의미 차이를 구별하여 생각할 수 있다.

"안 나가려나?"
또 한 번 재촉을 하여 보았다.
"자네 같은 귀골은 일 분이 민망할 걸세마는 어쨌든 이리 좀 앉게"
하고 방주인은 이불을 밀쳐 놓고 앉는다.

– 염상섭의 「삼대」 중에서

부정문은 부정을 나타내는 부사 '아니(안)'나 '못'을 쓰거나 부정의 뜻을 나타내는 용언 "아니다, 아니하다 ; 못하다 ; 말다"를 써서 만든다. "아니(안), 아니다, 아니하다"에 의한 부정문을 '안' 부정문, '못, 못하다'가 쓰인 부정문은 '못' 부정문, '말다'가 쓰인 부정문을 '말다' 부정문이라 부른다.

'아니하다/아니'가 쓰인 부정문은 어떤 상태가 그렇지 않음을 나타내거나 동작을 행하는 주어의 의지에 의해 어떤 동작이 일어나지 않음을 나타낸다. '못하다/못'이 쓰인 경우 주어의 의지가 아닌 능력이나 그 밖의 다른 이유로 그 일이 일어나지 못함을 나타낸다. 부정문을 실현하는 방법에는 두 가지 형식이 있다. 첫째, 부정 부사 '아니'나 '못' 다음에 용언을 이어 쓰는 형식이 있고, 둘째, 용언 어간에 보조적 연결 어미 '-지'를 연결하여 보조 용언 '아니하다', '못하다'를 이어 쓰는 형식이 있다.

(1) 수진이는 무도회에서 왕자님을 안 만났다.
(2) 슬기는 무도회에서 왕자님을 못 만났다.
(3) 너무 심하게 꾸짖지는 말아라.
(4) 유미 정말 예쁘지 않니?
(5) 동네 사람들이 다 오지 않았다.

예문 (1)은 부정 부사 '아니'를 용언 앞에 쓴 부정문으로 어떤 상태가 그렇지 않음을 나타내거나 주어의 의지에 의해 어떤 동작이 일어나지 않았음을 표현하고 있다. 예문 (2)는 용언 어간에 보조적 연결 어미 '-지'를 결합하여 보조 용언 '못하다'를 이어 쓴 부정문으로 주어의 능력이나 그 밖의 이유로 그 일이 일어나지 못함을 나타내고 있다. '아니하다'가 쓰인 부정문을 명령문이나 청유문으로 바꿀 때에는 예문 (3)의 경우처럼 '말다'를 사용한다. 부정문이 실제 의미로는 부정을 나타내지 않고 확인이나 의심 등의 다른 의미를 나타내는 경우도 있다. 예문 (4)가 그 예로, 부정이 아닌 확인의 뜻을 표현하고 있다. 예문 (5)처럼 부정문에 수량을 나타내는 부사 "다, 조금, 모두, 많이" 등이 있으면 중의적 해석이 된다. 예문 (5)의 경우 ① "동네 사람들 가운데 온 사람은 하나도 없다." ② "동네 사람들이 오긴 왔는데 모두 온 것은 아니다."의 두 해석이 가능하다. 여기에 보조사 '는'이 결합하여 "동네 사람들이 다 오지는 않았다"가 되면 ②의 경우로만 해석되어 뜻이 명확해진다.

4.5.1. '안' 부정문

서술어가 용언이면 서술어 앞에 '아니(안)'를 넣거나, 서술어인 용언의 어간에 어미 '-지'를 붙이고 그 뒤에 '아니하다'를 써서 부정문을 만든다. 전자에 의한 부정문을 짧은 부정문, 후자에 의한 부정문을 긴 부정문이라 한다. 서술어가 '체언+이다'로 된 문장의 부정은 이 체언에 보격 조사를 붙이고, 서술격 조사 '-이다' 대신 '아니다'를 쓴다.

짧은 부정문은 제약이 심하다. 일반적으로 서술어로 쓰인 용언이 합성어나 파생어이면 짧은 부정문이 만들어지지 않는다. 긴 부정문을 만드는 데는 이러한 제약이 없다.

부정문은 때로 그 뜻이 여러 가지로 해석될 수가 있다. '아니(안)'나 '아니하다'에 의거한 부정문은 뜻으로 보아 단순 부정과 의지 부정의 두 가지가 있다. 일반적으로 체언이나 형용사가 서술어일 때는 단순 부정의 뜻만 있으나, 행동주(동작주)의 의지가 작용할 수 있는 행위를 표시하는 동사가 서술어인 경우에는 의지 부정의 뜻도 지닌다.

4.5.2. '못' 부정문

행동주의 의지가 아닌 그의 능력이나 그 외 다른 외부의 원인 때문에 그 행위가 일어나지 못하는 것을 표현할 때는 '못'이나 '못하다'가 쓰인다.

'못'이나 '못하다'는 서술어가 동사일 때 쓰이는 것이 원칙인데, 이 때에도 짧은 부정법과 긴 부정법이 있다.

기민이는 집에 갔다.
기민이는 집에 못 갔다. — 짧은 부정
기민이는 집에 가지 못했다. — 긴 부정

짧은 부정문은 긴 부정문에 비해 적용상의 제약이 있는데 그것은 '아니'에 의한 짧은 부정법의 경우와 같다.

서술어가 형용사인 경우에는 '못'이 안 쓰이는 것이 원칙이나 그 사용이 가능한 때가 있다. 이 경우는 말하는 이의 기대에 못 미치는 것을 표현한다.

똑똑하다, 넉넉하다, 우수하다, 만족하다, 풍부하다 등

4.5.3. '말다' 부정문

부정문의 중의성
- 부정이 미치는 범위에 따라 여러 해석 가능 (주어 부정, 목적어 부정, 서술어 부정 등)
예) 나는 현수를 죽이지 않았다.
- 부정문에 수량을 나타내는 부사어가 쓰인 경우 (부정의 의미에 부사가 포함 되는가)
예) 손님이 다 오지 않았다.
- 보조사 "만, 도, 는"을 통해 중의성 해소
- 문맥을 통하여 중의성 해소

명령문이나 청유문의 부정은 '말다'를 써서 나타낸다. '말다'에 의한 부정법은 서술어의 어간에 '-지'를 붙이고 그 뒤에 '말다'를 쓴다. '말다' 부정은 평서문과 의문문에는 쓰이지 않고 명령문이나 청유문에 사용한다.

너는 집에 가지 말아라.
우리는 집에 가지 맙시다.

그러나 바람이나 희망을 나타내는 동사 "바라다, 희망하다, 원하다, 기대하다"가 서술어이면 명령이나 청유가 아닌 경우에도 쓰일 수 있다. 또한 서술어가 형용사인 경우는 원칙적으로는 쓰이지 않으나 기원의 의미를 지닐 때는 가능하다.

나는 네가 미국에 가지 말기를 바라.
그 집에 만족하지 말았으면.

새·겨·알·기

적극 자질의 형용사 검토!

ㄱ. 나는 못 갔다. 나는 가지 못했다. : 능력 부정

ㄴ. *나는 못 작다. *나는 작지 못하다.

ㄷ. 그가 못 똑똑하다. 그가 똑똑하지 못하다. : 기대 부정

'못'은 행위주의 능력 부족이나 외적 원인으로 행위가 일어나지 못할 때 쓰인다. 따라서 ㄱ처럼 동사와만 어울리고 ㄴ처럼 대개의 형용사 앞에 오지 못하지만, ㄷ처럼 일부 적극 자질의 형용사(넉넉하다, 만족하다, 뛰어나다, 넓다 등)에서는 긴 부정문만을 허용하며 이 때는 기대에 미흡함을 뜻한다.

– 왕문용 · 민현식, 『국어 문법론의 이해』, 개문사, 1995

세·워·가·꾸·기

1. 국어의 문장 성분과 구조를 이해했는가?

2. 국어 문장의 다양한 문법 요소와 의미를 이해했는가?

3. 국어 문장의 여러 가지 짜임새를 알고 다양한 구조의 문장을 쓸 수 있는가?

4. 문법 요소를 정확히 알고 문장을 바르게 쓰고 읽는 태도를 지니는가?

5. 다양한 문장표현법을 익히고 효과적으로 사용하는가?

아름다운 우리말

물비늘: 잔잔한 물결이 햇살 따위에 비치는 모양

바사기: 사물에 이해력이 부족하고 인격을 갖추지 못한 사람. 곧 덜된 사람의 별명

박고지: 박의 속을 빼어 버리고 길게 오려서 만든 반찬거리

반자받다: 몹시 노하여 날뛰다.

풀·어·다·지·기

1. 다음에서 이야기 장면에 따라 홑문장으로도 해석되고 겹문장으로도 해석되는 것은?
   ① 매일 아침 수경이는 하얀이와 함께 도서관에 다닌다.
   ② 아영이와 세라는 우연히 길에서 마주쳤다.
   ③ 이향이와 본훈이는 학교 운동장에서 공놀이를 하였다.
   ④ 일규는 마당에서 놀고, 민아는 학교 운동장에서 놀았다.

2. 다음에서 대등한 이어짐이 <u>아닌</u> 것은?
   ① 많은 사람이 왔는데도, 종현이의 모습은 눈에 띄지 않았다.
   ② 승현이는 재주가 많고 영진이는 꿈이 많다.
   ③ 일요일에는 미영이가 그 집에 가거나, 지숙이가 그 집에 갈 예정이다.
   ④ 뿌리가 깊은 나무는 바람에 흔들리지 않으며, 샘이 깊은 물은 가뭄에도 마르지 아니한다.

3. 다음에서 겹문장이 <u>아닌</u> 것은?
   ① 서울과 부산은 인구가 많다. ② 호영이와 지훈이는 야구 선수이다.
   ③ 규훈이는 영어 · 독어를 한다. ④ 형과 동생이 함께 논다.

4. 밑줄 친 부분이 관형절이 <u>아닌</u> 것은?
   ① <u>넓은</u> 밭에서는 농부가 일한다. ② 주현이는 <u>좁은</u> 골목으로 들어섰다.
   ③ 아주 <u>헌</u> 책이 발견되었다. ④ <u>아름다운</u> 그림이 걸려 있다.

5. "그는 나에게 철수가 다친 것을 아느냐고 물었다"에서 안긴 절은?
   ① 인용절, 명사절, 서술절 ② 인용절, 관형절, 명사절
   ③ 명사절, 관형절, 서술절 ④ 명사절, 직접인용절, 부사절

6. 다음 문장에서 이어진 문장은?

① 길을 잃은 아이가 울고 있다.

② 시간이 있거든 우리집에 오너라.

③ 나는 네가 이곳에 남아 있기를 바란다.

④ 그는 우리가 정당하다고 생각한다.

7. 다음 중 그에 대응하는 피동문이 성립하는 것은?

① 철민은 친구에게 욕을 먹었다.

② 승미는 대체로 그 글의 윤곽을 잡았다.

③ 희주는 이번 장마에 큰 피해를 입었다.

④ 병수는 이웃 사람에게 야단을 맞았다.

8. 다음 주어진 표현의 문장을 다른 표현으로 바꾸어 보고 능동의 경우는 피동과 사동으로, 사동은 능동과 피동으로 바꾸어 보시오.

① 나는 모퉁이를 돌았다.(능동 표현)

② 가시가 목에 걸렸다.(피동 표현)

③ 어머니는 영이에게 잠을 자도록 하였다.(사동 표현)

9. 다음에서 밑줄 친 부분이 부정의 범위 안에 들 수 없는 것은?

① 다행히 형이 오지 않았다. ② 형이 급히 오지 않았다.

③ 신지가 자주 오지 않았다. ④ 사람들이 많이 오지 않았다.

10. '안'과 '못'에 대한 지적으로 잘못된 것은?

① '안'은 순수 부정과 의지 부정에 쓰인다.

② '못'은 능력 부정에 쓰인다.

③ '안'은 대체로 모든 서술어에 대하여 긴 부정문과 짧은 부정문을 성립시킨다.

④ '못'은 서술어가 동사일 때는 긴 부정문과 짧은 부정문이 다 성립하나 서술어가 형용사일 때는 긴 부정문만 성립한다.

11. 밑줄 친 부분을 부정문으로 바꿀 때 반드시 '말다' 만 쓰이는 것이 아닌 것은?

① 너는 여기에 있어라. ② 우리는 여기를 떠나자.

③ 밥을 먹어라. ④ 그가 우리와 함께 있기를 바란다.

12. 다음에서 '안' 의 쓰임이 자연스러운 것은?

① 지영이는 점심을 안 먹으러 나갔다.

② 지은이는 이것을 안 모른다.

③ 경민이는 그 사실을 안 깨닫는다.

④ 석준이는 일을 빨리 안 한다.

13. 다음에서 '아니하다' 의 품사가 형용사인 것은?

① 그 분은 집에 가시지 않았다.

② 수빈이는 예쁘지 않았다.

③ 수정이는 밥을 먹지 않았다.

④ 소현이는 학교에 가지 않았다.

14. 다음에 제시한 예문을 활용하여 서술어의 자릿수에 대한 개념과 유형을 설명하시오.

(가) 아기가 운다.
(나) 철수는 학생이다.
(다) 철수는 회장이 되었다.
(라) 지영이는 오빠에게 초콜릿을 주었다.
(마) 하늘이 푸르다.
(바) 코끼리가 과자를 먹는다.
(사) 영희는 엄마와 닮았다.

15. 다음 각 문장을 ( ) 속에 지시한 문장으로 바꾸시오.

① 두 마리의 비둘기가 지붕 위로 날았다.(단형 사동문)

② 도둑이 왼쪽 모퉁이를 돌았다.(단형 피동문)

③ 호석이가 성수를 창쪽으로 밀었다.(단형 피동문)

16. 다음 문장의 의미 차이를 높임법에 유의하여 설명하시오

> 높임법의 요인과 사용 범위에 대해 간략히 제시한 후 (1)과 (2)에 제시된 문장을 설명하시오.
> (1) (가) 충무공은 뛰어난 전략가이다.
> (나) 충무공께서는 뛰어난 전략가이셨다.
> (2) (가) 할아버지, 아버지 왔어요.
> (나) 할아버지, 아버지 오셨어요.

17. 다음 예문을 보고 물음에 답하시오.

> (가) ① 윤정이는 밥을 다 먹어 버렸다.
> ② 그는 이미 자고 있었다.
> ③ 그녀는 밥을 다 먹고서 집을 나섰다.
> ④ 운동장에서 많은 학생들이 놀고 있다.
> ⑤ 창훈이는 밥을 다 먹어 간다.
> ⑥ 그녀는 얼굴에 웃음을 지으면서 대답하였다.
> (나) ① 어서 가자. 학교에 늦겠다.
> ② 이곳이 살 만한 곳이 못 된다면 나는 장차 네가 가는 곳으로 따라가겠다.
> ③ 이 공연장은 관객이 2천 명은 들어가겠다.
> ④ 야, 나라면 그 일 벌써 했겠다.
> ⑤ 출발은 언제나 새로운 것이리라.

17-1. (가)를 바탕으로 국어의 동작상에 대해 〈조건〉에 맞게 설명해 보시오.

〈조건〉

1. 동작상의 개념, 종류, 실현 방법을 설명할 것.
2. 밑줄 그은 부분의 동작상을 설명할 것.

17-2. (나)의 밑줄 친 부분에 대해 〈조건〉에 맞게 설명해 보시오.

〈조건〉

문법적 기능과 통시적 변천을 간략히 기술하고, (나)의 예문을 예로 들어 구체적인 의미를 설명할 것.

18. 다음 예문을 보고, 아래 물음에 답하시오.

① 사냥꾼이 토끼를 잡았다.

② ㉠ 토끼가 사냥꾼에게 잡혔다. ㉡ 토끼가 사냥꾼에게 잡아졌다.

③ ㉠ 포수 열 명이 토끼 한 마리를 잡았다. ㉡ 토끼 한 마리가 포수 열 명에게 잡혔다.

④ 나는 큰 일을 당했다.

18-1. ①~③의 예문을 바탕으로 국어의 피동 표현에 대해 〈조건〉에 맞게 설명해 보시오.

〈조건〉

(1) 능동과 피동의 개념을 설명할 것.

(2) 피동문의 유형을 밝히고, 각 유형별 의미 해석의 차이를 설명할 것.

(3) 능동문과 피동문의 동의성에 대해 설명할 것.

18-2. ④와 같은 예문을 보고 학생이 다음과 같이 질문했다고 할 때, 교사가 지도할 내용을 써 보시오.

〈학생의 질문〉

선생님, ④는 왜 피동문으로 보지 않는 건가요?

19. 아래 예문을 바탕으로 '전성 어미'를 분류하시오.

〔예문〕 ㉠ 그 일은 하기가 쉽지 않다.

㉡ 영화를 보러온 사람들로 붐볐다.

㉢ 비가 오고 있다. / 비가 오게 된다.

㉣ 비가 지루하게 내린다.

㉤ 순아는 고기를 맛있게 먹었다.

〈조건〉 1. 전성 어미의 개념과 종류별 개념을 제시할 것.

2. 학교 문법의 견해를 바탕으로 '형태 통사론적 관점'에서 분류할 것.

3. 부사형 어미의 경우 연결 어미와 관련지어 설명할 것.

20. 다음은 '문장의 짜임새'와 관련된 자료이다. 읽고 물음에 답하시오.

(가) 중세에 연극은 유럽 여러 나라에서 교회의 주관으로 온 국민을 위한 행사로서 공연되었다.

(나) 그는 네가 여기 있는 것도 모르고 산 속을 헤매겠구나.

(다) 아내는 한숨을 내쉬며 팔을 베고 자리에 쓰러지면서 눈을 감았다.

(라) 우리는 그와 함께 일하기를 거부했다.

(마) 승철이와 순호가 어제 부산으로 떠났다.

(바) 형과 아우가 십 년 만에 우연히 노상에서 만났다.

20-1. 문장의 짜임새를 〔보기〕와 같이 분류할 때 위 (가)~(다)를 예로 들어 각각 문장의 짜임을 구체적으로 설명해 보시오.

〈보기〉

· 문장의 짜임

- 홑문장
- 겹문장
  - 안은 문장
  - 이어진 문장

20-2. (라)~(바)에 대해 학생이 다음과 같이 질문하였을 때 교사가 설명해야 할 내용을 써 보시오.

① (라)에서 생략된 문장 성분이 무엇인가요? 그리고 생략된 이유가 무엇인지 설명해 주세요.

② (마)는 홑문장처럼 보이는데 왜 겹문장인가요?

③ (바)는 '형', '아우'가 모두 주어가 되므로 (바)처럼 '-와/과'에 의해 이어진 문장으로 겹문장으로 보아야 할 것 같은데 왜 홑문장인가요?

21. 다음을 읽고, 물음에 답하시오.

(가) ① 나는 전세계를 다니며 모험을 즐기는 탐험가가 되겠다.
② 우리 집 고양이는 장난꾸러기이다.
③ 배불뚝이 동남이는 달콤한 음료수를 매우 좋아한다.

(나) 오늘은 희진이의 생일이었다. 생일 파티 초대장을 받은 친구들이 한 사람 한 사람 희진이네 반 복도로 모이기 시작했다. 그러나 아직 몇몇 친구의 얼굴이 보이지 않았다.

어머니께서 몇 명이나 오는지 미리 알려 달라고 하셨기에, 희진이는 잠시 연락을 하러 공중 전화로 향했다.

"엄마, 친구들이 다 오지 않았어요."

희진이가 말했다.

"어머 그러니?"

어머니는 깜짝 놀라시는 듯했다. 그런데 갑자기 전화가 끊어졌다. 어머니께서 놀라시는 것이 좀 의아스럽기는 했으나, 희진이는 해야 할 말을 다 했다는 생각에 그냥 친구들이 있는 곳으로 서둘러 갔다. 드리고 모인 친구들과 같이 집으로 갔다. 앗, 그런데 이게 어찌된 일인가? 어머니는 파티 준비를 전혀 해 놓지 않으신 것이다. 희진이는 놀라 어머니께 그 이유를 여쭤 보았다.

"엄마, 어떻게 된 일이에요?"

"네가 다 오지 않았다고 했잖니?"

어머니께서는 당혹스러운 표정으로 희진이에게 말씀하셨다.

21-1. 다음에 제시된 표는 위의 (가)에서 주성분을 추출하여 그 기능과 명칭을 정리한 것이다. 제시된 주성분의 기능을 기술하고, 명칭을 밝혀 보자.

		누가/무엇이	무엇을, 무엇이	무엇이다 어떠하다 어찌하다
주	①	나는	탐험가가	되겠다
성	②	고양이는		장난꾸러기이다
분	③	동남이는	음료수를	좋아한다
기능 명칭				

21-2. 위의 (나)에서 희진이와 어머니의 의사 소통에 어떤 문제점이 발생하였는지 다음 〈조건〉에 맞게 기술해 보시오.

〈조건〉

1. 오해의 원인이 된 문장을 밝힐 것.
2. 오해의 원인이 된 문장에서 희진이가 말한 의미와 어머니가 이해한 의미의 차이점을 기술할 것.
3. 원만한 의사 소통을 위해 바른 문장으로 고칠 것.

22. 다음을 읽고, 물음에 답하시오.

(가) ㉠ 얼음이 녹는다. → 철수가 얼음을 녹인다.
㉡ 영호가 동화책을 읽었다. → 영숙이가 영호에게 동화책을 읽혔다.
㉢ 담이 높다. → 삼촌이 담을 높인다.

(나) ㉠ 아이 어머니가 아이에게 새 옷을 입히었다.
㉡ 아이 어머니가 아이에게 새 옷을 입게 하였다.
㉢ 철수가 동생을 자기 방에서 울리었다.
㉣ 철수가 동생을 자기 방에서 울게 했다.
㉤ 선생님께서 철수에게 책을 읽히셨다.
㉥ 선생님께서 철수에게 책을 읽게 하셨다.

(다) 그 집에서도 돼지를 먹인다.

22-1. 위 (가)를 예로 사동문을 만드는 방법에 대하여 다음 조건에 맞게 기술해 보시오.

〈조건〉
1. 사동문을 만드는 일반적인 방법 두 가지를 간략히 제시할 것.
2. (가)에 제시된 각 예문의 사동문 형성 방법에 대하여 설명할 것.

22-2. 사동문의 의미 해석에서 나타나는 특징을 위 (나)에 제시된 예문을 예로 들어 설명해 보시오.

22-3. 위 (다)를 바탕으로 학생이 다음과 같은 질문을 했을 때 이에 대한 교사의 답변을 기술해 보시오.

> 학생: 선생님! "그 집에서도 돼지를 먹인다."가 사동문이면, 그에 대응되는 주동문은 어떻게 되나요?

23. 다음을 읽고 물음에 답하시오.

> ㄱ. 나는 학교에 갔다. / 나는 학교를 갔다.
> ㄴ. 영미는 선물을 기혁이에게 주었다. / 영미는 선물을 기혁이를 주었다.
> ㄷ. 물이 얼음이 되었다. / 물이 얼음으로 되었다.
> ㄹ. 바로 오너라. / 그건 바로 너의 책임이다.

23-1. 위의 ㄱ~ㄴ을 자료로 목적어와 목적격 조사의 특성에 대해 다음 〈조건〉에 맞게 서술해 보시오.

〈조건〉 1. 학교 문법을 바탕으로 밑줄 친 부분의 문장 성분을 밝힐 것.
2. 목적격 조사의 설정에 대한 학교 문법의 문제점을 지적할 것.

23-2. ㄷ을 자료로 다음 〈조건〉에 맞게 서술해 보시오.

〈조건〉 1. 밑줄 친 부분의 문장 성분에 대한 학교 문법의 입장을 서술할 것.
2. 〈조건〉 1의 입장을 비판하여 서술할 것.

23-3. ㄹ을 자료로 다음 〈조건〉에 맞게 서술해 보시오.

〈조건〉 1. 밑줄 친 단어의 품사와 문장 성분을 밝힐 것.
2. 품사의 통용과 관련하여 부사어 설정의 문제점을 제시할 것.

24. 다음을 읽고 물음에 답하시오.

(가) ㄱ. 그는 좋은 시절이 다 (지나갔음을 / *지나갔기를) 알았다.
ㄴ. 농부들은 비가 (오기를 / *옴을) 기다린다.

(나) ㄱ. 비가 소리도 없이 내린다.
ㄴ. 그는 형과 달리 말을 잘한다.
ㄷ. 그 곳은 꽃이 아름답게 피었다.
ㄹ. 우리는 그녀가 지나가도록 길을 비켜 주었다.

(다) 그런 말을 하면 못써요.
→ *그런 말을 하면 쓰지 못해요.

24-1. 위의 (가)를 탐구하여 다음 〈조건〉에 맞게 서술해 보시오.

〈조건〉 1. 명사절을 분리하여 제시하고 명사절을 구성하는 문법 요소에 대해 설명할 것.
2. 명사절 구성 요소와 서술어의 관계를 설명할 것.
3. 위 문장에 쓰인 동사의 활용형에서 나타나는 어미 '-기'와 '-(으)ㅁ'의 의미 차이를 서술할 것.

24-2. 위의 (나)를 탐구하여 다음 〈조건〉에 맞게 서술해 보시오.

〈조건〉 1. ㄱ, ㄴ에서 부사절을 분리하여 제시하고 부사절을 구성하는 문법 요소에 대해 설명할 것.
2. ㄷ과 ㄹ의 문장이 부사절을 안은문장이면서 동시에 종속적으로 이어진 문장으로도 볼 수 있는 가능성과 그 문제점에 대해 서술할 것.

24-3. (다)에 대한 다음 학생의 질문에 대해 교사가 설명할 내용을 구체적으로 서술하시오.

학생: 선생님, (다) 문장에서 "그런 말을 하면 쓰지 못해요."라고 바꿔 써도 의미는 통하잖아요. 왜 이 문장을 비문이라고 하나요? 그리고 "그런 말을 하면 못 써요"라고 써야 띄어쓰기도 맞는 것 아닌가요?

6

의미는 움직이는 거야!

"말과 글이 업스면 엇지 그 뜻을 서로 통하며,
그 뜻을 서로 통치 못하면 엇지 그 인민이 서로 연하여
이런 사회가 성양(成樣) 되리오."

– 주시경(1910) –

얼·개·잡·기

의미는 움직이는 거야!

(1) 의미의 개념과 종류를 파악한다.
(2) 단어 간의 의미 관계를 이해한다.
(3) 단어 · 문장 · 이야기의 의미를 바르게 알고 정확히 쓴다.

언어가 소통 수단의 하나인 만큼 의미 없는 언어는 무의미하다. "바위가 개울을 넘어 산으로 간다.", "색이 없는 청색이 고양이를 가둔다."와 같은 문장은 아무리 국어로 보인다 해도 언어가 아니다. 그만큼 언어학에서 의미는 연구되어야 하는 필수 학문이다. 언어의 의미를 연구하는 것이 의미론이다.

아무리 소리가 다양하게 결합되어도 의미를 전달할 수 없으면 언어라고 할 수 없다. 우리는 매일 말을 하고 또 듣지만 막상 어떤 단어가 무슨 뜻을 가지고 있는지 따지려 들면 쉽지 않다.

의미론(semantics)은 말의 의미(meaning)를 연구하는 분야이다. 흔히 언어는 음성과 의미로 되어 있다고 한다. 음성이 아무리 정확하다고 해도 거기에 의미가 결합되지 않으면 언어가 될 수 없다. 그러나 언어학에서 의미론은 가장 적게 연구된 분야이다. 그것은 언어학자가 의미를 따로 떼어 본격적으로 다루기에는 의미의 문제가 논리적이고 철학적인 분야였고, 또 의미란 음소, 형태소, 단어, 문장 등의 단위와는 달리 그 크기의 경계가 어디에서 끊어지고 어디에서 시작되는지 막연한 성질을 가지고 있어 다루기가 어려웠기 때문이다.

1. 언어의 의미

마·음·눈·갖·기

손
펴면 아무것도 없는
빈 들판,
바람만 지나가는.
그러나 그 손으로 등을 두드려 주면
마음이 든든해지고
그 손으로 악수를 청하면
내 마음이 건너가는
다리가 된다.

– 권영상의 「납작납작한 코끼리」 중에서

권영상의 「납작납작한 코끼리」를 통해 단어의 의미를 정확히 파악하고 다양한 문맥에 쓰인 단어들의 의미 차이를 알 수 있다.

의미에 대한 정의는 수많은 학설들로 제시되었다. 이러한 학설들을 비교하면서 의미에 대한 접근 방법을 알아본다.

1.1. 지시설(指示說)

지시설(referential theory)은 의미를 그 표현이 실제로 지시하는 대상물(object, referent)로 보는 견해이다. 예를 들면 '산(山)'이라는 낱말의 의미는 그것이 실제로 지시하는 대상물로서 '산'이라는 것이다.

그러나 지시설은 다음과 같은 한계를 지닌다.

첫째, 실체를 규정할 수 없는 것들에 대한 의미를 설명할 수가 없다. 예로, 추상 명사(소망, 사랑, 믿음), 형용사(아름답다, 좋다), 동사(잇다, 묻다) 등의 낱말이나 문법적인 요소들은 지칭하는 사물을 눈으로 볼 수 없는 것들이다.

둘째, 이 세상에 존재하지 않는 대상의 의미를 파악할 수 없다. 예로 "용, 도깨비" 등은 지시물이 실제로 존재하지 않기 때문에 의미를 설명할 수 없다.

셋째, 한 대상에 대해 여러 명칭을 사용하는 경우 그 의미를 설명할 수 없다. 예로 '금성'을 '샛별'이나 '개밥바라기'로도 표현하는데 지시설에 따르면 한 대상을 여러 명칭으로 설명한다는 것은 불가능하다.

대다수의 낱말과 사물과는 필연적인 관련성이 없으므로 의미를 지시로 설명하기에는 한계가 따를 수밖에 없다.

1.2. 개념설(概念說)

개념설(concept theory)은 의미를 개념, 관념, 사고로 파악하는 것이다. 개념설은 언어와 사고가 긴밀하게 연결되어 있음을 강조한 이론으로서, 소쉬르, 사피어, 오그덴과 리차드, 울만 등이 제기하였다.

특히 소쉬르는 의미란 기호(symbol)가 대상(referent)을 간접적으로 지시하는 작용으로 보았는데, 기호(symbol)가 실제로 지시하는 것은 대상(referent) 그 자체가 아니라, 각각의 대상(referent)을 마음 속에 형상화시킨 '청각 영상'으로 파악하였다. 기호가 대표하는 것은 개념이며, 지시물은 그 개념이 대표하는 것이므로, 한 단어의 의미란 지시물 자체가 아니라 그 지시물의 심리적 영상인 '개념'이라는 것이다.

한편 오그덴과 리차드는 기호 삼각형으로 의미를 정의하였다. '상징'은 낱말과 같은 언어 요소이며 '지시물'은 대상이며, '사고 · 지시'는 개념이다. 아래의 도표에서 보듯이 '상징'은 '지시물'과 직접 연결되는 것이 아니라, '사고 · 지시'를 통하여 연결된다.

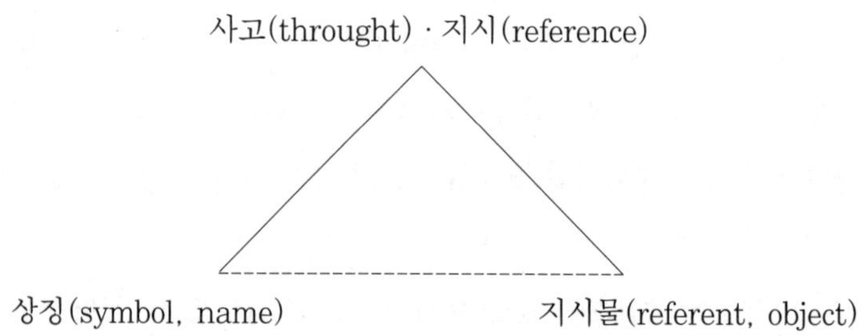

오그덴과 리차드의 기호 삼각형(Ogden & Richards' basic triangl)

의미에 대한 개념설은 심리적인 현상인 '의미'를 '개념'으로 파악하려고 하여 의미 규정의 방향을 설정했다고 볼 수 있다. 그러나 문제는 낱말의 의미와 개념이 일치하는지에 대한 것이다. 우리가 사용하는 낱말은 다양한 의미로 사용되기 때문에 개념으로 이들을 모두 포괄하기는 어렵다.

개념설의 한계점
① 하나의 표현에 대해 여러 개의 영상을 가질 수 있게 되므로, 의미는 영상이라는 정의에 따르면 모든 단어는 다의적.
② 두 가지 이상의 표현도 동일한 영상을 가질 수 있는 경우가 있음.
③ 접속어, 허사는 영상이 어떻게 생겼나?

1.3. 자극-반응설(행동주의설)

자극-반응설(S-R theory)은 언어를 행동의 한 양상으로 보아 언어의 의미를 '자극-반응'의 행동 양상으로 파악하는 행동주의 입장이다. 곧 의미란 말하는 이의 자극 상황과 듣는 이의 반응 과정이라는 것이다. 대표 학자로는 블룸필드를 들 수 있다. 이 방법은 의미를 추상적이 아닌 구체적 행동 양상으로 파악했다는 데 의의가 있다.

아래의 그림처럼 의미를 현실적 자극(S)에 의한 언어적 반응(r) 및 언어적 자극(s)의 결과인 현실적 반응(R)으로 보는 것이다. 곧 발화가 사용되는 상황의 연구로부터 의미를 추론하는 것이다.

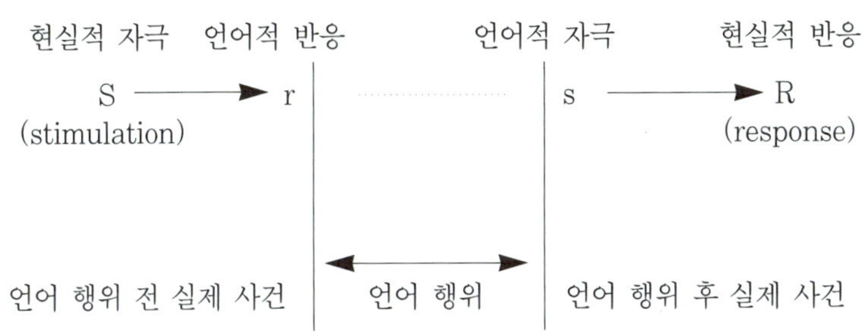

그러나 동일한 자극이 주어진다고 하더라도 발화 참여자의 일관된 반응이 이루어질 수 없다는 한계가 있다.

1.4. 용법설(用法說)

용법설(use theory)은 낱말의 일정한 의미를 인정하지 않고 낱말이 사용되는 구체적인 맥락에서의 용법을 의미로 규정하는 입장이다. 대표 학자인 비트겐슈타에 따르면 의미는 문맥적 사용이라는 측면에서 그 때 그 때 가장 정확한 의미를 파악할 수 있다는 것이다.

> 밥을 먹다. (섭취하다)
> 마음을 먹다. (품다)
> 욕을 먹다. (듣다)
> 겁을 먹다. (느끼다)

그러나 용법설은 다양한 문맥적 의미를 모두 이해하고 설명해야 하는 어려움과 사용 방법을 익히는 시간적 한계를 지니는 단점이 있다.

1.5. 의미의 성분 분석(成分分析)

성분 분석(componential analysis)은 한 낱말의 의미를 어떤 성분의 집합으로 보고 그 의미를 더 작은 성분으로 나누는 것이다. 의미의 기본 단위를 '어휘소'라 할 때 의미 성분이라는 더 작은 단위로 분해하는 것이다. 물질이 어떤 짜임을 지닌 분자, 원자로 구성되는 것과 같이 어휘소의 의미도 몇 가지 미세한 의미소(sememe)에서 비롯되었다고 보는 입장이다.

> 할머니: 〔+여자〕〔+노인〕
>
> 〈'〔 〕'은 자질을 표시하는 것이고, '+, −'는 어떤 속성의 유무를 나타낸다.〉

성분 분석은 다음과 같은 이점이 있다.

첫째, 한 단어의 의미를 체계적으로 분석하여 이해하는 데 도움을 준다.

둘째, 단어와 단어 간의 의미 관계를 분석적으로 비교하여 객관적으로 이해하는 데 도움을 준다.

셋째, 반의 관계를 검증하는 데 유용하다.

소년: 〔+인간〕〔−성인〕〔+남성〕
소녀: 〔+인간〕〔−성인〕〔−남성〕

넷째, 상하 관계를 검증하는 데 유용하다.

동물: 〔+생물〕〔+움직임〕
사람: 〔+생물〕〔+움직임〕〔+인간〕

이처럼 의미의 성분을 분석하는 것은 언어가 가지는 보편적 의미를 파악하는 데 도움을 준다. 하지만, 성분 분석의 의미 자질들에 대한 설정 부분, 즉 성분을 더 분석할 수 있는지, 그리고 자질 설정의 기준 등은 무엇인지 명확히 규정하기가 어렵다. 또한 단어의 의미가 특정한 자질의 유무로만 파악될 수 있는가 하는 점도 문제가 된다. 의미 자질은 양자택일의 원칙에 기반을 두기 때문에 특정한 범주에 속하기 위해서는 이에 해당하는 자질들을 모두 갖추어야 한다. 그러나 사람들은 단어를 사용할 때 이러한 자질의 유무만으로 실제 사용하지 않는다. 가령 '개'에 대한 성분 분석의 자질에 〔+네 개의 다리〕를 설정하면 다리 하나가 없는 개는 '개'의 범주에 속하지 못하게 된다.

2. 의미의 유형

의미에 대한 이론 체계는 반드시 의미에 대한 명확한 정의로부터 시작되어야 하지만 앞에서 보았듯이 언어의 의미를 정확히 밝혀주지는 못한다. 그러면 의미의 본질을 밝히기 위해 이를 유형화하는 작업이 필요하다. 우리가 언어를 통하여 의미를 표현한다고 할 때 표현되는 의미는 어떤 특징을 가지고 있는지 살펴본다.

다의어와 동음 이의어 구분

ㄱ. 의미의 유연성(有緣性, motivation): 공시적으로 단어의 의미들이 서로 관련이 있으면 다의어이고, 없으면 동음 이의어로 파악한다.

예) 다의어: 손(手)-노동력, 관계, 씀씀이, 기준

동음어: 배$_1$(舟) 배$_2$(腹) 배$_3$(梨)

ㄴ. 어원: 통시적으로 어원이 동일하면 다의어이고 다르면 동음 이의어로 파악한다. 그러나 어원을 정확히 파악할 수 없는 어려움이 있다.

단어의 의미

1. 외연적 의미(개념적 의미, 지시적 의미)

사전의 기본 의미를 의미하며, 단어가 가리키는 것 자체로 이해되는 의미로 사회적으로 공인된 비개인적인 것으로서, 모든 사람에게 같은 뜻으로 파악되는 의미를 이른다.

예) 달걀: 닭의 알

밤: '낮'의 상대어

"꽃잎에 이슬이 맺혔다."에서의 '이슬': 공기 중의 수증기가 찬 물에 닿아 식어 엉긴 물방울

2. 내포적 의미(함축적 의미)

암시·비유·상징적 의미, 개인적 의미를 뜻하며, 단어가 가리키는 대상에 대한 느낌과 태도(정서), 그리고 지시적 의미로부터 연상되는 유추적 의미를 이른다.

예) "오늘 밤도 별이 바람에 스치운다."에서의 '밤': 식민지 하의 암담한 현실('별, 바람'도 암시적 의미로 쓰임)

"이슬 젖은 눈망울"의 이슬: 맑고 애잔한 슬픔

2.1. 중심적 의미와 주변적 의미

중심적 의미는 한 단어가 여러 가지의 의미로 쓰일 때, 그 가운데에서 가장 기본적이고 핵심적인 의미를 말한다. 반면 주변적 의미는 중심적 의미를 제외한 여러 가지의 다른 의미를 말한다.

손(手)

(1) 손이 더럽다.(신체): 중심적 의미
(2) 손이 모자란다.(노동력): 주변적 의미
(3) 그 사람과 손을 끊겠다.(관계): 주변적 의미
(4) 손이 크다.(씀씀이): 주변적 의미
(5) 손윗사람(기준): 주변적 의미

위의 예에서 '손'의 중심적 의미는 '신체의 손'을 의미한다. 그리고 이러한 의미가 다양한 문맥에서 중심 의미를 기본으로 하여 각각 의미의 차이를 나타낸다.

이러한 의미 유형은 다의어와 동음 이의어를 구분하는 기준으로도 설명된다. 다의어(多義語, polysemy)는 하나의 단어가 여러 가지 의미를 가지고 있을 때 그 단어를 지칭하는 용어이고, 동음 이의어(同音異義語, homonym)는 서로 다른 두 개 이상의 단어가 소리만 같을 경우를 지칭한다.

2.2. 외연적 의미와 내포적 의미

외연적 의미(denotative meaning)는 어떤 낱말이 지니고 있는 가장 기본적인 의미로 1차적 의미, 사전적 의미, 개념적 의미라고도 한다. 예로 '여성'에 대해 〔+사람〕, 〔+성숙〕, 〔−남성〕의 의미가 이에 해당한다. 이와 같은 의미 자질은 누구에게나 받아들여지는 관습화된 것들이기 때문에 일상의 의사소통에서 핵심적이고 필수적인 역할을 한다고 볼 수 있다.

내포적 의미(connotative meaning)는 연상이나 관습 등에 의해 형성되는 의미로 2차적 의미, 함축적 의미라고도 한다. 내포적 의미는 사전에 등재

가능성이 낮다. "여성"에 대한 '치마', '부드러움', '섬세함' 등의 의미가 그 예이다. 다분히 말하는 이나 듣는 이의 마음 속에 일어나는 각자의 개인적인 체험과 관련된 느낌이나 생각, 또는 정서적 연상에 기초를 둔 언어의 의미라 하겠다.

2.3. 사회적 의미와 정서적 의미

사회적 의미(social meaning)는 그 언어를 사용하는 사람의 사회적 환경과 관련되는 의미이다. 말하는 이와 듣는 이 간의 사회적 차원과 층위가 다를 때 이 양자 사이에는 언어 사용상의 간격이 생기는데 이러한 간격을 문체적 의미의 차이로 이해할 수 있다. 말하는 이나 듣는 이가 어떤 표현을 말하거나 들을 때 연상될 수 있는 사회적 상황에서 비롯되는 의미이다. 언어의 사회적 상황을 나타내는 요소로는 개인의 연령, 성별의 차이, 개인의 직업과 사회적 지위, 지역적 차이, 종교적 차이 등이 있다. 예로 '신본주의', '인본주의' 등을 구사하는 사람은 교육을 받은 사람이라는 생각을 갖게 하며, '짭새', '토껴' 등을 발화하면 경찰을 두려워하는 불량배라는 느낌을 갖게 한다.

정서적 의미(affective meaning)는 언어 표현을 통해서 말하는 이나 듣는 이의 개인적인 태도나 감정 등을 알 수 있게 해 주는 의미이다. 곧 말하는 이의 감정이나 듣는 이에 대한 정신적 태도 등에 의해 발생하는 의미이다. 예를 들어 "기분이 참 좋다."에서 '참'을 정상적인 길이보다 더 길게 발음하면 그만큼 그 말의 감정적 의미가 더욱 드러난다.

2.4. 반사적 의미와 주제적 의미

반사적 의미(reflected meaning)는 반영적 의미라로도 한다. 곧 동일한 외연적 의미를 가지고 있는 서로 다른 언어 표현일지라도 그 표현에 대한 반응의 차이가 있게 마련인데, 거기서 파악되는 의미를 뜻한다. 불결한 것, 위험한 것, 무서운 것 등을 나타내는 직접적인 표현에서 반사적 의미가 파악되며, 이에 따라 완곡어법이 발달한다. 예로 '인민, 동무'와 같은 표현의 사용을 자제하는 것은 이러한 이유 때문이다. 또한 '신(神)'이라고 하면 '절대자', '토속 신앙의 신' 등의 의미가 반사적으로 떠오르는 것도 여기에 해당한다.

주제적 의미(thematic meaning)는 말하는 이나 필자의 의도적인 의미를 말한다. 어순을 바꾸거나 초점과 강조를 통해서 주제적 의미가 드러난다. 말하는 이가 하나의 문장 속에서 특별히 어떤 단어를 강조하고자 할 때에 그 단어는 초점을 받게 된다. 즉 표현하고자 하는 내용을 어떤 순서로 어디에 초점을 두어 강조하느냐에 따라 보다 구체적으로 드러나는 의미이다. 예로 "너였구나, 매일 아침 화단에 물을 준 사람이."에서 서술부를 문장 앞에 놓아 '너'라는 의미를 강조하고 있다.

2.5. 연어적(連語的) 의미

연어적 의미(collocative meaning)는 어떤 단어가 배열된 문맥에 의해서 얻어지는 연상 의미로, 연속하여 이어진 두 단어에서 얻어지는 배열적 의미이다. 이러한 의미는 아래의 경우처럼 자연스럽게 받아들일 수 있는 것과 어색하게 느껴지는 차이를 져오게 한다.

귀여운 아가씨/?귀여운 남자/??귀여운 창문

3. 어휘 의미론

어휘를 구성하는 단어들은 의미를 중심으로 관계를 맺고 있다. 이를 연구하는 것이 어휘 의미론이다. 단어 간의 의미 관계는 유의 관계, 반의 관계, 하의 관계가 있다.

① 길, 길거리, 거리, 도로, 통로, 통행로
② 열다: 닫다 / 잠그다 / 채우다
③ 생물 - 동물 - 포유류 - 영장류 - 인류 - 몽골리안 - 한국인

①은 소리는 다르지만 의미가 비슷한 단어들이다. 이러한 단어들의 의미 관계가 유의 관계이다. 유의 관계에 있는 단어들은 그 의미가 비슷비슷하지만 쓰이는 상황과 가리키는 대상의 범위가 다르고 미묘한 느낌의 차이가 있다. 이러한 유의 관계는 어휘력의 확장과 다채롭고 풍부한 언어 생활을 가능하게 해 준다. 즉 머릿속의 생각을 상황에 꼭 맞게 같은 단어를 반복하지 않고 효과적으로 표현할 수 있다.

②는 단어들의 의미가 서로 반대되거나 또는 짝을 이루어 서로 관계를 맺고 있는 단어들이다. 이러한 단어들의 의미 관계를 반의 관계라 한다. 이러한 반의 관계는 어휘력 확장과 사물이나 개념들의 관계를 좀더 명확하게 인식할 수 있게 해 주며, 막연한 대상을 대조적으로 표현하여 의미를 분명히 구분해 준다.

③은 단어들 간에 의미 관계가 앞쪽의 단어에 뒤쪽의 단어가 포함되고 있다. 이러한 단어들의 의미 관계를 상하 관계라 한다. 상하 관계는 지시 대상 자체가 스스로 이미 어떤 관계를 형성하고 있음으로 말미암아 단어의 의미상으로도 관계를 가지는 것으로 파악한다. 의미상으로 포함하는 단어를 상의어, 포함되는 단어를 하의어라 하는데, 상의어와 하의어는 ③처럼 계층적 구조를 형성하고 있다. 즉 상의어는 여러 개의 하의어를 가질 수 있고, 반대로 하의어는 여러 개의 상의어를 가질 수 있다. 하의 관계를 형성하고 있는 단어들은 상의어일수록 일반적이고 포괄적인 의미를, 하의어일수록 개별적이고 한정적인 의미를 지니다. 이러한 하의 관계는 분류에 관한 조직적이고 과학적인 인식을 기를 수 있게 한다.

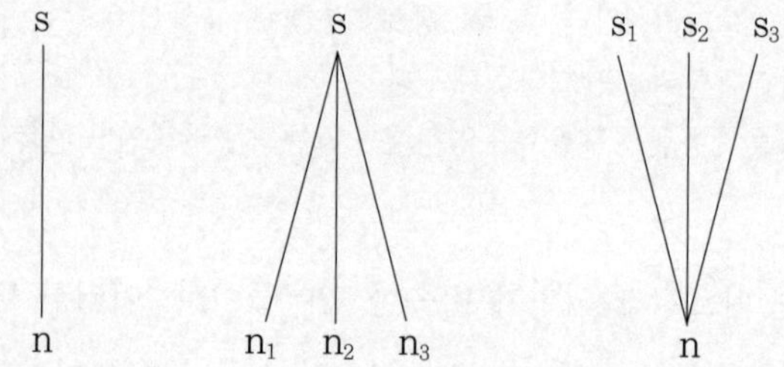

단의어　　유의어　　다의어, 동음 이의어

3.1. 다의어와 동음 이의어

마·음·눈·갖·기

「시집살이 노래」란 작품을 통해 단어의 의미를 파악하고 문맥에서 동일 형태의 단어가 어떤 의미 차이를 지니는지 알 수 있다.

형님 형님 사촌 형님 시집살이 어떱데까.
이애 이애 그 말 마라 시집살이 개집살이
앞밭에는 당초 심고 뒷밭에는 고추 심고
고추 당초 <u>맵다</u> 해도 시집살이 더 <u>맵더라</u>.

– 충남 예산 지방 민요 「시집살이 노래」

3.1.1. 다의어

다의어는 하나의 소리(signifiant)에 서로 관련이 있는 의미(signifie)가 여럿 결합된 단어로서, 하나의 단어 형태가 여러 개의 의미를 지니는 현상이다. 어떤 단어가 여러 가지 상황에서 하나의 단어 명칭에 대해 유연성을 지닌 둘 이상의 의미, 즉 다의(多義)를 지니고 사용되는 것을 단어의 다의성이라고 하며, 이런 다의성을 지니고 주변적 의미를 둘 이상 가지고 있는 것을 다의어라 한다. 아래는 '사다' 란 동사가 다양하게 쓰이는 문맥들이다.

① 고야가 가게에서 수박을 <u>샀다</u>.(값을 치렀다)
② 윤 노인이 인부들의 품을 <u>샀다</u>.(대가를 치르고 사람을 부렸다)
③ 강 사장이 이웃 사람들에게 점심을 <u>샀다</u>.(대접했다)
④ 홍보는 쌀을 팔아 돈을 <u>샀다</u>.(얻었다)

⑤ 그 사람은 고생을 사서 한다.(일부러 만들다)
⑥ 춘향이는 마을 사람들에게 인심을 샀다.(감정을 갖게 했다)
⑦ 이순신 장군의 공로를 높이 사자.(인정하자)

이 세상에 있는 사물은 무한한데, 이것을 나타낼 수 있는 언어 기호가 유한하므로 부득이 다의적인 표현을 하지 않을 수 없다. 만약 하나의 단어에 하나의 의미만 대응하고 있으면 단어의 수가 무한히 많아져야 하므로 언어 활동에 큰 불편이 야기될 수 있다. 하나의 언어 기호가 담당하는 의미의 폭이 넓어져서 일정한 어휘로써 경제적인 언어 활동을 영위하기 위해서 자연히 다의어가 요구될 수밖에 없는 것이다. 다의어가 성립되기 위해서는 그 단어의 의미들이 과연 어떻게 연관되는가가 밝혀져야 하는데, 이는 동음 이의어와 구별하는 기준이 된다.

위의 자료에 나오는 ①~⑦ '사다'의 공통점과 차이점은 무엇일까?

'사다'는 여러 가지 의미를 지니고 있다. 만약 한 어휘에 하나의 의미만 가져야 한다면 우리의 언어 생활은 어떻게 될까? 다음의 다의어 검증 기준을 통하여 '사다'와 '말'을 각각 분석해 보고 두 그룹으로 나누어 보자.

<table>
<tr><td>1</td><td></td><td>2</td><td></td><td>3</td><td></td><td>4</td></tr>
<tr><td rowspan="3">공통 차원이
있는가?
〈사다〉
〈말〉</td><td rowspan="3">→</td><td rowspan="2">있다</td><td>→</td><td>그 차원의 모든 영역을 망라한다.</td><td>→</td><td>일반적 의미</td></tr>
<tr><td>→</td><td>그 차원의 모든 영역을 망라하지 못한다.</td><td>→</td><td>다의어 1</td></tr>
<tr><td colspan="3">없다.</td><td>→</td><td>다의어 2
동음 이의어</td></tr>
</table>

'사다'와 같이 하나의 소리에 서로 유연성이 있는 의미가 여럿 결합된 낱말을 '다의어'라고 한다. '사다'에서 가장 기본적이고 핵심적인 의미는 ①이다. ①의 '사다'는 '값을 치르고 물건이나 어떤 권리를 자기 것으로 하다'는 뜻이다. ①은 중심 의미가 되며, ②~⑦의 의미는 ①에서 비유나 다른 방법에 의해서 확장되고 파생된 주변 의미이다.

1) 다의어의 발생 원인

울만(S. Ullmann)은 다의어 발생의 원인을 다음과 같이 구별하였다.

첫째, 적용의 전이이다. 단어는 사용되는 문맥에 따라 다수의 다른 양상을 지닌다. 처음에는 구체적이고 실질적이었던 의미가 점점 확대되어 추상적이고 상징적으로 옮겨감으로써 하나의 표현 형태가 다양한 의미를 가지게 된다.

> 밝다(빛 → 색 → 표정 → 분위기 → 눈 ; 귀 → 사리)

둘째, 사회 환경에 의한 의미 특수화로 이루어진다. 일반 사회에서 통용되던 단어가 특수 사회 환경 내에서 사용될 경우 의미가 특수화된다.

> '행동' (action)이 법률가 상호 간에는 소송(legal action)을, 군인들에게는 군사 작전(fighting action)을 뜻한다.

셋째, 비유적 언어(표현)로 발생한다. 한 단어는 고유한 의미 이외에 비유적인 의미를 획득하기도 한다. 그 결과 고유의 의미와 비유적인 의미가 공존할 경우 다의어가 형성된다.

> '동궁' : 왕자의 거처 → 왕자
> '코(鼻)' : 버선코, 그물코, 콧대(기세, 의기)를 세우다
> '청춘' : 봄, 청년, 청년기, 젊음
> '자리' : 좌석, 지위, 위치

넷째, 동음(이의)어의 재해석에 의한다. 어원적으로 별개의 낱말이었지만 여러 변화에 의해 동음어가 이루어질 때 의미상 어떤 관련성이 인정되면 다의어로 재해석이 된다.

> '여름' (〈녀름 : 夏)과 '여름' (〉열매 : 實) ⇒ 민간어원

다섯째, 외래어(외국어)의 영향에 의한다. 기층 언어가 지니고 있던 본래

의 의미와 외국어의 영향에 따른 새로운 의미 사이에 다의어가 형성된다는 것이다.

'하나님' (천신, 옥황상제 → 기독교의 유일신 개념을 포함)

2) 다의어의 의미 구조

다의어의 의미 구조는 '유사'와 '인접'에 의해 나눌 수 있다.

첫째, 유사 구조는 사물이나 개념 사이에 형태, 기능, 속성의 유사로 이루어진다. 예를 들어, '목'(손목, 병목, 길목)은 형태적인 유사성을, '손'(씀씀이, 관계, 조력자)은 기능적 유사성을, 그리고 '높다'(기온, 물가, 지위)와 같은 예에서는 속성의 유사성을 확인할 수 있다.

둘째, 인접 구조는 사물이나 개념 사이에 공간 및 시간상의 인접 또는 인과 관계에 따른다. "가슴을 내밀다."라는 기본 의미에 대해서, "그녀는 가슴이 빈약하다."(유방), "가슴이 나쁘다."(폐), "가슴을 태우다."(속) 등으로 나타나는 것은 공간의 인접성을 보인다. "아침이 밝아온다"에서 기본 의미로 쓰인 '아침'이 "아침 먹자."와 같이 '식사'의 의미를 지니면 시간상의 인접성이 나타난다. "어제 술잔을 들었다."에서 '술잔'이 "술 한 잔 했다."(음주)로 사용되면 인과 관계에 의한 인접성으로 볼 수 있다.

그러나 유사 구조와 인접 구조가 동시에 나타나는 경우도 있다. 주로 신체와 관련된 단어들이 그러하다.

새·겨·알·기

기본 의미는 모든 다른 의미와 사용의 바탕이며, 사회적으로 인식된 기초이다. 이에 반해 파생 의미는 기본 의미보다 특수하며, 흔히 어떤 문법적 형태로 고정된다.

예) '바람'

기본 의미 ① [기압의 변화로 일어나는 공기의 흐름이나 공기]

"바람이 분다.", "공에 바람이 빠졌다."

파생 의미 ② [들뜬 마음이나 행동] "그 사람이 바람이 났다/들었다."
③ [허풍] "영수의 말은 바람이 세다."
④ [시련] "그들은 온갖 바람을 이겨내고 성공했다."
⑤ [이성에게 채이다] "그 여자에게 바람을 맞았다."
⑥ [사회적 분위기] "{사정 · 감원} 바람이 분다."

3.1.2. 동음 이의어

동음 이의어는 하나의 소리에 여러 개의 의미가 대응될 때 이 의미들 사이에는 서로 관련이 없이 소리만 동일한 경우를 말한다.

경마장에는 말이 많다.(동물)
쌀 한 말만 팔아 오너라.(곡식의 분량을 헤아리는 단위)
윷놀이에서 이기려면 말을 잘 놓아야 한다.(장기판의 물건)
발 없는 말이 천 리 간다.(언어)
바다 속에 사는 말은 깨끗하다.(물속에 나는 식물)

위의 예처럼 동음 이의어들은 의미상 서로 관련이 없다.

3.2. 유의어

마·음·눈·갖·기

작품 「흥부전」을 통해 유의 관계의 단어를 파악하고 이 단어들의 의미 차이를 정확히 알 수 있다.

밥이 어떻게 중한 것이라고 밥상을 치셨소? 밥이라 하는 것이 나라에 오르면 수라요, 양반이 잡수시면 진지요, 하인이 먹으면 입시오, 제배(儕輩)가 먹으면 밥이요, 제사에는 진메이니, 얼마나 중한가요?

-「흥부전」 중에서

유의 관계는 말소리는 다르지만, 의미가 같거나 비슷한 둘 이상의 단어가 맺는 의미 관계이다. 이러한 유의 관계에 있는 단어를 유의어라 한다. 동의

어라 하는 경우도 있으나 의미가 완전히 똑같은 단어 쌍은 존재하지 않는다고 보기 때문에 유의어라 부르는 경우가 더 많다.

① 가끔, 더러, 이따금, 드문드문, 때로, 간혹, 자주
② 생각, 마음, 속생각, 의향, 견해, 심중, 의중, 소망, 소원, 관념, 사고, 사상, 사색, 사유, 착상, 구상, 추억, 회상, 고려, 고찰, 의도, 의향, 추측, 추정
③ 죽다, 숨지다, 숨넘어가다, 숨거두다, 눈감다, 사망하다, 절명하다, 사멸하다, 영면하다, 별세하다, 작고하다, 타계하다

유의어는 상황에 꼭 맞는 말로 생각을 표현하고 싶을 때, 한 문장 속에서 같은 단어를 반복하고 싶지 않을 때 등과 같은 경우에 사용하게 된다.

이러한 유의어는 의미 자질의 차원이 대체로 같지만 정도성에서나 상태성에서 약간의 차이가 나는 언어군으로서 표현을 정확하고 풍부하게 할 때 효과적이다. 유의어의 예는 다음과 같다.

가. 색채어 ┌ 노랗다/누렇다/샛노랗다/싯누렇다/누리끼리하다/뇌랗다/노리끼리하다/노르스름하다/노르께하다/누르스름하다
　　　　　└ 까맣다/검다/까무잡잡하다/거므스레하다/새까맣다/거무틱틱하다

나. 기후어 ┌ 춥다/차다/싸늘하다/썰렁하다/차갑다/시원하다
　　　　　└ 덥다/따뜻하다/따갑다/따스하다/뜨겁다/뜨뜻하다/따사롭다

다. 친척어 ┌ 아버지/아버님/아빠/가친/부친/아바이/애비/춘부장/선친/대인/선대인
　　　　　└ 어머니/어머님/엄마/어무이/어미/에미/자당/모친

라. 미각어 – 달다/달콤하다/달디달다/달큰하다/당작지근하다/덜큰하다/시다/시큼하다/시큼털털하다/시금털털하다/새콤하다

우리말에 유의어가 발달한 이유

1) 고유어와 함께 한자어와 외래어가 섞여 쓰이고 있다.
예) 어머니–모친–마마, 아내–처–와이프, 잔치–연회–파티, 가락–율동–멜로디, 머리–모발–헤어
2) 높임법이 발달하여 왔다.
예) 너/자네/당신/댁/제군/이 사람, 나/저/본인/이 사람, 이름/성명/존함/함자
3) 감각어가 발달하여 있다.
예) 노랗다/노르께하다/노르끄레하다/노르무레하다/노르스름하다/노릇하다/노릇노릇하다
4) 국어 순화를 위하여 정책적으로 말을 만들어 냈다.
예) 세모꼴 ← 삼각형, 쪽 ← 페이지, 성탄절 ← 크리스마스
5) 금기 때문에 생기기도 하였다.
예) 어린 사내 아이를 보고 '고추' 보자고 하는 것, 동물 세계를 설명하면서 '짝짓기' 라는 말을 만들어 쓰는 것

3.3. 반의어

마·음·눈·갖·기

박완서의 「어른 노릇, 사람 노릇」을 통해 반의 관계의 단어를 파악하고, 반의 관계에 있는 단어들의 특성을 알 수 있다.

손바닥의 앞과 뒤는 한몸이요
가장 가까운 사이지만
뒤집지 않고는 볼 수 없는
가장 먼 사이이기도 하다.
사고의 전환도 그와 같은 것이다.
뒤집어 보면 이렇게 쉬운 걸
뒤집기 전에는 구하는 게 멀기만 하다.

– 박완서의 「어른 노릇, 사람 노릇」 중에서

반의 관계란 둘 이상의 단어에서 서로 짝을 이루어 대립하는 의미 관계를 말하며 그러한 단어들을 반의어라 한다. 다음의 자료를 통해 확인해 보자.

(1) 지구에 사는 인간의 반은 남자이고, 반은 여자이다. 우리나라의 전통 사상 중의 하나였던 유교에는 남존여비 사상이 깔려 있다. '① 남자는 귀하고 ② 여자는 천하다'는 뜻으로 이런 잘못된 사상이 현재까지 남아선호 사상으로 이어져 남녀 성비가 크게 깨져 앞으로는 ③ 총각은 남아돌고, ④ 처녀는 부족하여 결혼 문제가 사회 문제로 부각될 것을 예상하고 있다. 앞으로 여자는 ⑤ 어머니가 되기 쉬어도 남자는 ⑥ 아버지가 되기가 어려울 것 같으니 남아선호의 최대 피해자는 결국 남자가 될 것이다.

(2) ① 남자 : 여자, 미혼자 : 기혼자, 참 : 거짓, 살다 : 죽다
② 길다 : 짧다, 굵다 : 가늘다, 좋다 : 나쁘다, 쉽다 : 어렵다
③ 남극 : 북극, 출발 : 도착, 천당 : 지옥, 천재 : 천치

예 (1)의 ①, ③, ⑤의 어휘들을 괄호 안에 넣어보자.

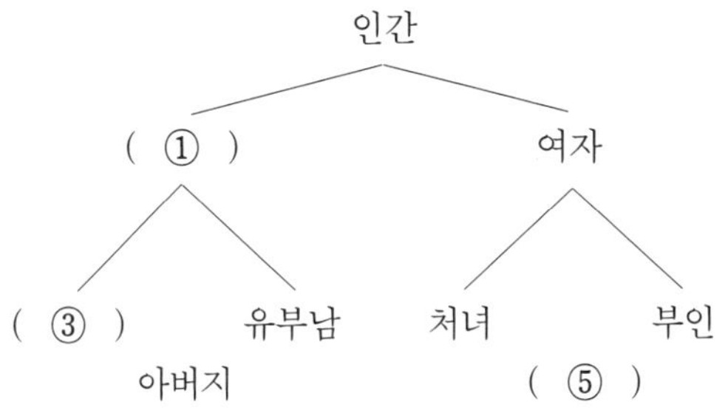

〔인간의 의미장〕

이번엔 예 (1)의 ③~⑥의 어휘 중에서 아래의 의미 성분 분석에 맞는 단어를 괄호 안에 넣어보자.

*의미 성분 분석
(③) : 〔+사람〕〔+남성〕〔+성인〕〔+젊음〕〔+미혼〕
(④) : 〔+사람〕〔+여성〕〔+성인〕〔+젊음〕〔+미혼〕
(⑤) : 〔+사람〕〔+남성〕〔+성인〕〔+젊음〕〔+결혼〕〔+자식〕
(⑥) : 〔+사람〕〔+여성〕〔+성인〕〔+젊음〕〔+결혼〕〔+자식〕

그리고 예 (2)에 제시된 ①, ②, ③의 어휘를 각각 분석해 보고 세 묶음으로 나누어보자.

다음과 같은 정리가 가능할 것이다.

〔반의어의 검증 기준〕

1	2	3	4		5
중간 단계(중간항)가 있는가?	없다	모순 관계를 나타냄		→	상보 반의어
	있다	대립 관계를 나타냄	대립되는 양상이 측정, 평가하는 의미를 나타냄	→	정도(등급) 반의어
대칭 관계가 있는가?			대립되는 양상이 맞선 방향으로 이동, 변화하는 의미를 나타냄	→	상대 반의어

이처럼 반의 관계는 의미상 동질성과 이질성을 동시에 가지고 있으며 이

질성에 있어서는 오직 하나의 배타성만을 가지고 있어야 한다. 반의 관계는 같은 의미망 속에서만 나타나는데 반의 관계를 맺고 있는 두 단어는 등위적 관계에 놓여 있다.

반의어의 특성을 살피면 다음과 같다.

첫째, 반의어는 둘 사이의 공통적인 의미 요소가 있으면서 한 개의 요소만 달라야 한다. 예로 '남자/여자', '아버지/아들' 등이 있다.

둘째, 반의어는 반드시 한 쌍으로만 존재하는 것이 아니라 한 단어에 여러 개의 단어가 대립하는 수도 있다. 예로 '하늘/땅, 바다', '과거/현재, 미래' 등이 있다.

셋째, 어떤 단어가 다의어이면 그에 따라 반의어가 달라질 수 있다. 예로 '서다/앉다, 가다, 멈추다', '연하다/질기다, 딱딱하다, 강하다' 등이 있다.

이러한 반의어는 사람들이 세상에서 일어나는 현상이나 사물을 대립되는 짝으로 나누어 파악하려는 경향에서 생겨난 것으로서, 원 단어의 의미를 좀 더 명확히 파악할 수 있도록 도와주며 사고를 명확하게 하고 어휘력을 발달시키는 도구의 기능을 한다.

3.4. 상하의어

마·음·눈·갖·기

김남주의 「이 겨울에」를 통해 상의어 '나무'에 대해 하의어 "느티나무, 미루나무, 상수리나무, 싸리나무" 등으로 다양한 종류의 '나무'가 제시되어 있다. 이처럼 하의어들은 상의어보다 구체적이고 이러한 하의어들은 더 분류될 수 있는 계층 구조를 갖는다.

한파가 한차례 밀어닥칠 것이라는
이 겨울에
나는 서고 싶다 한 그루의 나무로
우람하여 듬직한 느티나무로는 아니고
키가 커서 남보다
한참은 올려다봐야 할 미루나무로도 아니고
삭풍에 눈보라가 쳐서 살이 터지고
뼈까지 하얗게 드러나 키 작은 나무쯤으로
그 나무 키는 작지만
단단하게 자란 도토리나무
밤나무골 사람들이 세워둔 파수병으로 서서

그 나무 몸집은 작지만
다부지게 생긴 상수리나무
감나무골 사람들이 내보낸 척후병으로 서서
싸리나무 옻나무 너도밤나무와 함께
마을 어귀 한구석이라도 지키고 싶다.
밤에는 하늘가에
그믐달 같은 낫 하나 시퍼렇게 걸어놓고
한파와 맞서고 싶다.

– 김남주의 「이 겨울에」

상하 관계는 두 개의 단어 중 한 단어의 의미가 다른 단어의 의미에 포함될 때 이루어지는 관계로서, 상위어 또는 상의어와 하위어, 또는 하의어의 구분은 상대적이다.

사람 - 황인종 - 한국인 - 서울사람 - 김성수

어휘소의 계층 구조에서 다른 쪽을 포함하면 상의어인데, 상의어일수록 일반적이고 포괄적인 의미를 지닌다. 어휘소의 계층 구조에서 다른 쪽에 포함되면 하의어라고 하며, 하의어일수록 개별적이고 한정적이고 구체적인 의미를 지닌다.

(1) 나는 친구에게 생일 선물을 주기 위해 화원에 들렀는데 ① 장미, 백합, 국화, 카네이션 등의 ② 꽃이 많았지만 그 중에서 내 맘에 드는 장미를 샀다. 나는 ③ 개와 같은 애완 ④ 동물을 좋아하지만 친구는 장미처럼 관리하기가 쉬운 식물을 더 좋아한다.
화원에서 산 장미를 물이 든 화병에 꽂아 놓으면 ⑤ 생물이기 때문에 일주일 이상 싱싱한 상태로 꽃이 활짝 피어 마음을 상쾌하게 해준다.

(2) 어제 나는 국화꽃에서 놀고 있는 ① 생물을 보았다.
어제 나는 국화꽃에서 놀고 있는 ② 동물을 보았다.
어제 나는 국화꽃에서 놀고 있는 ③ 곤충을 보았다.
어제 나는 국화꽃에서 놀고 있는 ④ 벌을 보았다.

예 (1)에서 ①~⑤, 예 (2)에서 ①~④의 단어 의미를 사전에서 찾아보고 공통된 의미를 추출할 때, 공통된 의미 성분이 많을수록 하의어일까? 상의어일까? 아래의 의미장에 예 (1)의 ①~⑤, 예 (2)의 ①~④의 어휘들을 확인해보자.

상하 관계는 함의와 밀접한 연관을 지닌다.
☞ 하의어는 상의어를 함의하지만 역으로 상의어는 하의어를 함의하지 않는다.
☞ 의미 성분의 수가 적은 쪽이 상위어, 많은 쪽이 하의어가 된다. 의미 성분의 수가 많은 하의어는 구체적 · 특수적이며, 의미 성분의 수가 적은 상의어는 추상적 · 일반적이다.
☞ 상의어는 내포가 좁고 외연이 넓은 반면 하의어는 내포가 넓고 외연이 좁다.

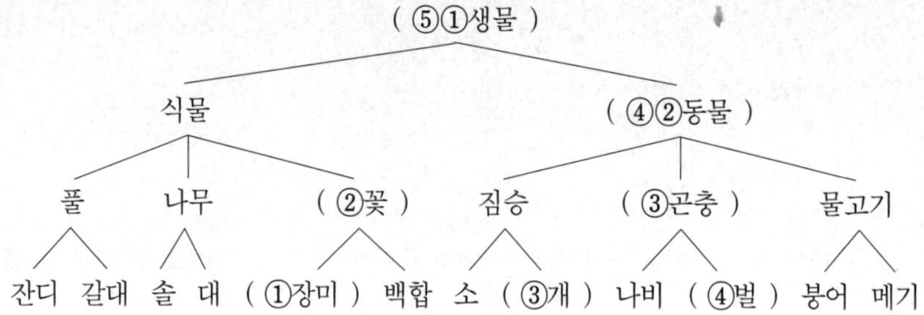

〔생물의 의미장〕

그러면 예 (2)의 ①~④의 어휘 중에서 아래의 의미 성분 분석에 맞는 단어를 선택한다면 어떤 것을 어디에 넣어야 적합할까?

의미 성분 분석
(①) : 〔+생명체〕
(②) : 〔+생명체〕〔+움직임〕
(③) : 〔+생명체〕〔+움직임〕〔+날개〕
(④) : 〔+생명체〕〔+움직임〕〔+날개〕〔+침〕

의미장을 이루는 한 언어의 어휘 체계는 최하위 계층의 부분장으로부터 그것을 포괄하는 각 단계의 부분장으로 통합되고, 이러한 통합 작업은 궁극적으로 최상위 계층인 하나의 장으로 귀결하게 된다. 상하 관계란 한 어휘의 의미가 다른 어휘의 의미를 포함하는 계층적 관계를 가리킨다. 이 '생물'이라는 의미장은 '동물'과 '식물'의 부분장으로 구성되어 있는데, '생물'과 이들은 상하 관계에 있다. '풀', '나무', '꽃' 등과 '식물'과의 관계도 마찬가지이다. '꽃'과 같이 아주 쉬운 단어라 할지라도 이는 상당한 수준의 추상화 과정을 거친 후에야 형성된 개념이다. 그러므로 어휘의 하위 개념은 상위 개념에 비해 구체적이며 상위 개념으로 갈수록 추상화되어 간다.

3.5. 중의적 표현

중의적 표현은 하나의 표현이 여러 의미로 해석될 수 있는 것을 말한다. 말하는 이가 제시한 하나의 표현이 둘 이상의 의미를 지님으로써 듣는 이가 해석하는 데 곤란을 느끼는 복합적 의미 관계이다. 언어 구조에 나타나는 중의성(ambiguity)은 우연적이며 의도성이 개입될 여지가 적다는 점에서 언어 구조의 신비성을 드러낸다.

① 말이 많다.
② 게으른 토끼와 거북이가 경주를 한다.
③ 김 선생님은 호랑이시다.
④ 새아는 그 책을 읽지 않았다.
⑤ 사람들이 다 오지 않았다.

①은 '말(言語)을 많이 한다/말(馬)이 많이 있다/말(斗)이 많다' 등 다양한 의미를 가지는데, 이와 같이 하나의 단어 때문에 중의적 표현이 된 것을 '어휘적 중의성'이라고 한다. ②는 "게으른 토끼가 거북이와 경주를 한다/게으른 토끼와 게으른 거북이가 경주를 한다" 등의 의미를 가지는데, 이와 같이 문장 구조의 특성 때문에 중의적 표현이 된 것을 '구조적 중의성'이라고 한다. ③은 "김 선생님은 호랑이처럼 무서우시다/김 선생님은 호랑이처럼 생겼다" 등의 다양한 의미를 가지는데, 이와 같이 비유의 속성으로 인해 중의적 표현이 된 것을 '비유적 중의성'이라고 한다. 부정문에서는 부정이 미치는 범위에 따라 같은 문장이라도 둘 이상의 의미로 해석될 가능성이 있다. ④는 부정의 대상에 따라 "그 책을 읽은 것은 새아가 아니다/새아가 읽은 것은 그 책이 아니다/새아가 그 책에 관해 한 일은 읽은 것이 아니다" 등의 의미로 해석될 수 있다. ⑤는 "사람들 가운데 온 사람은 하나도 없다/사람들이 오긴 왔는데 모두 온 것은 아니다" 등의 의미로 해석될 수 있다.

부정문의 중의성을 해소하는 방법으로는 "사람들이 다 오지는 않았다"와 같이 보조사 '는'을 결합하는 것이 있다. 이 외에도 강세와 억양을 통해서 중의성을 해소할 수 있다.

1) 중의성의 종류

(1) 어휘적 중의성

모호성
명확히 구분되지 않는 외재적 세계를 어떤 언어 기호로 나타냄으로써 발생한다.
예) '아름답다', '추하다'의 한계, '산의 높낮음'에 대한 정도

하나의 기호로 여러 사물이나 범주를 나타냄으로써 발생하는 것으로, 모호성(vagueness)과 구별되는 개념이다. 다의어와 동음어에서 많이 나타난다.

① 저기 배가 있다. (腹, 船, 梨) - 동음어
② 어디, 손 좀 보자. (手, 수리하다, 혼내주다) - 다의어

(2) 구조적(통사적) 중의성

문장의 구조에 의한 중의성을 말한다.

① 선생님이 보고 싶은 학생이 많다.
② 나는 혜은이와 선화를 만나러 가고 있다.
③ 아름다운 숙영 낭자의 목소리를 듣고 싶다.
④ 학생이 다 출석하지 않았다.

①은 "선생님을 보고 싶은 학생이 많"은 것인지, "선생님이 많은 학생을 보고 싶"은 것인지 의미가 중의적이다. ②는 "내가 혜은이와 함께 선화를 만나러 가고 있"는 것인지, "내가 혜은이와 선화 모두를 만나러 가고 있"는 것인지의 의미가 중의적이다. ③은 "그녀가 아름다운"지, "목소리가 아름다운"지의 의미가 ④는 "학생이 모두 출석하지 않"은 것인지, "학생이 일부 출석했다"는 것인지의 의미로 해석된다.

(3) 비유적(화용적) 중의성

비유적인 표현(은유, 직유)으로 인해 생기는 중의성을 말한다.

> ① 한국 축구팀은 후지산을 넘고 만리장성에 올랐다.
> ② 내 딸은 아들입니다.

①의 표현은 일본이라는 나라를 '후지산'으로 비유한 것으로, 또는 '후지산'을 실제로 넘었다는 의미로 해석되며 ②는 '내 딸'이 '아들'처럼 호탕한 것으로 또는 '내 딸'이 '아들' 노릇을 한다는 것으로 해석된다.

새·겨·알·기

① 다의어에 의한 중의성: 다의어의 생성 원인에 따른 중의성의 양상
  ㉠ 적용의 전이에 따른 중의성: 손이 크다 / 스승의 뒤를 따랐다 / 아기 보러 간다
  ㉡ 의미의 특수화에 따른 중의성: 그는 믿음이 돈독하다 / 상록수 / 신촌
  ㉢ 의미의 일반화에 따른 중의성: 박사 / 선생 / 사모님
  ㉣ 비유적인 표현에 따른 중의성: 눈이 밝다 / 귀가 얇다 / 코가 높다 / 발이 넓다

② 동음어에 의한 중의성
  ㉠ 문맥 속에서 어떤 낱말이 동음 관계에 있는 다른 낱말과 의미의 혼란을 가져올 때 동음어에 의한 중의성이 나타나게 된다.
  예) 배가 탈 났다 / 거지가 쪽박을 찼다 / 학생들이 총장의 식사 도중에 구호를 외쳤다
  ㉡ 발화에서 전혀 다른 두 낱말이 연음으로 인해 중의성이 일어나는 경우도 있다.
  예) 그 소년은 그 소녀를 그리워했다.

③ 방언에 의한 중의성: 시차성이 아주 큰 경우에는 동음어, 다소간의 시차성이 나타나면 다의어에 의한 중의성과 유사한 성질을 지닌다.

㉠ 지역적 방언의 중의성

예) 쌀 팔러 간다 (경상도방언) / 이거 오습원이문 너무 싸디 않소 (서북방언-비싸다)

㉡ 표준어와 문화어, 연변어의 차이에 의한 중의성

예) 어버이: 부모(표)-김일성(문)

아가씨: 처녀(표)-봉건주의적 처녀(문)

부인하다: 거부하다(표)-묻다(연)

바쁘다: 바쁘다(표)-힘들다(연)

일없다: 일없다(표)-괜찮다(문)

2) 중의성의 해소

중의성은 다음과 같은 방법으로 해소된다.

첫째, 문맥을 통해서 해소된다. 중의성을 띤 어휘나 문장은 문맥을 통해서 해소되는 경우가 많다. 실제로 수많은 동음어나 다의어가 의미적으로 변별되는 데는 문맥의 도움이 절대적이다.

장에 가서 장을 사다 장에 넣었소.
부처가 절에 가서 부처에게 절을 했다.
눈에 눈이 들어 가니 눈물이냐 눈물이냐?

둘째, 형태 변화를 시켜 해소한다. 동음어에 의한 중의성은 형태의 첨가로 의미의 혼란을 방지하는 일이 있다.

양초-식초/ 고기배-고깃배/경기도 광주-전라도 광주

셋째, 한자어로 표기하여 중의성을 해소하기도 한다.

理想의 날개/ 李箱의 날개

넷째, 부정문의 중의성 해소는 보조사 '는'의 결합을 통해 해소하기도 한다.

사람들이 다 오지 않았다 → 사람들이 다 오지는 않았다.

4. 문장 의미론

문장의 의미는 개별 문장 자체의 의미를 기술하는 것도 중요하지만 문장과 문장들 사이의 의미론적 관계, 의미 유형 등을 규명하는 것이 더 중요하다. 즉 이들 수많은 문장들의 의미론적 유형이나 의미 구성 원리를 체계적으로 기술하려는 것이 문장 의미론이다.

4.1. 문장 유형들의 의미

평서문의 형식은 "-습니다, -요, -네, -어, -다" 등으로 이루어져 있으며, 주체가 어떤 사물이나 상황에 대한 정보, 생각, 느낌을 진술하는 기능을 가진다. 평서문의 의미는 기본적으로는 기능과 같으나 문장에 내포된 의미에 따라 평서문, 의문문(…말해주면 좋겠다), 명령문(또는 요청문)(써내기 바란다), 청유문(-것을 제안한다)의 의미를 나타낼 수 있다.

의문문은 "-습니까, -요, -까, -어, -니" 등으로 이루어져 있으며, 말하는 이가 알지 못하는 것이나 부족다고 여기는 것들을 듣는 이를 통하여 해결하려는 의도를 언어로 표현하고 듣는 이로부터 언어적인 응답을 요청한다. 그 의미는 기본적으로는 기능과 같으나 문장에 내포된 의미에 따라서는 평서문(여진이는 정말 착한 아이가 아니니?), 명령문(너 좀 조용해 줄 수 없겠니?), 청유문(너 나랑 시장에 좀 안 갈래?)의 의미도 나타낼 수 있다.

명령문은 "-ㅂ시오, -요, -게, -어, -라" 등으로 이루어져 있으며, 듣는 이에게 어떤 행위를 할 것을 언어적으로 명령하는 기능을 갖는다. 명령문은 문장 내포 의미에 따라 의문문(누구와 그 일을 할 것인지 말하라)과 청유문(나

지금 도서관에 가는데 따라오너라), 평서문(비야, 그쳐라)의 의미도 나타낼 수 있다.

청유문은 "-ㅂ시다, -요, -지, -자" 등의 형식을 가지고 있으며 말하는 이가 듣는 이에게 함께 어떤 일을 하자고 제안하는 기능을 갖는다. 청유문은 문장에 따라서 명령(나 책 좀 읽자), 요청(이제 돌아들 갑시다/좀 내립시다)의 의미도 있다.

4.2. 긍정문과 부정문의 의미

마·음·눈·갖·기

리처드 바크의 「갈매기의 꿈」을 통해 부정문의 유형과 의미를 파악하고 부정문을 정확하게 표현할 수 있다.

대부분의 갈매기들은 가장 기본적인 날기,
그 이상을 배우려고 애쓰지 않았다.
먹이를 찾아 해변을 떠났다가 되돌아오는 것
그 이상을 배우려고 하지 않았다.
그들에게 날아다니는 일보다 먹는 게 중요했다.
그렇지만 이 갈매기에게는 먹이가 아니라,
멋지게 날아다니는 것이 문제였다.
무엇보다도 조나단 리빙스턴은 나는 것을 사랑했다.

– 리처드 바크의 「갈매기의 꿈」 중에서

긍정문이란 주제가 어떤 일이나 행위에 대하여 사실을 밝히거나 인정하는 문장으로서, 의미 또한 기능과 같으나 진위가 논의될 수 있다.

(1) 자영이는 성실하고 정직하다.
(2) 나는 연극을 좋아한다.
(3) 수진이는 매일 수영을 한다.

'못, 안'으로 인한 짧은 부정문은 직접적인 부정을, '못하다, 아니하다'로 인한 긴 부정문은 간접적인 부정을 뜻하여 차이가 있긴 하지만 이는 정서적 의미 차이일 뿐이다. 하지만 '안, 아니하다'의 의지 부정과 '못, 못하다'의 능력 부정의 차이는 명확히 의미가 다르다.
예) 나는 발표 준비를 안 했다.
나는 발표 준비를 못 했다.
(= 나는 발표 준비를 하지 못했다)

부정문은 일반 평서문과 동일한 형식을 가지고 있으나 동사 앞에 '안'이나 "용언 어간+-지 못하다"가 삽입된 문장이다. 부정문은 주체가 어떤 일이나 상태에 대해 부정하는 문장으로의 기능을 지니며, 의미적으로는 '안'과 '못'

의 의미 차이가 있다. 즉 '안'은 의지가 있거나 어떤 사태에 대해 부인하는 의미가 있으나 '못'은 의지가 있어도 능력이 없거나 여건이 허락하지 않아서 생기는 결과를 의미한다. '-지 말다'는 명령문과 청유문에 사용된다.

(1) 민아가 서점을 안 갔다.(가지 않았다.)
(2) 민아가 서점을 못 갔다.(가지 못했다.)
(3) 민아야, 서점에 가지 말아라.

4.3. 능동문과 피동문의 의미

능동문은 주체가 목적어에 해당하는 사물에게 어떤 행위를 가하는 사실을 진술한다.

(1) 은기는 글을 썼다.
(2) 영아는 동생을 업었다.

피동문은 어떤 행위나 동작이 남의 행동에 의해서 되는 행위를 말한다.

(1) 글이 은기에 의해 써졌다.
(2) 동생이 영아에게 업혔다.

4.4. 주동문과 사동문의 의미

주동문은 주체가 어떤 일을 직접 하는 것을 말한다.

(1) 눈이 녹는다.
(2) 길이 넓다
(3) 아기가 우유를 먹는다.

사동문은 주어가 남에게 동작을 시키는 것을 말한다.

정은이는 빵을 먹었다. (기본 문장)
빵이 정은이에게 먹혔다. (피동 접미사 '-하-'가 붙은 유형)
빵이 정은이에게 먹어졌다. ('-어지다'가 붙은 피동 유형)

피동문과 사동문의 지나친 사용

☞ 그러한 성격 때문에 당해지는 손해가 여간 크지 않았다. (당하는)
☞ 과학적인 인간관과 인식론에 있어서는 인간과 인식에 관한 유일한 가정처럼 받아들여지는 데에서 우려를 낳고 있다. (과학적인 인간관과 인식론이 인간과 인식에 관한 유일한 가정처럼 받아들여지는 점이 우려를 낳고 있다.)
☞ 버스가 곧 도착됩니다. (도착합니다)
☞ 우리 사회에서 광고는 산업 발달로의 척도가 되어가는 증상을 느낄 수 있다. (우리 사회에서 광고는 산업 발달의 척도가 되어가고 있다.)
☞ "내가 남자 친구 한 명 소개시켜 줄게." (내가 남자 친구 한 명 소개 해 줄게. '시키다'란 표현은 자기가 직접 행동하지 않고 남을 통해 그 일을 시키는 경우에 쓰는 사동표현이다. 여기서는 자기가 직접 행동을 하는 경우에 해당하므로 '소개해'로 고쳐야 한다.
☞ 그것이 요즈음 학생들에게 많이 읽혀지는 책이다. (읽히는)
☞ 부정 선거를 막기 위하여 미리 대책이 마련되어져야 한다. (부정 선거를 막기 위하여 미리 대책이 마련되어야 한다.)

(1) 햇빛이 눈을 녹였다.
(2) 인부들이 길을 넓혔다.
(3) 엄마가 아이에게 우유를 먹인다.

4.5. 중의문

중의성의 양상

① 다의어에 의한 중의성
ㄱ. 아기를 보러 간다
- 돌보아 주러 간다.
- 보러간다. (see)
ㄴ. 손을 잡았다
- 신체의 일부를 잡았다.
- 어떤 일을 하기 위해 다른 사람과 협조를 했다.
ㄷ. 손 좀 봐야 돼
- (너의) 손(手)을 봐야 돼.
- (이 기계는) 손(수리) 좀 봐야 돼.
- 그 사람은 손(처리) 봐야 돼.

② 동음 이의어에 의한 중의성
ㄱ. 말이 많다
- 말(동물)이 많다.
- 말(語)이 많다.
ㄴ. 달이 차다
- 달(月)이 차다.
- 달(歲)이 차다.
ㄷ. 저 배를 보십시오
- 신체의 일부
- 과일
- 선박

중의문은 글자 그대로 한 가지 형식의 문장이 두 가지 이상의 의미를 전달하고 해석되는 문장을 말한다. 하나의 문장은 이상적으로 하나의 의미로만 전달되고 해석되어야 하지만 여러 가지 요인으로 인하여 두 가지 이상의 의미로 해석되는 문장들이 있다. 지시적, 개념적, 구조적, 어휘적, 논리적, 화용적 요인에 의해 주어진 문장이 중의적이 된다는 것이다. 따라서 중의문의 유형도 다양하다.

첫째, 어휘적 중의성(lexical ambiguity)이다.
(1) 우리는 내일(오늘의 다음날/미래) 일을 알 수 없다.
(2) 보아가 가는 길(도로/인생역정)은 평탄치 못하다.
(3) 사람은 속(마음이 넓고 사리분별력 있음/위장)이 좋아야 한다.

둘째, 구조적 중의성이다.
(1) 보름이는 서령이와 주현이를 방문했다.
(2) 한국은 중국과 일본을 물리쳤다.
(3) 나는 성실하고 정직한 나영이와 혜림이를 좋아한다.

셋째, 부정문에 의한 중의성이다.
(1) 한국 사람이 다 정직하지 않다.
(2) 미애는 어제 용산 가족공원에서 고향의 친구들을 만나지 않았다.

넷째, 화용론적 중의성(누가 누구에게 어떤 상황에서)이다.
(1) 날씨가 덥다.
(2) 저는 밤 늦게 다니는 게 무서워요.

다섯째, 관용적 중의성이다.
(1) 그들은 손을 잡았다
(2) 우리 어머니는 나보다 눈이 밝으셔.

여섯째, 은유적 중의성이다.
(1) 요즈음엔 주말에 더 찬바람이 부는구나.(차가운 바람/시장 경기가 나쁘다)
(2) 이제 총을 버리고 삽을 잡자.(무기 버리고 농사 짓는 기구를 잡

자/물리적 힘의 해결 방식 버리고 땀 흘려 일하는 분위기 조성하자)

5. 의미 변화

마·음·눈·갖·기

김수환의 「참으로 사람답게 살기 위하여」를 통해 '별로'의 의미를 파악하고 '별로'를 다양한 문장으로 표현하면서 그 쓰임을 확인할 수 있다.

대체로 남을 용서해야 한다는 생각은 자주 갖는데,
내가 용서받아야 한다는 생각은
별로 갖고 있지 않습니다.
별로 잘못한 것이 없다고 자부하기 때문입니다.
자신이 용서받아야 할 필요를 많이 느끼는 사람이
남을 용서할 줄도 아는 사람입니다.

– 김수환의 「참으로 사람답게 살기 위하여」 중에서

언어의 의미 변화 원인에는 크게 언어적 원인, 역사적 원인, 사회적 원인, 심리적 원인이 있다.

(1) 주책없다, 엉터리없다, 우연치 않게
(2) 배(船)(우주선), 역(驛)
(3) 영감, 안타, 공양
(4) 돌아가다, 동무, 인민

(1)은 언어적 원인의 예로, 하나의 단어가 다른 단어와 자주 인접하여 나타남으로써 그 의미까지 변화한 것이다. '주책, 엉터리'는 '없다'와 인접하여 쓰여서 원래의 뜻과는 달리 부정적인 의미로 바뀌었다. '우연치 않게'는 원래는 '우연하게'가 옳으나, 오용이 거듭되면서 의미가 바뀐 예이다.

(2)는 역사적 원인의 예로, 단어가 가리키는 지시 대상은 바뀌었음에도 불구하고 단어는 그대로 남아 필연적으로 의미 변화가 일어난 것이다. '역(驛)'은 공용 여행자에게 말을 태워주던 곳이 철도 정거장을 지시하는 말로

쓰이게 된 것이다.

(3)은 사회적 원인의 예로, 일반적인 단어가 특수 사회 집단에서 사용되거나 반대로 특수 집단에서 사용된 단어가 일반 사회에서 사용됨으로써 의미 변화가 일어난 예이다. 전자의 예로 '영감, 성경'은 일반적인 단어가 법조계, 기독교에서 사용됨으로써 '판 · 검사, 신 · 구약'을 가리키는 단어로 의미 변화하였고, 후자의 예로 '안타, 공양'은 각각 야구, 불교라는 특수 집단에서 사용된 단어가 일반화된 예이다.

(4)는 심리적 원인의 예로, 비유적 용법, 완곡어 등에서 자주 사용되는 동안 단어에 대한 인식이 변화하면서 단어의 의미까지 변화한 예이다. 특히 (4)의 '동무, 인민' 등은 반사적으로 정치적인 의미가 전달되기 때문에 기피하는 현상이 심하다.

새·겨·알·기

의미 변화의 유형

(1) 의미의 확대

· 의미가 변화하여 그 적용되는 영역이 원래 영역보다 넓어지게 된 것을 말한다.

· 단어가 다의성을 가지게 되는 것은 대개 의미의 확대에 해당한다.

· '다리(脚)'가 애초에는 사람이나 짐승의 다리만을 가리키는 것이었을 텐데 '책상'이나 '지게'의 다리 같은 무생물에까지 적용된 것이다,

· '먹다'라는 동사가 음식물을 섭취하는 동작만을 가리켰을 것인데 '욕을 먹다, 마음을 먹다, 겁을 먹다' 등에까지 적용된 것도 의미가 확대된 결과이다.

· '영감(令監)'은 당상관(정삼품 이상 종이품)에 해당하는 벼슬을 지낸 사람을 일컫는 말이었는데, 지금은 남자 노인을 가리키게 되었다. 오늘날 아무에게나 '사장님'이라는 호칭을 사용하는 것도 비슷한 예이다.

· '세수(洗手)하다'는 말도 원래는 '손만을 씻는 동작'을 가리키는 뜻이었으나, 얼굴을 씻는 행위까지 포함하게 되어 의미가 확대된 것이다.
· '방석(方席)'은 원래 네모난 모양의 깔개만을 가리키는 말이었으나, 둥근 것까지도 가리키게 되어 의미가 확대되었다고 할 수 있다.
· '핵(核)'이라는 말도 원래는 '열매의 씨를 보호하는 속껍데기'를 가리키는 말이었지만, 지금은 '사물의 중심이 되는 알맹이'라든가, '원자의 핵' 등으로 확대하여 사용되고 있다.

(2) 의미의 축소
· 앞의 경우와는 반대로, 의미가 변화하되 그 적용되는 영역이 원래 영역보다 좁아지게 된 것을 말한다.
· '짐승'이라는 말은 원래 유정물 전체를 가리키는 불교 용어 '즁싱(衆生)'에서 온 것이지만, 지금은 인간을 제외한 동물을 가리키는 말로 의미가 축소된 것이다.
· '놈, 계집' 같은 말은 원래 일반적인 남자, 여자를 가리키는 말로 사용되던 것인데, 지금은 그 사용 범위가 축소되어 욕하는 뜻으로만 사용된다.
· '사랑하다'는 '생각하다'와 '사랑하다'의 두 가지 의미를 가졌으나, 이제는 '사랑하다'의 의미만을 가지게 되었다.

(3) 의미의 이동
· 의미의 확대도 아니고 축소도 아닌 단순한 이동으로 볼 수밖에 없는 경우도 있다.
· '어리다'라는 말은 중세에는 '어리석다'는 뜻이었는데 '나이가 어리다'는 뜻으로 의미가 이동하였다.
· '싁싁하다'는 말은 원래 '엄하다'는 뜻이었는데 지금은 '씩씩하다'는 뜻으로 바뀌었다. 이것도 의미의 이동에 해당한다. 이러한 예로는 '어엿브다'(불쌍하다 → 아름답다) 같은 말이 있다.
· 현대 국어에 이르는 동안 원래와는 완전히 반대의 뜻을 가지게 된 단어도 있다. '빋쏘다'는 원래 명사 '빋'과 형용사 '쏘다'가 합성된 용언이었다. '빋'은 '값어치'의 뜻을, '쏘다'는 '값이 나가다'의 뜻을 가졌었는데, 후대에 '비싸다'는 하나의 단어로서 원래의 뜻을 그대로 유지한 반면, '싸다'는 그 반대의 뜻을 가지게 되었다. 이와 같은 예로는 '엉터리'와 '에누리'를 더 들 수 있다.

'엉터리'는 원래 '대강 갖추어진 틀'을 뜻했고, '에누리'는 원래 '값을 더 얹어서 부르는 일'을 뜻했다.

· "주책없다, 엉터리없다" 같은 말은 원래 부정 표현이 개입되어 있어 "주책이다, 엉터리이다" 등과 같은 긍정 표현이 반대의 의미로 사용되어야 할 것이나, 실제로는 같은 뜻으로 사용되고 있다. 이는 부정 표현과 긍정 표현 사이에 의미의 이동이 일어난 것이라고 할 수 있다. 오늘날 흔히 '우연하게'라고 말해야 할 자리에 사용되고 있는 '우연치 않게'와 같은 경우도 의미의 이동이 나타날 조짐을 보이고 있는 예라 할 수 있다.

· 어떤 단어의 의미 변화 과정을 잘 조사해 보면, 의미의 확대와 축소가 단계적으로 이루어지고 있는 경우를 볼 수 있다. 가령, '수술(手術)'과 같은 단어를 보면 원래 '손으로 하는 기술이나 재주' 정도의 뜻이었지만, 의미가 축소되어 의학 용어로 사용되었다. 그리고 여기서 다시 "고치기 어려운 사회 병리 현상이나 폐단을 고친다."는 뜻으로 확대 사용되기도 한다.

세·워·가·꾸·기

1. 언어의 의미와 의미의 종류를 이해했는가?

2. 다의어와 동음 이의어의 차이를 알았는가?

3. 유의, 반의, 상하 관계를 이해했는가?

4. 단어나 문장의 의미를 바르게 알고 언어 활동에서 정확하게 사용하고 있는가?

5. 의미 변화의 원인과 유형을 이해하고 단어의 의미를 바르게 파악하고 사용하는가?

풀·어·다·지·기

1. 다음 중, '죽다'가 중심 의미로 사용된 것은?

① 시계가 죽다　② 콧날이 죽다　③ 사람이 죽다

④ 기가 팍 죽다　⑤ 풀이 죽다

2. 다음 중, 반의 관계에 대한 설명으로 볼 수 없는 것은?

① 의미의 어느 한 부분이 상대되는 경우이다.

② 두 단어 사이에 많은 공통점을 가지고 있다.

③ 어느 한 대상을 가리키는 말들 사이의 관계이다.

④ 대조적인 표현을 나타내기에 적합한 관계이다.

⑤ 하나의 단어에 여러 개의 반의어가 올 수 있다.

3. 하위어와 상위어에 대한 설명으로 옳지 않은 것은?

① 하의어는 그 위에 여러 개의 상의어를 가질 수 있다.

② 상의어는 그 아래에 여러 개의 하의어를 가질 수 있다.

③ 상의어는 하의어에 비해 의미가 더 구체적이다.

④ 하의 관계는 계층적인 구조를 형성한다.

⑤ 하의어를 분류하여 상의어로 묶을 수 있다.

4. 다음 문장에서 쓰인 동음 이의어의 뜻을 말하시오.

① 올해는 유난히 배가 맛있다.

② 아이스크림을 많이 먹으면 배가 아프다.

③ 중국에 갈 때 인천에서 배를 타고 가면 비용이 적게 든다.

④ 이 물건은 저 물건보다 값이 세 배가 비싸다.

⑤ 고양이가 한 배에 아홉 마리나 낳았다.

5. 다음 내용을 잘 살핀 후 조건별로 논술하시오.

〈조건〉 1. 개념 2. 각 유형의 공통점과 차이점

① 알다↔모르다 / 있다↔없다

② 가르치다↔배우다 / 팔다↔사다

③ 뜨겁다↔차다 / 크다↔작다

④ 소년↔소녀 / 까투리↔장끼

⑤ 뛰다↔걷다, 떨어지다 / 벗다↔입다, 쓰다, 신다

〔6~9〕 다음 글을 읽고, 물음에 답하시오.

(가) 생활에서 즐거움을 얻고자 하는 사람은 생활에 대한 뜨거운 ㉠애정이 있어야 한다. 생활에 사랑을 쏟아 넣을 때, 썩은 나무 등걸에서 생명의 움이 트고, 말 없는 자연이 환희의 미소를 던진다. 정원에 핀 꽃과 공중을 나는 ㉡새 소리가 누구에게나 기쁨을 주는 것은 아니다. 자연에 대한 애정을 가지고 그것을 관심 있게 볼 때에 비로소 기쁨이 되는 것이다.

(나) 생활의 즐거움은 ㉢피동적으로 주어지는 것이 아니다. 오히려 ㉣능동적으로 그것을 향유(享有)할 만한 정신적 자세를 지녔을 때 얻어지는 것이다.
건강한 식욕의 소유자는 음식을 가리거나 탓하는 일이 없어 무슨 음식이나 맛있게 먹을 수 있으며, 미식가를 부러워하지 않는다.
우리는 생활의 즐거움을 위하여 ㉤모름지기 건강한 식욕의 소유자가 되어야 하겠다.

6. ㉠과 유의 관계에 있는 단어를 (가)에서 찾아 쓰시오.

7. ㉡의 최상의 상의어로 알맞은 것은?

① 비둘기 ② 참새 ③ 날짐승 ④ 들짐승 ⑤ 동물

8. ㉢과 ㉣의 관계에 해당하는 것은?

① 유의어 ② 동의어 ③ 반의어 ④ 하의어 ⑤ 상의어

9. ㉤의 뜻으로 알맞은 것은?

① 마땅히 ② 반드시 ③ 어쩔 수 없이 ④ 모두 ⑤ 차라리

10. 동음 이의어와 다의어에 대해 (가)와 (나)의 자료를 바탕으로 〈조건〉에 맞게 설명하시오.

(가) 이제
저녁 노을 너머로
①해가 지네요.
어둠의 사자가 서서히 다가오면
이 ②해도 다 가게 되겠지요.
이 ③해의 마지막 ④해를 보니
내 마음은 설레네요.

(나) 형님 형님 사촌 형님 시집살이 어떱데까.
이애 이애 그 말 마라 시집살이 개집살이
앞밭에는 당초 심고 뒷밭에는 고추 심고
고추 당초 ㉠맵다 해도 시집살이 더 ㉡맵더라
-「시집살이 노래」(충남 예산 지방 민요)

(다) ㉮ 배가 고프다
㉯ 저 장독은 배가 부르다.
㉰ 사과보다 배가 더 시원하다.
㉱ 저 섬까지 배를 타고 가자.

10-1. 동음 이의어와 다의어에 대해 (가)와 (나)의 자료를 바탕으로 〈조건〉에 맞게 설명해 보자.

〈조건〉

1. 동음 이의어와 다의어의 개념을 밝힐 것.
2. (가)와 (나)의 밑줄 친 낱말의 의미를 밝힐 것.
3. 동음 이의어와 다의어의 의미를 올바르게 파악하는 방법을 (가)와 (나)의 자료를 바탕으로 설명할 것.

10-2. "동음 이의어와 다의어를 구별하는 기준을 안다."라는 학습 목표를 성취하기 위해, (다)의 자료로 아래와 같은 탐구 학습 과정에 따라 교수-학습하고자 한다. 다음 표의 '가설 설정'과 '가설 검증'의 내용을 적고 '결론의 진술 및 적용'의 빈 칸을 채워보자. 단 가설 설정은 세 문장으로 써보자.

문제의 정의	동음 이의어와 다의어를 구별하는 기준은 무엇일까?
가설 설정	(1) (2) (3)
가설 검증	
결론의 진술 및 적용	지금까지 논의한 내용을 (1), (2)로 정리할 수 있다. (1) (2)

11. 아래의 (가) 글에는 같은 소리를 가졌는데 서로 다른 의미로 쓰인 표현들이 나온다. '보기'와 같은 형식으로 아래에 쓰시오.

(가) 옛날에 쉬운 말이 있어도 꼭 어려운 한자어를 써야 직성이 풀리는, 못된 선비가 있었습니다. 하루는 그 사람이 길을 떠나게 되었습니다. 오랫동안 길을 가다 보니 목이 말라 술 생각이 났습니다. 마침 건너편에 마을이 하나 보였지만, 낯선 곳이라 그 마을에 주막이 있을지 걱정되었습니다. 그 마을에 들어갔다가 주막이 없으면 괜히 헛걸음만 하는 셈이기 때문이지요. 혹시 알 만한 사람이 없나 하여 주위를 둘러보았습니다. 마침 한 노인이 비도 안 오는데 삿갓을 쓴 채, 소를 타고 오고 있었습니다. 그 노인에게 묻는데 그만 이 선비의 고질병이 도졌습니다. '주가(酒家)'가 있소? 그러자 노인이 대답하기를 "김가, 이가는 많아도 주가(朱家)는 없소." 이 선비는 노인이 무식하다고 속으로 비웃으면서, "아니, 술집 말이오." 하고 다시 말했습니다. 그러자 노인은 "술집은 당신 코 아래 있지 않소." 하고 대답했습니다. 그게 무슨 말이냐고 물으니까, "술[숟가락]의 집이야 당신 입이 아니오?" 하고 외려 반문하는 것이었습니다. 엉뚱한 사람이라고 생각한 선비는, 노인을 놀려주려고 "당신 머리 쓴 게 뭐요?" 하고 물었습니다. 그러자 노인이 "머리 쓴 것은 오이지요."라고 대답했습니다. 기가 막혀서 "말 못할 양반이로군." 하고 돌아서려는데, 그 노인이 말했습니다. "그러기에 말 안 타고, 소 타고 가지요." 하더랍니다.

〈보기〉

〔주가〕 → '술집'이라는 뜻의 한자어 / 성이 '주' 씨인 사람

(1) 〔술찝〕 → ______

(2) 〔머리쓴걷〕 → ______

(3) 〔말모탈싸람〕 → ______

아름다운 우리말

반지기: 쌀이나 어떤 물건에 다른 잡 것이 섞이어 순수하지 못한 것을 나타낼 때 쓰는 말

반지빠르다: 1. 못된 것이 언행이 교만스러워서 얄밉다, 2. 어중되어서 쓰기에 거북하다

발서슴하다: 쉼없이 두루 돌아다니다

보늬: 밤이나 도토리 따위의 속껍질

보지락: 비가 온 분량을 헤아리는 말로 보습이 들어갈 만큼 빗물이 땅속에 스며들어간 깊이

쌈지: 명사로 담배, 돈, 부시 따위를 싸서 가지고 다니는 작은 주머니

안다미로: '그릇이 넘치도록 담은 것이 많다'라는 뜻의 부사, 순우리말

옹골차다: 실속이 있게 속이 꽉 차 있다

7

이야기, 그때 그때 달라요!

사람이 말을 하는 것은 생각하기
위해서가 아니라 자기 생각을 나누어 주기 위해서이다.
말하는 이의 사회적 욕구와 사회적 본능이 사람으로
하여금 말을 하게 하는 것이다.

- D. 휘트니 -

얼·개·잡·기

이야기, 그때 그때 달라요!

(1) 발화와 이야기의 관계를 이해한다.
(2) 이야기의 표현과 이해 요소를 알고 장면에 맞게 이야기를 한다.
(3) 이야기의 짜임을 이해하고 구체적인 상황 맥락 안에서 실제 이야기를 한다.

마·음·눈·갖·기

서정주의 「冬天」은 하나의 문장으로 되어 있는 완벽한 시이다. 단어 하나, 조사 하나만 빠지거나 바뀌어도 허물어질 것 같은 한 덩어리로 응집된 완벽한 '텍스트' 임을 확인할 수 있다.

내 마음 속 우리 님의 고운 눈썹을
즈믄 밤의 꿈으로 맑게 씻어서
하늘에다 옮기어 심어 놨더니
동지섣달 날으는 매서운 새가
그걸 알고 시늉하며 비끼어가네

– 서정주의 「冬天」

인간은 주위와의 관계를 떠나 존재할 수 없으며 본원적으로 사회적인 존재이다. 인간 개개인이 자신의 사상과 감정을 표현하고 상호간의 의사 소통을 필요로 할 때 사용되는 도구가 언어이지만, 언어는 인간 상호 간의 이해를 위한 단순한 교환 수단이 아니라 인간의 사유와 행동과 삶을 지배하고 창조하는 데 중요한 기능을 한다.

추상적인 체계로 언어를 다루는 형태나 문장 구조 등도 말하는 이, 듣는 이, 상황에 따라 다양하게 표현될 수 있다. 예를 들어서 "네 마음대로 해 봐." 라고 했을 때 만일 이 표현이 아버지가 화가 나서 아들에게 한 말이라면 절대로 아들은 자기 마음대로 해서는 안 된다는 사회적 의미가 내포된다. 이 사회적 의미를 아들이 깨달았다면, 이 두 사람이 살고 있는 사회 속에서는 이런 소통 형태의 문화성이 존재하게 되는 것이다. 이처럼 말하는 이, 듣는 이, 내용, 장면에 따라 실제 언어 활동을 하는 것을 우리는 '이야기'라고 한다.

1. 이야기의 개념과 구성 요소

마·음·눈·갖·기

> 앤서니드 멜로의 「종교박람회」를 읽으면서 이야기란 무엇인지 그 개념과 쓰임을 이해할 수 있다.

자기 집 정원을 자랑스러워하는 사람이 있었습니다.
그런데 그 정원에 자꾸만 민들레가 돋아났습니다.
민들레를 없애려고 온갖 방법을 다 썼지만,
민들레는 여전히 왕성하게 번식했습니다.
그는 전문가에게 편지를 썼습니다.
자기가 시도한 모든 방법을 설명하고 질문했습니다.
"어떻게 하면 좋을까요?"
전문가에게서 이런 답장이 왔습니다.
"민들레를 사랑하세요."

– 앤서니드 멜로의 「종교박람회」 중에서

1.1. 이야기의 개념

'이야기'라는 용어는 문장 단위를 넘어서서, 그것이 모여 이루어지는 "모든 실제 사용된 언어 형식"을 지칭하는 넓은 뜻을 지닌다. 이야기는 담화 문법(談話文法)의 화(話)에 해당하기도 하고 텍스트 문법의 텍스트(text)의 개념과 유사하기도 하다. 따라서 이야기는 일차적으로 말하는 이와 듣는 이를 중심으로 나타나는 구체적인 언어 활동은 물론 문장이 모여서 이루어지는 한 덩어리의 글도 포함된다. 이러한 관점에서, 이야기를 구성하는 단위라는 뜻인 '발화'라는 용어는 '문장'과 일치하는 경우가 많다.

이야기에 관련된 용어로는 담화, 텍스트 등이 사용되고 있으나, 그 구별도

> 교육과정에서는 담화를 발화들의 구성체로, 그리고 발화란 문장이 음성 언어로 실현된 것을 지칭하는 것으로 규정하고 있다.
> 담화를 구성하는 요소로는 담화의 기본이 되는 발화, 화자와 청자, 그리고 구체적인 의미가 상호 작용하는 장면이다. 이 중 장면은 언어 내적 장면과 언어 외적 장면으로 나뉜다. 전자는 한 담화 내에서 발화를 둘러싼 앞뒤 발화들을 가리키고, 후자는 담화가 사용되는 시간적 공간적 배경을 가리킨다. 언어 외적 장면이란 담화가 사용되는 시공간에 존재하는 상대가 나보다 높은 경우와 낮은 경우 높임의 표현 방식이 달라지는 것과 같은 경우를 말한다.(임지룡 외, "문법교육론" 2010)

이야기

이야기 ┌ 담화(음성): 어조, 리듬 등이 중요 역할을 한다.
└ 텍스트(문자): 문장 부호 등이 중요 역할을 한다. 고정된 격식이나 서명이 필요하기도 한다.

(1) 발화의 연속체 + 일정한 구조
(통일성 + 연결 형식)
내용 형식 동일 어구 반복 〈 지시어 사용 〈 접속어
(2) 장면 ┌ ㉠ 언어 내적 장면: 말들 사이의 관계 (언어 맥락)
└ ㉡ 언어 외적 장면: 말하는 이+듣는 이+시·공간적 조건(상황 맥락)

언어는 크게 두 가지로 인식될 수 있는데 하나는 언어를 객관적 대상으로 보아 그 내적 '구조'를 분석하려 했던 전통적인 언어학의 관점이고 다른 하나는 언어를 의사소통의 도구로 보는 것이다. 두 번째 관점에서는 두 문장 이상으로 이루어지는 텍스트나 담화를 주요 관심의 대상으로 삼으면서, 어떤 한 문장의 의미는 문장 그 자체보다는 그 문장이 쓰인 상황이나 문맥에 의해 결정된다고 보고 있다.

그리 뚜렷한 것은 아니다. 담화는 일정한 목적을 달성하기 위하여 사용된 구어적(口語的) 언어 형식을 가리키는 용어로 사용된다. 따라서 각각의 담화는 정보 제공 기능, 호소 기능, 약속 기능, 사교 기능, 선언 기능을 하는 독특하고 고유한 담화의 유형을 이룬다. 텍스트 또한 그 형식적인 특성과 내용에 따라 정보 제공 텍스트, 호소 텍스트, 약속 텍스트, 사교 텍스트, 선언 텍스트로 나뉜다. 담화와 텍스트는 모두 문장 이상의 단위로 고유의 기능이 있고 형식적 특성을 지닌다는 점에서는 동일하지만 각각 음성 언어와 문자 언어라는 측면에서 차이점이 있다. 또한 담화에서는 어조, 리듬 등이 중요한 역할을 하지만, 텍스트에서는 문장 부호 등이 중요하며 편지, 계약서 등과 같은 고정된 격식과 서명이 필요한 경우도 있다.

1.2. 이야기의 구성 요소

이야기의 구성 요소에는 말하는 이, 듣는 이, 내용, 장면 등이 있다. 이를 도식으로 나타내면 다음과 같다.

이야기의 구성 요소

말하는 이/듣는 이	내용(발화)	장면
• 이야기에서 반드시 있어야 하는 요소 • 독백은 말하는 이와 듣는 이가 동일하다고 볼 수 있음.	• 말하는 이와 듣는 이가 주고 받는 정보. 주로 발화로 실현됨. • 말하는 이의 느낌, 생각, 믿음 등이 포함됨.	• 이야기가 이루어지는 시간적·공간적 상황 • 이야기의 흐름이나 의미 해석에 결정적인 역할을 함.

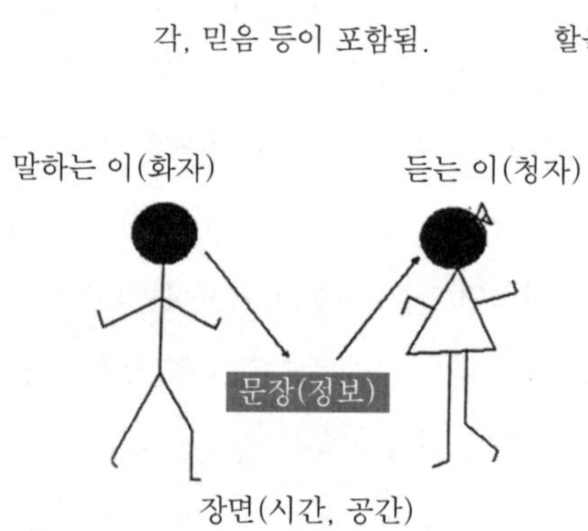

상황에 맞게 말을 하기 위해서 다음과 같은 요건들을 점검해야 한다.

첫째, 말을 하는 목적은 무엇인지를 알아본다.
둘째, 말할 대상을 고려한다.
① 듣는 사람의 마음 상태는 어떠한가?
② 그 사람은 내가 말하고자 하는 내용에 대하여 어느 정도 알고 있는가?
셋째, 시간적 · 공간적 조건을 파악한다.
① 어떤 장소에서 언제 말을 하는가?
② 격식을 갖추어 말을 해야 하는가?
넷째, 이야기의 흐름을 파악한다.
① 내가 말하기 전에 어떤 이야기가 오갔는가?
② 함께 나누는 이야기의 가장 중심이 되는 화제는 무엇인가?
다섯째, 말을 주고받는 분위기는 어떠한가를 알아본다.

말을 할 때에 가장 중요하게 고려해야 할 것은 바로 말을 듣는 사람이다. 아무리 말을 잘 해도 듣는 사람이 이해를 못 한다거나, 관심이 없어 듣지 않으면 소용이 없기 때문이다. 따라서 듣는 이의 지식 수준, 화제에 대한 관심 정도, 요구 사항을 파악하고 그에 맞게 말을 해야 한다. 분위기도 말을 하는 상황을 이루는 중요한 요소이다. 상황에 맞는 말을 하기 위해서는 분위기를 정확히 파악해서 그에 어울리는 말을 해야 하며, 말하는 목적을 분명히 하고, 언제 어떤 장소에서 말하는지를 충분히 고려해야 한다.

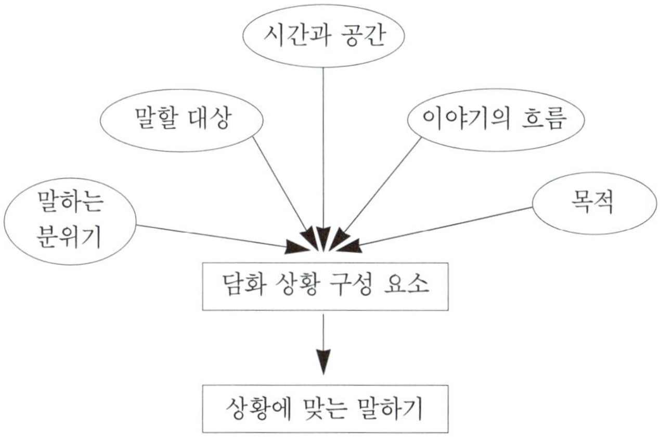

화자의 의도에 따른 담화 유형

- 정보 제공 담화: 어떤 정보를 제공하는 기능을 하는 담화
  예) 강의, 뉴스, 보도, 보고서, 안내문
- 호소 담화: 호소를 통하여 상대를 설득하고자 하는 기능을 하는 담화
  예) 광고, 설교, 연설
- 약속 담화: 해당 약속을 수행하겠다고 다짐하는 기능을 하는 담화
  예) 맹세, 선서, 계약서, 합의서
- 사교 담화: 사회적 상호작용에서 심리적 정서를 전달하여 관계를 원활하게 하기 위한 기능을 하는 담화
  예) 잡담, 인사말, 환영 인사, 문안 편지
- 선언 담화: 어떤 집단이 자기의 방침, 의견, 주장 따위를 외부에 정식으로 표명하여 새로운 사태를 불러일으키는 담화
  예) 계엄령 선포, 선전 포고, 유언장, 임명장, 판결문

담화는 문장 이상의 언어 단위를 일컫는다. 텍스트와 동일한 개념으로 보기도 하고, 다른 개념으로 보기도 한다. 다른 개념으로 보는 사람들은, 담화는 주로 음성 언어와 관련지으면서 연설이나 대화 형식으로 된 집합체를 일컫고, 텍스트는 주로 문자 언어와 관련지으면서 문학 작품이나 논설문 등을 일컫는다. 교육과정에서는 담화를 음성 언어(구어 담화)와 문자 언어(문어 담화)를 포함하는 개념으로 사용하고 있다.
담화 상황을 구성하는 요소로는, 말하는 목적, 말할 대상, 시간과 공간, 이야기의 흐름, 분위기 등을 들 수 있다.

새·겨·알·기

아래의 예와 같은 방식으로 다음의 광고 문구들을 새롭게 변형시켜 보면서 담화 상황의 구성 요소를 점검해 볼 수 있다.

· 침대는 가구가 아닙니다. 과학입니다. → 논술은 학문이 아닙니다. 생활입니다.

· 화장은 하는 것보다 지우는 것이 중요합니다. → 사랑은 하는 것보다 지키는 것이 중요합니다.

· 물보다 흡수가 빨라야 한다.(이온 음료) → 술보다 흡수가 빨라야 한다.(술깨는 약)

· 때와 장소를 가리지 않습니다.(이동 전화) → 때와 장소를 가리지 않습니다. 스피드 자장면.(○○반점)

· 누구나 예측할 수 없는 승부가 있다.(스포츠 용품) → 누구나 예측할 수 없는 숙제가 있다.(심리학)

· 작은 캔 속의 자유(캔커피) → 작은 잔 속의 자유(소주)

· 어려울 때 힘이 되어드리겠습니다.(은행) → 어지러울 때 힘이 되어드리겠습니다.(멀미약)

1) 남자는 여자하기 나름이에요. →

2) ○○○의 정신은 백두대간입니다. →

3) 세계정상! 꿈이 아닙니다. ○○이 만들면 다릅니다. →

4) 놓치고 싶지 않은 순간이라면 잠시 꺼두셔도 좋습니다. →

5) 세상에서 가장 맛있는 커피는 당신과 함께 하는 커피입니다. →

2. 이야기의 언어 맥락

2.1. 보조사와 보조 동사의 쓰임

정호승의 「슬픔이 기쁨에게」를 읽으며 보조사와 보조 동사의 쓰임을 익힐 수 있다.

마·음·눈·갖·기

나는 이제 너에게도 슬픔을 주겠다
사랑보다 소중한 슬픔을 주겠다
겨울밤 거리에서 귤 몇 개 놓고

살아온 추위와 떨고 있는 할머니에게
귤값을 깎으면서 기뻐하던 너를 위하여
나는 슬픔의 평등한 얼굴을 보여 주겠다
내가 어둠 속에서 너를 부를 때
단 한 번도 평등하게 웃어 주질 않은
가마니에 덮인 동사자가 다시 얼어죽을 때
가마니 한 장조차 덮어 주지 않은
무관심한 너의 사랑을 위해
흘릴 줄 모르는 너의 눈물을 위해
나는 이제 너에게도 기다림을 주겠다
이 세상에 내리던 함박눈을 멈추겠다
보리밭에 내리던 봄눈들을 데리고
추워 떠는 사람들의 슬픔에게 다녀와서
눈 그친 눈길을 너와 함께 걷겠다
슬픔의 힘에 대한 이야길 하며
기다림의 슬픔까지 걸어가겠다

– 정호승의 「슬픔이 기쁨에게」

보조사는 선행하는 단어에 일정한 의미를 부여해 주는 일을 한다. 보조사는 그 의미에 따라 표별(表別)과 협수(協隨)로 나누어진다. 표별이란 같은 동아리에 드는 자매 항목들과 다른 가치를 띠었음을, 협수란 같은 동아리에 드는 자매 항목들과 같은 가치를 띠었음을 각각 의미한다.

내 동생은 냉면{은/만/도} 먹는다.

전통 문법이나 학교 문법에서는 보조 동사의 의미를 '완료, 보유, 피동, 사동' 등으로 설명하였다.

해림이는 햄버거를 먹어 버렸다.
기범이는 아직도 어릴 적 사진을 가지고 있다.
용환이는 곧 다른 곳으로 발령을 받게 된다.
창호는 미옥이에게 공을 가져오게 했다.

2.2. 지시어의 기능

마·음·눈·갖·기

헤르만 헤세의 「용기 있는 사람이 만들어 가는 세상」을 읽으며, 표현 및 이해에 적용하는 요소로서의 지시어나 접속어의 쓰임을 이해할 수 있다.

대부분 사람들은 바람에 날려 땅으로 떨어져
방황하고 다니는 나뭇잎과 비슷합니다.
그러나 별을 닮은 사람들도 있습니다.
그들은 확고한 궤도를 걷고 있어 어떤 강풍에도
영향을 받지 않습니다. 그들은 마음 속에 자기의
법칙과 궤도를 가지고 있습니다.

– 헤르만 헤세의 '싯다르타' 중 「용기 있는 사람이 만들어 가는 세상」

지시어의 쓰임

☞ 귀촉도를 아세요? (이/그/저) 새는 전설 속에 자주 나와요.
→ 이/그/저 모두 가능하다. '이'와 '그'는 일반적인 상황에서 가능하지만, '저'는 특수한 상황에서만 가능하다.
☞ 내 어디 (이/그/저) 놈을 잡기만 해 봐라.
→ 두 사람이 이야기를 나누고 있는 공간에 '놈'으로 지칭되는 사람이 없을 경우에, 두 사람과 멀리 떨어져 있는 존재를 가리킬 때 사용되는 '저'는 불가능하다.
☞ 영미가 임용고사에 합격했대. (이/그/저)것은 참으로 잘 된 일이야.
→ '저'만 불가능하다. '이것'으로 받는 것이 가장 자연스럽다. 그러나 영미가 임용고사에 합격했다는 '사실'을 받아 '그것'을 사용할 수도 있다.
☞ 자네는 틀림없이 성공할 거야. (이/그/저) 희망을 버리지 말게.
→ '저'만 불가능하다. 앞의 문장을 받고자 한다면 '이'나 '그'로 받는 것이 자연스럽다.

지시어는 이야기의 현장에 자리 잡고 있는 대상을 말하는 이와 듣는 이의 거리의 멀고 가까움에 따라 가리킬 때 쓰인다. 지시어 '이, 그, 저' 가운데서 '이'와 '그'는 앞선 문장의 내용을 가리키는 전술 언급의 기능도 띠고 있다. 전술 언급의 기능에서 남이 말한 내용을 다시 언급할 때는 '그'만이 쓰인다. 그러나 말하는 이 자신이 이미 말한 내용을 다시 언급할 때는 '그' 이외에 '이'도 가능하다.

〔지시어의 체계〕

대명사	형용사	관형사	부사
인칭 대명사: 이이(분), 그이(분), 저이(분) 지시 대명사: 이것, 그것, 저것 〈사물〉 여기, 거기, 저기 〈처소〉	이렇다(이러하다) 그렇다(그러하다) 저렇다(저러하다)	이, 그, 저	이리, 그리, 저리

2.3. 물음과 대답

마·음·눈·갖·기

배가 고픈 암탉이 먹이를 찾으려고
땅을 파헤치고 있었습니다.

"앗, 이게 뭐지?"
암탉이 발견한 것은 콩알만한 진주였습니다.
암탉은 얼굴을 찌푸리며 말했습니다.
"보석상에서 보면 꽤 좋아하겠군. 하지만 나에겐
진주보다 보리 한 톨이 더 소중한데……."

– 라퐁텐의 「우화집」 중에서

라퐁텐의 「우화집」과 안병욱의 「산의 철학」을 통해 물음과 대답의 실제 쓰임을 이해할 수 있다.

왜 우리는 산에 가는가? 산이 우리를 부르기 때문이다. 산은 무언의 표정으로 우리에게 정다운 손짓을 한다. 봄의 산은 연한 초록빛의 옷을 입고 수줍은 처녀처럼 우리를 부른다. 여름의 산은 풍성한 옷차림으로 힘있게 우리를 유혹한다. 가을의 산은 단풍으로 단장하고 화사하게 우리를 초대한다. 겨울의 산은 순백한 옷차림으로 깨끗하게 단장하고 우리에게 맑은 미소를 던진다.

– 안병욱의 「산의 철학」 중에서

질문은 말하는 이가 듣는 이로부터 정보를 얻고자 할 때에 사용된다. 다음과 같이 사실을 확인하기 위한 질문은 긍정과 부정의 질문이 있는데 실제 이야기 장면에서는 둘 중 하나만 사용할 수 있다.

국어는 **듣는 이 중심의 언어**이다. 따라서 질문에 대한 대답은 말하는 이가 아닌 듣는 이의 물음을 중심으로 이루어진다.
엄마 : 너 학교에 안 가니?
딸 : 네, 안 가요. / 아니요, 가요.
→ '네'는 긍정이고, '안 가요'는 부정으로 서로 일치하지 않는다. 이 경우, '네'라는 대답은 자신의 발화와 연결되는 것이 아니고, 엄마의 질문에 대한 대답이다. 이와 같이 국어는 상대방의 질문을 중심으로 이루어지는 것이 많다.

아영이 갔니? 예, 갔어요. / 아니요, 가지 않았어요.
수경이 안 갔니? 예, 안 갔어요. / 아니요, 갔어요.

다음과 같이 학교에 갈 듯한 상황과 가지 않을 듯한 상황이 공존하고 있는 경우에는 긍정과 부정이 모두 쓰일 수 있다.

시경: (학교에 간다고 말은 하면서도 학교에 갈 준비를 하지 않음)
연후: 너 학교에 갈 거니, 안 갈 거니?

가부(可否)의 답변을 얻기 위해서는 위와 같은 의문문이 쓰이지만 긍정 의문문과 부정 의문문이 상황이나 언급된 이야기의 내용과 관련되어 선택될 경우 긍정의 내용을 함축하고 있을 때는 긍정 의문문이 사용되고 부정의 내용을 함축하고 있을 때는 부정 의문문이 사용된다.

소현: (공부하고 있음)
영구: 아직까지 공부하고 있니?

위의 문장은 소현이 공부하고 있는 모습을 영구도 보고 있기 때문에 긍정으로 물어야지 부정으로 물으면 "너 공부 안 하니?" 같은 질책이나 추궁의 의미가 된다.

3. 이야기의 장면과 구조

마·음·눈·갖·기

실버스타인의 「아낌없이 주는 나무」를 통해 이야기의 표현과 이해 요소를 알고 장면에 맞게 이야기하는 방법을 터득할 수 있다.

오랜 세월이 지난 뒤에 소년은
초라한 할아버지가 되어 돌아왔습니다.
잘려나가 그루터기만 남은 나무는
그에게 더 줄 것이 없어 미안했습니다

"얘야, 이젠 네게 줄 것이 없어
미안하구나. 내 그루터기에 앉아 쉬거라."
나무의 말에 초라한 노인은
잘려나간 나무의 그루터기에 앉아 쉬었습니다.
그래서 나무는 행복했습니다.

– 실버스타인의 「아낌없이 주는 나무」 중에서

이야기가 이루어지기 위해서는 말하는 이와 듣는 이가 존재해야 하고 이들이 존재하기 위한 시간적 · 공간적인 조건이 필요하다. 이를 이야기의 장면이라고 한다. 이에는 몇 가지 유형이 있는데 말하는 이와 듣는 이가 한 공간에서 존재하는 일반적인 대화의 상황과 말하는 이만 존재하는 독백의 상황이 전화 통화처럼 듣는 이와 말하는 이가 동일 공간에 존재하지 않는 상황도 있다.

3.1. 원근에 따른 표현

언어에는 말하는 이와 듣는 이로부터의 거리에 따라 사물, 장소, 동작, 상태 등을 지시하는 다양한 표현법이 존재한다. 이러한 지시어들은 다양한 범주의 사물을 나타낼 수가 있어서 적절한 맥락이 없으면, 가리키는 내용을 정확히 알 수 없다.

(1) 인화: 그 책 이리 줘.
성재: 이 책을 왜 너에게 주니?
(2) 박 선생님: 김 선생님께서는 댁에 가셨나?
학생: 네, 아까 2시경에 가셨습니다.
(3) ㄱ. 지희 지금 집에 있어.
ㄴ. 지희가 지금도 집에 있네.
ㄷ. 지희는 지금 집에 있겠어.
(4) 세연: (공부하고 있음)
여진: 아직까지 공부하니?
(5) 윤이: 지영이 어디 갔어요?
지영 엄마: 학원.

원근에 따른 표현에서 말하는 이 가까이에 있는 사물에는 지시어 '이'가 결합된 표현이 사용되며, 듣는 이 가까이에 있는 사물에는 지시어 '그'가 결합된 표현이 사용된다. 그리고 장면 내에 있으면서 말하는 이와 듣는 이로부터 멀리 있는 사물을 나타내는 데에는 지시어 '저'가 사용된다. (1)에서 인화와 성재가 말하고 있는 책은 인화보다는 성재 가까이에 있는 책임을 알 수 있다.

이야기의 장면과 관련되는 표현으로서 높임 관계 표현이 있다. 국어에서는 높임 관계에 따라 적절한 표현을 사용하는 일이 매우 중요하다.

(2)의 이야기에는 각각 주체 높임을 나타내는 선어말어미 '-(으)시-'와 상대 높임을 나타내는 종결 어미가 사용되고 있는데, 이를 통해서 박 선생님과 김 선생님의 관계, 박 선생님과 학생의 관계, 김 선생님에 대한 학생의 태도 등을 알 수 있다. 이와 같이 주체 높임법과 상대 높임법은 모두 이야기의 장

면을 고려하여 선택되는 것이다. 이야기의 장면에 의해 결정되는 표현법에는 말하는 이의 심리적 태도를 나타내는 표현법도 있다.

(3)의 표현은 하나의 사건에 대한 심리적인 태도에 따라서 다르게 나타내는 표현들이다. ㄱ은 '지희가 집에 있다'는 사실을 명확히 알고 있기 때문에 사용한 것으로 특별한 태도를 발견하기 어렵다. 그러나 ㄴ에서 '-네'가 사용된 발화는 말하는 이가 직접 관찰을 통해 처음으로 알게 된 사실을 표현하는 데 사용된 것이고, ㄷ은 사실이 확인되지 않은 불확실한 정보를 추측한 표현이다. 이는 모두 사건의 사실 여부에 대한 말하는 이의 심리적 태도가 반영된 표현들이다.

장면에 따라 이야기의 표현이 결정되는 것으로 질문과 대답의 형식이 있다. (4)에서 세연이는 현재 공부를 하고 있으며, 여진이도 그것을 보고 있기 때문에 여진이는 긍정의 질문을 해야 상황에 맞는 발화가 된다. 장면을 고려한 이야기의 상황에서는 긍정적인 것으로 판단되거나 추측되는 사건은 긍정의 질문으로, 부정적인 것으로 판단되거나 추측되는 사건은 부정 의문으로 물을 때에 자연스러운 질문이 된다고 할 수 있다.

한편 성분이 생략된 표현 형식은 이야기에 나타나는 현저한 특징의 하나이다. 실제 이야기에는 장면과의 관계에 따라 어떤 성분이라도 생략될 수 있다. (5)에서 윤이의 발화에는 주격 조사와 부사격 조사가 생략되어 있다. 그리고 지영 엄마의 발화에는 주어와 서술어까지 생략되어 있다. 이야기에 생략 형식이 많은 것은, 이야기는 장면이나 맥락 속에서 존재하기 때문이다.

이야기는 이렇듯 다양한 현실 세계를 장면으로 하여 성립하고 앞이나 뒤에 오는 다른 말들이 또 다른 하나의 장면이 되기도 한다. 다음의 건아와 나래의 이야기는 서로에게 장면이 되고 있다.

> 건아: 승미가 어제 난초 재배법에 대한 책을 가져왔어. 그 책을 보면 난초에 물주는 방법을 알 수 있어. 빌려 줄 테니 읽어보렴.
> 나래: 그럼 그 책을 줘 봐. 그런 책이 있는 줄을 몰랐어.

또한, 이야기는 발화들이 연결되어 이루어지는데 발화는 한 덩어리의 이야기를 구성하는 단위로 '문장'과 일치한다. 발화의 연속체가 이야기가 되려면 일정한 구조를 가져야 하는데 내용면에서는 하나의 주제로 통일되어야 하고, '그것은, 그리고' 등과 같이 내용을 연결해 주는 언어 형식이 존재하여 주제에 맞게 응집이 되어야 한다.

> 소방대는 200m 높이의 고층 빌딩에서도 사람을 구조해 낼 수 있는 기구를 소개했어요. 그것은 이동이 가능한 커다란 화물차 같은 모습이었어요. 그리고 여러 개의 사다리가 연결되면서 점점 높은 곳까지 올라갈 수 있게 되어 있었어요. 그 위로 화물을 싣는 곤돌라 같은 것이 움직일 수 있도록 만들어져 있었어요.

발화의 내용을 연결하는 형식은 동일한 어구를 반복하거나 동일 어구를 지시하는 '이'나 '그' 같은 지시어를 사용하는 방법이 대표적이고 '그리고'와 '그래서' 등 접속 부사를 사용해 이야기를 적절하게 이어 가기도 한다.

(1) 광서가 왔어. 광서는 학급의 아이들도 좋아하는 아이였어. 그래서 나는 광서에게 그 일을 맡기기로 결심을 했지.
(2) 한 여학생이 들어왔다. 그 여학생은 배낭을 메고 있었다.
(3) 순호는 창문을 모두 닫았다. 그리고 어두운 길로 조용히 걸어 나갔다.

응집성
텍스트에 포함되어 있는 요소들 간의 표면적인 연결 관계를 일컫는다. 또는 글이 처음부터 끝까지 변경하지 않고, 내용이 주제를 나타내는 데 상호 긴밀하게 연결되어 있는 상태를 말한다. 예를 들어, '나는 넘어졌다. 그러므로 다쳤다'라는 문장이 있을 때, '그러므로'라는 응집을 가능하게 하는 장치를 통해 두 문장은 '표면적으로' 원인과 결과라는 관계를 가지게 된다.

새·겨·알·기

우리는 단순한 정보 전달을 위해 언어를 사용하기도 하지만 언어가 실제 사용되는 장면을 관찰해 보면, 언어가 정보 전달 이외에도 여러 가지 기능을 발휘함을 알 수 있다. 한 덩어리의 이야기를 구성하는 단위로 '발화'와 '문장'이 동일한 개념으로 인식되고 있다. 주어, 서술어 등의 필수 성분을 중심으로 살이 붙고 가지를 쳐 의미를 단순하게 파악할 수밖에 없는 문장에 비해 발화는 듣는 이와 말하는 이를 중심으로 구체적인 장면이 있고 그에 따른 수행 기능을 파악할 수 있어 문장의 의미가 다양하게 해석된다.

이러한 발화를 통해 수행되는 행위에는 명령, 요청, 질문, 제안, 약속, 경고, 축하뿐만 아니라, 위로, 협박, 선언, 칭찬, 비난 등도 있다.

"너를 음악회에 데리고 갈 것을 약속한다."의 문장처럼 '약속한다'와 '선언한다'와 같은 동사를 사용하여 이 발화에 따라 이루어질 약속과 선언이라는 행위를 직접적으로 표현하기도 한다.

(1) 이 편지를 부쳐 줄 것을 바라고 있네.
(2) 선생님께서 언제 미국에서 돌아오셨는지 알고 싶습니다.
(3) 네가 합격했다니 기쁘다.
(4) 창문 좀 열어 주시겠어요?
창문 좀 열어 주시면 고맙겠습니다.
창문 좀 열어 달라고 부탁드려도 괜찮을까요?

위의 발화는 겉으로는 질문과 진술의 형식을 지니고 있지만, 실제로는 요청, 질문, 축하 기능을 수행하고 있다. 이와 같은 표현은 간접적인 수행의 기능을 하는 발화인데, 대개 장면에 따라 그 기능이 결정되고 좀 더 공손한 표현을 원할 때 사용된다.

3.2. 높임 관계에 따른 표현

마·음·눈·갖·기

김수영의 「책」에서는 두루 높임 '요'의 쓰임에 대해서 익힘으로써 장면에 따른 높임 표현의 사용을 이해할 수 있다.

책을 한권 가지고 있었지요. 까만 표지에 손바닥만한 작은
책이지요. 첫 장을 넘기면 눈이 내리곤 하지요.

바람도 잠든 숲속, 잠든 현사시나무들 투명한 물관만 깨어
있었지요. 가장 크고 우람한 현사시나무 밑에 당신은 멈추었
지요. 당신이 나무둥치에 등을 기대자 비로소 눈이 내리기 시
작했지요. 어디에든 닿기만 하면 녹아버리는 눈. 그때쯤 해서
꽃눈이 깨어났겠지요.

때늦은 봄눈이었구요. 눈은 밤마다 빛나는 구슬이었지요.

나는 한때 사랑의 시들이 씌어진 책을 가지고 있었지요. 모서리가 나들나들 닳은 옛날 책이지요. 읽는 순간 봄눈처럼 녹아버리는, 아름다운 구절들로 가득 차 있는 아주 작은 책이었지요.

– 김수영의 「책」

이야기의 장면과 관련되는 표현으로서 높임 관계 표현이 있다. '진지', '어르신' 등과 같이 별개의 단어나 접미사를 통해 표현되기도 하고 용언의 활용형에 반영되어 다음의 대화처럼 선어말 어미 '-(으)시-'로 표현되는 주체 높임법과 종결 어미로 실현되는 상대 높임법으로 표현되기도 한다. 이를 통해 박 선생님과 김 선생님의 관계, 박 선생님과 학생의 관계, 김 선생님에 대한 학생의 태도를 알 수 있다.

고 선생님: 김 선생님께서는 댁에 가셨나?
학 생: 네, 아까 2시경에 가셨습니다.

이와 같은 상대 높임법과 주체 높임법도 모두 이야기의 장면을 고려하여 선택되는 것이다. 이에 따라, 국어의 '평서문, 감탄문, 의문문' 등의 문장 형식은 다시 높임의 수준이 "해라체, 하게체, 하오체, 하십시오체, 해체, 해요체" 등으로 갈라져 다양한 표현이 가능하다.

		중립 표현	높임 표현	낮춤 표현
사람	말하는 이	나, 우리	이 몸, 짐	저, 저희
	듣는 이	너	어르신, 당신, 그대, 선생님	이 놈, 저 놈
	제삼자	그 사람, 그 아이	그 이, 그 분, -님, -씨	이 놈, 그 놈, 저 놈
사물		말, 밥, 병, 집, 이(齒)	말씀, 진지, 병환, 댁, 치아	이빨, 낯짝, 주둥이

장면에 따른 높임 표현의 사용

〈대화 1 : 식당에서〉
김 과장: 승진 축하해. 지금 속도라면 나보다 빨리 부장 되겠어.
박 과장: 아이 선배님두. 이번엔 운이 좋아서 된 거지 항상 이렇겠어요?
김 과장: 그나저나 한턱 근사하게 내야지.
박 과장: 그럼요. 저도 기분 한 번 내야지요.

〈대화 2 : 회의실에서〉
김 과장: 그럼 회의를 시작하겠습니다. 박 과장님께서 이번 시장 조사 결과를 보고하여 주시겠습니다.
박 과장: 영업부의 박○○입니다. 이번 시장 조사는 10대 후반의 청소년층을 대상으로 한 것입니다. 일단 화면을 보면서 말씀드리겠습니다. 김 과장님께서는 화면 조정하는 것을 좀 도와주시기 바랍니다.
김 과장: 네. 신호를 보내시면 제가 여기에서 스위치를 작동하겠습니다.
→ 대화문 1에서 김 과장은 박 과장의 선배로, 김 과장이 박 과장보다 연장자이다. 따라서 박 과장은 김 과장을 높이고 있다. 그러나 대화문 2에서는 높이는 관계가 달라지고 있는데 이는 장면에 따른 변화이다. 공식적인 자리이기 때문에 두 사람은 서로 동등한 수준에서 높이고 있다. 공식적인 자리에서는 두 사람의 사회적 지위가 매우 중요한데, 두 사람은 '과장'이라는 동일한 지위를 갖고 있기 때문에 이와 같은 표현이 사용되었다.(교육인적자원부 2002: 232 참조)

새·겨·알·기

말하는 이와 듣는 이의 관계에 따라 높임 표현과 낮춤 표현을 구별하여 쓴다. 이에는 상하 관계와 친소 관계가 있다.

1) 상하 관계: 두 사람 사이의 힘에 의한 관계로 '연령, 사회적 지위, 친족 관계에서의 지위' 등에 의해 높임과 낮춤 표현이 선택되어 사용된다.

2) 친소 관계: 두 사람 사이의 유대감의 관계로 '친밀함'과 '친밀하지 않음' 등에 의해 격식체와 비격식체를 선택하여 사용한다. 대체로 친밀한 관계에서는 비격식체를 사용하며, 친밀하지 않은 관계에서는 격식체를 사용한다.

3.3. 심리적 태도를 나타내는 표현

유안진의 「지란지교를 꿈꾸며」를 통해 심리적 태도를 나타내는 표현법을 익히고, 그에 따른 말하는 이의 의도를 파악할 수 있다.

마·음·눈·갖·기

나는 많은 사람을 사랑하고 싶지 않다.
나의 일생에 한두 사람과 끊어지지 않는
아름답고 향기로운 인연으로 죽기까지
계속되기를 바란다.

– 유안진의 「지란지교를 꿈꾸며」 중에서

하나의 사건에 대한 심리적인 태도는 말하는 이의 판단에 영향을 끼쳐 여러 가지 표현법을 가능하게 한다.

지인: 예지 지금 집에 있어.
지영: 예지는 집에 있지.
승현: 예지가 지금도 집에 있네.
철이: 예지가 집에 있구나.
보라: 예지는 집에 있는 모양이다.
세라: 예지는 지금 집에 있겠어.
이향: 예지는 집에 있는 것 같아.
민아: 예지는 집에 있을 거야.

'-지' 는 말하는 이가 그 사실을 분명히 알고 있거나, 알지는 못해도 그 말이 사실이라는 확신이 설 때 사용된 것이며, '-네' 는 말하는 이가 직접 관찰을 통하여 처음으로 알게 된 사실을 표현하는 데 사용된 것이다. '-구나' 는 직접적인 관찰이 없이 깨닫게 된 사실에 쓰일 수 있다. 추측 표현으로는 '-겠-' 을 비롯하여 '-ㄹ것이다', '-ㄴ 모양이다', '-ㄴ것 같다' 등이 사용된다.

새·겨·알·기

1) 종결 어미에 의한 심리적 태도

-지	말하는 이가 그 사실은 분명히 알고 있거나, 혹은 확실히 알지 못해도 그 말이 사실이라는 확신이 있을 때 사용
-네	말하는 이가 직접 관찰을 통해 처음으로 알게 된 사실을 표현하는 데 사용
-구나	처음으로 알게 된 사실이나 직접적인 관찰이 없이 깨닫게 된 사실에도 사용
-대	남을 통해 알게 된 사실에 사용
-데	관찰을 통해 알게 된 사실에 사용
추측 표현	-겠, -ㄹ 것이다, -ㄴ 모양이다, -ㄴ 것 같다

2) 양태 부사에 의한 표현: 사실의 불확실성, 확실성 등을 양태 부사를 통해 드러내는 경우가 있다. 정말로, 확실히, 혹시, 아마 등

3) 보조 용언에 의한 표현: 보조 용언에 의해서도 말하는 이의 심리적 태도를 드러낼 수 있다. '-고 싶다, -가 보다' 등

4) 보조사에 의한 표현: '마저, 까지, 조차, 도' 등

☞ 최근에 확실한 사실까지도 추측 표현 쓰는 것은 잘못된 사용

예) (식당에서) 여기 물을 엎지른 것 같아요.

특히 자신이 느끼는 감정에 추측 표현을 쓰는 것은 잘못된 사용이다.

예) 나 오늘 우울한 것 같다.

→ 이는 불확실한 태도를 반영하는 것으로 국어교육적으로 교육되어야 할 사례임.

성분 생략 표현

필수 성분은 이름 그대로 생략될 수 없는 성분이지만, 실제의 이야기 장면에서는 생략되는 일이 많다. 성분이 생략된 표현 형식은 이야기에 나타나는 현저한 특징의 하나이다.

1) 주어나 목적어 등을 표시해 주는 격조사 생략
예) 밥 먹었니?
2) 주어와 서술어 생략
예) 민지: 종욱이 어디 갔어요?
태승: 학교.
3) 목적어 생략
예) 내가 (뱃섬을) 치우나요?
4) 관용적으로 주어, 목적어가 생략되는 경우
예) 다음 물음에 답하시오.
불이야.
이상입니다.

3.4. 생략과 대용 표현

우리말에는 문장을 이어나갈 때에나 말을 주고 받을 때에 주어나 목적어 등의 문장 성분이 생략되는 일이 흔하다. 이 경우 생략이란 문장 속의 문장이나 이어진 문장에서 같은 성분이 되풀이될 때 한 성분을 생략하는 현상과는 성격을 달리한다.

실제 이야기에서는 장면과의 관계에 따라 어떤 성분이라도 생략될 수 있다. "미미 어디 갔어요? 학교."라는 발화처럼 주어와 서술어까지 생략될 수 있고 "어디 가세요? 실험실에 갑니다."처럼 말하는 이나 듣는 이를 가리키는 표현도 생략될 수 있다.

관용적으로 주어, 목적어가 생략되는 경우들도 있다.

(1) 처음 뵙겠습니다.
다음 물음에 답하시오.
(2) 불이야.
아무 것도 아니야.
천만의 말씀입니다.
이상입니다.
오랜만입니다.

(1)은 주어나 목적어를 추측할 수 있으나 (2)는 추측하기 어렵다. 이야기에 생략 형식이 많은 것은 이야기가 장면이나 맥락 속에서 존재하기 때문이다.

실제 발화 장면에서 발화는 주어지는 정보에 따라 끊임없이 재해석되며 발화의 내용에 관련된 모든 지식이 해석에 관여한다. 그 대표적인 예가 대명사가 사용된 발화인데 이는 장면이 주어지지 않으면 정확한 해석을 내릴 수 없다.

(3) 현수: 내가 이것을 만들었어.

(3)의 '나(내)' 라는 표현은 누구인지를 알 수 없으며, '이것' 은 옷인지, 가방인지 알 수 없다.

장면뿐만 아니라, 이미 알고 있는 지식에 의해 발화의 해석이 결정되는 경우도 있다.

(4) 석준: 너, 오전에 어디 있었니?
미나: 도서관에 있었어.
석준: 그럼 어제 들어온 책은 정리했겠구나.

(4)의 대화 내용에서는 미나가 도서관에서 책을 정리하는 일을 하고 있다는 사실을 석준이가 알고 있었기 때문에 이러한 대화가 가능하고 이러한 지식으로 '오전에 도서관에 있었다.'는 정보로부터 '어제 들어온 책은 정리했겠다.'는 추론을 하게 된 것이다. 발화의 해석은 이처럼 듣는 사람이 지니고 있는 정보를 바탕으로 하여 이루어지기 때문에 말하는 사람이 의도하지 않았던 해석을 내리게 되는 경우도 있다.

새·겨·알·기

그라이스는 텍스트 생산자가 대화할 때 통상 따르는 책략과 지시 사항인 격률을 제창했다.

협동의 원리(co-operation)는 '당신이 나누고 있는 대화가 지금 이루어지고 있는 상태에서 지향한다고 인정되는 목적이나 방향의 요청에 합치되도록 기여하게 만들라'는 것이다.

① 수량(quantity)의 격률은 '필요한 양만큼의 정보를 제공하라(요구한 바 이상으로 정보성을 갖게 하지 말라)'는 것이다.

A: 너 몇 살이니?
B: 형이 열 일곱 살이니까 나는 15살이지요.
필요 없는 말을 덧붙임으로써 양의 격률을 어겼다.

② 질(quality)의 격률은 진실성과 관련이 있다. 즉 '당신이 거짓이라고 믿고 있거나, 타당한 근거를 갖지 않은 것은 말하지 말라'는 것이다.

A: 체중이 얼마나 되니?

B: 불면 날아갈 정도입니다.

전혀 진실되지 못한 답변을 하고 있다.

③ 관련성(relation)의 격률은 단순히 '적합성 있는 말을 하라'는 것이다.

A: 잘 잤니?

B: 방금 일어났습니다.

동문서답과 같은 반응을 함으로써 관련성의 격률을 위배했다.

④ 방법(manner)의 격률에는 텍스트 내용을 배치하고 전달하는 여러 가지 방식이 포함된다.

㉠ 명쾌하라. – 말하고자 하는 당신의 의도가 분명하게 드러나도록 하라

㉡ 표현의 애매함을 피하라.

㉢ 중의성을 피하라.

㉣ 간결하라. – 수량의 격률이 얼마만큼 말할 것인가에 관여한다면, 간결성은 시간이 얼마만큼 걸릴 것인가에 관여한다.

㉤ 순서대로 말하라.

A: 점심 뭐 먹을래?

B: 생각해 보고 마음 내키는 대로요.

불성실한 대답을 하였기 때문에 방법의 격률을 어겼다.

그라이스가 제시한 협동의 원리는 대화를 원활히 하기 위해서나 정보 전달을 위한 대화 국면에서 매우 타당하다. 그러나 이러한 지침들은 실제 모든 대화에 적용되지 않는다. 과연 어디까지가 필요한 말이고 적절한 말인지, 또 그 내용의 적절성을 판단할 수 있는 기준은 무엇인가에 대한 문제가 제기된다. 실제 의사소통 과정에서 사람들은 의도적으로 대화의 격률을 어김으로써 자신의 발화 의도를 함축적으로 전달한다.

A: 어제 선 본 거 어땠어?

B: 술이나 먹으러 가자.

위의 대화는 분명 관련성의 격률을 어기고 있으나 A는 B가 말하는 내용을 함축적으로 이해하여 추론하여 대화의 결속을 유지한다.

(버스에서) 여자: 저 다음에 내려요.

남자: 그래서요?

문장의 의미와 발화의 의미가 다르다는 것을 정확하게 이해해야 한다. 구체적인 상황 맥락을 고려하지 않을 때, "저 다음에서 내려요."가 갖는 의미가 문장 의미인데, 이때 이 말은 말하는 이가 '곧 (버스에서) 내린다.'는 정보를 제공하고 있다. 그러나 이 말이 구체적인 상황 맥락에서 행해지면 그 의미가 달라질 수 있다. 즉 두 사람이 만일 서로 아는 관계라면 남자는 위 발화에 대해 "그래, 잘 가."와 같은 대답을 하였을 것이다. 위 발화가 버스 안에서 이루어졌으며, 여자가 잘 모르는 남자에게 자신에 관한 정보를 제공하고 있다는 점(말하는 이의 발화 의도)을 고려하면, 위 발화는 '저와 함께 이번 정거장에서 내리시지 않을래요?' 라는 뜻을 갖게 된다. 남자가 "그래서요?"라고 되묻는 것은 말하는 이의 말을 단순히 문장의 의미로만 이해하고 발화의 의미는 제대로 파악하지 못하였기 때문으로 볼 수 있다.

그런데 만일 남자가 여자가 마음에 들지 않아 함께 내리고 싶은 마음이 전혀 없었다고 가정하여 보자. 그럴 경우, "그래서요?"라는 발화는 남자가 자기의 뜻을 관철시키기 위한 훌륭한 전략이 될 수 있다. 남자는 의도적으로 여자의 발화 의도를 모른 체 함으로써 대화의 맥을 끊을 수 있고, 이는 곧 의사 소통의 단절을 불러옴으로써 '거절'의 의미를 전달할 수 있다. (교육인적자원부 2002: 221 참조)

정보 제공 담화와 발화의 의미

(1) 정보 제공 담화: 말하기나 듣기에서 어떠한 사실을 이해하고 알게 되어 얻게 되는 텍스트의 음성언어 형태의 것. 예를 들면 뉴스나 광고, 안내 방송 등

(2) 발화: 이야기를 이루는 가장 작은 덩어리

세·워·가·꾸·기

1. 발화와 이야기의 관계를 이해하고 그 기능을 알았는가?
2. 상황에 따른 표현 방식을 알고 적합한 발화를 하고 있는가?
3. 상황에 맞게 논리적으로 이야기하는 태도를 지니고 있는가?
4. 이야기의 내용 구조와 형식 구조를 알고 이를 고려하여 이야기를 하고 있는가?
5. 구체적인 상황 맥락을 이해하고 이야기를 하고 있는가?

풀·어·다·지·기

1. 발화에 대한 설명으로 옳지 않은 것은?

① 발화의 표면적 형식과 기능은 항상 일치한다.

② 발화란, 말로 표현되지 않은 생각이 문장 단위로 실현된 것이다.

③ 발화를 하기 전에 상대방의 입장에서 생각해 보면 보다 효과적인 발화를 할 수 있다.

④ 발화는 '정보전달, 질문, 선언, 제안, 협박, 경고, 칭찬, 위로, 명령' 등의 일정한 기능을 수행한다.

⑤ 발화의 기능은 표현 방식에 따라 달라질 수 있으므로, 다양한 표현 가운데 상황에 가장 적절한 것을 선택해야 한다.

2. 다음 중 발화의 기능이 올바르게 연결된 것은?

① 엄마, 배고파 죽겠어요. - (협박)

② 내일까지 독서장을 모두 제출하세요. - (선언)

③ 책 좀 빌려 줄래? - (질문)

④ 이곳에 쓰레기를 버리지 맙시다. - (환영)

⑤ 눈이 펑펑 쏟아집니다. - (정보 전달)

3. 다음 발화들에 대한 설명으로 옳지 않은 것은?

(가) 빨리 문을 못 닫겠니? (나) 호석, 너 자꾸 그런 장난할 거야? (다) 빨리 가지 못하겠느냐?

① '(가), (나), (다)' 모두 표면적으로 의문문의 형태를 취하고 있다.

② '(가), (나), (다)'는 어떤 상황이냐에 따라 다른 기능을 가질 수 있다.

③ (가) - 문을 닫지 않고 들어온 사람에게 '문을 닫아 달라.'는 명령의 기능을 하게 된다.

④ (나) - 호석이 지금 장난을 치고 있는 상황이라면, '그런 장난 하지마.'라는 명령의 기능을 하게 된다.

⑤ (다) - 아파서 제대로 걷지 못하고 있는 사람에게 한 말이라면, '빨리 가라.' 는 명령의 기능을 하게 된다.

4. 다음 대화의 내용 중 올바른 발화라고 보기 어려운 것은?

① 미애 : 창문 좀 닫아줄 수 없니?
창훈 : 미안해. 나도 지금 남는 손이 없는걸.

② 선생님 : 지금 몇 시야? 참 네, 일찍도 온다. 일찍도 와!
신지 : 죄송합니다. 차가 너무 막혀서 급하게 온다고 노력한 것이 그만.

③ 종사관 : 여보시오. 어서 저 배를 멈추라 하시오.
장금 : 나으리, 올해는 햇빛이 좋아서 배가 아주 답니다. 그럼 몇 개나 담아드릴까요?

④ 엄마 : 엄마가 깨끗하게 입혀서 보냈는데, 꼴이 그게 뭐야? 잘 한다, 잘 해!
성수 : 죄송해요. 다음부터는 애들하고 조심해서 놀게요.

⑤ 의사 : 너무 걱정하지 마세요. 치료하는 데 시간이 좀 걸리겠지만 완쾌될 겁니다.
환자 : 정말 그렇게 될 수 있을까요? 다른 병원에서도 치료를 받았지만 별로 좋아지지 않았거든요.

5. 다음은 '왕따' 문제와 관련된 대화 내용이다. 이 대화에 나타난 주된 발화의 기능으로 옳은 것은?

> SGI회장 : 왜 상담을 해야 하나요? 집단 괴롭힘을 당하는 여러분은 전혀 '어디 하나 나쁘지 않기' 때문입니다. 질문에 "제게도 뭔가 원인이 있을지도 모릅니다만"이라고 있었지만 그렇게 생각할 필요는 없습니다. 여러분은 전혀 잘못이 없습니다. '괴롭히는' 쪽이 100% 나쁩니다. 1000% 나쁩니다. '당하는' 쪽에 문제가 있는 것이 아닙니다. '괴롭히는' 쪽이 자신의 '답답한 마음' 을 엉뚱한 방향으로 분출하고 있을 뿐입니다. '원인' 은 괴롭히는 쪽의 '마음속' 에 있습니다.
>
> 중등부장 : 질문한 학생은 처음엔 밝고 활달한 성격이었는데 집단 괴롭힘 때문에 괴로워하고 있었습니다. 그 중학생은 "저는 무뚝뚝하고 융통성이 없어 남의 의견을 듣지 않는 면이 있는지도 모릅니다"라고 이야기했습니다만…….
>
> SGI회장 : 그렇지 않습니다! 만약, 자신에게 그런 면이 있다고 해도 어째서 그것 때문에 '집

단 괴롭힘을 받아도 어쩔 수 없다'고 할 수 있겠습니까? 그 누구도 완벽하지는 않습니다. 결점 투성이입니다. 그렇다고 그 사람을 '괴롭혀도 좋다'는 말입니까? 그런 말을 한다면 '괴롭히는' 쪽이 훨씬 불완전하고 비겁하지 않습니까? 사람으로서는 최하입니다.

따라서 '집단 괴롭힘을 당하는' 사람은 결코 자신을 부끄럽게 생각해서는 안 됩니다. 자신이 비참하다고 생각해서는 안 됩니다. '부끄러워해야 하는' 사람은 괴롭히는 쪽입니다. 그 쪽이 진정 '비참한 인간'입니다. 그러니까 가슴을 활짝 펴세요. 기가 죽어서는 안 됩니다. 그런 형편 없는 인간의 획책에 지면 안 됩니다. 지면 자신이 손해입니다.

중등부장 : 집단 괴롭힘으로 자살한 학생을 두고 "본인의 의지가 약해서 죽은 것이다"라고 말하는 사람이 있었습니다. 저는 죽은 학생이 불쌍해서 눈물이 나오는데 말입니다. 죽을 정도로 궁지에 몰리다니 얼마나 괴로웠을까……. 그런데도 불구하고 죽은 뒤에도 왜 저런 말을 들어야만 하는지 모르겠습니다.

SGI회장 : 그렇습니다! 그러므로 집단 괴롭힘을 당하는 학생은 '내가 나쁘다'고 생각해서는 안 됩니다. 자신감을 잃어서는 안 됩니다. '어차피 내 탓이다'라는 식으로 자책하고 포기해서는 안 됩니다.

반대로 '나는 올바르다', '착한 사람이다', '나에게는 대단한 사명이 있다'고 스스로에게 말하는 것입니다. 정말로 그렇기 때문입니다. 마음 속에서 "너희들이 어떤 짓을 하더라도 나는 지지 않는다! 잘못된 것은 너희들이다! 남의 슬픔을 모르는 너희들이야말로 '악'이다!"라고 외치기 바랍니다. 그리고 '나는 평생 남을 괴롭히는 인간 따위는 되지 않겠다'고 결의하는 것입니다.

-『희망 대화』 중에서

① 명령과 금지의 기능
② 제안과 감사의 기능
③ 선언과 정보전달의 기능
④ 위로와 요청의 기능
⑤ 약속과 칭찬의 기능

6. 다음 글을 읽고 아래 물음에 답하시오.

(가) 나래는 요즈음 고민이 생겼다. 얼마 전 어머니는 나래에게 이제 중학생이 되었으니 학원에 가서 열심히 공부하라고 하셨다. 그런데 나래는 학원에 가기보다 그림을 더 그리고 싶어했다. 나래의 꿈은 만화가가 되는 것이기 때문이다.

"학원 갈 준비는 다 했니?"

"어머니, 전 그림 공부를 하고 싶은데요."

"아니, 왜? 그림은 그려서 뭐 하게?"

"커서 만화가가 되고 싶어요."

"만화가? 왜 만화가가 되고 싶은데?"

"만화가 좋거든요. 잘 그리기도 하고요."

"취미로는 좋지만, 글쎄……."

"저……."

"직업은 안정적이고 확실한 것을 선택해야지."

(나) "삼촌, 궁금한 게 있는데요. 화면에 글자가 어떻게 나오는 거예요?"

"그건 말이야, 자판을 치면 컴퓨터가 그걸 인식해서……. 모니터에는 브라운관……, 아니 이게 브라운관인데. 음, 아니지. 그러니까 쉽게 말하면……."

"브라운……관? 뭘 한다고요?"

"그거 어려운데. 그러니까 말이지……."

6-1. 이야기를 구성하는 요소에 대해 아래 〈조건〉에 맞게 설명해 보자.

〈조건〉

1. 이야기의 구성 요소에 대해 항목별로 설명할 것.
2. (가)에서 구체적인 예를 찾아 밝힐 것.

6-2. (나)의 글은 초등 학교 1학년인 조카와 컴퓨터 회사에 다니는 삼촌이 나누는 대화이다. 상황에 맞게 말하는 방법에 대해 아래 〈조건〉에 맞게 설명해 보자.

〈조건〉

1. 상황에 맞게 말을 하기 위해서 점검해야 할 담화 상황 구성 요소를 제시할 것.
2. (나)에서 삼촌의 말문이 막힌 주된 이유를 제시할 것.
3. (나)에서 삼촌이 상황에 맞게 말하기 위해 고려할 점을 설명할 것.

7. 다음을 읽고 물음에 답하시오.

(가) ㉠ 이 곳에 쓰레기를 버리면 100만원 이하의 과태료를 부과함.
㉡ 충효의 고장 예천군입니다.
㉢ 다리를 다쳐 불편하겠구나.
㉣ 헌혈은 사랑입니다.

(나) ㉠ 승환 : 지금 몇 시야?
정석 : 미안해.
㉡ 거북이 : 저 언덕 위 소나무 있는 데까지 경주할래?
토 끼 : 싫어.
거북이 : 경주에 질 까봐 그러지? 너 겁쟁이 아냐?

7-1. (가) ㉠ ~ ㉣을 바탕으로 〈조건〉에 맞게 서술해 보자.

〈조건〉 1. 발화의 개념을 정의할 것.
2. ㉠ ~ ㉣을 예로 들어 발화의 기능에 대해 서술할 것.

7-2. (나)의 ㉠은 표면적으로 보면 승환의 질문에 대한 정석의 대답은 동문서답처럼 보인다. 그러나 이러한 대화 형식을 통해 의사소통이 원활하게 이루어졌다면 그 근거는 무엇인지 서술해 보자.

7-3. 말하기와 듣기에서 태도가 중요한 이유를 (나)의 ㉡을 예로 들어 설명하고 거북이의 마지막 말을 어떻게 고치는 것이 좋을지 서술해 보자.

8. 다음을 읽고 물음에 답하시오.

영미 : 기혁아, 너 이 과자 한 개 줄까?
기혁 : 아니, 나 식욕을 잃었어. 설사가 나려고 해.
선생님 : 저 녀석 대장염이 아직 낫지 않았을 거야.
인환 : 선생님 대장염이 뭐예요?

8-1. 위의 대화를 이야기로 볼 수 있는 근거를 형식과 내용의 측면에서 구체적으로 서술해 보자.

풀어다지기

8-2. 장면에 따른 표현 방식을 다음 〈조건〉에 맞게 서술해 보자.

〈조건〉 1. 주어진 항목의 실현 방법을 간략히 서술할 것.
2. 위 예문의 내용을 구체적으로 인용하여 설명할 것.

① 지시 표현: ______________________________

② 심리적 태도: ______________________________

③ 화자와 듣는이의 관계: ______________________________

9. 다음 글을 읽고 아래 물음에 답하시오.

(가) 〔빨간핀〕 토미님은? 홍님 어디 계세요?
〔토미〕 님은 24살? 남은 님들은 왜 이리 조용한가요? 그님들은 내가 온 이후로… 근데 당신들보단 님들이 좋은 것 같아요.
〔홍〕 안녕하세요. 님덜아. ~후훗~ 딴님들아 말점 하세용~

(나) (1) (남자와 여자가 데이트하는 장면)
남자 : 그때 너랑 그 영화 봤었잖아.
여자 : (속으로 '그 영화 안봤는데…') 그 여자랑 잘 지내보시죠. 그럼, 저는 이만 가겠습니다.
(2) (학생들이 모둠 활동을 하는 장면)
학생 1 : 광은아, 너 정말 잘 할 수 있어?
학생 2 : 그럼, 광은이가 누군데……. 자, 지금부터 신광은님의 시범이 있겠습니다.

9-1. (가)는 통신상에서 사용되는 '님'의 용법이다. 여기서 '님'의 기능과 의미는 무엇인지 간략히 설명해 보자.

9-2. (나)의 (1)과 (2)의 화자가 갑자기 높임법을 사용한 이유와 그 효과를 설명해 보자.

8

맞춤법, 거 참 희한하네!

'말'을 늘려서 발음하면 '마알'이 됩니다.
이를 풀이하면 '마음의 알갱이'란 뜻이 됩니다.
말이란 마음을 쓰는 것입니다.
말을 곱게 쓰는 사람은 마음을 곱게 쓰는 사람입니다.
말을 험하게 쓰는 사람은 마음을 험하게 쓰는 사람입니다.
말에는 세상을 창조할 수 있는 마음의 힘이 들어 있습니다.
그래서 옛 속담에 "말이 씨가 된다."고 하는 것입니다.

– 윤태익의 「당신 안에 모든 답이 있다」 중에서 –

얼·개·잡·기

맞춤법, 거 참 희한하네!

(1) 표준어와 방언의 특성을 이해한다.
(2) 바른 언어 생활의 필요성을 깨닫는다.
(3) 한글 맞춤법을 알고 바르게 사용한다.
(4) 외래어 표기법과 국어의 로마자 표기법을 알고 바르게 표기할 수 있다.

마·음·눈·갖·기

한용운의 「가갸날」을 통해 우리말의 소중함과 긍지를 지니는 태도를 기를 수 있다.

아아 가갸날
참되고 어질고 아름다워요.
축일(祝日), 제일(祭日).
데이, 시이즌 위에 가갸날이 났어요. 가갸날
끝없는 바다에 솟아오르는 해처럼
힘있고 빛나고 뚜렷한 가갸날.

데이보다 읽기 좋고 시이즌보다 알기 쉬워요. 입으로 젖꼭지를 물고 손으로 다른 젖꼭지를 만지는 어어쁜 아기도 일어줄 수 있어요. 아무 것도 배우지 못한 계집 사내도 가르쳐 줄 수 있어요. 가갸로 말을 하고 글을 쓰셔요. 혀끝에서 물결이 솟고 붓 아래에 꽃이 피어요.

그 속엔 우리의 향기로운 목숨이 살아 움직입니다. 그 속엔 낯익은 사랑의 실마리가 풀리면서 감겨 있어요. 굳세게 생각하고 아름답게 노래하여요. 검이여 우리는 서슴지 않고 소리쳐 가갸날을 자랑하겠습니다. 검이여 가갸날로 검의 가장 좋은 날을 살아 주세요. 온 누리의 모든 사람으로 가갸날을 노래하게 하여 주세요. 가갸날. 오오 가갸날이여.

– 한용운의 「가갸날」

1. 표준어와 방언

<table>
<tr><th>표준어</th><th>방언</th></tr>
<tr><td>한 나라의 표준이 되는 말</td><td rowspan="3">언어의 변화로 말미암아 한 언어 내에서 특정 지역의 말이 다른 지역의 말과 달라져 생기는 말</td></tr>
<tr><td>표준어: 교양 있는 사람들이 두루 쓰는 현대 서울말</td></tr>
<tr><td>복수 표준어: 둘 이상을 모두 표준어로 정한 경우
예) 가뭄 – 가물, 살쾡이 – 삵
성글다 – 성기다, 소고기 – 쇠고기</td></tr>
<tr><td colspan="2">서울말이 표준어가 된 것은 서울이 정치, 행정, 문화 등의 중심지이기 때문이지, 다른 방언보다 우수하기 때문이 아니다.</td></tr>
</table>

오늘날 우리는 표준어를 중심으로 문자 생활을 영위한다. 현재의 표준어 사정 원칙은 "표준어는 교양 있는 사람들이 두루 쓰는 현대 서울말로 정함을 원칙으로 한다."이다. 이 원칙에서 찾아볼 수 있는 표준어 사정의 기준은 시대, 지역, 계층의 세 가지로 간추려진다.

표준어의 여러 기능 중에서 가장 대표적인 것은 '통일의 기능'이다. 표준어를 사용하게 되면 지역마다 다르게 사용하는 불편함이 해소되는 것은 물론, 한 언어를 사용하고 있다는 일체감을 느낄 수 있다. 또한 표준어에는 '준거의 기능'이 있다. 표준어는 끊임없이 변화하고 있는 자연 언어를 인위적으로 고정시킨 것이다. 사람들은 공적인 언어 생활을 할 때, 이렇게 고정된 어형과 규범화된 의미를 가지고 기준을 삼는다.

이와 같이 표준어는 "교육적 · 문화적 · 정치적 편의를 위하여 한 나라의 표준이 되게 정한 말"로서, 지역적 · 사회적(계층적 · 집단적) 차이를 초월하여, 가장 바람직한 의사 전달의 수단으로서 통일되고 규범화된 말을 뜻한다. 공통어는 언중을 배경으로 자연적으로 생성된 것이지만, 표준어는 국가가 필요

표준어
사람들은 언어를 사용하여 서로의 생각과 감정을 주고받는다. 그런데 사용하는 말이 서로 다르거나, 발음이 정확하지 않거나 표기가 다르면, 의사 소통은 제대로 이루어지지 않는다. 따라서 개인이나 집단 간의 원활한 의사 소통을 위해서는, 국민 모두가 공통적으로 사용하는 말을 정할 필요가 있다. 이를 위해 국가 차원에서 정한 공통어가 표준어다.

에 의해 인위적으로 정리한 지시의 체계인 것이다. 표준어는 서울말이라는 자연 언어를 중심으로 하지만 필요에 의해 다른 지방에서 쓰는 말이나 전문적 용어를 인위적으로 추가하기도 한다.

2. 한글 맞춤법

제 1 항 : 표준어를 소리 나는 대로 적되, 어법에 맞도록 함을 원칙으로 함.
· 표의주의를 따르고 있음: 어법에 맞도록 원형을 밝혀 적음 · 한글은 음운 문자이므로 소리 나는 대로 적는 표음주의로 반영하되, 어법에 따라 원형을 밝혀 적는 표의주의를 기본 원리로 한다

한글 맞춤법–우리말의 표준어를 '한글'로 적을 때 지켜야 하는 규정이다.
〈총 칙〉
제1항 한글 맞춤법은 표준어를 소리대로 적되, 어법에 맞도록 함을 원칙으로 한다.
제2항 문장의 각 단어는 띄어 씀을 원칙으로 한다.
제3항 외래어는 '외래어 표기법'에 따라 적는다.

한글 맞춤법은 "표준어를 소리나는 대로 적되, 어법에 맞도록 함"을 원칙으로 한다. "소리나는 대로 적"는다는 것은 표음주의 표기법이고 "어법에 맞도록"한다는 것은 표의주의 표기법이다. 표음주의는 발음대로 적는 것을 말하며 표의주의는 발음과는 약간 차이가 나더라도 단어의 원형을 밝혀 적는 것을 말한다.

맞춤법은 자모자를 맞추어서 글을 쓰는 방법이다. 정상적인 의미의 맞춤법은 그냥 글자를 맞추어서 글을 쓰는 방법을 이르는 것이 아니라, 사회적인 제도로서 정해진 규범에 따라 바르게 적어 나타내는 법, 즉 정서법(正書法)을 이르는 것이다. 따라서 그 언어 공동체의 구성원은 누구나 이를 따르고 지켜야 할 의무를 가지게 된다.

'한글 맞춤법'의 기본 원리는 음소주의와 형태주의이다. 이 총칙 1항의 규정은 세 가지의 내용을 포함한다. 첫째는 표준어를 맞춤법의 규정의 대상으로 삼는다는 것이고, 둘째는 발음에 충실하게 소리대로 적는다는 것이다. 셋째는 둘째의 내용과 상치되는 개념으로, 발음대로 적는 것이 어법에 맞지 않을 경우에는 발음과 거리가 있더라도 어법에 맞도록 적어야 한다는 것이다.

소리대로 표기하는 것은 표음 문자의 속성상 당연한 규정이다. 그러나 이 규정을 충실히 지키는 데에는 어려움이 따른다. 문자의 시각성을 고려하지 않을 수 없기 때문이다. "웃음, 얼음, 미닫이, 넓이" 등은 어법을 고려한 것이고, "무덤, 마개, 마중" 등은 소리대로 표기한 것이다. 전자를 이렇게 소리대로 적으면 시각적인 의미 전달에서 문제가 생긴다.

"빗, 빚, 빛"이나 "낮, 낫, 낟" 등을 보면 형태 중심으로 시각적인 고려를 하고 있음을 알 수 있다. 이는 어법을 고려한 것으로서 같은 음성을 다른 형태로 표기한 것이다. 비생산적인 접사가 통합되는 경우를 제외하고는 가급적 형태를 고정시켜 표기하려는 원칙을 이에서 찾아볼 수 있다. "미장이, 땜장이, 유기장이"는 장인과 관련하여 어법에 맞도록 한 것이고, "멋쟁이, 소금쟁이, 담쟁이"는 소리대로 적은 것인데, 이것도 "소리대로 적되 어법에 맞도록 한다."의 원칙을 그대로 반영한 것이다. 즉 한글은 음운 문자이므로 소리 나는 대로 적는 표음주의를 반영하되, 어법에 따라 원형을 밝혀 적는 표의주의를 기본 원리로 한다. 어법에 맞게 적는다는 것은 한 마디로 뜻을 파악하기 쉽도록 적는다는 것이므로 어법에 맞게 적는 방식으로는 문장에서 뜻을 담당하는 실질 형태소의 표기를 고정시키는 것이 합리적이다. 예컨대 "꼬치, 꼬츨, 꼬또"처럼 적지 않고 실질 형태소인 '꽃'의 표기를 고정시켜 "꽃이, 꽃을, 꽃도"처럼 적는 방식이다.

> 표의주의가 반영된 예는 다음과 같다.
> ① 체언을 조사와 구별하여 적는 경우
> 예) '떡이, 떡을'
> ② 용언의 어간을 어미와 구별해 적는 경우
> 예) '먹다, 먹고, 먹어', '같아, 같이'
> ③ 합성어와 파생어의 원형을 밝혀 적는 경우
> 예) 칼날, 부엌일, 꽃잎 / 첫아들, 헛웃음

표의주의는 어법대로 원형을 밝혀 적으므로 독서할 때 인지 효과가 높다. 그러나 원형을 적다 보니 발음과 괴리를 보이는 표기가 많아진다. 반면 표음주의는 소리대로 적으므로 쓰기에 편하다. 그러나 동일 단어라도 발음 환경에 따라 달리 적으므로 독해할 때 불편하다.

통신 언어
통신 공간에서는 표음주의 표기가 주로 사용된다. 컴퓨터 통신이 막 시작되던 초기에는 최대한 시간을 절약하고 통신비를 절감하기 위하여 표음주의 표기는 사용하였던 것으로 보인다. 여전히 표음주의 표기를 통신 언어의 기본 원칙으로 자리 잡고 있다. 이는 기존 규범 언어에서 일탈하여 표음주의적 표기를 일종의 통신 은어로 통용시키고 있는 것이다.

새·겨·알·기

발음은 동일 언어 공동체 안에서도 각 개인의 발음 습관에 따라 조금씩 다르고, 또한 계층적 · 집단적 차이가 있다. 따라서 표준어의 실제 발음만 가지고서는 추상적인 규정밖에 되지 않는다. 그리하여 국어의 전통성과 합리성을 고려하여 정한다는 조건으로 좀더 구체화한다.

전통이란 예로부터 내려오는 계통으로서, 현실적으로 규범적인 의의를 지닐 때 문화적인 가치가 인정된다. 언어의 사회적 공약은 관용에 의해서 성립되는 것이다. 따라서 전통적인 관용 형식은 중시되어야 하지만 관용 형식이 몇 가지로 갈리고 있거나 진화 과정에서의 변종 처리 등은 합리성이 고려되어야 한다.

예) 1) 전통성을 고려함: 낮이, 꽃을 → 나지, 꼬츨 / 나시, 꼬슬
2) 합리성을 고려함: 되어, 피어 → 되여, 피여 / 되어, 피어
3) 전통성과 합리성을 고려함: 맛있다, 멋있다 → 마딛따, 머딛따 / 마싣따, 머싣따

3. 외래어 표기법과 국어의 로마자 표기법

3.1. 외래어 표기법

외래어 표기법은 조선어 학회의 '외래어 표기법 통일안' (1940), 광복 후의 '로마자의 한글화 표기법' (1958)을 거쳐, 현재는 '외래어 표기법' (1986)을 따르고 있다. 고유어나 한자어에서도 표기의 통일을 위해서 표준어 규정이 마련되어 있듯이 외래어도 어형이 통일되어야 한다. 외래어 표기법은 외래어의 어형을 통일하기 위한 규정이라 할 수 있다.

〔외래어 표기법〕

외래어를 우리말로 적는 규정

(제1항)	(제2항)	(제3항)	(제4항)	(제5항)
외래어는 국어의 현용 24자모만으로 적는다.	외래어의 1 음운은 1기호로 적는다. ('f'→'ㅍ': 패밀리, 필름)	외래어의 받침에는 'ㄱ, ㄴ, ㄹ, ㅁ, ㅂ, ㅅ, ㅇ만을 적는다. (커피숍, 초콜릿, 슈퍼마켓)	파열음 표기에는 된소리를 쓰지 않는 것을 원칙으로 한다. (파리, 버스, 재즈, 서비스)	이미 굳어진 외래어는 관용을 존중한다. (카메라, 피자)

* 동양(중국과 일본)의 인명과 지명 표기의 차이점

▲ 중국 인명: 과거와 현재 구분은 신해 혁명을 분기점으로 구별한다.

→ 과거: 이태백, 두보 / 현재: 쑨원, 마오쩌뚱, 장제스

▲ 일본 인명: 과거, 현대 구분 없이 원음대로 적는다.

→ 도요토미 히데요시, 사토, 다나카, 아무로 나미에

▲ 중국 지명: 역사 지명이되 현재 쓰이지 않는 것은 우리 한자음으로 적고, 현재 쓰이는 중국 지명은 원음대로 적는다.

▲ 일본 지명: 역사 지명 여부를 구별하지 않고 모두 원음대로 적는다.

단, 위 모든 경우라도 '동경, 상해, 대만' 등은 한국 한자음으로 읽는 관용도 허용한다.

→ 삿포로, 시부야, 도쿄, 오키나와

3.2. 국어의 로마자 표기법

국어의 로마자 표기법도 외래어 표기법처럼 개화기 이래 많은 방안이 있었다. 조선어 학회에서 만든 '조선어음 라마자 표기법' (1940)이 있었다. 이에 앞서 1939년에는 선교사 머큔(McCune)과 하버드 대학에서 일본사를 전공하던 라이샤워(Reischauer)가 공동으로 정한 머큔-라이샤워 안(속칭 M-R

로마자 표기법이 중요한 이유

(1) 무역, 외교, 학문 교류 등의 대외 관계에서 국제 표준에 맞추기 위해서는 우리도 표준을 정하여 지켜야 한다.

(2) 규정을 준수하지 않는 데에서 오는 경제 비용 발생이 크다.

(3) 외국 도서관에 납본되는 한국인의 도서명과 저자명 등이 로마자 표기 순서가 통일되어 있지 않아 이용에 불편함이 발생한다.

안)이 널리 퍼졌다. 정부 수립 후 '한글을 로마자로 적는 법' (1948) → '한글의 로마자 표기법' (1959) → '국어의 로마자 표기법' (1984)을 거쳐, 1984년 규정을 새로 고친 개정안이 2000년 7월에 고시 · 공포되었다. 국어의 로마자 표기법은 그 동안 학교 교육에서 전혀 다루지 않았으나 세계화 · 국제화 시대에 접어들면서 이 규정의 학습이 필요하게 되었다.(부록 참조)

4. 바른 문장 파악하기

말은 "아해 다르고 어해 다르다."는 속담이 있다. 말을 어떻게 하느냐에 따라 느낌이 다르고 그로 인해 만들어지는 결과가 다르다는 것이다. 또한 "말만 잘하면 비지 사러 갔다가 두부 사온다."는 말도 있다. 즉 말만 잘하면 그만큼 생각지도 않은 이익도 얻을 수 있다는 것이다. 이렇게 우리는 말이 주는 위력을 잘 알고 있으면서도 정작 자신의 말을 바르고 아름답게 가꾸는 일에는 너무 소홀하다.

4.1. 문법에 맞는 문장

문장을 구성하는 성분들 사이의 호응 관계가 잘 이루어져야 하며, 의미론적 모순이 없어야 한다.

(1) 문장 성분들 간에 호응이 이루어지지 않은 경우

인간은 자연에 복종도 하고, 지배도 하며 살아간다.
운전기사와 잡담을 하거나 과속을 금지한다.
그는 내키지 않는 일은 반드시 하지 않는다.
그는 마음 먹은 일은 절대로 하고 만다.

(2) 어미가 제대로 사용되지 않은 경우

알맞는 답을 고르시오.

푸르른 들판을 마음껏 달려 보자.

(3) 시간 표현이나 높임 표현이 잘못 사용된 경우

아직 학교에 도착하고 있지 않았습니다.
교장 선생님의 말씀이 계시겠습니다.

4.1.1. 문장 성분의 호응

문장 성분 간의 호응이 이루어져야 한다.

(1) 96년 유럽 선수권 8강에서 크로아티아를 2:1로 꺾었던 것도 또 하나의 자신감이다. → 자신감을 가지게 된 또 하나의 요인이다.
(2) 이 날 강연회에서 무엇보다도 감명적이었던 대목은 한 청중의 질의에 대한 답변에서였다. → 답변이었다./답변에서 찾아볼 수 있다.
(3) 소녀 가장 김성순 양은 매년 장마철이 돌아오면 "논둑이 터지면 어찌하냐"며 삽을 들고 싸리문을 나서던 아버지의 모습이 떠오른다. → 아버지의 모습을 떠올린다.
(4) 김포 공항에서 밤에 비행기를 타고 서울시를 바라보면 밤하늘에 빛나는 빨간 십자가가 여간 자극적이다. → 자극적이지 않다.

4.1.2. 문장 구조의 호응

문장 구조의 호응은 한 문장 안에서 주어와 서술어가 호응하는 것과 마찬가지로, 겹문일 때 앞 뒤 문장 사이에 문법적 형식의 호응이 이루어져야 한다. 특히 대등적으로 이어진 문장을 쓸 때 문장 구조의 호응이 잘 안 되는 경우가 많으므로 유의해야 한다.

(1) 그러한 부정적 측면은 우리 나라 교육의 본질적 개혁을 위해서는 감당해야 하며 행정 과정에서 바로잡힐 수 있다.: (능동문+피동문) → 바로 잡아야 한다.
(2) 제출 시에는 매 페이지마다 날인하시고 일단 확정 처리 및 제출된 성적은 절대 수정할 수 없습니다. → 날인하시고 ~ 수정하지 마십

혼동하기 쉬운 어미들

-구려(명령형 어미)	그려(감탄조사)
-대요(=-다고 해요)	-데요(회상)
-러(목적)	-려(의도)
-으므로(이유)	-음으로(수단)
-로서(자격)	-로써(수단)
-던(회상)	-든(선택)=-든지

동질적 접속의 예
(1) 앞으로 가정에 평안과 하시는 사업이 날로 번창하시기를 진심으로 기원드립니다. → 가정의 평안과 상업의 번창 / 가정이 평안하시고 사업이 날로 번창하시기를
(2) 칼과 복면을 한 강도가 한밤중에 들어왔다. → 칼을 들고 복면을 한 강도.

문장 내에서의 조사의 사용
(1) 정치인에 주례를 요청하지 맙시다. → 정치인에게
(2) 당에 검증되지 않은 발언을 삼갑시다. → 당에서
(3) 구약 성서 창세기에 보면 → 창세기를
(4) 검찰은 박 청장이 K상에서 뇌물을 받았는지와 돈을 받고 → K사로부터(장소가 아니라 출처)

시오.

(3) 지식 추구 자체는 인류의 진보를 위해 계속되어야 하며 윤리성과는 무관한 인간의 기본욕구의 실현이다. → 지속되어야 한다.

(4) 김 선생은 자기를 무시하는 사람을 보고 못 참는 성격이며, 남들이라면 그냥 넘어갈 수 있는 상황에서 화를 낼 때가 많다. → 원인과 결과의 관계로 두 문장이 호응되어야 하는데 나열의 의미를 나타내는 접속 어미 '-며'를 사용하여 이상하게 됨.

(5) 싱가포르가 10년 전만 해도 우리 나라보다 경제적으로 열등했고 지금 아시아에서 일본 다음으로 잘사는 나라가 된 것은 국민의 뛰어난 영어 실력 덕분이다. → 두 문장의 의미 관계가 반의 관계인데 대등적으로 쓰여 이상함.

4.2. 명확한 의미의 문장

말을 하거나 글을 쓸 때 전하고자 하는 내용이 분명히 전달되도록 표현해야 한다.

(1) 두 가지 이상의 의미로 해석되는 중의적인 문장

이것은 아버지의 초상화이다.

(2) 의미를 명확하게 알 수 없는 문장

나는 원고지에 연필로 십 년 이상 글을 써왔는데, 이제 바꾸려니 쉽지 않다.

(3) 필요한 문장 성분을 지나치게 생략한 경우

그것을 해 나가자면, 엉키지 않을 수가 없다.

(4) 지나치게 복잡하고 길게 써서 의미를 알 수 없게 된 경우

그녀의 인생의 굴곡 있는 삶으로 이끌어 주던 생명력의 상징인 피아노를 연주하던 손은 온통 나를 매혹시키며 나의 눈에는 비현실적으로 길고 하얗게 보였다.

4.3. 논리적이고 간결한 문장

글에 담긴 내용들 간의 논리적인 질서와 체계에 유의하여야 하며 문장 속에 담긴 내용 자체에 모순이 없어야 한다.

(1) 논리적으로 모순이 되는 표현

우리 회사에서는 정화시킨 오염 폐수만을 내보낸다.
비 오는 달밤

(2) 이어진 문장의 앞 뒤 관계가 논리적으로 맞지 않은 어색한 문장

회장은 회원들이 시설물을 이용하는 것을 제한할 수 있으며, 제한하는 경우에는 사전에 이사회의 승인을 얻어야 한다.

(3) 구체성이 없는 문장

우리 민족은 매우 우수하고 열성적이다.

(4) 같은 의미를 가진 표현들이 불필요하게 중복되어 사용된 예

그 안건은 과반수 이상의 찬성표를 얻었다.
돌이켜 회고해 보건대, 그 일은 너무 어려웠다.
우리 가족들은 배에 승선했다.
이 책은 나의 책으로, 어제 산 책이다.
왼쪽으로 좌회전 하시오.

(5) 복합어처럼 쓰이는 겹말

처가(妻家)집(처갓집) → 처가, 농사일 → 농사,
동해 바다 → 동해, 전기누전 → 누전, 근래 들어 → 근래에

명확한 문장을 사용하기 위한 조건

(1) 단어는 적절하게 사용되었는가?
(2) 필요하지 않거나 보충할 단어는 없는가?
(3) 띄어쓰기나 맞춤법은 바르게 되었는가?
(4) 문장이 자연스럽고 높임 표현은 바르게 되었는가?
(5) 문장의 뜻이 모호하지는 않은가?
(6) 문장의 길이는 적절한가?

(6) 주성분에서의 겹말

주어가 겹말인 경우	목적어가 겹말인 경우	서술어가 겹말인 경우
낙엽이 떨어지는 → 낙엽이 지는, 잎이 떨어지는	돈을 송금하다 → 송금하다, 돈을 보내다, 돈을 부치다	결론을 맺다 → 결론을 내다, 결론짓다
생명이 위독하다 → 위독하다	머리를 삭발하다 → 삭발하다	공감을 느끼다 → 공감하다
전기가 누전되다 → 누전되다	작품을 출품하다 → 출품하다, 작품을 내다	수확을 거두다 → 수확하다, 곡식을 거두다

(7) 부속 성분에서의 겹말

관형어가 겹말인 경우	부사어가 겹말인 경우
가까운 측근에게→측근에게	간단히 요약하면→요약하면
맡은 바 임무→임무, 맡은 바	둘로 양분하다→양분하다, 둘로 나누다
오랜 숙원→숙원	서로 상의하다→상의하다

새·겨·알·기

호응에 제약을 가지는 표현

문장에서 호응 관계는 반드시 지켜져야 한다. 주어와 서술어, 서술어와 목적어, 수식어와 피수식어 사이에서는 물론, 시간 표현, 높임 표현 등의 문법 기능에 이르기까지 호응이 잘 이루어져야 뜻이 확실하고 올바른 문장이 된다. 그 중에서 주로 부사어와 서술어 사이에 긴밀하게 호응하면서 비교적 문장 형태가 고정되어 나타나는 표현들이 있다.

결코~않다	과연~구나	그다지~하지 않다
도대체~이냐	드디어~하다	마치~같다
만약~라면(~ㄴ다면)	부디~하여라	비록~일지라도
아마~-ㄹ것이다	여간~않다	일절~않다(못하다)
차라리~-ㄹ지언정	차마~않다	혹시~거든

5. 바른 어휘 사용

5.1. 정확한 단어 사용

① 단어의 구성에 이상이 없어야 한다.
② 단어의 의미에 충실해야 한다.
③ 단어의 용법이 적절해야 한다.

단어의 정확한 사용이란 단어를 규범과 어법에 맞게 구성하고, 의미 및 화행적 용법에 맞도록 부려 쓰는 일을 가리킨다. 이러한 요건을 갖추는 일이야말로 언어 생활을 바르게 하는 기초가 된다.

단어를 잘못 쓰는 경우는 다음과 같다.

(1) 단어의 의미를 잘 모르고 쓸 때

김 사장은 고인의 영전에 삼배를 올린 후, 접견실에서 다른 손님들과 10여 분간 환담했다.
참가자들의 넋을 기리다.
수재민 돕기 성금이 작았다.

(2) 단어의 중복 사용

최종 합격자 발표는 게시판에 발표한다.
결과적으로 그 기계가 정상적으로 작동하지 못하는 결과를 초래했다.
문화 충돌과 긴장은 미리부터 예상될 수밖에 없었다.

새·겨·알·기

- 가늠하다: 어떤 목표나 기준에 맞고 안 맞음을 헤아려 본다
- 가름하다: 함께 하던 일을 서로 가르다
- 갈음하다: 같은 것으로 바꾸어 대신하다

갑절: (명사)어떤 수량을 두 번 합침. 배(부사)두 번 합친 만큼

곱절: (명사)같은 수량을 몇 번 합치는 일. (부사)몇 번이고 합친 만큼

그러므로: (부사)앞에 말한 내용이 뒤에 말하는 사실의 원인, 조건, 근거가 됨을 나타내는 접속부사

그럼으로(써): '그러다'의 명사형 '그럼'에 조사 '으로'가 결합한 말로, '그렇게 하는 것으로(써)'라는 수단의 의미가 있음. 그 의미를 강조할 경우에 '써'가 결합할 수 있음.

너비: 가로 퍼진 길이. 폭

넓이: 평면의 크기. 면적

두껍다: 두께가 크다

두텁다: (인정이나 사랑이)깊다

반드시: 틀림없이. 꼭

반듯이: 비뚤어지거나 기울거나 굽지 아니하고 바른

벌리다: (두 사이를)넓히다

벌이다: (일을)베풀어 놓다, (가게를)차리다, (물건을)늘어놓다: 화투짝을 벌여 놓다

부딪치다: ①부딪다의 힘줌말 ②맞닥뜨리다 ③어떤 사실에 직면하다

부딪히다: 부딪힘을 당하다. 마차가 화물차에 부딪혔다.

부치다: 힘이 모자라다, (편지나 물건 등을) ①보내다 ②회부하다 ③어떠한 취급을 하기로 하다

붙이다: ①서로 맞닿아서 떨어지지 아니하게 하다 ②말을 걸다 ③의견, 설명 등을 첨가하다

비교하다: 서로 견주어 보다

대조하다: ①둘 이상의 대상을 맞대어 봄 ②서로 반대적으로 대비되다

빌다: ①거저 달라고 사정하다 ②기도하다 ③호소하다

빌리다: (남의 물건을) 돌려주기로 하고 쓰다

지그시: 어떤 대상에 가볍게 또는 드러나지 아니하게 은근히 힘을 주는 모양

지긋이: 나이가 비교적 많이 듬직하다(지긋하다의 부사)

푼푼이: 한 푼씩 한 푼씩

푼푼히: ①모자람이 없이 넉넉하다 ②사람됨이 옹졸하지 않고 너그럽고 활달하다

5.2. 단어의 논리적 구성

형태와 의미의 자의적인 관계를 통해서 그 지위를 부여받는 단일어와 달리 복합어, 즉 파생어와 합성어 가운데는 논리적 구성 면에서 잘못된 단어가 적지 않다.

단어 형성법〔조어법(造語法)〕

> 단어를 형성할 때 실질적인 의미를 나타내는 중심 부분을 어근(실질 형태소)이라고 하며, 어근에 붙은 주변 부분을 접사(형식 형태소)라고 한다. 단어 파생에 기여하는 접사를 파생 접사라고 하고, 문법적 기능을 하는 어미와 조사는 굴절 접사라고 한다.
>
> 예) 치솟다 (치: 파생 접사, 솟: 어근, 다: 굴절 접사)
>
> * 단일어 : 하나의 어근으로 된 단어. 예) 산, 하늘, 맑다
>
> * 복합어
>
> ┌파생어 : 어근의 앞이나 뒤에 파생 접사가 붙어서 만들어진 단어. 어근의 앞에 붙는 파생 접사가 접두사, 뒤에 붙는 것이 접미사
>
> 예) 풋사랑, 치솟다, 톱질, 먹이, 잡히다, 어른스럽다
>
> └합성어 : 두 개 이상의 어근이 결합된 단어
>
> 예) 어깨동무, 앞뒤, 작은아버지, 들어가다

(1) 한 단어의 구성에서 유의어나 유의적 요소의 일부가 중복되면 정확한 단어가 되지 못한다. 단, 예외와 같이 의미 분화가 일어난 경우는 각각 단어로서 자격을 획득한다.

예) 역전앞, 술주정, 옥상위, 철로길, 약수물, 돌비석, 철교다리
예외) 손수건, 새신랑

(2) 피동형의 중복 구성은 정확한 단어가 되지 못한다.
* 피동형에 의한 단어 구성

- 어휘적 방법 : '당하다'
- 파생적 방법 : 동사의 어간에 '-이-' '-히-' '-리-' '-기-' '-되-'가 붙는 방법
- 통사적 방법 : '-어지-' '-게 되-'

  예) 이 펜은 글씨가 잘 써진다.

  곧 사실이 드러나게 된다.

피동형의 동사 구성에는 위의 세 가지 방법에 의해 실현되는데 아래와 같은 중복 구성은 정확한 단어가 되지 못한다.

- 어휘적 방법과 통사적 방법에 의한 이중 피동형 - 되다/되어지다
- 파생적 방법과 통사적 방법에 의한 이중 피동형 - 담기다/담아지다/담겨지다, 바뀌다/바꾸어지다/바뀌어지다, 묶이다/묶어지다/묶여지다, 보이다/보아지다/보여지다, 잊히다/ 잊어지다/ 잊혀지다
- 피동 접사와 사동 접사의 중복형 - 먹히다/먹히우다, 불리다/불리우다, 잘리다/잘리우다, 잡히다/잡히우다, 쫓기다/쫓기우다, 찍히다/찍히우다, 팔리다/팔리우다

(3) 사동 표현의 부적절성

예) 내가 친구 한 명 소개시켜 줄게.

: 내가 친구를 소개하는 것이지, 다른 사람에게 시키는 것이 아니다. 그러므로 '소개해 줄게'로 고쳐야 한다. '명사-시키다'는 '명사-하다' 구성에서 파생된 형태이다. 가령, 명사 '발전'은, '발전하다'로 파생되기도 하고, '발전시키다'로 파생되기도 한다. 여기서 '발전하다'는 자동사, '발전시키다'는 타동사의 기능을 나누어 갖고 있다. 그러나 '소개하다' '교육하다' '가동하다' 등은 경우가 다르다. '-하다'의 형태 자체가 타동사이므로, 목적어가 있다고 해서 '-시키다'의 꼴로 쓰면 어법에 어긋나게 된다.

어려운 한자어의 남용

어려운 한자어는 삼가고 쉬운 한자어로 쓰도록 하는 것이 바람직하다. 또한 한자어에는 동음 이의어가 많으므로 주의하고 순화하거나 대치한다.

· 浮動票 - 떠돌이표

· 不動票 - 고정표

한글 표기만으로 의사 소통에 어려움이 있는 경우는 한자를 병기하여 밝혀 준다.

(4) 고유어에 접미사 '-的(적)'을 남용하는 것은 조어법에 어긋난다.

① 개방적, 인간적, 국제적, 가정적

② 돈키호테적 성격, 그리스도적 사랑, 카리스마적 존재

③ ?가을적 인생, ?사람적으로, ?나라적으로

'-적'은 주로 한자어 명사 뒤에 사용되는데(예1), 서양 외래어에까지 확장되기에 이르렀다(예2). 그러나 고유어에 '-적'이 결합된 것은 어색하고 부적절하다(예3).

5.3. 단어의 의미

"배가 아파 설사약을 먹었더니 설사가 멈추었다."에서 설사약이란 표현은 적절치 않고 '지사제'로 바꾸어야 한다. 의미가 적절하지 않고 불분명하여 단어를 잘못 사용하는 경우도 있지만, 유사한 음과 의미로 인하여 의미상 혼동을 가져오는 경우도 있다.

(1) 소리와 뜻이 유사하여 나타나는 오류

{홑몸/홀몸}도 아닌데, 너무 무리 하지 마세요.
가족과 헤어져 쭉 {홀몸/홑몸}으로 지내고 있어요.
홑몸: 임신하지 않은 몸
홀몸: 형제나 배우자가 없는 사람

일을 이렇게 {벌여/벌려} 놓고 가 버리면 어떡합니까?
입을 {벌려/벌여} 보아라.
벌이다: 일과 물건을 베풀어 놓거나 가게를 차리는 것
벌리다: 둘 사이의 공간을 넓히는 것

(2) 의미가 유사하여 나타나는 오류

그 날 화재가 난 {원인/이유}가 무엇이냐?
네가 그 자리를 박차고 나간 {이유/원인}가 무엇이냐?
원인: 어떤 결과가 일어난 까닭
이유: 어떤 주장이나 행동의 근거

이 식물은 고산 지대에 {자생(自生)하고/서식(棲息)하고}있다.
쉬리는 동강에 {자생(自生)하고/서식(棲息)하고}있다.
자생하다: 식물 해당
서식하다: 동물 해당

5.4. 단어의 화행적 용법

단어의 바른 용법은 그 말이 사용되는 맥락에 따라 결정된다. 그 중 말하는 이와 듣는 이의 지위에 따른 화행적 용법을 고려해서 사용해야 할 몇몇 단어들의 예를 보면 다음과 같다.

부정확한 단어 사용으로 인한 비문

· "영화가 매우 재미있을 것 같습니다." (영화가 매우 재미있습니다." '~같다' 란 표현은 날이면 날마다 일상 주변이나, 방송에서 흔히 듣는 표현이다. '~같다' 는 확실하게 알지 못하는 어떤 것에 대한 추측이나 추정, 짐작을 나타낼 때 쓰는 말이다. 확실한 사실이나, 확실한 주관적인 느낌에는 적절하지 않은 표현이다. 잘못된 언어 습관에 의한 비문법적인 표현이다.)

· "선생님, 올해도 건강하세요." ("선생님, 올해도 건강하게 지내세요." 주변에서 흔히 듣는 표현이다. 그러나 잘못된 표현이다. '건강하다' 는 형용사이다. 형용사에는 명령형 어미를 붙일 수 없기 때문이다.)

· "보세요, 잘 날라가지 않습니까?" ("보세요, 잘 날아가지 않습니까?" '날아가다' 는 '날아서 움직여 가다' 의 의미이다. 잘못된 'ㄹ' 음 첨가의 예이다.)

(1) 몸소: 직접 제 몸으로(손윗사람의 행동에 대해서 사용)

가. 선생님께서 몸소 찾아 주셨다. (○)
나. 선생님, 제가 몸소 가보겠습니다. (×)

(2) 수고하다: 일을 하는 데 힘을 들이고 애를 쓰다.(듣는 이의 지위가 말하는 이와 동급 이하일 때)

가. 영수야, 수고했어. (○)
나. 선생님, 수고하셔요. (×)

(3) 평칭어와 존칭어의 바른 용법

밥/진지, 말/말씀, 먹다/드시다, 자다/주무시다, 있다/계시다
가. 할아버지 {진지 / 밥} {드십시오 / 먹으십시오}.
나. 얘야, {밥 / 진지} {먹어라 / 드셔라}.

(4) 호칭어: 동일한 대상이라 하더라도 여러 가지 기준에 따라 바른 용법이 결정된다.

지칭대상 / 기준	부	모
자신/생존	아버지/가친(家親)	어머니/자친(慈親)
자신/작고	선친(先親)/선고(先考)	선비(先妣)
타인/생존	아버님/춘부장(春府丈)/대인(大人)	어머님/대부인(大夫人)/자당(慈堂)
타인/작고	선대인(先大人)/선장(先丈)	선대부인(先大夫人)

갑 : 춘부장께서는 편안하신가?
을 : 선친께서는 작년에 돌아가셨습니다.

6. 외국어의 영향을 받은 표현

오랜 기간 동안 우리 민족의 문화 생활을 담당했던 한자와 그로 이루어진 한자어, 서양 문화의 유입에 따른 외국어, 이들은 우리말의 어휘를 풍부하게 해주는 긍정적인 면이 있으나 부정적인 면 또한 있다.

적절한 어휘 선택이란 전달하고자 하는 의미를 효과적으로 표현하기 위해 어휘 사이의 관계 속에서 결정하는 것을 말한다. 우리의 의사 소통은 한문투나 외국어로 이루어지는 것이 아니라 우리말 구조로 이루어진다는 것을 감안하다면 불필요한 한자어나 외국어 사용을 자제하여야 한다.

한자어가 남용된 표현은 다음과 같다.

(1) 경종이 취명하니 양지하시기 바람 → 종이 울릴 것이니 알고 계시기 바람)
(2) 이상의 족적을 살펴보면 → 지금까지의 발자취를 살펴보면

영어식 표현은 다음과 같다.

(1) 아이덴티티의 문제에 봉착하였다. → 주체성
(2) 그것이 문제의 원인이라고 생각되어진다. → 생각한다.
(3) 가장 중요한 것 중의 하나는 주제를 파악하는 것이다. → 가장 중요한 것은
(4) 그 친구는 내일 미국으로 떠날 예정으로 있다. → 떠날 예정이다
(5) 날씨가 너무 나쁜 관계로 여행을 떠나지 못하였다.
(우리말에서 구절 사이의 관계 표시하는 말들은 대체로 앞절 마지막 단어의 조사나 활용 어미로 나타난다. → '날씨가 너무 나빠서')

일본식 표현은 다음과 같다.

(1) 스스로 자기 이름을 더럽히는 것에 다름 아니다. → 더럽히는 것에 지나지 않는다. 더럽히는 일일 뿐이다.
(2) 이 밖에 그가 쓴 소설의 내용은 민족 현실에도 주목에 값한다. → 주

외국어나 외래어의 남용
· 오뎅(꼬치, 꼬치 안주), 와사비(고추냉이), 노가다(노동자, 안부), 유도리(여유) 등 이처럼 고유 일본어로 읽히는 것은 순화어로 바꿔 준다.
· 바이어(구매자, 구입상), 워크숍(수련), 세미나(연구회, 발표회), 매뉴얼(설명서) 등 영미계 외래어들도 순화어로 쓰려는 노력이 필요하다.

번역투 문장의 오용 사례
· ~에 있어서 → ~에서
· ~에 다름 아니다 → ~에 불과하다, ~일 뿐이다.
· ~에 주목에 값하다 → ~ 할 가치가 있다.
· 아무리 ~ 해도 지나치지 않다 → ~ 함이 당연하다.
· 고려에 넣는다면 → 이것을 고려한다면
· ~ 할 필요가 있다 → ~이 필요하다.
· ~ 할 예정으로 있다 → ~ 할 예정이다/~ 할 것이다/~ 할 참이다
· 회의를 가지다(have a meeting) → 회의하다

문법의 과소비-피동 · 사동 표현의 남용
· 그렇게 하는 것이 좋을 거라고 생각되어집니다.
· 일이 잘 진행되어지고 있습니다.
· 지방세가 우세하지 않나 이렇게 보아지는군요.
· 우리 공장에서는 기계를 하루 종일 가동시키고 있습니다.
· 그 선생님은 영어를 교육시키는 분이다.
· 학교에서는 입시 위원회를 설치시킬 예정이다.

목할 만하다.

(3) 관객들과 함께 해내는 보다 속시원한 끝맺음이 필요했으리라 본다.
→ 속시원한 끝맺음이 좀더 필요했을 것이다.

(4) 중간 평가로 가는 수순으로 → 과정으로, 절차로

언어의 표현이 사고의 표현이며 인식의 표현이며 각자가 가지고 있는 교양과 가치관의 표현이라는 인식을 갖고 언어의 표현을 신중히 하도록 평소에 노력해야 한다.

세·워·가·꾸·기

1. 표준어와 방언에 대하여 이해하고 이를 상황에 따라 바르게 사용하는가?

2. 한글 맞춤법의 원리와 규정을 알고, 단어와 문장을 바르게 표기할 수 있는가?

3. 외래어 표기법과 국어 로마자 표기법을 알고 바르게 쓰려는 태도를 지니는가?

4. 올바르고 정확한 언어 표현의 원리를 알고 사용할 수 있는가?

5. 국어를 가꾸고 발전시키려는 태도를 지니는가?

아름다운 우리말

타래치다: 바람이나 먼지 따위가 빙빙 맴돌아 솟구치다

토리[1]: 1. 실을 둥글게 감은 뭉치, 2. 감아놓은 실뭉치는 세는 말

토리[2]: 화살대의 끝에 씌운 쇠고리

풀·어·다·지·기

1. 표준어를 찾아 표시해 보시오.

① 그런 뜻은 {아니에요, 아니예요}.

② 문틈을 {벌렸다, 벌였다}.

③ 창문을 꼭 {잠궜다, 잠갔다}.

④ 성실한 학생이 되는 것이 나의 {바램, 바람}이다.

⑤ 학교 가는 길에 문방구에 {들러, 들려} 색종이를 사렴.

⑥ 그는 {한창, 한참} 일할 나이이다.

⑦ 꽃병을 {부시다, 부수다}.

⑧ 모래성을 {부시다, 부수다}.

⑨ 실내 온도가 {덥다, 뜨겁다 ; 춥다, 차갑다}.

⑩ 방바닥이 {뜨겁다, 덥다 ; 차갑다, 춥다}.

⑪ 시험은 잘 못 쳤지만, {행여나, 혹시나} 합격할까 기대한다.

⑫ 시험은 잘 쳤지만, {혹시나, 행여나} 떨어질까 우려한다.

⑬ {공교롭게, 마침} 지나가던 행인이 차에 치었다.

⑭ {마침, 공교롭게} 지나가던 차가 있어 지각을 면했다.

⑮ 그 책을 네게 {빌어, 빌려} 온다는 걸 잊었네.

⑯ 그런 일을 당하다니, 정말 (애닯다, 애달프다).

⑰ 그 할아버지는 굉장히 {괴팍하다, 괴퍅하다}.

⑱ 성윤이는 {우스개소리, 우스갯소리}를 잘 한다.

⑲ 나는 점심시간에 {육계장, 육개장}을 먹어야지.

⑳ 오늘은 {김치찌게, 김치찌개}를 먹는 게 어떨까?

㉑ 정말 잘 {날라가지, 날아가지}?

㉒ 그렇게 자꾸 {으스대다가, 으시대다가} 큰 코 다친다.

㉓ 그 아이는 왜 그리 {주책이냐, 주책없냐}?

㉔ 너의 의견은 내 생각과 약간 {틀리다, 다르다}.

㉕ 우리 집에선 이번 여름에 매실주를 많이 {담아, 담가} 놓았다.

㉖ 올림픽 메달의 {주인공, 장본인}이 들어 왔다.

2. **다음 문장의 밑줄 친 부분을 바르게 고쳐 보시오.**

① 리보솜과 리소좀은 서로 틀린 거야.

② 사과 껍데기는 먹지 말아라.

③ 뉴스 시간이다. 텔레비전을 틀어보아라

④ 기쁜 추석을 맞아 내 마음이 즐겁다.

⑤ 어머니께서 드디어 돌아가시고 말았다.

3. **다음 각 예문이 어색하거나 잘못된 이유를 간단히 설명해 보시오.**

① 교장 선생님, 우리 반 담임 선생이 먼저 출발했어요.
② 시아버님, 그이께서 곧 돌아오신답니다.
③ 사장님, 회장님은 몸이 아프다는군요.
④ 요즈음 교육계의 개혁에 관심이 모아지고 있다.
⑤ 잘 해결되어지지 않는 문제들은 나에게 물어 봐라.
⑥ 그는 나에게 여러 번이나 거짓말을 시켰다.
⑦ 예순이면 한참 일하실 연세이다.
⑧ 한여름 낮에는 햇볕이 강해 따로 조명이 필요 없다.
⑨ 산도 높고, 계곡은 깊다.
⑩ 얼마 전 뉴스 시간에 보듯이 한라산에 철쭉이 한창 피었다는데……
⑪ 이건 저의 아버님이 선생님께 주는 책이다.
⑫ 필자가 주장하고자 하는 것은, 우리 민족은 결코 나약하지 않았다.
⑬ 내일은 비가 와서 산에 가지 마라.
⑭ 나는 오늘 저녁밥을 너무 먹었다.
⑮ 이 민족의 장래의 운명의 결정은 젊은이의 의지에 달려 있다.
⑯ 인도는 내가 가장 가 보고 싶은 나라 가운데 하나이다.
⑰ 그것이 합리적이다라는 생각이 들었다.
⑱ 원서 접수는 5일까지 마감한다.
⑲ 남은 책이 한 권뿐이 없다.
⑳ 다시는 학생들 앞에 부끄러운 교사가 되지 말자는 다짐에 다름 아니다.
㉑ 그 소식을 동생으로부터 들었다.
㉒ 패배한 이유는 우리가 상대를 너무 업신여겼다.

4. 표준어를 찾으시오.

① 숫염소 ② 일찌기 ③ 암키와 ④ 머릿말 ⑤ 눈대중 ⑥ 삭월세 ⑦ 풋나기
⑧ 애닯다 ⑨ 마춤복 ⑩ 수출량을 늘린다. ⑪ 노을 ⑫ 윗어른 ⑬ 냄비
⑭ 먹쩍다 ⑮ 가지런케 만들다

5. 각 낱말들을 소리 나는 대로 정확한 발음을 쓰시오.

넓다		늙지		닭 앞에		광한루	
곬이		피읖이		손재주		닳지	
밟고		읊고		솜이불		낳은	
문법		몫몫이		옷 입다		읽고	
맑다		밟는		햇살		빚다	
넓죽하다		티읕을		늪 앞		계집	

6. 다음 예에서 표준말을 가려내어 ( ) 속에 ○표를 하시오.

① 강낭콩( ) 강남콩( ) ② 웃도리( ) 윗도리( ) ③ 상추( ) 상치( )
④ 미숫가루( ) 미싯가루( ) ⑤ 으레( ) 으례( ) ⑥ 아지랑이( ) 아지랭이( )
⑦ 돌( ) 돐( ) ⑧ 둘째( ) 두째( ) ⑨ 열두째( ) 열둘째( )
⑩ 미장이( ) 미쟁이( ) ⑪ 멋장이( ) 멋쟁이( ) ⑫ 무( ) 무우( )
⑬ 쇠고기( ) 소고기( ) ⑭ 머무르다( ) 머물다( ) ⑬ 회수( ) 횟수( )

7. 다음 예문 중에서 띄어쓰기가 바르게 된 번호를 찾고 틀린 곳은 바르게 고치시오.

① 눈 같이 흰 목련화가 피었다. ② 그 아이는 샛별같은 눈을 가졌다.
③ 비가 올 것 같다. ④ 당신과의 약속 대로 내일 여행을 떠납시다.
⑤ 이 약은 쑤시는데 바르는 약이다. ⑥ 십여일 간 비가 계속 내렸다.
⑦ 날씨가 많이 추워 졌다. ⑧ 오는 이가 가는이보다 많다.
⑨ 그가 나를 미워하리 만큼 내가 그에게 잘못한 일이 없다.
⑩ 방바닥에 떨어져 있는 종이를 주워버렸다.

8. 다음 예문에 들어갈 적당한 말을 찾아 ○표를 하시오.

① 새 책으로 (가름, 갈음)하였다.
② 외상값이 잘 (거친다, 걷힌다).
③ (겉잡아서, 걷잡아서) 이틀 걸린다.
④ 고무줄을 (늘인다, 늘린다).
⑤ 문이 저절로 (닫혔다, 닫쳤다).
⑥ 술을 체에 (받힌다, 밭친다).
⑦ 편지를 (부친다, 붙인다).
⑧ 전부터 (알음, 앎)이 있는 사이다.
⑨ (있다가, 이따가) 와서 도와라.
⑩ 배추를 (절이다, 저리다).
⑪ 여러 날을 (주렸다, 줄였다).
⑫ 생선을 맛있게 (졸였다, 조렸다).
⑬ 우산을 (받치고, 받히고) 간다.
⑭ 술잔을 마주 (부딪쳤다, 부딪혔다).

9. 다음의 인명, 지명을 로마자로 쓰시오.

최영 →
연개소문 →
수양 →
장보고 →

10. 우리 주변의 외래어 오용 표기에 대해 조사하여 바르게 표기하시오.

예) 프라자 → 플라자
샵 → 숍
초코렛 → 초콜릿
센타 →
크럽 →
쇼파 →
칼라 →
스넥 →
도너츠 →
메세지 →
프로포즈 →
렌트카 →

11. 다음 자료는 우리말을 표준 발음에 가깝게 실제 소리 나는 대로 옮겨 놓은 것이다. 아래 자료를 읽으면서 발음 연습을 해 보시오.

① 가아재도 게에펴니라고 가아네 붙고 쓸개에 분는다.
② 가아튼 갑쎄 부운홍 치마
③ 도옹냥은 모온 쭐망정 쪽빠근 깨애지 마알라.

12. 〈보기〉를 통하여 "맞춤법의 원리와 규정을 이해하고, 그에 맞는 국어 생활을 한다."는 학습 목표로 교수-학습하고자 한다. 〈조건〉에 알맞은 답을 서술하시오.

〈보기〉

① 한글 맞춤법 총칙 제1항 "한글 맞춤법은 표준어를 소리대로 적되, 어법에 맞도록 함을 원칙으로 한다."
② 웃음, 얼음, 미닫이, 넓이 / 무덤, 마개, 마중
③ 빗, 빚, 빛 / 낮, 낫, 낫
④ 미장이, 땜장이, 유기장이 / 멋쟁이, 소금쟁이, 담쟁이

〈조건〉
1. 위 예문 ①의 총칙에 제시된 기본원리와 그 규정에 포함된 내용을 제시할 것.
2. 위 예문 ①을 근거로 ②, ③, ④의 예를 설명할 것.

13. 〈보기〉의 각 항에서 틀린 말을 찾아 바르게 고치고 그 이유를 설명하시오.

〈보기〉

(1) 숫꿩, 수염소, 수놈, 수닭
(2) 윗넓이, 윗어른, 윗층, 웃수염
(3) 서툴다, 머물다, 막대기

14. '바른 문장 쓰기'에 대한 다음 자료를 읽고 물음에 답하시오.

(가) 꽃나무가 이리저리 왔가 가요.
(나) 6월이면 여름은 시작합니다.
(다) 지난 추석에는 송편을 빚어 놓고 제사를 지냅니다.
(라) 철수야, 선생님이 오시래.
(마) 손님이 다 오지 않았다.
(바) 1. 나는 꽃을 아름답게 가꾸었다.
　　2. 꽃을 나는 아름답게 가꾸었다.
　　3. 아름답게 가꾸었다 꽃을 나는

(사) 1. 마음을 열면 세상이 참 아름다워 보입니다.
2. 열면 세상이 마음을 참 아름다워 보입니다.
3. 마음을 세상이 열면 참 아름다워 보입니다.

14-1. (가)~(마)의 문장이 문법에 맞지 않는 이유를 설명하고 바르게 고쳐 써 보자.

14-2. 어순과 관련하여 우리말의 특징을 (바), (사)의 문장을 예로 들어 설명해 보자.

14-3. 다음 표현 중 올바른 것에 ○표 해 보자.

① 선생님의 말씀이 계시겠습니다. (　　)
② 인간은 자연을 지배하기도 하고 복종하기도 한다. (　　)
③ 어르신, 치아는 아직 튼튼하신지요? (　　)
④ 사장님께서 사원들의 노고를 치하하셨습니다. (　　)
⑤ 이 배는 사람이나 짐을 싣고 하루에 다섯 번씩 운항합니다. (　　)
⑥ 그 때가 내가 내 생애에서 가장 아름답던 추억이었다. (　　)

15. '바르고 정확하게 쓰기'에 관하여 다음 물음에 답하시오.

15-1. 다음은 한 학생의 받아쓰기 답안이다. 틀린 것을 찾아 〈보기〉와 같이 고쳐 써 보자.

(가) 우리반 학생의 진학률을 백분률로 환산해 보자.
(나) 개가 강물에 떠내려가버렸다.
(다) 깍두기를 반찬으로 밥 한 그릇을 깨끗이 먹었다.
(라) 그것은 있음 직한 이야기다.
(마) 네가 가고 나면 난 어떡해?
(바) 뚝배기 국밥 곱빼기로 한 그릇 주세요.
(사) 나도 언젠가는 아름다운 사랑을 할거야.
(아) 저 고개 넘어 고향집이 있다.

〈보기〉

· 틀린 문항 : (아)

· 틀린 이유 : 이 문장에서는 '넘어' 가 잘못되었다. 왜냐하면 '넘어' 는 동사 '넘다' 의 어간 '넘-' 에 어미 '-어' 가 연결된 것으로 이 문장엔 적절하지 않기 때문이다. 이 문장에는 '높이나 경계로 가로막은 사물의 저 쪽 또는 그 공간' 을 의미하는 명사 '너머' 를 써야 한다.

· 고친 문장 : 저 고개 너머 고향집이 있다.

15-2. (가)에는 문장 부호가 들어 있으나 (나)에는 문장 부호가 빠져 있다. (나)에 필요한 문장 부호를 아래 원고지 양식에 모두 써넣고, 문장 부호를 사용해야 하는 까닭을 세 가지만 기술해 보자. (단, 모든 문장은 첫 칸부터 시작하여 쓴 것으로 함.)

(가) 별이 유난히 빛나는 바닷가.
'음, 한번 분위기를 잡아 볼까?'
그녀에게 잘 보이기 위해 풀피리를 만들 만한 풀잎을 땄다.
"삑삑 삐이 삐리리 삑삑."
그녀는 눈이 둥그래져서 나를 쳐다보았다.
'흠, 역시…….'

(나) 저기요
말씀하세요
나는 내심 그녀의 찬사를 기대했다
저기요 밤에 피리 불면 뱀 나오는데
허억 이럴 수가
호호 농담이에요 농담 풀잎 하나로 어떻게 그런 소리를 낼 수 있죠

	저	기	요								
	말	씀	하	세	요						
	나	는		내	심		그	녀	의		찬
사	를		기	대	했	다					
	저	기	요		밤	에		피	리		불
면		뱀		나	오	는	데				
	허	억		이	럴		수	가			
	호	호		농	담	이	에	요		농	담
풀	잎		하	나	로		어	떻	게		그
런		예	쁜		소	리	를		낼		수
있	죠										

16. 아래에 제시된 문장을 각각 바르게 고치고, 이유를 간략히 밝히시오

(1) 어제는 비와 바람이 세차게 불더니, 오늘은 거짓말처럼 날씨가 좋다.

(2) 우리가 자랑하는 한글은 조상들이 피와 땀으로 지켜 온 것입니다. 그러나 우리는 한글을 더욱 발전시켜 후손에게 물려주어야 한다.

(3) 요즈음 한창 인기 있는 조번개 선수는 학창 시절부터 이예쁜 선수와 사귀어 왔고, 10월 25일 잠실 실내 체육관에서 많은 관중들의 축복 속에 정하늘씨가 주례하여 결혼식을 올렸다.

17. 아래 제시된 자료는 띄어쓰기에 혼동을 일으키기 쉬운 말이다. 제시된 자료 중 세 가지를 선택하여 현행 맞춤법에 맞도록 띄어쓰기를 하고 그 이유를 기술하시오.

① 세살배기

② 그러면안돼요.

③ 열살난어린이입니다.

④ 이사온지얼마나됐지요?

⑤ 공사중이니돌아가주십시오.

18. 다음을 읽고 물음에 답하시오.

(가) ① 여자, 노동 신문 / 녀자, 로동 신문

심리〔심니〕, 항로〔항노〕 / 심리〔심리〕, 항로〔항로〕

② 낮은 억양 / 높은 데서 낮은 데로 떨어지는 억양

부드럽게 흘러가듯 말함 / 단어나 어절을 끊어서 말함

③ 인물화, 한복 / 사람그림, 조선옷

동무 - 친한 친구 / 동무 - 이념이나 사상을 같이 하는 사람

볼펜, 노크 / 원주필, 손기척

(나) 북한에서 온 자유 이주민이 남한 언어를 이해하지 못하는 이유로는 33.9%가 생소한 단어로 인한 이해 부족을 가장 큰 원인으로 꼽았다. 남북한은 오랫동안 단절된 사회 속에서 각각의 체제를 바탕으로 한 새로운 어휘 체계가 형성되었다.

특히 북한은 문화어 운동의 일환으로 고유어 위주의 어휘 정리 사업을 지속적으로 수행하였고, 많은 외래어를 고유어로 바꾸어 사용하고 있는 데 반해, 남한에서는 고유어의 비중이 줄어들고 외래어가 늘어 감에 따라 어휘 면에서 상당한 차이가 발생하였다. 외래어의 사용과 한자어의 사용도 언어 적응을 어렵게 하는 중요한 원인이다.

그 다음으로는 27.4%의 응답자가 발음과 억양의 차이를 꼽았다. 높낮이가 분명하고 강약이 있는 북한식의 독특한 발음과 억양에 익숙해 있는 탈북 주민들에게 두드러진 억양이 나타나지 않는 남한식의 억양과 두음 법칙을 준수하는 발음도 이해를 어렵게 하는 요인이 되고 있다. 그러나 발음과 억양은 이해를 전적으로 불가능하게 하는 요인은 아니며, 대체로 어휘를 처음 접했을 때에 '낯섦'의 원인이 되고 있는 정도이다.

동음 이의어를 지칭하는 의미 차이에 의한 이해 부족은 19.6% 정도의 비율을 보이고 있다. 기타 의견을 기록한 응답자는 19.1%였으나, 대부분 생소한 단어의 차이에 포함시킬 수 있는 영어, 외래어, 한자어에 대한 문제를 지적하였다. 의미 있는 응답으로 전문 분야 용어에 대한 이해 부족, 역사적인 인물에 대한 무지 등을 꼽은 응답자가 있었다.

18-1. (가)와 (나)를 읽고, 표준어와 문화어의 차이점을 기술하고, 남북한의 언어에 이러한 차이가 생기는 이유를 제시해 보자.

18-2. (나)를 참고로 하여 '남북한 언어에 차이가 있음을 이해한다.' 라는 학습 목표를 달성하기 위한 수업을 하고자 한다. 수업 중 학생들에게 제시할 수 있는 활동을 <u>세 가지만</u> 제시해 보자.

19. 다음을 읽고, 물음에 답하시오.

(가) ㉠ 어디 가니?
친구 만나러.
㉡ 그는 부모님의 말씀을 거스른 적이 없다. 친구들과 어울리다가도 정해진 귀가 시간에 반드시 들어오곤 했다.
㉢ 피로연은 성대하게 치러졌다. 신랑과 신부는 결혼식을 마치고 신혼 여행을 떠났다. 하례객들이 식당 안으로 옮겨 앉으면서 시작되었다.
㉣ 그 동안에 교과 과정이 바뀌어 저학년은 독해 위주로 편성되면서 조금만 노력하면 자기의 시간을 가질 수 있게 되었다.

(나) ㉠ 이 글을 읽는 여러분에게 먼저 당부하고 싶은 것은 만일 여러분이 주변 환경을 탓하고 있다면 그런 생각은 버리시기 바랍니다.
㉡ 한결같이 어려운 이웃을 돕는 사람들이 많습니다.
㉢ 동아리에 가입하기 위해서는 절대로 직접 손으로 쓴 작품을 제출해야 합니다.

19-1. (가)를 바탕으로 우리말의 '문장 성분의 생략' 과 관련하여 다음 조건에 맞게 기술해 보자.
〈조건〉 1. ㉠~㉣에서 공통적으로 생략된 문장 성분에 대해 설명할 것.
2. 문장 성분 생략과 관련하여 각 예문의 옳고 그름을 판단할 것.

19-2. (나)의 예문에서 문장 성분의 호응이 어색한 곳을 찾아 제시하고, 그 이유와 바르게 고친 문장을 기술해 보자.

20. 다음은 우리말 가꾸기와 관련된 자료이다. 읽고 물음에 답하시오.

> (1) 우리는 그렇게 할 수 밖에 없었다.
> (2) 그것이 무엇을 의미하는 지를 모르겠다.
> (3) 비가 올듯도 하다.
> (4) 구름에 달 가 듯이 가는 나그네
> (5) 수꿩, 수놈, 수닭, 수병아리

20-1. 위에 제시된 문장 중에서 띄어쓰기가 잘못된 곳을 찾아 바르게 고쳐 쓰고 이와 관련되는 띄어쓰기 원칙에 대해 서술해 보자.

20-2. 위의 (5)에서 표기가 잘못된 단어를 지적하고 바르게 고쳐 쓰고 그 이유를 통시적인 관점에서 서술해 보자.

21. 다음 글에서 남학생이 지적하고 있는 언어 표현상의 잘못이 무엇인지 구체적인 예를 찾아 설명하시오.

> 남학생 : 무슨 책이 이 모양이냐?
> 여학생 : 왜 그래? 뭐 잘못 됐니?
> 남학생 : 모처럼 맘먹고 외국 소설책 하나 샀는데, 번역이 엉망이지 뭐야.
> 여학생 : 번역이란 게 원래 어려운 거잖아. 오죽하면 번역은 또 하나의 창작이라는 말이 다 있겠니? 문학 작품은 번역하기가 특히 힘들대.
> 남학생 : 그런 차원이면 내가 말도 안 한다. 여길 좀 봐. "그는 결국 그녀를 사랑하게 되어졌다." 또 여기, "그것은 무척 힘든 일로 보여졌다." 도대체 우리말의 기초도 모르는 사람이 어떻게 책을 번역한답시고, 이렇게 나설 수 있는 거야?
> 여학생 : 어머, 정말 그러네. 하지만 뭐 그렇다고 뜻이 전달 안 되는 건 아니잖아. 그냥 신경 쓰지 말고 읽기나 해.
> 남학생 : 어떻게 신경을 안 쓸 수가 있냐? 뜻만 통하면 다 된다고 이렇게 우리말과 글을 망쳐도 되는 거야? 가뜩이나 '되다'를 '되어지다'로, '보이다'를 '보여지다'로 쓰는 사람들이 늘어나는데, 책까지 이래서야 되겠어? 요즘은 방송에서도 그런 말을 쓰는 사람이 늘어나더라고.
> 여학생 : 그래, 듣고 보니 네 말이 맞다. 오늘 너 참 멋있게 보여지는데. 아니, 멋있게 보이는데.

22. 아래 〈보기〉의 글에서 잘못된 부분 네 곳을 찾고, 근거를 들어 바르게 고치시오.

〈보기〉

말다툼하는 친구들을 말린다고 끼여들었다가 말을 잘못해서 되레 친구들과 다투게 되는 경우가 있다. 그러다 보면 틀림없이 친구들과의 관계가 서먹해질 수도 있다. 그럴 때 먼저 "아무러면 내가 너를 미워서 그랬겠니?" 라고 말 한마디를 건네 친구의 오해가 풀려지도록 해 보자. 물론 이런 오해가 생기지 않도록 평소에 말을 가려 쓰는 것이 가장 좋다.

아름다운 우리말

홑몸: 딸린 사람이 없는 혼자의 몸 / 아이를 배지 아니한 몸
홀몸: 배우자나 형제가 없는 사람

"쪽도 못쓰다"의 유래

이 말은 본래 씨름판에서 나온 말이다. 씨름판에서 상대한테 배지기로 들렸을 때, 자신의 발등을 상대의 종아리 바깥쪽에 붙이면, 상대가 더 들지도 못하고 내려놓지도 못하고 힘은 힘대로 빼면서 애를 먹는다. 이런 기술을 '발쪽을 붙인다' 라고 하는데 그런 기술도 쓰지 못하고 당했을 때 '쪽도 못 썼다' 라고 한다. 요즘에는 상대해보지도 못한 채 기가 눌리어 꼼짝 못할 때나 또는 사람이나 어떤 사물에 혹할 정도로 반하여 꼼짝 못하는 것을 가리킬 때 사용한다.

부록

중등 교원 임용 고사 기출 문제와 표기법

- 문법 교육 부분 -

1. 중등 교원 임용 고사 '문법' 기출 문제(2009-2012)
2. 국어의 로마자 표기법
3. 우리말 바로 쓰기

1. 중등 교원 임용 고사 기출 문제

문 법 (1차 시험)

〈2009학년도 중등교사신규임용후보자선정경쟁시험 모의평가〉

13. 외래어 표기법의 기본 원칙 다섯 가지에 대한 설명으로 적절하지 않은 것은?

	기본 원칙	설 명
①	제1항 외래어는 국어의 현용 24자모만으로 적는다.	한글이 다른 문자에 비해 소리를 비교적 정확하게 적을 수 있기는 하지만 외래어의 모든 소리를 적을 수 있는 것은 아니다. 예를 들어 국어에 없는 〔v〕, 〔ʌ〕 등의 소리는 한글로 정확히 적을 수 없으므로 소리의 유사성을 고려해서 'ㅂ', 'ㅓ'로 적는다.
②	제2항 외래어의 1음운은 원칙적으로 1기호로 적는다.	외래어의 한 소리는 늘 일정하게 같은 문자로 적는 것이 이상적이다. 그런데 〔p〕와 〔f〕는 'ㅍ'으로, 〔p〕는 'ㅍ', 'ㅂ'으로 적는 경우가 있으므로 이 조항은 외래어 표기의 대원칙을 표명한 것이다.
③	제3항 받침에는 'ㄱ, ㄴ, ㄹ, ㅁ, ㅂ, ㅅ, ㅇ'만을 쓴다.	'diskette'의 〔t〕는 어말이나 자음 앞에서는 〔디스켇〕처럼 〔ㄷ〕로 소리가 난다. 그렇지만 받침을 'ㄷ'으로 적으면 모음으로 시작하는 조사 앞에서 〔디스케시〕, 〔디스케슬〕처럼 〔ㅅ〕로 소리나는 현상이 자연스럽게 설명되지 않으므로 '디스켓'과 같이 받침을 'ㅅ'으로 적는다.
④	제4항 파열음 표기에는 된소리를 쓰지 않는 것을 원칙으로 한다.	일반적으로 외래어의 무성 파열음은 거센소리로, 유성 파열음은 예사소리로 적는다. 예를 들어 'café, Paris, double'의 〔k〕, 〔p〕, 〔d〕는 된소리로 인식되는 경향이 있으나 '까페, 빠리, 떠블'로 적지 않고 '카페, 파리, 더블'로 적는다.
⑤	제5항 이미 굳어진 외래어는 관용을 존중하되, 그 범위와 용례는 따로 정한다.	아주 익숙해져 굳어진 외래어는 관용대로 적는다는 것을 규정한 조항이다. 예를 들어 원지음을 고려하면 '베이징, 도쿄, 덩샤오핑, 도요토미 히데요시'로 적어야 하지만 관용에 따라 '북경, 동경, 등소평, 풍신수길'로 적는다.

14. 다음은 중부 방언권 학생의 발음을 수집한 자료이다. 이 학생의 발음에서 발견되는 음운 현상에 대한 설명으로 적합하지 않은 것은?

(가) 자꾸 다른 짓 하지 말고 여기 좀 봐[바].
(나) 선생님, 제가 만든 송편 좀 잡숴[잡서] 보세요.
(다) 그러지 말고 책가방은 여기에다 놔[나] 두고 가자.
(라) 나는 시 중에서 '국화[구카] 옆에서'가 제일 좋더라.
(마) 거기 있는 책 좀 집어 줘[조].
(바) 내가 책을 분명히 여기에다 뒀는데[돈는데], 어디 갔지?

① (가)~(라)에서 공통적으로 나타난 음운 현상은 음운 탈락이다.
② (가)~(라)의 음운 현상은 장애음과 반모음 w가 만날 때 나타난다.
③ (마), (바)는 음운 현상 중 음운 축약으로 설명할 수 있다.
④ (마), (바)에 동화 과정이 포함되었다고 보면 (가)~(라)와 같은 유형의 음운 현상으로 다룰 수 있다.
⑤ (가)~(바)에서 발견되는 음운 현상은 수의적인 현상이다.

15. 다음은 구개음화 현상을 '위치', '시기', '성격'을 기준으로 정리한 것이다. 'ㄴ', 'ㄹ', 'ㅂ'의 특징을 모두 가지고 있는 것은?

(가) 위치
ㄱ. 형태소 경계: '밭이[바치], 솥이다[소치다]' 등은 'ㅌ'으로 끝나는 체언과 '이, 이다' 등의 조사 사이의 형태소 경계에서 일어난 구개음화의 예이다.
ㄴ. 형태소 내부: 방언에서 흔히 나타나는 '키[치], 길[질], 형[성]' 등은 형태소 내부에서 일어난 구개음화의 예이다.
(나) 시기
ㄷ. 공시적 변화: '밭이[바치], 솥이다[소치다]' 등은 현대국어에서 확인되는 공시적인 구개음화의 예이다.
ㄹ. 통시적 변화: '디나다>지나다, 뎍다>적다' 등은 시대에 따라 달라진 통시적 구개음화의 예이다.
(다) 성격
ㅁ. 음운적 변화: '굳이[구지], 같이[가치]' 등에서 'ㄷ, ㅌ'이 'ㅈ, ㅊ'으로 음운 자체의 변동을 가져왔으므로 음운적 구개음화의 예이다.
ㅂ. 음성적 변화: '신[ʃin], 갔니[kaɲni]' 등에서 치조음 [s]나 [n]가 경구개음 [ʃ]나 [ɲ]로 바뀐 것은 음성적 구개음화의 예이다. 음성적 구개음화의 결과 '쟈, 져, 죠, 쥬 > 자, 저, 조, 주'로 바뀌거나 '니, 냐, 녀, 뇨, 뉴'의 'ㄴ'이 탈락하여 결과적으로 음절 구조 제약의 변화를 일으키기도 한다.

① '둏다'가 '좋다'로 바뀐 것

② '딤치'가 '짐치'를 거쳐 '김치'로 바뀐 것

③ '텔레비젼'으로 적지 않고 '텔레비전'으로 적는 것

④ '지-+-어서'가 〔져서〕가 아니라 〔저서〕로 발음되는 것

⑤ '女子'의 한자음이 〔녀자〕가 아니라 〔여자〕로 발음되는 것

16. 다음 〈자료〉는 형태는 동일하지만 의미나 기능이 다른 대명사를 짝 지은 것이다. (가)~(다)의 밑줄 친 부분을 구별하여 설명하는 데 사용할 수 있는 공통적 근거는?

〈자 료〉

(가) ㄱ. 철수는 <u>저</u>도 모르게 눈물이 났다.
ㄴ. 차라리 <u>저</u>를 꾸짖어 주십시오.

(나) ㄱ. <u>자기</u>, 아직 안 자고 있어?
ㄴ. 철수는 <u>자기</u>가 잘못했다고 시인했다.

(다) ㄱ. 이 그림은 내가 <u>당신</u>을 위해 그린 것이다.
ㄴ. 할머니께서는 <u>당신</u>께서 젊었을 때 그림을 그렸다고 하셨다.

〈설명의 근거〉

㉠ 높임법 등급에 따라 구별된다.
㉡ 인칭에 따라 구별된다.
㉢ 화자와 관련되느냐 청자와 관련되느냐에 따라 구별된다.
㉣ 재귀대명사냐 아니냐에 따라 구별된다.
㉤ 주어와 관련되는 것과 목적어와 관련되는 것으로 구별된다.

① ㉠, ㉡　　② ㉠, ㉣　　③ ㉡, ㉢　　④ ㉡, ㉣　　⑤ ㉢, ㉤

17. "중세국어 지식을 활용하여 현대국어를 이해한다."라는 학습 목표를 위해 자료를 수집하였다. 학습 내용과 자료의 연결이 적절하지 <u>않은</u> 것은?

	학습 내용	자 료
①	'좁쌀'과 같은 유형의 합성어에 대한 이해	그 짓 ᄯᅳ리 ᄡᆞᆯ 가져 나오나ᄂᆞᆯ (석보상절 6. 14) ᄡᅵᄂᆞᆫ 幸혀 房州ㅅ 거시 니그니 (두시언해 7, 38)
②	맞춤법 규정의 'ㅎ' 소리 덧생김에 대한 이해	수히 왼 ᄂᆞᆯ개 드리옛ᄂᆞ니 (두시언해 16, 7) 이 암ᄒᆞᆫ 모다 뒷ᄂᆞᆫ 거시어늘 (월인석보 7, 16)
③	불규칙 활용 발생의 원인에 대한 이해	지블 지ᅀᅥ 龍도ᄋᆞᆶ 치더니 (월인천강지곡 기98) 聖祖仁政을 도ᄫᆞ시니이다 (용비어천가 9, 50)
④	높임법의 체계에 대한 이해	ᄒᆞᆫ 菩薩이…… 나라ᄒᆞᆯ 아ᅀᆞ 맛디시고 (월인석보 1, 5) 婇女ㅣ 하ᄂᆞᇗ 기ᄇᆞ로 太子ᄅᆞᆯ ᄡᅵ려 안ᅀᆞᄫᅡ (월인석보 2, 43)
⑤	격조사의 기능에 대한 이해	부톄 目連이 ᄃᆞ려 니ᄅᆞ샤ᄃᆡ (석보상절 6, 1) 부텻 모미 여러 가짓 相이 ᄀᆞ즈샤 (석보상절 6, 41)

18. "연결 어미와 관련된 통사적 제약을 이해한다."라는 학습 목표로 탐구 학습을 진행하였다. 가설을 검증하기 위하여 수집한 예로부터 결론을 도출하는 과정이 적절하지 않은 것은?

문제제기	연결 어미가 사용된 문장 중에서 일부 문장이 비문법적인 이유가 무엇일까?
가설설정	• 주어 때문에 비문법적인 경우가 있다. • 시제 선어말 어미 때문에 비문법적인 경우가 있다. • 서술어 때문에 비문법적인 경우가 있다. • 문장 종결법 때문에 비문법적인 경우가 있다.
가설검증	(가) *철수가 음악을 들으면서 영희가 책을 읽는다. (가′) 철수가 음악을 들으면서 책을 읽는다.
	(나) *비가 오겠더라도 운동회를 할 것이다. (나′) 비가 오더라도 운동회를 할 것이다.
	(다) *영희가 예뻤으려고 노력을 많이 했다. (다′) 영희가 예뻐지려고 노력을 많이 했다.
	(라) *철수는 공부를 하러 책을 샀다. (라′) 철수는 공부를 하러 도서관에 갔다.
	(마) *숙제를 하느라고 친구를 만나지 마라. (마′) 숙제를 하느라고 친구를 못 만났다.

① (가)와 (가′)를 비교하여 '-면서'는 선행절과 후행절에 다른 주어가 사용될 수 없다는 결론을 도출하였다.

② (나)와 (나′)을 비교하여 '-더라도'는 선행절에 선어말 어미 '-겠-'이 결합될 수 없다는 결론을 도출하였다.

③ (다)와 (다′)을 비교하여 '-려고'는 선행절에 선어말 어미 '-었-'이 결합될 수 없다는 결론을 도출하였다.

④ (라)와 (라′)을 비교하여 '-러'는 후행절에 이동 동사가 사용되어야 한다는 결론을 도출하였다.

⑤ (마)와 (마′)을 비교하여 '-느라고'는 후행절에 명령문이 올 수 없다는 결론을 도출하였다.

19. '-고 있-'의 의미 기능에 대하여 모둠별 발표를 하였다. 각 모둠의 설명을 지지하는 예로 적절한 것은?

모둠1: '-고 있-'이 언제나 동작의 진행을 나타내는 것은 아닙니다. '철수는 모자를 쓰고 있다.'의 '-고 있-'은 상황에 따라서 모자를 쓰는 동작의 진행을 나타내는 것으로 해석될 수도 있고 모자를 쓴 상태의 지속을 나타내는 것으로 해석될 수도 있습니다.

모둠2: '철수는 영희를 믿고 있다.'에서는 '-고 있-'이 영희를 믿는 동작의 진행을 나타낸다기보다는 믿고 있는 상태의 지속을 나타내는 것으로 해석됩니다.

모둠3: 그런데 '철수는 공부하고 있다.'에서 '-고 있-'은 상태의 지속을 나타내는 것으로 보기 어렵습니다. 이 경우는 동작의 진행을 나타내는 것으로 해석됩니다.

	모둠1	모둠2	모둠3
①	눈을 감고 있다.	바닥에 엎드리고 있다.	바람이 세차게 불고 있다.
②	많은 장점을 가지고 있다.	선물을 들고 있다.	새 집을 짓고 있다.
③	소매를 걷고 있다.	사실을 오해하고 있다.	브로치를 달고 있다.
④	집에 가고 있다.	운동화를 신고 있다.	책을 읽고 있다.
⑤	외투를 입고 있다.	그 사람을 알고 있다.	산길을 걷고 있다.

20. 다음은 지시 표현에 대한 수업을 위하여 수집한 자료이다. 이에 대한 설명으로 적절하지 <u>않은</u> 것은? [2.5점]

철수: 대전에 처음 가는 길인데, 잘 찾아갈 수 있을까? 영희: 걱정 마. 대전역에 도착하면 ㉠거기서부터 민호가 안내하기로 했어. 철수: ㉡그렇구나. 잘됐다. (걸음을 멈추며) 어, ㉢저 게임기 벌써 나왔네? 영희: 뭐? 저 파란색 게임기? 철수: 응, 가서 ㉣저거 구경해 보자. 영희: 나 ㉤저거 갖고 있는데. 한번 해 볼래?

① 지시 표현에는 ㉠이나 ㉣과 같은 지시 대명사, ㉡과 같은 지시 형용사, ㉢과 같은 지시 관형사 등이 있다.

② ㉠과 '여기, 저기', ㉣과 '이거, 그거' 등은 동일한 대상을 가리키는 경우에도 화자에 따라 지시 표현의 형태가 달리 선택될 수 있다.

③ ㉠은 선행 표현을 대용하는 기능으로, ㉡은 선행 문장을 대용하는 기능으로 사용되었다.

④ ㉢과 ㉣은 선행 표현을 대용하는 기능으로 사용될 수도 있지만, 이 자료에서는 상황지시적 기능으로 사용되었다.

⑤ ㉤은 ㉣과 완전히 동일한 대상이 아니라 '㉣과 같은 종류의 것'을 가리킨다.

21. **다음 〈한글 맞춤법〉 규정에 대한 설명으로 적절한 것은? 〔1.5점〕**

제7항 'ㄷ'소리로 나는 받침 중에서 'ㄷ'으로 적을 근거가 없는 것은 'ㅅ'으로 적는다. 덧저고리　돗자리　엇셈　웃어른　핫옷 무릇　사뭇　얼핏　자칫하면　뭇(衆) 옛　첫　헛

① 순 우리말로 된 합성어에 적용되는 규정이다.

② 국어의 음절 끝소리 규칙을 반영할 규정이다.

③ 표기를 통해서 어원적인 정보를 제공해 주기 위한 규정이다.

④ '짓밟다, 빗나가다' 등의 받침 'ㅅ'의 표기에 대해서는 적용될 수 없는 규정이다.

⑤ 근대국어 시기의 '밋디(信), 굿고(固)' 등과 같은 표기의 전통을 고려한 규정이다.

22. 다음 〈자료〉를 통해 훈민정음에 대해 이해한 후, 이를 보충하기 위해 〈보충 자료〉를 모아 보았다. 설명 내용을 고려할 때 〈보충 자료〉가 가장 적절한 것은?

〈자 료〉

(가) 『훈민정음언해』에서

나랏 말ᄊᆞ미 中國에 달아 文字와로 서르 ᄉᆞᄆᆞᆺ디 아니ᄒᆞᆯᄊᆡ 이런 젼ᄎᆞ로 어린 百姓이 니르고져 홇 배 이셔도 ᄆᆞᄎᆞᆷ내 제 ᄠᅳ들 시러 펴디 몯홇 노미 하니라 내 이ᄅᆞᆯ 爲ᄒᆞ야 어엿비 너겨 새로 스믈여듧 字ᄅᆞᆯ 밍ᄀᆞ노니 ᄉᆞᄅᆞᆷ마다 ᄒᆡᅇᅧ 수ᄫᅵ 니겨 날로 ᄡᅮ메 便安킈 ᄒᆞ고져 홇 ᄯᆞᄅᆞ미니라

(나) 『세종실록』 권 102, 42장에서

是月 上親制諺文二十八字……是爲訓民正音

(다) 『세종실록』 권 103, 19장에서

신들이 언문 제작하시는 것을 엎드려 뵈옵건대 대단히 신묘하여 사리를 밝히고 지혜를 나타냄이 저 멀리 아득한 옛것으로부터 나온 것을 알겠습니다. 그러하오나 신들의 좁은 소견으로는 아직도 의심할 만한 것이 있사옵기에, 감히 근심되는 바를 나타내어 다음과 같이 상소하오니, 재결하여 주시옵소서. (후략)

(라) 『고등학교 문법』 교과서에서

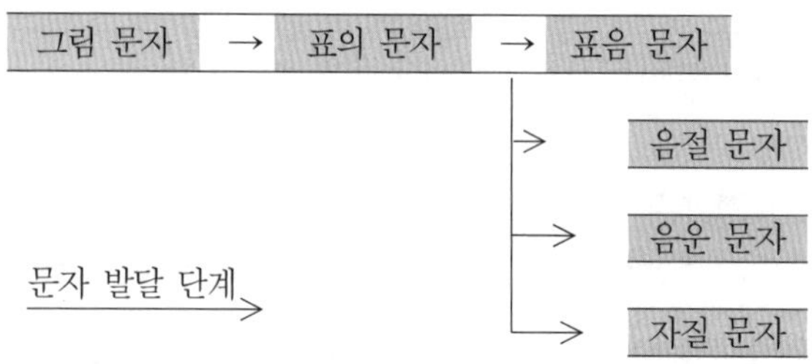

(마) 보스(F. Bos), 『한국 문자: 이두와 한글』에서

한국인들은 세계에서 가장 좋은 알파벳을 만들었다. 한국 알파벳(한글)은 간단하면서도 논리적이며, 더욱이 고도의 과학적인 방법으로 만들어졌다.

자 료	설명 내용		〈보충 자료〉	
(가)	창제의 목적: '자주'와 '애민'에 있음을 설명한다.	—	『동국정운』 등의 운서를 편찬한 사실	-①
(나)	창제 시기와 창제자: 만든 시기와 만든 사람이 밝혀져 있는 일종의 발명품임을	—	『훈민정음』의 '정인지 서문'의 내용	-②

	설명한다.			
(다)	창제 과정의 어려움: 새로운 문자를 만드는 데에 따르는 어려움이 있음을 설명한다.	—	『용비어천가』 등의 언해 자료 편찬 사실	-③
(라)	문자 분류상의 특성: 문자 분류상 가장 앞선 '자질문자'임을 설명한다.	—	『훈민정음』의 '終聲複用初聲'	-④
(마)	한글에 대한 평가: 한글의 우수성은 다른 나라 학자들에 의해서도 인정되었음을 설명한다.	—	『훈몽자회』의 '諺文字母'의 설명	-⑤

23. "근대 국어에서의 문법 형태 변화를 확인하고 그 원리를 이해한다."라는 학습 목표를 위해 다음과 같이 교수·학습하고자 한다. 교수·학습 계획으로 적절하지 않은 것은?

교수·학습 활동		교수·학습 자료	
(가) 자료에서 변화 어형 확인하기	-	《번역노걸대》(1517) 너는 高麗ㅅ사ᄅᆞ미어시니 ᄯᅩ 엇디 漢語 닐오미 잘 ᄒᆞᄂᆞ뇨…論語 孟子 小學을 닐고라…ᄒᆞᆨ당의 노하든 지븨 와 밥 머기 ᄆᆞᆺ고…글 입피 ᄆᆞᆺ고…	《노걸대언해》(1670) 너는 高麗ㅅ사ᄅᆞᆷ이어니 ᄯᅩ 엇디 漢語 니ᄅᆞᆷ을 잘 ᄒᆞᄂᆞ뇨…論語 孟子 小學을 닐그롸…學堂의셔 노하든 집의 와 밥 먹기 ᄆᆞᆺ고…글 읇기 ᄆᆞᆺ고…
(나) 변화 어형의 형태 분석하기	-	《번역노걸대》(1517)	《노걸대언해》(1670)
		닐오미(니ᄅᆞ+옴+이)	니ᄅᆞᆷ을(니ᄅᆞ+_____+을)
		닐고라(닑+오+라)	닐그롸(닑- ___)
		ᄒᆞᆨ당의(ᄒᆞᆨ당+의)	學堂의셔(學堂+____)
		(밥) 머기(먹+이)	(밥) 먹기(먹+____)
		(글) 입피(잎+이)	(글) 읇기(읇+____)
		(이하 생략)	(이하 생략)
(다) 문법 형태의 변화 확인하기	-	〔근대국어에서의 문법 형태 변화〕 1. 명사형 어미 ㉠ 닐옴〉니ᄅᆞᆷ: ___ 〉 ___ ㉡ 머기〉먹기, 입피〉읇기: ___ 〉 ___ 2. 평서형 어미 닐고라〉닐그롸: ___ 〉 ___ 3. 처소의 부사격조사	

	ᄒᆞ당의〉ᄒᆞ당의셔: ____ 〉 ____ (이하 생략)
(라) 보충 자료를 통해 또 다른 문법 형태의 변화 확인하기	※ 다음 ㉠의 의문형을 15세기 자료인 ㉡과 비교하여 그 변화를 말해 보자. ㉠ 너는 高麗ㅅ사ᄅᆞᆷ이어니 ᄯᅩ 엇디 漢語 니ᄅᆞᆷ을 잘 ᄒᆞᄂᆞ뇨 ㉡ 네 디나건 네 뉫 時節에 盟誓 發願 혼 이ᄅᆞᆯ 혜ᄂᆞᆫ다 모ᄅᆞᄂᆞᆫ다……네 내 마ᄅᆞᆯ 다 드를따 ᄒᆞ야ᄂᆞᆯ……이제 엇뎨 羅睺羅를 앗기ᄂᆞᆫ다 (석보상절 6, 7~8)

① (가)에서는 학습 목표를 고려하여 자료의 문헌 속에 나타난 언어 사실에 대해서는 자세하게 분석하여 설명하지 않는다.

② (나)의 원활한 교수·학습 활동을 위해, 분석되는 형태의 수가 중세국어와 근대국어에서 차이가 있을 수 있다는 사실을 간략히 소개한다.

③ (나)의 결과가 자연스럽게 (다)의 자료로 정리될 수 있도록 하기 위해, 학습 목표에 맞추어 어간 형태소의 변화를 확인하여 정리하는 활동을 추가한다.

④ (라)의 자료는 (가)의 자료와 함께 제시함으로써 이 교수·학습 활동을 위한 기본 자료로 활용한다.

⑤ (가)~(라)의 활동만으로는 학습 목표를 성취하기 어려우므로 원리적 이해를 위한 활동을 추가한다.

24. 다음은 "중세국어의 선어말 어미 '-오/우-'의 기능을 이해한다."라는 학습 목표로 교수·학습 과정을 마친 뒤 마련한 평가지 초안이다. 이 초안의 문제점을 바르게 지적한 것은?

> ※ 다음의 (가)와 (나)는 선어말 어미 '-오/우-'의 기능을 달리 해석한 두 견해이다. (가)를 뒷받침하는 예로 가장 적절한 것은? 〔정답 ④ 〕
>
> (가) 선어말 어미 '-오/우-는 화자, 청자 그리고 동작 주체의 의도가 개재된 동작이나 상태를 나타내 준다. 화자의 의도는 주로 평서문의 서술어에 나타나는데, 대체로 화자 자신의 일을 설명하는 것이다. 청자의 의도는 의문문의 서술어에 나타나는데, 상대방인 청자가 의도를 가지고 설명하거나 판정하기를 요구함을 표시한다. 동작 주체의 의도는 관형사형에 나타난다. 관형사형으로 쓰인 동사의 주체가 의도를 갖고 ᄒᆞ애한 동작임을 나타낸다.
>
> (나) 종결형과 연결형의 '-오-'는 일반적으로 주어가 제1인칭 대명사 '나, 우리' 등 화자일 때 나타난다. 주어가 제3인칭인 경우에도 주어가 화자 자신을 가리키는 경우에 '-오-' 활용형을 취한다. 한편 '-오-' 관형사형은 피한정 명사가 관계 명사인 경우에는 주로 피한정 명사가 관계절의 목적어일 때 '-오-'가 나타나고 부사어일 때는 쓰임이 불규칙하다. 피한정 명사가 동격 명사

일 때도 '-오-'의 사용이 불규칙하다.

① 네 이대 드르라 너 위ᄒᆞ야 <u>닐오리라</u> (석보상절 13, 47)
② 化人ᄋᆞᆫ 世尊ㅅ 神力으로 ᄃᆞ외의 <u>ᄒᆞ샨</u> 사ᄅᆞ미라 (석보상절 6, 7)
③ 어린 百姓이 니르고져 <u>ᄒᆞᇙ</u> 배 이셔도 ᄆᆞᄎᆞᆷ내 제 ᄠᅳ들 시러 펴디 몯ᄒᆞᇙ 노미 하니라 (훈민정음언해, 2)
④ 主人이 므슴 차바ᄂᆞᆯ 손소 ᄃᆞᆫ녀 <u>ᄆᆡᇰᄀᆞ노닛가</u> 太子ᄅᆞᆯ 請ᄒᆞᅀᆞᄫᅡ 이받ᄌᆞᄫᆞ려 <u>ᄒᆞ노닛가</u> 大臣ᄋᆞᆯ 請ᄒᆞ야 이바도려 <u>ᄒᆞ노닛가</u> (석보상절 6, 16)
⑤ 됴ᄒᆞᆫ 時節에 ᄆᆞᆶ 盜賊ᄋᆞᆯ <u>對ᄒᆞ니</u> 시르믈 다시 議論ᄒᆞ얌직ᄒᆞ니아 …… 녯 누른 곳 ᄣᅱ운 수리오 이젯 머리 센 <u>한아비로라</u> (두시언해 11, 30)

① (가), (나)는 큰 차이가 없는 견해여서 이 문항의 평가 의도를 충분히 구현하지 못하고 있다.
② (가), (나)의 두 견해는 동일한 용례들을 검토한 결과여서 이 문항의 질문이 성립할 수 없다.
③ (가), (나)의 설명 대상과는 다른 형태소의 용례를 답지에 제시하고 있어 제시문과 답지의 관련성을 확보하지 못하고 있다.
④ 초안의 답지 ①과 ②도 정답의 가능성이 있어 복수 정답의 논란 가능성을 남기고 있다.
⑤ 초안의 답지 ⑤에서 문항의 의도와는 무관한 부분까지 밑줄을 그어 문제 해결을 어렵게 만들고 있다.

〈2009학년도 중등교사신규임용후보자선정경쟁시험〉

13. 국어 파생어를 이해하기 위한 교수 학습 활동의 개략적인 계획이다. 이에 대한 평가와 대안으로 적절하지 <u>않은</u> 것은?

교수 · 학습 과정 및 내용	예시 자료
(가) 도입	
◦ ㉠파생어와 합성어의 정의 재확인	코웃음 : 눈웃음
◦ 접사의 종류 재확인: 접두사, 접미사	(생략)
(나) 전개	
◦ 접두 파생어	(생략)
◦ ㉡접미파생어	(생략)
◦ 특이한 파생어	
-㉢파생어 구조가 독특한 경우	맏이, 새롭다
-㉣접두사가 이형태를 가지는 경우	되묻다/뒤엎다, 맨손/민소매
-㉤합성어와 구별하기 어려운 경우	늦잠, 쇠고기, 작은아버지
⋮	⋮

(다) 정리

◦ ㉥평가

※ 다음 중 파생어가 <u>아닌</u> 것은?

① 늦잠 ② 덧신 ③ 군소리 ④ 새롭다 ⑤ 해돋이

① ㉠의 예는 모두 직접성분 분석의 결과가 파생어와 무관하므로 이 가운데 한 예를 '비웃음'으로 교체한다.

② ㉢의 예는 어근과 접사가 통합한 일반적인 접미 파생어들이므로 이들을 ㉡의 예로 다룬다.

③ ㉣의 예들은 한 접두사의 이형태로 보기 어려운 것이므로 이를 '휘돌다/휩쓸다, 시뻘겋다/싯누렇다'로 교체한다.

④ ㉤의 첫째 직접성분을 달리 파악한 사전 자료를 함께 제시하여 문제의 소재가 어디에 있는지 분명히 인식하도록 한다.

⑤ ㉥의 문항은, 교수 · 학습 내용을 고려할 때 정답이 없을 수 있으므로 '① 늦잠'을 분명한 단일어나 합성어의 예로 교체한다.

14. '표준발음법'자료에 대한 음운론적 설명으로 타당하지 않은 것은?

(가) 젖어미[저더미]	헛웃음[허두슴]
밭 아래[바다래]	꽃 위[꼬뒤]
(나) 값어치[가버치]	값있는[가빈는]
넋 없다[너겁따]	닭 앞에[다가페]
(다) 먹히다[머키다]	맏형[마텽]
옷 한 벌[오탄벌]	낮 한때[나탄때]
(라) 솜-이불[솜:니불]	불-여우[불려우]
옷 입다[온닙따]	먹을 엿[머글렫]

① (가)는 음절 말음이 파열음의 예사소리로 바뀌는 현상을 보여 준다.

② (나)는 음절 말의 겹받침이 단순화되는 현상을 보여 준다.

③ (다)는 'ㅎ'과 관련된 음운의 축약 현상을 보여준다.

④ (라)는 'ㄴ'첨가와 'ㄹ'첨가 현상을 보여 준다.

⑤ (가)~(라)는 단어뿐만 아니라 구에서도 나타나는 음운 현상을 보여 준다.

15. 국어경음화 현상의 특성을 단계적으로 이해하기 위한 수업을 진행하려고 한다. 단계별 지도 내용으로 적절하지 않은 것은?

단계1	(가) ㄱ. 안고[안꼬], 삼고[삼꼬], 젊고[점꼬] ㄴ. 신고(申告)[신꼬], 금고[금고] (나) ㄱ. 갈 사람[갈싸람], 만날 시간[만날씨간] ㄴ. 날 도와줘[날도와줘], 준빌 시작해[준빌시자캐] (다) ㄱ. 물고기[물꼬기], 가을비[가을삐], 비빔밥[비빔빱] ㄴ. 불고기[불고기], 이슬비[이슬비], 볶음밥[보끔밥] (라) 잡고[잡꼬], 옷과[옫꽈], 꽃병[꼳뼝], 국수[국쑤]
단계2	(마) ㄱ. 갈 사람[갈싸람], 만날 시간[만날 씨간] ㄴ. 날 도와줘[날도와줘], 준빌 시작해[준빌시자캐] (바) ㄱ. 물고기[물꼬기], 가을비[가을삐], 비빔밥[비빔빱] ㄴ. 불고기[불고기], 이슬비[이슬비], 볶음밥[보끔밥]

① '단계1'에서는 국어의 경음화 현상을 어떻게 하위분류할 수 있는지에 초점을 두어 지도한다.

② '단계1'의 (가)를 통해 'ㄴ, ㅁ' 뒤에서의 경음화가 용언 어간과 어미의 결합에서만 나타나는 현상임을 이해하도록 지도한다.

③ '단계1'의 (라)를 통해 예사 파열음 뒤의 장애음이 경음화되는 것은 형태론적 조건과 무관한 음운 현상임을 이해하도록 지도한다.

④ '단계2'의 (마)를 통해 'ㄹ' 뒤에서의 경음화가 목적어와 서술어라는 통사적 구조에 의해 결정되는 현상임을 이해하도록 지도한다.

⑤ '단계1'에서 '단계2'로 정리하는 과정을 통해 특정한 형태소나 개별 단어라는 비음운론적 정보가 음운 현상에 관여한다는 결론을 도출할 수 있도록 지도한다.

16. 학생들의 글쓰기 자료에 나타난 잘못을 지도하고자 한다. (가)~(마)에 대해 지도할 내용으로 타당하지 않은 것은? 〔1.5점〕

글쓰기 자료
(가) 세금을 몇 월 몇 일까지 내야 하는지 문의해 보았다.
(나) 항상 막히던 길이 오늘은 막히지 않아 왠일인가 싶었다.
(다) 이번 연주회에서는 플룻 연주가 가장 인상적이었다.
(라) 지붕에는 얇다란 나무판들이 이어져있었다.
(마) 지하철 역 입구의 커피숍에서 만나자.

① (가) : 어원이 불분명한 경우에는 소리대로 적는다. 예 골병, 부리나케

② (나) : 현실 발음에서 'ㅚ, ㅙ, ㅞ'가 서로 구별되지 않지만 표기에서는 구별하여 적는다. 예 됐다/ *됬다, 쇠다/ *쇄다, 왠지/ *웬지

③ (다) : 영어의 어말 파열음은 그 앞에 장모음이나 중모음이 온 경우에는 뒤에 'ㅡ'를 붙여 적는다. 예 파트(part), 케이크(cake), 테이프(tape)

④ (라) : 어원이 불분명하거나 본뜻에서 멀어진 경우에는 소리대로 적는다. 예 납작하다, 넙치

⑤ (마) : 외래어의 어말 파열음은 우리말에서 그 자음 뒤에 모음으로 시작되는 조사가 왔을 때의 발음을 고려하여 적는다. 예 도넛(doughnut), 로봇(robot), 초콜릿(chocolate)

17. 형태가 동일한 형태소나 단어들이 다르게 쓰인 경우를 모은 자료이다. (가)~(마)의 각 ㄱ, ㄴ에서 밑줄 친 부분의 차이점을 관찰한 결과로 타당하지 않은 것은?

(가) ㄱ. 비가 갠 뒤라 산봉우리가 선명하게 보인다.
ㄴ. 대답하는 것을 보니 그 아이가 똑똑하게 보인다.
(나) ㄱ. 그는 아들을 교사로 만들었다.
ㄴ. 그는 식탁을 통나무로 만들었다.
(다) ㄱ. 난민들은 땅에 떨어진 빵 조각을 집어 먹고 생활하였다.
ㄴ. 나는 야구공으로 유리창을 깨 먹고 크게 놀랐다.
(라) ㄱ. 나는 음악과 영화를 좋아한다.
ㄴ. 너는 친구들과 사이좋게 놀아라.
(마) ㄱ. 설탕은 물에 잘 녹지만 기름은 잘 녹지 않는다.
ㄴ. 비가 내렸지만 관중들은 계속 선수들을 응원했다.

① (가) : 동사 '보이다'는 ㄱ과 ㄴ에서 모두 바로 앞의 부사어와 주어가 서로 자리를 바꿀 수 있지만, 부사어를 필수적으로 요구하는지의 여부에서 차이를 보인다.
② (나) : 동사 '만들다'는 조사 '로'가 결합한 성분과 목적어의 자리바꿈 가능성과 조사 '로'를 '를'로 대치할 수 있는 가능성에서 ㄱ과 ㄴ의 차이를 보인다.
③ (다) : ㄱ과 ㄴ의 동사 '먹고'는 주어와의 호응관계에서 차이를 보이며 '먹고' 앞의 용언과의 사이에 다른 말의 개입 가능성에서도 차이가 있다.
④ (라) : 조사 '과'가 결합한 문장 성분은 주어와의 자리바꿈 가능성과 '는, 도, 만' 등 보조사와의 결합 가능성에서 ㄱ과 ㄴ이 차이를 보인다.
⑤ (마) : ㄱ과 ㄴ은 어미 '-지만'이 결합한 선행절이 후행절 속으로 이동할 수 있고 없음에서 차이를 보이므로 선행절과 후행절의 관계가 같지 않다.

18. (가)~(마)에서 알 수 있는 국어 문장의 제약 현상에 대한 설명으로 타당하지 않은 것은? [2.5점]

(가) ㄱ. *그는 자기 형은 여행 간 사실을 몰랐다.
ㄴ. *사촌은 땅을 사면 배가 아프다.
ㄷ. 비는 오고 바람은 불지 않는다.
(나) ㄱ. 어리석게도 영수는 영희가 우등생이라고 믿었다.
ㄴ. 영수는 어리석게도 영희가 우등생이라고 믿었다.
ㄷ. *영수는 영희가 어리석게도 우등생이라고 믿었다.
(다) ㄱ. 우리는 그가 정당했음을 깨달았다.

ㄴ. *그가 우리는 정당했음을 깨달았다.
ㄷ. *코끼리는 코가 길다.
ㄹ. 코가 코끼리가 길다.
(라) ㄱ. 이 옷은 어머니가 생일 선물로 사 주신 것이다.
ㄴ. 우리는 그녀가 지나가도록 길을 비켜 주었다.
ㄷ. 우리는 인간이 누구나 존귀하다고 믿는다.
ㄹ. 농부들은 하루 종일 비가 오도록 기다렸다.
(마) ㄱ. 영수는 피아노를 치면서 노래를 불렀다.
ㄴ. *영수는 피아노를 치면서 영희는 노래를 불렀다.
ㄷ. 열이 나면서 머리가 지끈거린다.

① (가) : 안긴문장의 주어 자리에는 주격 조사 대신에 '은, 는'이 오기 어려운데, 대등절과는 달리 종속절에서도 이와 같은 현상이 나타난다.

② (나) : 문장 전체와 관련된 부사어는 일반적으로 자리 옮김이 자유롭지만, 상위문의 부사어는 안긴문장 안으로 자리 옮김을 할 수 없다.

③ (다) : 서술절을 안긴문장의 하나로 보기도 하는데, 상위문의 주어가 서술절 안으로 올 수 있다는 점에서 서술절은 다른 안긴문장들과 차이를 보인다.

④ (라) : 주어임이 분명한 경우라도 안긴문장 속의 주어에 쓰인 주격조사는 생략할 수 없다.

⑤ (마) : '-면서'에 의한 접속문은 주어의 의미 특성에 따라 선행절과 후행절의 주어가 반드시 같아야 하는 경우와 그렇지 않은 경우로 나뉜다.

19. 명사의 문법적 특성에 관한 수업을 마친 뒤 학생들의 질문을 받았다. 각 질문에 대한 교사의 답변으로 타당하지 <u>않은</u> 것은?

〈명사의 문법적 특성〉
° 형태론적 특성: 격조사가 붙을 수 있다.
° 통사론적 특성: 주어나 목적어의 기능을 하며 관형어의 수식을 받을 수 있다.
° 의미론적 특성: 사람, 사물, 장소, 사태 등의 이름을 나타낸다.

〈학생의 질문〉
° 질문1: 대명사 '이것'과 수사 '첫째'도 명사로 볼 수 있나요?
° 질문2: '간이, 강력, 용감, 공손'은 격조사가 붙을 수 없는데, 명사로 볼 수 있나요?
° 질문3: '싸움, 파괴'는 행위를 나타내는데, 명사로 볼 수 있나요?

① 질문1: 어떤 기준을 먼저 적용하느냐에 따라 품사 분류가 달라질 수 있는데, 형태·통사론적 기준을 먼저 적용하면 대명사, 수사도 명사로 처리할 수 있다.

② 질문1: 명사, 대명사, 수사의 구분은 의미에 바탕을 둔 것이다. 대명사는 사물의 이름을 대신 지칭하며 수사는 사물의 수량, 순서를 나타내는 것이므로 사물을 직접 지칭하는 명사와 다르다.

③ 질문2: '간이, 강력'은 격조가가 붙을 수 없다는 점과 문장에서 자립적으로 주어나 목적어의 기능을 할 수 없다는 점에서 전형적인 명사와 차이가 있다.

④ 질문2: 대부분의 명사가 자립적으로 쓰이는 데 비해 '용감, 공손'은 복합어를 형성하는 데에만 쓰인다는 점에서 전형적인 명사와 차이가 있다.

⑤ 질문3: '싸움, 파괴'는 행위나 동적의 의미를 지닐 뿐만 아니라 문장 내에서 의존적으로만 쓰인다는 점과 격조사와의 결합이 제약된다는 점에서 명사와 차이가 있다.

20. (가)~(마)에 제시된 문장에서 유의어 변별 요소를 도출한 것으로 적절한 것은?

	학습자료	변별요소
(가)	ㄱ. 검은 연기가 하늘로 {솟고/*오르고} 있다. ㄴ. 우리는 일출을 보려고 산에 {*솟았다/올랐다}.	주어가 무정명사/주어가 유정명사
(나)	ㄱ. 시계가 {*그쳐서/멈춰서. 멎어서} 약속에 늦었다. ㄴ. 비가 {그친/멈춘/멎은} 뒤에 무지개가 떴다. ㄷ. 아이가 인형을 보고 울음을 {그쳤다/멈췄다/*멎었다}.	자동사적 용법/타동사적 용법
(다)	ㄱ. 쌀을 {꾸러/빌려} 왔다. ㄴ. 책을 {*꾸어/빌려} 왔다.	대상의 소멸·대치/대상의 보존
(라)	ㄱ. {어느/어떤} 분을 찾아오셨어요? ㄴ. {*어느/어떤} 날씨를 좋아하세요?	여럿 가운데 선택/특성이나 상태
(마)	ㄱ. {아마/*혹시} 그 사람이 왔을 것이다. ㄴ. {*아마/혹시} 그 사람이 여기 왔어요? ㄷ. {*아마/혹시} 모르니까 우산을 가져가라.	평서형 어미와의 호응/의문문 어미와의 호응

① (가), (나), (마)　② (가), (다), (라)　③ (나), (다), (라)
④ (나), (라), (마)　⑤ (다), (라), (마)

21. 『소학언해』를 제재로 한 교수·학습 자료 초안이다. 이를 수정한 내용과 그 이유가 타당한 것은? [2.5점]

> 孔子ㅣ 曾子ᄃᆞ려 닐러 ᄀᆞᆯᄋᆞ샤ᄃᆡ 몸이며 얼굴이며 머리털이며 ᄉᆞᆯᄒᆞᆫ 父母ᄭᅴ 받ᄌᆞ온 거시라 敢히 헐워 상ᄒᆡ오디 아니홈이 효도ᄋᆡ 비르소미오 몸을 셰워 道를 行ᄒᆞ야 일홈을 後世예 베퍼ᄡᅥ 父母를 현뎌케 홈이 효도ᄋᆡ ᄆᆞᄎᆞᆷ이니라 … (중략) …유익ᄒᆞᆫ 이 세 가짓 번이오 해로온 이 세 가짓 번이니 道ᄒᆞᆫ 이ᄅᆞᆯ 번ᄒᆞ며 신실ᄒᆞᆫ 이ᄅᆞᆯ 번ᄒᆞ며 들온 것 한 이ᄅᆞᆯ 번ᄒᆞ면 유익ᄒᆞ고 거동만 니근 이ᄅᆞᆯ 번ᄒᆞ며 아당ᄒᆞ기 잘ᄒᆞᄂᆞᆫ 이ᄅᆞᆯ 번ᄒᆞ며 말ᄉᆞᆷ만 니근 이ᄅᆞᆯ 번ᄒᆞ면 해로온이라 (소학언해 권2)
>
> 〈주요 학습 항목〉
>
> ◦ 분철 표기: 몸이며, 얼굴이며, 아니홈이
> ◦ 단어 형태의 변화: ᄉᆞᆯㅎ(ᄉᆞᆯᄒᆞᆫ) 〉 살, 일홈〉 이름, 번〉 벗, 말ᄉᆞᆷ〉 말씀
> ◦ 단어 의미의 변화: 얼굴(형체, 모양〉 얼굴) , 말ᄉᆞᆷ
> ◦ 객체 높임 표현: -ᄭᅴ(父母ᄭᅴ), 받ᄌᆞ온
> ◦ 사동표현: 헐워, 상ᄒᆡ오디, 셰워, 현뎌케 홈이
> ◦ 평서형어미: '-라'('-다'의 이형태: ᄆᆞᄎᆞᆷ이니라)

	항 목	수정 내용	수정 이유
①	분철 표기	'해로온이라' 추가	분철 표기가 일반화되었을 때 나타나는 과잉 분철 표기의 예이다.
②	단어형태의 변화	'번〉벗' 삭제	후대의 '벗'은 표기법의 변화로 인하여 나타난 표기형의 변화이지 단어 형태가 변화한 것이 아니다.
③	단어 의미의 변화	'말ᄉᆞᆷ' 삭제	중세 국어의 '말ᄉᆞᆷ'과 이후의 '말ᄉᆞᆷ, 말씀' 사이에는 아무런 의미 차이가 없다.
④	사동 표현	'베퍼' 추가	'베퍼'는 '떨쳐지게 하다'의 의미를 표시하는 사동 표현이다.
⑤	평서형 어미	'(받ᄌᆞ온)거시라' 추가	'거시라'는 '것+이+라'의 구조로서 서술격 조사 뒤에 평서형 어미 '-다'의 이형태 '-라'가 통합되어 있다.

22. (가)~(라)에 제시된 중세 국어의 문법적 특징과 〈보기〉의 예를 바르게 짝지은 것은?

(가) 명사절이나 관형절에서 의미상의 주어가 관형격으로 나타난다.
(나) 서술어의 타동성 여부에 따른 어미의 형태 교체가 존재한다.
(다) 하나의 형태소가 분리적인 특성을 보인다.
(라) 어미의 사용이 인칭 제약을 따른다.

〈보 기〉

ㄱ. 셜ᄫᅳᆯ쎠 衆生이 正ᄒᆞᆫ 길ᄒᆞᆯ 일허다.(석보상절 23, 19)
ㄴ. 내 지븨 아니 이싫 相이로다 ᄒᆞ더라(월인석보 8, 97)
ㄷ. 迦毗羅國 사ᄅᆞᄆᆞᆯ 네 이제 다 갓고려 ᄒᆞᄂᆞ다.(월인석보 7, 8)
ㄹ. 須達이 올 ᄯᆞᆯ 아ᄅᆞ시고 밧긔 나아 걷니더시니(석보상절 6, 20)
ㅁ. 王이 努ᄒᆞ야 니ᄅᆞ샤ᄃᆡ 畜生ᄋᆡ 나혼 거실ᄊᆡ 그러ᄒᆞ도다(석보상절 11, 31)
ㅂ. 시혹 내 罪ᄅᆞᆯ 듣거시나 시혹 내 犯을 疑心커시나 어엿비 너겨(월인석보 23, 94)

	(가)	(나)	(다)	(라)
①	ㄴ	ㅂ	ㄹ	ㄷ
②	ㅁ	ㄱ	ㅂ	ㄷ
③	ㅁ	ㅂ	ㄹ	ㄴ
④	ㄴ	ㄹ	ㅁ	ㄱ
⑤	ㅁ	ㄱ	ㄹ	ㄴ

23. 중세 국어 자료의 대화 내용을 알아보기 쉽게 재구성해 보았다. 이를 통해 알 수 있는 사실로 타당하지 <u>않은</u> 것은?

(성문 아래에서 실을 꼬는 옥녀에게)
太 子: 네 어쩐 사ᄅᆞ민다.
玉女1: 내 龍王(용왕)ㅅ 밧門 자ᄇᆞᆫ 죠이로라.
(더 들어가 안쪽 문으로 가서 은실을 꼬는 옥녀에게)
太 子: 그듸 龍王ㅅ 각시 아니시니
玉女2: 龍王ㅅ 中門 자ᄇᆞᆫ 죠이로라
(더 들어가 안쪽 문으로 가서 황금실을 꼬는 옥녀에게)
太 子: 그듸 엇더니시니

玉女3: 나는 龍王ㅅ 안門 자본 죠이로라

太子: 그듸 날 爲ᄒᆞ야 大海龍王(대해용왕)ᄭᅴ 숣보ᄃᆡ …… 善友太子(선우태자) ㅣ 보ᅀᆞᄫᆞ라 왯다 ᄒᆞ고라

(중략)

龍王: 福德(복덕) ᄀᆞ존 사ᄅᆞᆷ 아니면 이런 險(험)ᄒᆞᆫ 길헤 옯 줄 업스니라 …… 먼 길헤 와 므스거슬 얻고져 ᄒᆞ시ᄂᆞᆫ고

太子: 大王하 閻浮提(염부제)옛 一切 衆生(일체중생)이 옷 밥 爲ᄒᆞ야 그지 업슨 受苦(수고)홀씨 이제 王ᄭᅴ 왼 녁귀옛 如意摩尼寶珠(여의마니보주)를 비숩고져 ᄒᆞ노이다

(월인석보 22, 44~46)

① '太子'는 '玉女'들이 '龍王'과 관련된 인물임을 안 뒤 그 전과는 달리 상대를 높이고 있다.

② '太子'는 '玉女3'이 '大海龍王'에게 전할 말을 직접 인용하여 명령하고 있다.

③ '玉女'들은 모두 '太子'를 상위자로 대접하지 않고 있다.

④ '龍王'이 발화한 첫째 문장은 '太子'를 청자로 한 것이 아니다.

⑤ '龍王'이 발화한 둘째 문장은 일반적인 중세 국어의 질서에서 벗어난 예외적인 것이다.

24. 훈민정음 창제 이전에 한자를 이용해 우리말을 적었던 차자 표기에 대한 자료이다. 제시된 자료들의 상호 관련성을 설명한 내용 중 가장 적절한 것은?

(가) 혹은 '異次'라 하고 혹은 '伊處'라고도 하니 방음(方音)이 다르기 때문이며, 그 뜻은 厭(염, 싫어하다)이다. 髑, 頓, 道, 覩, 獨 등은 모두 글 쓰는 사람의 편의에 따른 것으로 곧 조사(助辭)이다. 이제 앞 글자는 뜻으로 풀고 뒤 글자는 뜻으로 풀지 않았기 때문에 '厭髑'이라 하고 또는 '厭覩' 등으로도 쓴 것이다. ([厭髑] 或作異次 或云伊處 方音之別也 譯云厭也 髑頓道覩獨等 皆隨書者之便 乃助辭也 今譯上不譯下 故云厭髑 又厭覩等也) (삼국유사 권3의 '厭髑' 註)

(나) 居柒夫 或云 荒宗 (삼국사기 권44)

(다) 赫居世王 或作 弗矩內王 (삼국유사 권1)

(라) 道尸(*길), 世理(*누리), 阿孩(*아히), 唯只(*오직), 折叱可(*것거) (삼국유사)

(마) 臣隱愛賜尸母史也(臣은 ᄃᆞᅀᆞ실 어ᅀᅵ여) (향가 「安民歌」의 제2구, 김완진 해독)

① (가)의 '厭覩'는 (나)의 '居柒夫'와 표기 방식이 같다.

② (가)의 '厭髑'은 (다)의 '弗矩內王'과 표기 방식이 같다.

③ (가)의 '異次'는 (마)의 '母史也'와 표기 방식이 같다.

④ (다)의 '赫巨世王'은 (라)의 '阿孩'와 표기 방식이 같다.

⑤ (라)의 '折叱可'는 (마)의 '愛腸尸'와 표기 방식이 같다.

〈2010학년도 중등교사신규임용후보자선정경쟁시험〉

13. (가)는 '한글 맞춤법' 총칙의 일부이고 (나)는 '한글 맞춤법'의 각 조항 중 일부를 정리한 것이다. (나)의 ㄱ~ㅁ이 (가)의 ㉠, ㉡ 중 어느 원리를 반영하는지 바르게 짝지은 것은? [1.5점]

> (가) 제1항. 한글 맞춤법은 표준어를 ㉠소리대로 적되, ㉡어법에 맞도록 함을 원칙으로 한다.
> (나) ㄱ. 제10항. 한자음 '녀, 뇨, 뉴, 니'가 단어 첫머리에 올 적에는 두음 법칙에 따라 '여, 요, 유, 이'로 적는다.
> (예) 여자(女子), 요소(尿素), 유대(紐帶), 익명(匿名)
> ㄴ. 제14항. 체언은 조사와 구별하여 적는다. (예) 떡이, 떡을, 떡에, 떡도, 떡만
> ㄷ. 제16항. 어간의 끝 음절 모음이 'ㅏ, ㅗ'일 때에는 어미를 '-아'로 적고, 그 밖의 모음일 때에는 '-어'로 적는다. (예) 막아, 돌아, 겪어, 되어
> ㄹ. 제18항. 다음과 같은 용언들은 어미가 바뀔 경우, 그 어간이나 어미가 원칙에 벗어나면 벗어나는 대로 적는다. (예) 그렇다 : 그러니, 그럴, 그러면, 그러오
> ㅁ. 제26항. '-하다'나 '-없다'가 붙어서 된 용언은 그 '-하다'나 '-없다'를 밝히어 적는다.
> (예) 딱하다, 시름없다

	㉠	㉡
①	ㄱ, ㄴ, ㄷ	ㄹ, ㅁ
②	ㄱ, ㄷ, ㄹ	ㄴ, ㅁ
③	ㄱ, ㄹ, ㅁ	ㄴ, ㄷ
④	ㄴ, ㄷ, ㅁ	ㄱ, ㄹ
⑤	ㄴ, ㄹ, ㅁ	ㄱ, ㄷ

14. '국어의 로마자 표기법'에서 규정한 단모음과 이중 모음의 표기법을 분석한 결과로 옳지 않은 것은?

> 제1항. 모음은 다음 각호와 같이 적는다.
> 1. 단모음

ㅏ	ㅓ	ㅗ	ㅜ	ㅡ	ㅣ	ㅐ	ㅔ	ㅚ	ㅟ
a	eo	o	u	eu	i	ae	e	oe	wi

2. 이중 모음

ㅑ	ㅕ	ㅛ	ㅠ	ㅒ	ㅖ	ㅘ	ㅙ	ㅝ	ㅞ	ㅢ
ya	yeo	yo	yu	yae	ye	wa	wae	wo	we	ui

① 'ㅐ', 'ㅚ'의 로마자 표기 'ae', 'oe'는 'ㅐ', 'ㅚ' 각각에 대립하는 후설 모음의 로마자 표기를 포함한다.

② 'ㅕ', 'ㅝ' 각각에 포함된 단모음은 동일하지만 로마자 표기 'yeo', 'wo'에서는 단모음을 다르게 표기한다.

③ 'ㅒ'의 로마자 표기 'yae'는 이 이중 모음이 반모음과 단모음 'ㅐ'로 이루어졌다는 사실을 드러낸다.

④ 'ㅖ', 'ㅞ'의 로마자 표기 'ye', 'we'는 이 이중 모음들의 차이가 반모음에 있다는 사실을 보여준다.

⑤ 'ㅢ'의 로마자 표기 'ui'는 이 이중 모음이 '단모음+반모음'의 순서로 구성된다는 사실을 반영한다.

15. 음운의 탈락에 관한 학습지에서 틀린 부분을 고쳐 주었다. 덧붙일 설명 내용으로 적절한 것은?

※ 다음을 음운 탈락의 성격에 따라 세 분류로 나누시오.

옴는(옮+는)	사냐(살+냐)	안는(않+는)
마느니(많+으니)	여덜과(여덟+과)	나아(낳+아)
우는(울+는)		

- 부류 1 : 여덜과(여덟+과)
- 부류 2 : 안는(않+는), 마느니(많+으니), 나아(낳+아)
- 부류 3 : 사냐(살+냐), 우는(울+는), 옴는(옮+는)

① 탈락이 일어나는 음운을 기준으로 분류한다.

② 탈락이 일어나는 필연성을 기준으로 분류한다.

③ 탈락이 일어나는 보편성을 기준으로 분류한다.

④ 탈락이 일어나는 음운 환경을 기준으로 분류한다.

⑤ 탈락이 일어나는 문법 범주를 기준으로 분류한다.

16. 〈자료〉는 국어 문법 형태소의 이해를 위한 교재 구성 계획이다. (가)~(마)에 들어갈 예시 자료로 적절하지 <u>않은</u> 것은?

〈자 료〉

교수·학습 요소	자료 구분 기준	예시 자료	
		어간	어근
어간과 어근의 구분	어미와의 직접 결합 여부	잡히다, 잡는다, 잡았고	깨끗하다, 아름답다
파생 접사와 어미의 구분	분포 제약	(가)	
	새 단어 형성	(나)	
	어근/어간의 품사 변화	(다)	
	접사/어미의 의미 고정	(라)	
	어근/어간의 의미 고정	(마)	

		파생 접사	어 미
①	(가)	넓히다, *보이다	넓고, 보고
②	(나)	깊이	깊고, 깊지, 깊었다
		접히다	접고, 접지, 접었다
③	(다)	알리다	알아, 알고, 알지
		잡히다	잡아, 잡고, 잡지
④	(라)	놀이, 미닫이, 신문팔이	놀고, 살고, 높고, 깊고
⑤	(마)	먹이	밥을 먹었다, 겁을 먹었다, 욕을 먹었다
		높이	산이 높다, 가격이 높다, 악명이 높다

17. 다음은 학교 문법에서 각 품사가 어떠한 문장 성분으로 쓰이는지 설명하기 위한 것이다. 이에 대한 설명으로 옳지 않은 것은?

품사	(가) 명사, 대명사, 수사			(나) 동사, 형용사		(다) 관형사	
문장 성분	㉠ 주어	㉡ 목적어	㉢ 보어	㉣ 서술어	㉤ 관형어	㉥ 부사어	㉦ 독립어

① (가)가 ㉠~㉦으로 쓰일 때 이를 표시하는 각각의 격조사가 존재한다.

② (가)가 ㉠으로 쓰일 때 결합하는 조사는 모두 ㉢으로 쓰일 때도 결합한다.

③ (나)가 ㉠으로 쓰이면 이 성분은 항상 안긴문장의 형식으로 나타난다.

④ (나)가 ㉡, ㉢으로 쓰일 때에는 전성 어미가 결합한다.

⑤ (다)는 ㉤으로 쓰일 때 다른 문법 형태소와 결합하지 않는다.

18. (가)~(라)의 '학습 자료'에 대한 설명이 적절한 것만을 모두 고른 것은?

	학습 자료	설 명
(가)	ㄱ. 오늘은 비가 오지 않는다. ㄴ. 철수는 오늘 학교에 {안/못} 간다. ㄷ. 이 물질은 엑스레이가 통과하지 {않는다/못한다}.	'안' 부정문은 동작주의 의도나 의지를 나타내는 부정문이고, '못' 부정문은 동작주가 능력이 부족하여 동작주의 의지대로 되지 않음을 나타내는 부정문이다.
(나)	ㄱ. 이번 선거 결과는 불확실하다. ㄴ. 철수는 도서관에 안 가지 않았다.	부정 접두사를 포함한 단어가 쓰인 문장은 의미상 부정적이나 통사적으로는 긍정문이고, 이중 부정문은 의미상 긍정적이나 통사적으로는 부정문이다.
(다)	ㄱ. 철수는 키가 {*못 작다/*작지 못하다}. ㄴ. 요즘은 가정 형편이 {*못 좋다/좋지 못하다}.	'못' 부정문은 형용사가 서술어인 경우 잘 성립하지 않으나, 일부 형용사의 경우 그것이 의미하는 기대나 기준에 이르지 못함을 나타낼 때 장형 부정문에 한하여 사용 가능하다.
(라)	ㄱ. 학생들이 학교에 안 갔다. ㄴ. 학생들이 학교에 가지 않았다.	부정사가 어떤 문장 성분을 부정하는가에 따라 전체 문장의 의미가 달라진다.

① (가), (다)　② (나), (라)　③ (가), (나), (다)　④ (가), (다), (라)
⑤ (나), (다), (라)

19. (가)~(마)에서 알 수 있는 외래어 수용과 사용 양상에 대한 설명으로 옳지 않은 것은? [1.5점]

> (가) 파울(foul), 스릴(thrill)
> (나) 리본(ribbon), 레이더(radar)
> (다) 생활이 루스(loose)하다/*루스다.
> 머리카락을 커트(cut)한다/*커튼다.
> (라) 판매(販賣)-세일(sale), 다방(茶房)-커피숍(coffee shop)
> (마) 배추[白菜], 붓[筆]

① (가) : 외래어가 수용될 때 국어의 음운 체계를 따른다.
② (나) : 외래어가 수용될 때 국어의 음운 제약을 따르지 않는다.
③ (다) : 외래어가 수용될 때 국어의 형태 규칙을 따른다.
④ (라) : 외래어가 수용된 후 기존 어휘와 동일한 의미로 사용된다.
⑤ (마) : 외래어가 수용된 후 고유어화하여 더 이상 외래어로 인식되지 않는다.

20. 문장의 중의성을 이해하기 위한 교수·학습 계획이다. '중의성의 사례'에 대한 설명으로 적절하지 않은 것은?

> (가) 도입
> • 문장의 중의성 : 한 문장이 여러 가지 의미로 해석되는 현상.
>
> (나) 전개
> • 중의성의 사례
> ㉠ 나는 철수와 영희를 만났다.
> ㉡ 나를 사랑하는 친구의 여동생을 만났다.
> ㉢ 아버지는 어머니보다 나를 더 사랑하신다.
> ㉣ 철수는 시내에서 이발하였다.
> ㉤ 철수는 입던 옷을 영호에게 주었다.
> ⋮

- 중의성의 해소

(다) 정리

① ㉠과 ㉡은 모두 주체가 중의적으로 해석된다.

② ㉡은 어순 교체로 중의성이 해소되지 않는다.

③ ㉢은 휴지, 강세 등에 의해 중의성이 해소된다.

④ ㉣의 중의성은 주어와 부사어의 관계에서 비롯된다.

⑤ ㉤의 중의성은 시상(時相)의 해석에서 비롯된다.

21. 다음은 현재 일어나고 있는 어간 교체의 변화를 보인 것이다. 어간 교체의 규칙성 측면에서 변화의 양상이 이와 동일한 것은? 〔2.5점〕

	'싣-〔載〕'의 활용형 변화	
	변화 전	변화 후
어간+고	싣고〔싣꼬〕	〔실코〕
어간+는	싣는〔신는〕	〔실른〕
어간+어	실어〔시러〕	〔시러〕

	변화 전	변화 후
①	ᄒᆞ고, ᄒᆞᄂᆞᆫ, ᄒᆞ야〔爲〕	하고, 하는, 하여
②	돕고, 돕ᄂᆞᆫ, 도ᄫᅡ〔助〕	돕고, 돕는, 도와
③	오ᄅᆞ고, 오ᄅᆞᄂᆞᆫ, 올아〔登〕	오르고, 오르는, 올라
④	시므고, 시므ᄂᆞᆫ, 심거〔植〕	심고, 심는, 심어
⑤	짓고, 짓ᄂᆞᆫ, 지ᅀᅥ〔作〕	짓고, 짓는, 지어

22. 「훈민정음 해례」의 다음 기록을 통해 알 수 있는 사실로 적절하지 <u>않은</u> 것은?

	자 료	알 수 있는 사실
①	아음의 ㆁ만은 비록 혀뿌리가 목구멍을 닫아서 소리의 기운이 코로 나오지만 그 소리가 ㅇ과 비슷해서 운서에서도 의모(疑母)와 유모	ㆁ이 아음자인데도 다른 아음자인 ㄱ, ㅋ 등과 자형이 달라진 이유

	(喩母)가 많이 혼동되어 사용된다.(제자해)	
②	두 글자를 합용(合用)함에는 ㅗ와 ㅏ가 다 같이 ㆍ에서 나왔으므로 어울려서 ㅘ가 되고, (……) ㅜ와 ㅓ가 다 같이 ㅡ에서 나왔으므로 어울려서 ㅝ가 된다.(중성해)	당시 문헌의 우리말 표기에서 ᆜ, ᆝ가 나타나지 않는 이유
③	ㆁㄴㅁㅇㄹㅿ의 여섯 자는 평성, 상성, 거성의 종성이 되고 그 나머지는 모두 입성의 종성이 되나 ㄱㆁㄷㄴㅂ ㅁㅅㄹ 여덟 자만으로 쓰기에 족하다.(종성해)	당시의 문헌에서 'ᄉᆞᄆᆞᆾ〔通〕+디'가 'ᄉᆞᄆᆞᆺ디'로, '밑〔本〕+과'가 '믿과'로 표기된 이유
④	반혓소리인 ㄹ은 마땅히 우리말의 종성에나 쓰지 한자의 종성에는 쓸 수 없다. 입성인 彆(별)자는 종성이 ㄷ음이 되어야 마땅한데 우리의 습관으로 ㄹ로 발음하니 대개 ㄷ음이 변하여 가볍게 된 것이다.(종성해)	'月웛, 戌슗' 등의 이영보래(以影補來)에 의한 동국정운식 한자음 표기가 나타난 이유
⑤	한자와 한글을 섞어 쓸 경우에는 앞에 오는 한자음에 따라서 한글의 중성자나 종성자를 보충하는 일이 있다.(합자해)	당시의 문헌에서 '始祖ㅣ, 西水ㅅᄀᆞᅀᅵ'와 같은 표기가 나타난 이유

23. 다음에서 알 수 있는 문법적 사실로 옳은 것은? 〔2.5점〕

> 수달 : 主人(주인)이 므슴 차바ᄂᆞᆯ 손ᅀᅩ ᄃᆞᆫ녀 ᄆᆡᆼᄀᆞ노닛가 太子(태자)ᄅᆞᆯ 請(청)ᄒᆞᅀᆞᄫᅡ 이받ᄌᆞᄫᆞ려 ᄒᆞ노닛가 大臣(대신)ᄋᆞᆯ 請ᄒᆞ야 이바도려 ᄒᆞ노닛가
>
> 호미 : 그리 아닝다
>
> 수달 : 婚姻(혼인) 위ᄒᆞ야 아ᅀᆞ미 오나ᄃᆞᆫ 이바도려 ㉠ᄒᆞ노닛가
>
> 호미 : 그리 아니라 부텨와 ᄎᆔᆼ과ᄅᆞᆯ 請ᄒᆞᅀᆞᄫᅩ려 ᄒᆞ뇡다
>
> 수달 : ㉡엇뎨 부톄라 ᄒᆞᄂᆞ닛가 그 ᄠᅳ들 닐어쎠
>
> 호미 : 그듸ᄂᆞᆫ 아니 듣ᄌᆞᄫᆡᆺ더시닛가 淨飯王(정반왕) 아ᄃᆞ님 悉達(실달)이라 ᄒᆞ샤리 (……) 三世(삼세)옛 이ᄅᆞᆯ 아ᄅᆞ실ᄊᆡ 부톄시다 ᄒᆞᄂᆞ닝다
>
> 수달 : 엇뎨 쥬이라 ᄒᆞᄂᆞ닛가
>
> 호미 : (……) 이 사ᄅᆞᆷᄃᆞᆯ히 다 神足(신족)이 自在(자재)ᄒᆞ야 ㉢衆生(중생)ᄋᆡ 福田(복전)이 ᄃᆞ욀ᄊᆡ 쥬이라 ᄒᆞᄂᆞ닝다
>
> -『석보상절』-

① '수달'과 '호미'는 서로에게 가장 높은 등급의 상대 높임법을 사용하고 있다.

② '호미'는 모든 발화에서 '부텨'와 '즁' 모두를 높이고 있다.

③ ㉠은 서술어의 주어와 화자가 일치함을 나타내는 표지가 사용된 것으로 볼 수 없는 예이다.

④ ㉡은 형식상으로는 설명 의문문이지만 실질적으로는 판정 의문문이다.

⑤ ㉢은 'ᄃᆞ욀씨'의 의미상 주어가 관형격으로 나타난 예이다.

24. **현대 국어의 현상을 이해하기 위해 수집한 옛말 자료이다. 자료를 수집한 목적이 적절하지 않은 것은?**

	자 료	목 적
①	• 내 처ᅀᅥᆷ 城 나마 山애 드러 道 비홇 제(월인석보) • 나히 여슌이 넘어(소학언해)	'너머'가 명사로, '넘어'가 동사의 활용형으로 구별되어 사용되는 현상을 이해한다.
②	• 기장 ᄡᆞᆯ만 머구듸(구급방 언해) • 盲龍이 눈 ᄠᅳ고(월인천강지곡)	'벼'와 '씨'가 만날 때 '볍씨'와 같이 'ㅂ'이 덧생기는 현상을 이해한다.
③	• 太子ᄅᆞᆯ 請ᄒᆞᅀᆞᄫᅡ다가 안치ᅀᆞᄫᆞ니(석보상절) • 나ᄂᆞᆫ 소임으로 왓ᄉᆞᆸ거니와 처ᅀᅳᆷ이ᄋᆞᆸ고(첩해신어)	겸손하게 표현할 때 '하옵니다, 하오니'와 같이 '옵, 오'가 쓰이는 현상을 이해한다.
④	• 工巧히 치위ᄅᆞᆯ 견듸놋다(두시언해) • 오듸 桑椹子(제중신편)	'디디다, 잔디' 등의 단어가 구개음화되지 않은 현상을 이해한다.
⑤	• 이틄나래 나라해 이셔(월인석보) • 이틋날 아ᄎᆞᄆᆡ(두시언해)	'숟가락, 섣달'에서와 같이, 끝소리가 ㄹ인 말이 다른 말과 합성어를 이룰 때 'ㄹ'이 'ㄷ' 소리로 나는 현상을 이해한다.

〈2011학년도 중등교사신규임용후보자선정경쟁시험〉

13. ㉠~㉢에 공통적으로 나타나는 음운 현상에 대한 설명으로 옳은 것은?

㉠ 숯+도 → 〔숟또〕, 솟+고 → 〔솓꼬〕, 부엌+과 → 〔부억꽈〕 ㉡ 밭+만 → 〔반만〕, 빚+는 → 〔빈는〕, 좇+는데 → 〔존는데〕 ㉢ 읊+고 → 〔읍꼬〕, 읊+지 → 〔읍찌〕, 읊+더라 → 〔읍떠라〕

① 종성의 자음이 탈락한다.

② 자음의 조음 위치는 바뀌지 않는다.

③ 종성에 오는 자음의 가짓수가 제한된다.

④ 후행 자음에 동화되어 종성의 자음이 바뀐다.

⑤ 폐쇄 과정을 거쳐 발음되는 자음에서만 일어난다.

14. 〈자료〉를 활용하여 국어사전에 대해 설명할 내용으로 타당한 것은?

< 자 료 >

나누다 〔나누어(나눠), 나누니〕 동

1 【… 을 …으로】

㉠ 하나를 둘 이상으로 가르다.

¶ 사과를 세 조각으로 나누자.

㉡ 여러 가지가 섞인 것을 구분하여 분류하다.

¶ 나는 이 물건들을 불량품과 정품으로 나누는 작업을 한다.

2 【…을 …에/에게】 몫을 분배하다.

¶ 이익금을 모두에게 공정하게 나누어야 불만이 생기지 않는다.

3 【(…과)…을】 ('…과'가 나타나지 않을 때는 여럿임을 뜻하는 말이 주어로 온다)

㉠ 음식 따위를 함께 먹거나 갈라 먹다.

¶ 나는 그녀와 술을 한잔 나누면서 여러 가지 이야기를 했다.

㉡ 말이나 이야기, 인사 따위를 주고받다.

¶ 고향 친구와 이야기를 나누는 일은 언제나 즐겁다.

㉢ 즐거움이나 고통, 고생 따위를 함께하다.
¶ 고통은 주위 사람과 나누면 작아지고, 즐거움은 나누면 커진다고 한다.

① [1], [2], [3]과 같은 기호들은 '나누다'가 동음이의어임을 나타낸다.

② 〈자료〉에서 보듯이 동사의 뜻은 '종차(種差)+유개념(類概念)'으로 풀어 준다.

③ 예를 들어 '빵을 나누기가 어렵다.'에서 '나누기'는 명사이므로 '나누다'와 구별하여 따로 표제어로 등재한다.

④ ㉠, ㉡ ……은 중심적 의미에서 주변적 의미의 순서로 배열하는데, [3]-㉠은 '나누다'의 중심적 의미이며 [3]-㉡, [3]-㉢은 주변적 의미이다.

⑤ 【 】 기호는 통사 정보를 나타내는데, '선생님은 키에 따라 청군과 백군으로 학생들을 나누어 편을 갈랐다.'는 [1]-㉡의 용례로 추가할 수 있다.

15. 〈자료〉의 평가 문항을 고려할 때 ㉠에 들어갈 내용으로 가장 적절한 것은?

〈 자 료 〉

◦ 학습 내용: 본말과 준말의 특성
◦ 평가 목표: ㉠
◦ 평가 문항: 다음 괄호 안에 표기의 옳고 그름을 ○, ×로 표시한 후 동일한 사례를 더 찾아보시오.

문항	사례
1. 흙길에 발을 〔디디니( )/딛으니( )〕 기분이 매우 상쾌하다.	
2. 아직은 일에 〔서툴러서( )/서툴어서( )〕 가끔 실수를 한다.	

① 준말을 정의할 때 필요한 요소가 무엇인지 안다.

② 본말과 준말의 의미에는 아무런 차이가 없음을 안다.

③ 본말이 준말로 줄어들 때 어떤 음이 탈락하는지 안다.

④ 본말 대신 준말을 선택하여 얻을 수 있는 표현 효과를 안다.

⑤ 본말에 붙는 어미가 준말에는 붙지 못하는 경우가 있음을 안다.

16. 〈자료〉를 중심으로 조사 사용의 적절성을 판단하는 학습활동을 하였다. 밑줄 친 부분을 가장 잘 설명한 것은? [1.5점]

< 자 료 >

(가) 철수는 여의도에 한 회사에 취업했다.
(나) 한 컴퓨터 회사가 관공서 직원들에 선물을 주었다.
(다) 영주는 마루에 자는 강아지를 안아 주었다.
(라) 그 독립투사는 혈서를 쓰려고 칼에 손가락을 베었다.
(마) 그는 전주를 거쳐 남원에 자동차를 타고 떠났다.

① (가)의 '에'는 그대로 두는 게 좋겠어. 비교의 대상이 되는 장소 뒤에는 '에'가 어울리지.
② (나)의 '에'는 '에게'로 고치는 게 좋겠어. 기구나 단체를 뜻하는 명사 뒤에는 '에게'를 쓰잖아.
③ (다)의 '에'는 '에서'로 고치는 게 좋겠어. 행동이 이루어지고 있는 장소 뒤에는 '에서'를 쓰잖아.
④ (라)의 '에'는 맞는 표현이지만 '로'로 고쳐도 좋겠어. '에'와 '로'는 의도적으로 수단이나 도구를 이용할 때 쓰잖아.
⑤ (마)의 '에'는 맞는 표현이지만 '으로'로 고쳐도 좋겠어. '남원'이 목표점이니까 '으로'도 어울리지.

17. 〈자료〉를 활용한 수업에서 교사의 지도 내용으로 적절하지 않은 것은?

< 자 료 >

※ 다음 글에서 합성어를 찾아 그 특성에 대해 이야기해 보자.

지금은 양옥집으로 바뀌었지만 어릴 적 우리 집은 아담한 초가집이었습니다. 집 옆에는 큰 소나무가 한 그루 있었고, 대문 안쪽에는 국화꽃이 가득 심어져 있었습니다. 나는 새벽이 밝아 오는 것을 기다려 책꽂이에서 낡은 책들을 하나씩 꺼내 읽는 것을 좋아했습니다. 어머니는 항상 바쁘셨지만 어쩌다 짬이 나면 비빔냉면을 만들어 주곤 하셨습니다.

학생 활동	–	지도 내용
저는 '책꽂이'가 합성어라고 생각해요. 그리고	–	① '책꽂이'는 '[[책 꽂-]-이]'로 분석하여 파

'책꽂이'는 '책을 꽂다'에다가 장소를 나타내는 '이'가 붙어서 '책을 꽂는 장소'를 나타내요.			생어로 보기도 해. 그리고 '책꽂이'의 '-이'가 장소를 나타내는 것은 아니야.
저는 '소나무'를 찾았어요. '소나무'는 '솔나무'에서 왔잖아요. 그런데 왜 'ㄹ'이 떨어지죠?	-	②	합성어가 될 때, 'ㄹ'과 조음 위치가 같은 'ㄴ', 'ㅅ' 등의 자음 앞에서 'ㄹ'이 떨어지는 경우가 있어. 이런 예로는 '버드나무', '화살' 등이 더 있단다.
저는 '밝아 오다'의 의미가 구성 요소인 '밝다'와 '오다'의 의미를 합친 것이니까 합성어라고 생각해요. 물론 합성어는 한 단어니까 '밝아오는'처럼 붙여야겠지요.	-	③	구성 요소의 의미가 합쳐져서 합성어의 의미가 형성된 예는 얼마든지 더 있어. 〈자료〉에 있는 '심어지다'가 그렇고 그 밖에 '띄어쓰다', '막아내다' 등도 있어.
저는 '비빔냉면'이 합성어라고 생각해요. '비냉'이라고 줄일 수도 있으니까요.	-	④	줄일 수 있다고 반드시 합성어는 아니야. '남한과 북한'을 '남북한'으로 줄일 수 있지만 '남한과 북한'이 합성어는 아니잖아.
저는 '초가집'이 합성어라고 생각해요. '초가'에서 '가'가 '집'을 뜻하는 것 같은데, 또 '집'을 붙였네요.	-	⑤	'한자어+고유어' 합성어에서 이런 현상이 많아. 〈자료〉에도 이런 현상을 보이는 합성어인 '양옥집', '국화꽃'이 더 있구나.

18. 〈보기〉의 수업에 활용할 수 있는 언어 자료와 그에 관한 지도 내용으로 적절하지 <u>않은</u> 것은? 〔2.5점〕

< 보 기 >

◦ 학습 목표: 구체적인 장면에서 심리적 태도를 드러내는 다양한 표현 방식을 이해한다.
◦ 주요 수업 내용
- '장면'과 '심리적 태도'의 개념 소개하기
• 장면: 의사소통이 이루어지는 시·공간
• 심리적 태도: 화자가 사태를 파악하는 방식, 심리적 거리와 관련됨.
- 구체적인 장면에서 심리적 태도를 드러내는 표현 방식 탐구하기

	언어 자료	지도 내용
①	(예쁜 모자를 쓰고 있는 옆 사람에게) (가) 이 모자 어디서 샀어? (나) 그 모자 어디서 샀어?	'모자'와 화자의 물리적 거리가 동일한데도 (가)처럼 '이'를 쓰거나 (나)처럼 '그'를 쓸 수 있음을 파악시킨 뒤, 지시물에 대한 화자의 심리적 거리가 지시 표현에 어떻게 반영되는지 분석시킨다.
②	(철수가 나타나지 않음.)	철수의 부재를 능력 부정으로 표현하거나 의지

	민수: 철수는 못 왔어. 영수: 안 온 거겠지.	부정으로 표현할 수 있음을 파악시킨 뒤, 화자의 심리적 태도와 부정 표현의 관계를 분석시킨다.
③	(텔레비전을 보다가) 영미: 엄마, 경찰이 드디어 도둑을 잡았어. 엄마: 도둑이 드디어 경찰에게 잡혔구나.	동일한 사태를 경찰을 중심으로 파악할 수도 있고 도둑을 중심으로 파악할 수도 있음을 이해시킨 뒤, 화자의 심리적 태도가 피동 표현에 어떻게 반영되는지 분석시킨다.
④	(책상 위에 책이 있음.) (가) 철수가 책을 책상 위에 올렸구나. (나) 철수가 책을 책상 위에 올리게 했구나.	동일한 상황을 (가)처럼 직접 사동으로 표현하거나 (나)처럼 간접 사동으로 표현할 수 있음을 파악시킨 뒤, 화자와 대상물과의 심리적 거리가 사동 표현에 어떻게 반영되는지 분석시킨다.
⑤	(애인끼리 영화관 앞에서) 영희: 우리 같이 본 영화잖아! 철희: 같이 봤다고? (잠시 침묵) 아, 그러셨군요. 그 친구에게나 가시죠!	동일 인물에게 높임 표현을 달리 사용할 수 있음을 파악시킨 뒤, 화자와 청자의 심리적 거리가 높임 표현에 어떻게 반영되는지 분석시킨다.

19. 시간 표현 형태들이 다양한 문맥에서 쓰이는 양상을 지도하기 위해 자료를 수집하였다. 자료에 대한 설명으로 적절하지 <u>않은</u> 것은?

	자 료	설 명
①	철수: 참외 하나 골라 줘. 영희: 이 참외가 잘 <u>익었다.</u>	'-었-'이 사태가 완료되어 그 결과가 지속됨을 나타내는 문맥에서 사용됨.
②	철수: 다 끝났니? 영희: 일이 너무 밀렸어. 오늘 밤 잠은 다 <u>잤다.</u>	'-았-'이 미래의 어느 시점에 실현될 것을 확정적인 사실로 받아들임을 나타내는 문맥에서 사용됨.
③	철수: 꽃이 하나도 없네. 영희: 지난여름에는 꽃이 가득 <u>피었었어.</u>	'-었었-'이 발화시 이전에 사태가 완료된 후 상황의 변화가 있음을 나타내는 문맥에서 사용됨.
④	철수: 영수 지금 뭐 하디? 영희: 자기 방에서 책 <u>읽더라.</u>	'-더-'가 현재 일어나는 사실을 추정하여 인식함을 나타내는 문맥에서 사용됨.
⑤	철수: 어제 시험 문제 어려웠다며? 영희: 아니, 그 문제는 나도 <u>풀겠더라.</u>	'-겠-'과 '-더-'가 함께 쓰여 경험 당시의 가능성을 나타내는 문맥에서 사용됨.

20. 다음은 반의 관계에 관한 탐구 활동의 일부이다. (가)~(다)에 공통적으로 들어갈 수 있는 것은?

<table>
<tr><td>탐구 자료</td><td colspan="2">길다 / 짧다, 밝다 / 어둡다, 높다 / 낮다, 크다 / 작다, 깊다 / 얕다, 넓다 / 좁다, 무겁다 / 가볍다</td></tr>
<tr><td rowspan="4">탐구 내용</td><td>탐구 항목</td><td>추가 예</td></tr>
<tr><td>◦ 명사 파생이 가능한가?
예 길다 / 짧다, 밝다 / 어둡다
{길이 / *짧이}, {밝기 / *어둡기}</td><td>(가)</td></tr>
<tr><td>◦ 척도를 묻는 의문문에서 사용되는가?
예 길다 / 짧다
(고무줄의 길이를 몰라서 물어볼 때)
고무줄이 얼마나 {기니? / *짧니?}</td><td>(나)</td></tr>
<tr><td>◦ 동사로도 사용되는가?
예 길다 / 짧다
┌ 너는 머리가 참 길구나.
└ 너는 머리가 참 빨리 기는구나.
┌ 너는 머리가 참 짧구나.
└ 너는 머리가 *짧는구나.</td><td>(다)</td></tr>
<tr><td>탐구 결론</td><td colspan="2">반의 관계에 있는 형용사 쌍 중에서 적극적 의미를 담고 있는 한쪽이 더 활발하게 사용된다.</td></tr>
</table>

① 높다 / 낮다　　② 크다 / 작다　　③ 깊다 / 얕다
④ 넓다 / 좁다　　⑤ 무겁다 / 가볍다

21. 〈조건〉을 모두 만족시키는 문장을 〈보기〉에서 고른 것은? [1.5점]

〈 조 건 〉

◦ 홑문장일 것.
◦ 관형사가 들어 있을 것.
◦ 객체를 높이는 서술어가 들어 있을 것.

〈보 기〉

ㄱ. 손자는 새 옷을 할아버지께 드렸다.
ㄴ. 어머니는 할머니를 온갖 정성으로 모셨다.
ㄷ. 학생들은 어려운 내용을 선생님께 여쭸다.
ㄹ. 아버지께서 우리에게 옛 추억을 들려주셨다.

① ㄱ, ㄴ　② ㄱ, ㄷ　③ ㄴ, ㄷ　④ ㄴ, ㄹ　⑤ ㄷ, ㄹ

22. 〈자료 1〉에 나오는 중세 국어 단모음에 대한 내용을 보충 설명하기 위해 〈자료 2〉를 준비하였다. ㉠, ㉡의 활용 방안으로 가장 적절한 것은?

〈자료 1〉

ㆍ는 혀를 오그라지게 해서 조음하고〔舌縮〕 소리는 깊다〔聲深〕.
ㅡ는 혀를 조금 오그라지게 해서 조음하고〔舌小縮〕 소리는 깊지도 얕지도 않다〔聲不深不淺〕.
ㅣ는 혀를 오그라들지 않게 조음하고〔舌不縮〕 소리가 얕다〔聲淺〕.
ㅗ는 ㆍ와 한 종류인데 입을 오므린다〔口蹙〕.
ㅏ는 ㆍ와 한 종류인데 입을 벌린다〔口張〕.
ㅜ는 ㅡ와 한 종류인데 입을 오므린다〔口蹙〕.
ㅓ는 ㅡ와 한 종류인데 입을 벌린다〔口張〕.

-『훈민정음』의 「제자해」-

〈자료 2〉

㉠

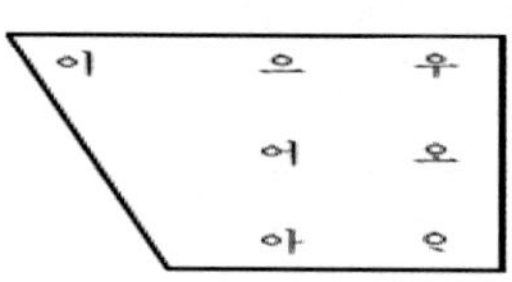

〈모음 사각도〉

㉡

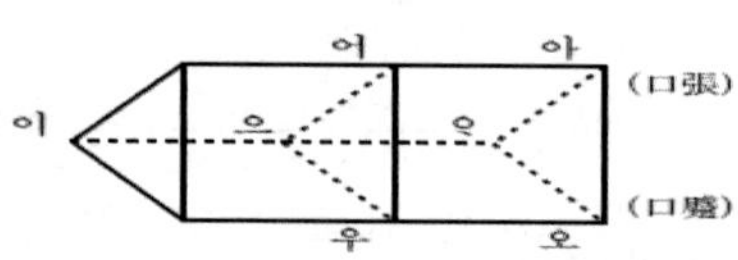

㉠	㉡
① 단모음의 음가 설명	단모음의 대립 관계 설명

② 단모음의 음가 설명 　　　　　　　　단모음의 조음 위치 설명

③ 단모음의 분포 조건 설명 　　　　　단모음의 대립 관계 설명

④ 단모음의 음운 현상 설명 　　　　　단모음의 분포 조건 설명

⑤ 단모음의 음운 현상 설명 　　　　　단모음의 조음 위치 설명

23. 다음 〈자료〉에서 중세 국어 해당 용례가 맞는 것을 고른 것은?

〈자 료〉

현대 국어불규칙의 통시적 변화 과정			중세 국어 해당 용례
'ㅅ' 불규칙: 모음 어미와 결합할 때 'ㅿ'을 가지던 단어가 'ㅿ'의 소멸로 'ㅅ' 불규칙이 됨.	-	ㄱ	님금 <u>지ᅀᆞ샨</u> 그리라 (훈민정음언해) 鹿母 夫人이 ᄡᅧ를 <u>주ᅀᅥ</u> (석보상절)
'ㅂ' 불규칙: 모음 어미와 결합할 때 'ㅸ'을 가지던 단어가 'ㅸ'의 변화로 'ㅂ' 불규칙이 됨.	-	ㄴ	熱惱ᄂᆞᆫ <u>더ᄫᅥ</u> 셜ᄫᅳᆯ 씨니 (월인석보) 近은 <u>갓가ᄫᆞᆯ</u> 씨라 (석보상절)
'여' 불규칙: 어미 '-아/어' 대신 '-야'가 결합하던 단어가 차츰 '-야' 대신 '-여'가 결합하여 '여' 불규칙이 됨.	-	ㄷ	닐굽 고ᄃᆞᆯ <u>因ᄒᆞ야</u> (월인석보) 프리 <u>펴러ᄒᆞ야</u> (두시언해)
'르' 불규칙: '릭/르'로 끝나는 단어가 모음 어미와 결합할 때 'ㄹㅇ'으로 나타나다가 'ㄹㄹ'로 합류하여 '르' 불규칙이 됨.	-	ㄹ	中國에 <u>달아</u> (훈민정음언해) 여러 비예 <u>올아셔</u> (번역박통사)

① ㄱ, ㄴ 　② ㄱ, ㄷ 　③ ㄴ, ㄷ 　④ ㄴ, ㄹ 　⑤ ㄷ, ㄹ

24. ㉠~㉤에 대한 설명으로 옳은 것은? 〔2.5점〕

玉華宮

시내 횟돈 ᄃᆡ 솘 ᄇᆞᄅᆞ미 기리 부ᄂᆞ니
프른 쥐 녯 디샛 서리예 ㉠<u>숨ᄂᆞ다</u>
아디 몯ᄒᆞ리로다 ㉡<u>어느 님긊 宮殿고</u>
기튼 지슨 거시 ㉢<u>노ᄑᆞᆫ 石壁ㅅ 아래로다</u>
어득ᄒᆞᆫ 房앤 귓거싀 브리 ᄑᆞᄅᆞ고
믈어딘 길헨 슬픈 므리 ᄒᆞ르놋다

> 여러 가짓 소리 ㉣<u>眞實ㅅ</u> 뎌와 피릿 소리 ㉤<u>ᄀᆞᆮ도소니</u>
> ᄀᆞᅀᆳ 비치 正히 ᄌᆞᆽᄌᆞᆽᄒᆞ도다
>
> -두시언해-

① ㉠은 '숢-+-ᄂᆞ-+-다'로 분석되는데, '-ᄂᆞ-'는 '행동의 완료'의 의미를 나타낸다.

② ㉡은 '아디 몯ᄒᆞ리로다'의 목적어로 해석되는 설명 의문문인데, 체언 뒤에 '이다' 없이 바로 '고'가 결합하였다.

③ ㉢은 '노ᄑᆞᆫ 石壁ㅅ 아래'에 '이-+-로-+-다'가 결합된 것으로 분석되는데, 이때 '이-'는 '잇-'〔有〕의 이형태이다.

④ ㉣은 존경 대상과 관련된 명사에 관형격 조사 'ㅅ'이 결합된 구성인데, 뒤에 오는 명사인 '뎌'를 수식한다.

⑤ ㉤은 'ᄀᆞᆮ-+-돗-+-오-+-니'로 분석되는데, '-돗-'은 '감탄', '-오-'는 '의도'의 의미를 나타낸다.

〈2012학년도 중등교사신규임용후보자선정경쟁시험〉

13. 다음은 '음소 /ㅎ/과 /ㅇ/의 분포적 특성을 이해한다.'라는 학습 목표로 학생이 탐구 활동을 한 것이다. 적절한 것만을 있는 대로 고른 것은?

	예	해 석
㉠	• 힘〔힘〕 : 임〔임〕 • 휴교〔휴교〕 : 유교〔유교〕	/ㅎ/과 /ㅇ/은 최소 대립쌍을 이룬다.
㉡	• 낳다〔나타〕, 낳지〔나치〕 • 종도〔종도〕, 종조차〔종조차〕, 종과〔종과〕	종성 /ㅎ/은 뒤에 오는 /ㄷ, ㅈ, ㄱ/과 결합하여 /ㅌ, ㅊ, ㅋ/이 되지만, 종성 /ㅇ/은 /ㄷ, ㅈ, ㄱ/ 뒤에 와도 변화가 없다.
㉢	• 낳소〔나쏘〕 • 종소리〔종쏘리〕	종성 /ㅎ/은 뒤에 오는 /ㅅ/과 결합하여 /ㅆ/이 되고, 종성 /ㅇ/은 뒤에 오는 /ㅅ/을 된소리로 바꾼다.
㉣	• 낳는다〔난는다〕, 낳니?〔난니〕 • 강남〔강남〕	종성 /ㅎ/은 뒤에 /ㄴ/이 오면 /ㄴ/으로 실현되지만, 종성 /ㅇ/은 변화가 없다.
㉤	• 낳으니〔나으니〕, 낳아〔나아〕 • 종이〔종이〕, 종으로〔종으로〕	종성 /ㅎ/은 뒤에 모음이 오면 탈락하지만, 종성 /ㅇ/은 종성과 후행 음절의 초성으로 실현된다.

① ㉠, ㉢　② ㉡, ㉢　③ ㉡, ㉣　④ ㉠, ㉢, ㉣　⑤ ㉡, ㉣, ㉤

14. 〈자료〉는 '모음의 교체를 유형별로 분류하고 그 특성을 파악한다.'라는 학습 목표로 탐구 활동을 한 것이다. (가)를 바탕으로 (나)를 정리한 것 중 옳은 것은? 〔2.5점〕

〈 자 료 〉

○ 탐구 내용

(가) 모음의 교체를 유형별로 분류해 보자.

교체 유형	예
동화	㉠ 아기〔애기〕, 아비〔애비〕
첨가	㉡ 피-어서〔피여서〕, 나누-어서〔나누워서〕
축약	㉢ 피-어서〔펴 : 서〕, 나누-어서〔나눠 : 서〕

탈락	㉣ 가-으면[가면], 쓰-어서[써서]
	㉤ 서-어[서], 개-어[개]

(나) 각 교체의 특성을 파악해 보자.

① ㉠은 /ㅣ/모음 역행 동화이므로 '이마→[이매]', '가마→[가매]'가 예로 추가될 수 있다.

② ㉡은 같은 환경에서 ㉢으로도 실현된다는 사실에서 필수적인 현상은 아니다.

③ ㉡은 첨가되어 음소의 개수가 하나 늘었지만 ㉢은 축약되어 음소의 개수가 하나 줄었다.

④ ㉣, ㉤은 탈락되는 모음은 다르지만 항상 모음 뒤에서 탈락한다는 점은 같다.

⑤ ㉠~㉤ 모두 모음이 연접되는 상황을 피하기 위한 각기 다른 방식의 교체라는 점에서 공통적이다.

15. 다음은 '학교 문법의 품사 분류 기준을 알고 품사를 분류할 수 있다.'라는 학습 목표를 달성하기 위한 활동의 일부이다. 적절한 것만을 있는 대로 고른 것은?

(가) 다른 말을 수식하는 말을 구분해 본다.
(나) '무엇이 어떠하다'에서 '무엇'에 해당하는 말과 '어떠하다'에 해당하는 말을 구분해 본다.
(다) '무엇이 어찌한다'와 '무엇이 무엇을 어찌한다'에서 '어찌한다'에 해당하는 말을 구분해 본다.
(라) 체언 뒤에 붙어서 문법적 관계를 나타내는 말 중에서 생략될 수 있는 것과 생략될 수 없는 것을 구분해 본다.
(마) 주어나 목적어 위치에 나타나는 말 중에서 구체적인 대상의 이름을 나타내는 말, 사람이나 사물을 지시하는 말, 수량이나 순서를 나타내는 말을 구분해 본다.

① (가), (나) ② (다), (라) ③ (가), (나), (마)
④ (가), (다), (마) ⑤ (나), (다), (라)

16. (가)~(바)에 대한 설명으로 적절하지 않은 것은?

(가) 영희가 철수와 만났음이 분명하다.
(나) 영희가 밥을 먹은 사실이 드러났다.
(다) 영희가 동생이 산 책을 읽었다.
(라) 영희가 목이 쉬게 소리를 질렀다.

(마) 영희가 집에 가기에 바쁘다.
(바) 영희가 밥을 먹기가 어렵다.

① (가)와 (나)의 안긴문장은 종류가 다르고 안은문장에서의 문장 성분도 다르다.
② (나)와 (다)의 안긴문장은 안은문장에서의 문장 성분은 같으나 안긴문장 속에 생략된 문장 성분이 있느냐의 여부가 다르다.
③ (다)와 (마)의 안긴문장의 주어는 안은문장의 주어와 다르다.
④ (라)와 (마)의 안긴문장은 종류는 다르나 안은문장에서의 문장 성분은 같다.
⑤ (마)와 (바)의 안긴문장은 종류는 같으나 안은문장에서의 문장 성분은 다르다.

17. 다음은 높임 표현에 대한 수업 자료와 교사의 지도 내용이다. 지도 내용으로 적절하지 않은 것은? 〔1.5점〕

	수업 자료	지도 내용
①	㉠ 자, 어서 와서 좀 드시게. ㉡ 어머니가 할아버지를 잘 모신다.	선어말 어미 '-시-'는 ㉠, ㉡처럼 주체뿐 아니라 청자나 객체를 높이는 데에 쓰이기도 한다.
②	㉠ 아버지께서 장에 가신다. ㉡ (손녀가 할아버지께) 할아버지, 아버지는 장에 갔어요.	청자가 주체보다 높으면 주체 높임이 나타나지 않을 수 있다.
③	㉠ 할아버지의 손이 크다. ㉡ 할아버지는 손이 크시다.	'손'은 높임의 대상이 아니지만, 할아버지의 신체 일부이기 때문에 높일 수 있다.
④	㉠ 제 말씀 좀 들어 보세요. ㉡ 선생님께서 말씀을 하시겠습니다.	㉠의 '말씀'은 낮춤 표현이고, ㉡의 '말씀'은 높임 표현이다.
⑤	㉠ 손녀: 할아버지, 어디가세요? ㉡ 손녀: 할아버지, 어디 가?	친밀한 관계에서는 높임 표현을 사용하지 않을 수 있다.

18. 〈자료〉를 통해 단어의 상하 관계에 대하여 이해하는 활동을 하고자 한다. 〈보기〉에서 상하 관계에 대한 설명으로 적절한 것끼리 바르게 고른 것은?

< 자 료 >

(가) ㄱ. 비둘기는 새의 일종이다.
　　ㄴ. 새는 동물의 일종이다
　　ㄷ. 비둘기는 동물의 일종이다.
(나) ㄱ. 어제 공원에서 영희가 비둘기를 보았으면 어제 영희가 새를 본 것이다.
　　ㄴ. *어제 공원에서 영희가 새를 보았으면 어제 영희가 비둘기를 본 것이다.
(다) ㄱ. 어떤 사람이 남성이면 여성이 아니다.
　　ㄴ. 어떤 사람이 여성이면 남성이 아니다.

< 보 기 >

㉠ 하의어가 둘뿐이면 반의 관계를 형성한다.
㉡ 하의어는 여러 층위의 상의어를 가질 수 있다.
㉢ 상의어의 의미 영역은 하의어의 의미 영역을 포함한다.
㉣ 상의어를 포함한 문장은 하의어를 포함한 문장을 함의한다.
㉤ 상의어와 하의어는 한 가지 의미 특성을 제외하고 나머지 의미 특성이 같다.

① ㉠, ㉡, ㉢　② ㉠, ㉡, ㉤　③ ㉠, ㉣, ㉤　④ ㉡, ㉢, ㉣　⑤ ㉡, ㉣, ㉤

19. 다음은 어문 규정에 맞게 표기된 띄어쓰기의 용례와 그에 대한 설명이다. 설명이 옳은 것은?

띄어쓰기 용례	설 명
㉠ 그 녀석 울음소리 한번 크구나. ㉡ 이말 저말 다 들어 보아야 한다.	(가) ㉠의 '한번'과 ㉡의 '이말', '저말'은 '관형사+명사'의 구성이나 '한번'은 순서를 나타내므로 붙여 쓸 수 있고 '이말', '저말'은 단음절로 된 단어가 연이어 나타나므로 붙여 쓸 수 있다.
㉠ 어서 집으로 돌아가세요. ㉡ 불이 꺼져만 간다.	(나) ㉠의 '돌아가세요'는 본용언과 보조 용언의 구성이므로 붙여 쓸 수 있다. ㉡의 '꺼져만 간다'처럼 본용언과 보조 용언 사이에 조사가 들어갈 적에는 붙여 쓸 수 없다.
㉠ 하루 종일 잠만 잤다. ㉡ 집채만 한 파도가 몰려온다.	(다) ㉠의 '만'은 조사, ㉡의 '만'은 접미사인데 모두 단어가 아니므로 붙여 쓴 것이다.
㉠ 비가 올 듯하다. ㉡ 과일에는 배, 감 들이 있다.	(라) ㉠의 '듯', ㉡의 '들'은 의존 명사이므로 띄어 쓴 것이다.
㉠ 서류를 검토한바 몇 가지 미미한 사항이 발견되었다. ㉡ 볼 것은 많은데 시간이 모자란다.	(마) ㉠의 '-ㄴ바', ㉡의 '-은데'는 '관형사형 어미+의존 명사'의 구성에서 유래하였으나 하나의 연결 어미가 되어 '바'와 '데'가 단어의 지위를 상실했으므로 붙여 쓴 것이다.

① (가)　② (나)　③ (다)　④ (라)　⑤ (마)

20. 〈보기〉는 〈표준 발음법〉 '제2장 자음과 모음' 조항의 일부이다. 각 조항에 대해 교사가 설명한 것 중 적절하지 않은 것은?

〈보 기〉

> 제2항 표준어의 자음은 다음 19개로 한다.
> 　　ㄱ ㄲ ㄴ ㄷ ㄸ ㄹ ㅁ ㅂ ㅃ ㅅ ㅆ ㅇ ㅈ ㅉ ㅊ ㅋ ㅌ ㅍ ㅎ
> 제3항 표준어의 모음은 다음 21개로 한다.
> 　　ㅏ ㅐ ㅑ ㅒ ㅓ ㅔ ㅕ ㅖ ㅗ ㅘ ㅙ ㅚ ㅛ ㅜ ㅝ ㅞ ㅟ ㅠ ㅡ ㅢ ㅣ
> 제4항 'ㅏ ㅐ ㅓ ㅔ ㅗ ㅚ ㅜ ㅟ ㅡ ㅣ'는 단모음으로 발음한다.
> 　　[붙임] 'ㅚ ㅟ'는 이중 모음으로 발음할 수 있다.
> 제5항 'ㅑ ㅒ ㅕ ㅖ ㅘ ㅙ ㅛ ㅝ ㅞ ㅠ ㅢ'는 이중 모음으로 발음한다.
> 　　다만 2. '예, 례' 이외의 'ㅖ'는 [ㅔ]로도 발음한다.
> 　　다만 4. 단어의 첫음절 이외의 'ㅢ'는 [ㅣ]로, 조사 '의'는 [ㅔ]로 발음함도 허용한다.

① 제2항: 자음의 배열 순서는 조음 위치 순서대로 되어 있지 않다.
② 제4항, 제4항 [붙임]: 현대 국어 단모음 체계는 최대 10모음 체계, 최소 8모음 체계이다.
③ 제5항, 제4항 [붙임]: 국어의 이중 모음 목록은 최소 11개, 최대 12개이다.
④ 제5항 '다만 2': 자음과 이중 모음 'ㅖ'의 연쇄를 피하려는 제약이 있지만, 이 제약이 필수적이지는 않다.
⑤ 제5항 '다만 4': /ㅢ/가 하향 이중 모음으로 실현될 때와 상향 이중 모음으로 실현될 때의 차이이다.

21. 다음 설명에서 제시된 예와 같이 음운의 변화에 의해 표기가 혼란된 것만을 〈자료〉에서 있는 대로 고른 것은?

> 음운의 변화는 음운 체계에 변화를 일으키며 또한 음운 변화의 결과 형태소의 형태도 바뀐다. 이러한 음운의 변화는 표기에 직접적으로 또는 간접적으로 반영된다. 대부분의 경우 표기의 보수성으로 인해 일정 시기 동안 변화가 일어나기 전의 형태와 변화가 일어난 형태가 함께 나타난다. 이러한 사실을 바탕으로 우리는 '어버ᅀᅵ~어버이(『정속언해』, 1518년)'의 혼기(混記)를 /ㅿ/이 ∅로 변화했음을 보여 주는 증거로 해석할 수 있게 된다.

〈자 료〉

	15세기 형태	혼기의 예
㉠	ᄂᆞᆷ〔他〕	ᄂᆞᆷ~남(『성경직해』, 1892년)
㉡	벋〔友〕	벋과~벗도(『중간두시언해』, 1632년)
㉢	ᄯᅥᆨ	ᄯᅥᆨ~ᄠᅥᆨ(『박통사신석언해』, 1765년)
㉣	ᄀᆞ장	ᄀᆞ장~ᄀᆞ장(『몽산법어』, 1577년)
㉤	쟝(醬)	쟝~장(『규합총서』, 1869년)

① ㉠, ㉤　② ㉡, ㉢　③ ㉣, ㉤　④ ㉠, ㉣, ㉤　⑤ ㉡, ㉢, ㉣

22. 『훈민정음』 해례본에 실려 있는 내용에 대한 설명으로 타당하지 않은 것은? 〔1.5점〕

	해례본의 내용	설 명
①	• 성음의 청탁으로 마라할 것 같으면 'ㄱㄷㅂㅈㅅㆆ'은 전청이 되고 'ㅋㅌㅍㅊㅎ'은 차청이 되고 'ㄲㄸㅃㅉㅆㆅ'은 전탁이 되고 'ㆁㄴㅁㅇㄹㅿ'은 불청불탁이 된다.〈제자해〉	〈제자해〉의 앞부분에서 초성은 모두 17자라고 하였는데, 이는 왼쪽의 23자에서 전탁자를 뺀 것이다.
②	• 종성은 다시 초성 글자를 쓴다.〈예의〉 • 초성이 다시 종성이 되고 종성이 다시 초성이 된다.〈제자해〉	종성의 글자를 따로 만들지 않았는데, 이는 초성과 종성의 관련성을 인식하고 있었기 때문이다.
③	• 정음의 초성은 곧 운서의 자모(字母)이다.〈초성해〉 • 중성은 자운(字韻) 중에 있는데 초성과 종성을 아울러 음절을 이룬다.〈중성해〉	초성과 달리 중성을 운서의 용어로 직접 지칭하여 정의하지 않은 것은 중국 성운학의 음절 구분 체계가 훈민정음과 다르기 때문이다.
④	• '괴여'는 '(내가 남을) 사랑하여'라는 뜻이고, '괴ᅇᅧ'는 '(남에게 내가) 사랑 받아'라는 뜻이다.〈합자해〉	현대 국어와 달리 예사소리인 'ㅇ'과 된소리인 'ㆀ'이 상관적 관계를 이룬 별개의 음소로 존재했음을 보여 준다.
⑤	• 초성의 'ㆆ'은 'ㅇ'과 서로 비슷해서 우리말에서는 통용될 수 있다.〈합자해〉	'ㆆ'은 우리말의 소리를 나타내기 위해 만든 글자라기보다는 한자음 표기를 염두에 두고 만들어진 것임을 보여 준다.

23. 다음은 현대 국어의 어미들이 보이는 현상을 중세 국어의 예와 관련하여 가르치기 위해 만든 자료이다. 대응되는 중세 국어의 예를 제시한 것으로 적절하지 않은 것은?

	현대 국어 어미의 현상	중세 국어의 예
①	공손의 선어말 '-오/옵-'이 '하오니', '하옵고'와 같이 뒤에 오는 어미의 종류에 따라 다르게 나타난다.	• 夫人이 王ᄭᅴ ᄉᆞᆲᄫᅩᄃᆡ 오ᄂᆞᆯ 여희ᄉᆞᄫᆞᆫ 後에 • 어버ᅀᅵ 여희ᄉᆞᆸ고 ᄂᆞᆷ올 브터 이쇼ᄃᆡ
②	선어말 어미 '-시-'는 '입으시고'와 같이 'ㅂ' 뒤에서 매개 모음이 나타나나 청유형 어미 '-ㅂ시다'는 '시' 앞에 매개 모음이 나타나지 않는다.	• 그제 부톄 옷 니브시고 바리가지샤 • 일후믈 薩婆悉達이라 ᄒᆞᄉᆞᆸ사이다
③	연결 어미 '-아'가 서술격 조사 뒤에서는 '-라'로 나타난다.	• 내 처ᅀᅥᆷ 道場애 안자 세 닐웻 ᄉᆞᅀᅵᄅᆞᆯ ᄉᆞ랑ᄒᆞ요ᄃᆡ • 내 겨지비라 가져가디 어려ᄫᅳᆯᄊᆡ 두 줄기ᄅᆞᆯ 조쳐 맛디노니
④	종결 어미 '-노라'가 서술격 조사 뒤에서는 '-로라'로 나타난다.	• 나ᄂᆞᆫ 如來 ᄉᆞᅀᆞᄫᆞᆯ ᄢᅥ글 ᄎᆞ마 보ᅀᆞᆸ디 몯ᄒᆞ야 가노라 ᄒᆞ시고 • 서글품과 깃붐과 내 어디로라 ᄒᆞᄂᆞᆫ ᄆᆞᅀᆞᄆᆞᆯ 降伏케 홈만 ᄀᆞᆮ디 몯ᄒᆞ니라
⑤	'해라체'의 종결 어미 '-니라'는 '니' 뒤에 '라'로 나타나지만 '하십시오체'의 종결 어미 '-습니다'는 '니' 뒤에 '다'로 나타난다.	• 中國ᄋᆞᆫ 皇帝 겨신 나라히니 우리 나랏 常談애 江南이라 ᄒᆞᄂᆞ니라 • 恭敬 ᄆᆞᅀᆞᄆᆞ로 ᄀᆞ존 道ᄅᆞᆯ 듣ᄌᆞᆸ고져 ᄒᆞᅀᆞᆸᄂᆞ이다

24. ㉠~㉥에 대한 설명으로 옳은 것은? (2.5점)

> 潘綜(반종)이 아비 더블오 도ᄌᆞᆨ ㉠ᄧᅩ쳐 가더니
> 아비 닐오ᄃᆡ "㉡내 늘거 ᄲᆞᆯ리 몯 가리로소니 네나 살아라."ᄒᆞ고 ᄣᅡ해 앉거늘
> 潘綜이 도ᄌᆞ기 그에 마조 가 머리 조ᅀᅡ 닐오ᄃᆡ "아비 늘그니 ㉢사ᄅᆞ쇼셔"
> 도ᄌᆞ기 다ᄃᆞᆮ거늘 그 아비 ᄯᅩ 請호ᄃᆡ "㉣내 아ᄃᆞ리 날 爲ᄒᆞ야 잇ᄂᆞ니 내ᅀᅡ 주거도 므던커니와 이 아ᄃᆞᄅᆞᆯ ㉤사ᄅᆞ고라"
> 도ᄌᆞ기 그 아비ᄅᆞᆯ ㉥버히거늘 潘綜이 아비ᄅᆞᆯ 안고 업데어늘
>
> -〈삼강행실도 효자도 20〉

① ㉠은 'ᄧᅩᆾ-'의 사동사의 'ᄧᅩ치-'에 연결 어미 '-어'가 결합한 것으로 '추격하여'의 의미이다.

② ㉡과 ㉣은 문장 성분은 다르지만 성조는 같다.

③ ㉢은 동사 '살-'에 명령형 어미 '-쇼셔'가 결합한 것인데 현대 국어와 달리 매개 모음이 개재되었다.

④ ㉢과 ㉤은 청자가 다르므로 다른 등급의 상대 높임 어미를 사용하였다.

⑤ ㉥은 연결 어미 '-어늘/거늘'이 '-거늘'로 통일되어 가는 과정으로 보여 준다.

문 법 (2차 시험)

〈2009학년도 중등교사신규임용후보자선정경쟁시험 모의평가〉

3. 다음 〈자료〉를 읽고 물음에 답하시오. 〔30점〕

〈자 료〉

(가) 동네의 노인이며 젊은이들은 몇 번을 모여서 삵을 이 동리에서 내어 쫓기를 의논하였다. ㉠물론 대개가 합의는 되었다. 그러나 내어 쫓는 데 선착할 사람이 없었다.

㉡"첨지가 선착하면 뒤는 내 담당하마."

㉢"뒤는 걱정 말고 형님이 먼저 말해 보시오."

제각기 삵에게 먼저 달려들기를 피하였다.

이리하여 동리에서는 합의는 되었으나 삵은 그냥 태연히 이 동네에 묵어 있게 되었다.

㉣"며늘년들이 조반이나 지었나?"

"손주놈들이 잠자리나 준비했나?"

마치 그 동네의 모두가 자기의 집안인 것같이 '삵'은 마음대로 이 집 저 집을 드나들었다.

XX촌에서는 사람이라도 죽으면 반드시 조상 대신으로,

"삵이나 죽지 않고."

하는 한마디의 말을 잊지 않곤 하였다.

㉤누가 병이라도 나면,

"에익! 이놈의 병 삵한테로 가거라."

고 하였다.

암종……. 누구나 삵을 동정하거나 사랑하는 사람이 없었다.

-김동인, 「붉은 산」 활용-

(나) 우리가 사랑을 소중하게 여겨야 돼.

*우리가 사랑이 소중하게 여겨야 돼.

우리가 사랑도 소중하게 여겨야 돼.

(*는 비문 표시임.)

(다) ① 周國 大王이 豳谷애 사ᄅᆞ샤 / 우리 始祖ㅣ 慶興에 사ᄅᆞ샤 / 블근 새 그를 므려 -『용비어천가』(1447)-

② 두드러기가 불의예 도다 오르니 -『인선왕후어필』(1550년경)-

③ 아비와 아돌이 親홈이 이시며 님금과 신해 義ㅣ 이시며 -『소학언해』(1586)-

④ 긔력이 아조 업서 누어 다내니 도듕 촌 듸가 들 나아 -『병자일지』(1636)-

⑤ 多分 빈가 올 거시니 / 안 싸다히 日本 빈 다 니르니 -『첩해신어』(1676)-

3-1. **다음 〈조건〉에 따라 (가), (나)를 활용하여 '이/가'의 공시적 특성을 논술하고, (가)~(다)를 활용하여 '이/가'의 역사적 변천 과정을 서술하시오.** 〔20점〕

< 조 건 >

1) 공시적 특성에 대해서는 아래의 탐구 수업 모형에 따라 '가설 검증', '결론 도출' 부분을 구체적으로 서술할 것.

문제 제기		가설 설정		가설 검증		결론 도출
'이/가'는 주격 조사일까 보조사일까?	⇒	'이/가'는 주격 조사이다.	⇒	?	⇒	?

2) 1)의 '결론 도출'에는, 가설 검증 결과가 가설에 합당하면 그 내용을, 그렇지 않으면 대안을 근거와 함께 간단히 제시할 것.

3) 역사적 변천 과정에 대해서는 중세 국어, 근대 국어, 현대 국어로 나누어 서술할 것.

4) 공시적 특성의 '가설 검증'은 15중(±1줄), '결론 도출'은 5줄(±1줄), '역사적 변천 과정'은 12줄(±1줄)로 쓸 것.

3-2. **〈보기〉는 수업 중 교사와 학생 간에 이루어진 대화의 일부이다. ㉠, ㉡에 적절한 교사의 답변 내용을 각각 서술하시오.** (12줄±1줄) 〔10점〕

< 보 기 >

〈대화 1〉

교사: '은/는'은 대조를 나타내는 보조사예요. '인생은 짧고 예술은 길다.'라는 문장을 보면 쉽게 알 수가 있지요.

학생: 그런데, 선생님, '귤은 노랗다.'에서 '귤은'은 주어이니까, 당연히 '은'은 주격 조사라고 해야 하지 않을까요?

교사: 음, 그건 말이야. ㉠__________

〈대화 2〉

학생: 선생님, "이것 누가 먹었니?"라고 물으면, "철수가 먹었어."라는 대답은 괜찮은데 "철수는 먹었어."는 굉장히 이상하거든요. 왜 그렇지요?

교사: 참 좋은 질문인데……. 그건 말이야. ㉡________

〈2009학년도 중등교사신규임용후보자선정경쟁시험〉

3. 다음 〈자료〉를 읽고 물음에 답하시오. 〔30점〉

< 자 료 >

(가) ① 영희가 꽃을 꺾었다.
꽃이 영희에게 꺾였다.
② 농부 두 명이 뱀 한 마리를 밟았다.
뱀 한 마리가 농부 두 명에게 밟혔다.
③ 오늘은 날씨가 풀렸다.
*오늘은 (누군가가) 날씨를 풀었다. (*는 비문법 표시임)

(나) ① 2000년부터 8년째 1위 자리를 지켜 온 김 선수가 신예 박 선수에게 정상의 자리를 빼앗기고 말았다. (△△ 일보)
② ○○의 식량난은 지난해의 대규모 홍수, 국제 곡물 가격의 상승, 국제 원조의 감소 등 여러 요인이 복합적으로 작용한 결과로 해석됩니다. (△△ 방송)
③ 엄 마: 이게 무슨 소리니?
철 수: (뜨끔해 하며) 엄마, 창문이 깨졌어요.
④ 손 님: (식당에서) 식탁이 안 닦였네요.
종업원: 죄송합니다. 잠깐만 기다리세요.

(다) ① 파도가 뱃전에 (부딪다/부딪히다).
② 다음 역에 도착하여 1분간 (정착되겠습니다/정차하겠습니다).

(라) ① 그는 뜻밖의 광경이 믿겨지지 않아 옆 사람에게 물어보았다.
② 평생을 나라를 위해 사신 그분 앞에 서니 절로 고개가 숙여졌다.
③ 거대한 탑 앞의 비석에는 탑의 조성 경위에 대한 글이 쓰여져 있었다.
④ 고급 외식 산업과 이들 업체의 서비스에 길들여진 고객의 취향을 맞추기가 어렵다.

3-1. (가)의 ①~③을 모두 활용하여 피동 표현의 의미 특성을 설명하고, (나)의 ①~④ 각각은 화자의 어떤 의도를 나타내기 위해 피동 표현이 사용되었는지를 서술한 후, (다)의 ①, ②에서 괄호 안의 표현 중 옳은 것을 고르고 각각 그 이유를 설명하시오. 단, (다)의 ①, ②의 괄호 안의 표현은 둘 다 옳을 수 있음. (25±3줄) 〔16점〕

3-2. (라)의 ①~④에서 이중 피동에 해당하지 않는 것을 찾아 그 근거를 설명한 후, 이중 피동에 대해 서로 다른 견해를 가진 〈보기 1〉의 학생 A와 B 각각에 대한 지도 방향을 〈보기 2〉를 활용하여 서술하시오. (20±3줄) 〔14점〕

〈 보기 1 〉

학생 A: 오늘 지하철에서 광고를 보니까, "여러분이 우리 학교를 선택하면 굳게 닫혀진 취업 문이 활짝 열릴 것입니다." 라는 문구가 있었어. 이 문장에서 '닫혀진'은 잘못된 표현 아닐까?
학생 B: 나는 자연스러운 것 같은데.
학생 A: 아니야. 지난 학기 국어 시간에 이중 피동은 잘못된 표현이니까 사용하지 말라고 배웠어.
학생 B: 나도 그렇게 배운 것 같기는 한데, '닫힌'보다는 '닫혀진'이라고 하는 것이 더 자연스러운 것 같다. 뭐랄까, 더 강조되는 느낌이 나는 것 같기도 하고
학생 A: 그래도 국어 시간에 배운 대로 써야지.
학생 B: 그보다는 실제로 사람들이 많이 쓰는 표현을 존중하는 것이 좋다고 생각해.

〈 보기 2 〉

〈설문 내용〉

※ 밑줄 친 부분에 들어가기에 알맞은 말이 무엇인지 선택해 주십시오.

(1) 세월이 흐르면서 그도 점차 우리들의 기억에서 _______ 사람이 되었다.
① 잊힌 ② 잊혀진 ③ '잊힌'과 '잊혀진' 둘 다

(2) 오늘은 어제와 달리 고기가 잘 _______.
① 잡힌다 ② 잡혀진다 ③ '잡힌다'와 '잡혀진다' 둘 다

〈설문 결과〉

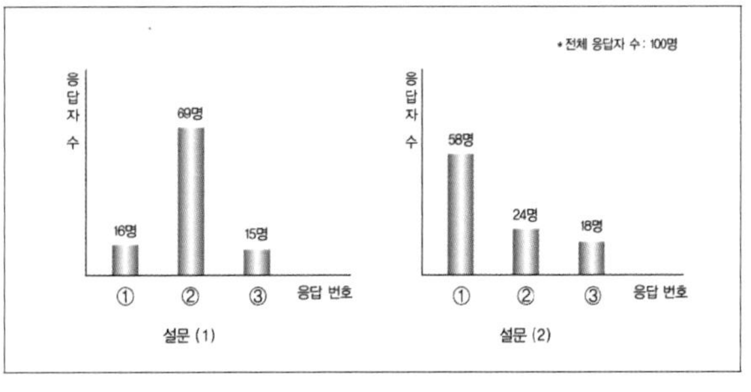

〈2010학년도 중등교사신규임용후보자선정경쟁시험〉

3. 다음 〈자료〉를 읽고 논술하시오. [30점]

< 자 료 >

(가) ① 장군의 갑작스러운 죽음은 우리 모두를 슬프게 했다.
전투가 끝나고 난 후 곳곳에서 주검이 발견되었다.
② 그녀는 반짝거리는 목걸이를 하고 있었다.
며칠째 목거리가 낫지 않아 말이 잘 나오지 않았다.

(나) ① 나는 책값을 지불하고 서점에서 나왔다.
요즘은 공책 값이 예전보다 훨씬 비싸다.
② 그는 목표를 향해 조금씩 나아갔다.
바람에 촛불이 하나씩 꺼져 간다.

(다) ① 갈비촌: 갈비 요리를 전문으로 하는 식당들이 모여 있는 곳.
반짝세일: 짧은 시간 동안만 물건을 싸게 파는 일.
② 무추: 뿌리는 무이고 잎은 배추인 신품종.
컴시인: 컴퓨터의 원시인.
③ 명퇴: 명예퇴직.
아나바다: 아끼고 나누고 바꾸고 다시 쓰자.

(라) ① 부교 → 뜬다리, 해로 → 바닷길, 코너킥 → 구석차기
② 에어컨 → 찬바람틀, 컴퓨터 → 슬기틀, 홈런 → 담넘이

(마) 단어 형성법 교육은 지식, 기능, 태도 교육을 통해 단어 형성법을 이해하고 활용하여 궁극적으로는 학습자의 어휘력을 확장하는 방향으로 나아가야 한다. 이런 관점에서 단어 형성법 교육은 국어의 단어 형성에 대한 체계적인 지식뿐만 아니라 기존의 어휘를 분석하는 활동과 창의적으로 새말을 만들거나 기존의 단어를 적절한 순화어로 바꿀 줄 아는 활동을 포함한다. 이를 통해 학습자는 우리말을 사랑하고 스스로 언어문화를 창조하는 주체로 성장할 수 있을 것이다.

(바) 【과제 : '결혼할 사람을 구하는 일'을 의미하는 단어를 만들어 보자.】
학생 A: 뭐가 좋을까, 아, '짚신구함이'가 좋겠다.
학생 B: "짚신도 제짝이 있다."에서 만들었구나. 그럴 듯한데. 하지만 '-이'는 '~를 하는 사람'

이란 뜻으로 많이 쓰이잖아. 이럴 때는 '-기'를 쓰는 것이 좋지.

학생 A: 그럼, '짚신구하기'로 할까?

학생 B: 좀 길다고 생각돼. 차라리 '짚신질'은 어떨까?

학생 A: '싸움질', '부채질' 같은 단어를 분석해 봐도 그렇고, 뭔가 좀 나쁜 뜻 같아. 한자어인 '질'이 들어가서 그런가? 한자어는 가능하면 안 쓰는 게 좋겠지.

학생 C: 나도 '질'이 들어가면 좋지 않은 것 같아. '짚신'이라는 말도 금방 와 닿지 않아.

학생 A: '짝꿍모집'은 어때. 그걸로 할까?

학생 B: '모집'은 한자어니까 고유어로 하는 것이 어떨까. 그리고 '모집'이라면 여러 명을 모은다는 뜻이 되어 맞지 않아. '짝꿍구하기'로 하자.

학생 C: 좀 길기는 하지만 그게 적당하겠다.

학생 B: 음……. 그래, 일단 그걸로 하자.

학생 A: 좋아, 오늘 정말 재미있었어.

학생 C: 나도 그래, 다음에 또 해 보자.

3-1. (가), (나)의 밑줄 친 단어 쌍들이 지니는 한글 맞춤법상의 차이와 사전(辭典) 등재상의 차이를 이유를 들어 설명하고, 신조어인 (다)와 순화어인 (라)가 만들어진 방식에 대하여 서술하시오. (25±3행) 〔18점〕

〈 조 건 〉

1) (가)를 분석할 때, 한글 맞춤법상의 차이는 분철 및 연철 여부를 고려하고, 사전 등재상의 차이는 어떤 것이 표제어가 되는지를 고려할 것.
2) (나)를 분석할 때, 한글 맞춤법상의 차이는 띄어쓰기를 고려하고, 사전 등재상의 차이는 어떤 것이 표제어가 되는지를 고려할 것.
3) (다)의 ①, ②, ③을 비교하면서 차이점을 분석할 것.
4) (라)의 ①, ②를 비교하면서 차이점을 분석할 것.

3-2. (마)를 참고하여 아래의 ㉠~㉢에 적절한 문장을 넣어 '평가 요소표'를 완성한 후, (바)의 '학생 A'를 평가 요소에 따라 '좋음, 보통, 나쁨'으로 평가하되, 평가의 근거를 (바)에서 찾아 서술하시오. (20±2행) 〔12점〕

(1) 평가 요소표

평가 목표	평가 영역	평가 요소
단어 형성법에 대한 지식, 단어의 분석 및 생성 능력, 이에 대한 태도를 평가한다.	지식	• 국어의 단어 형성법의 특질을 이해할 수 있다.
	기능	• (㉠)
		• (㉡)
	태도	• (㉢)

(2) '학생 A'에 대한 평가와 평가의 근거

〈2011학년도 중등교사신규임용후보자선정경쟁시험〉

3. 옛 문헌 자료를 바탕으로 국어 생활의 과거와 현재를 알아보는 수업을 하고자 한다. 수업 내용을 〈조건〉에 따라 한 편의 글로 서술하시오. 〔30점〕

(가) 내 이ᄅᆞᆯ 爲윙ᄒᆞ야 어엿비 너겨 새로 스믈여듧 字ᄍᆞᆼ를 ᄆᆡᇰᄀᆞ노니
사ᄅᆞᆷ마다 ᄒᆡᅇᅧ 수ᄫᅵ 니겨 날로 ᄡᅮ메 便뼌安ᅙᅡᆫ킈 ᄒᆞ고져 ᄒᆞᇙ ᄯᆞᄅᆞ미니라

-『훈민정음언해』-

(나) 불휘 기픈 남ᄀᆞᆫ ᄇᆞᄅᆞ매 아니 뮐ᄊᆡ 곶 됴코 여름 하ᄂᆞ니
ᄉᆡ미 기픈 므른 ᄀᆞᄆᆞ래 아니 그츨ᄊᆡ 내히 이러 바ᄅᆞ래 가ᄂᆞ니

-『용비어천가』-

(다) 空中에 머믈어늘 天龍八部ㅣ 讚嘆ᄒᆞᅀᆞᄫᆞ니
長生인 不肖ᄒᆞᆯᄊᆡ ᄂᆞᆷ이 나아간ᄃᆞᆯ 百姓ᄃᆞᆯ히 ᄂᆞᆷᄋᆞᆯ 다 조ᄎᆞ니

-『월인석보』-

(라) 申國夫人이 性이 嚴고 法度ㅣ 이셔 비록 심히 公을 ᄉᆞ랑ᄒᆞ나
큰 치위와 덥고 비 올 제라두 뫼셔 셧기를 날이 ᄆᆞᆺ도록 ᄒᆞ야

-『소학언해』-

(마) 너ᄂᆞᆫ 高麗ㅅ사ᄅᆞᆷ이어니 ᄯᅩ 엇디 漢語 니ᄅᆞᆷ을 잘 ᄒᆞᄂᆞ뇨
내 漢ㅅ사ᄅᆞᆷ의손ᄃᆡ 글 ᄇᆡ호니 이런 젼ᄎᆞ로 져기 漢ㅅ말을 아노라
네 뉘손ᄃᆡ 글 ᄇᆡ혼다
내 漢 ᄒᆞᆨ당의셔 글 ᄇᆡ호라
네 므슴 글을 ᄇᆡ혼다
論語 孟子 小學을 닐그롸
……(중략)……
므슴 글을 강ᄒᆞᄂᆞ뇨
小學 論語 孟子를 강ᄒᆞ노라

-『노걸대언해』-

(바) 【과제 : 옛 문헌을 바탕으로 국어 생활의 과거와 현재를 알아보자.】

학생 '갑': 현대의 맞춤법 규정을 지키면 휴대 전화로 문자를 보낼 때 시간이 많이 걸려서 불편해요. 보세요. '그거 감만 싸면 사고 시퍼.', 이렇게 쓰면 문자 보낼 때 더 간편하고 경제적이지 않을까요? 옛날에도 소리대로 적는 경우가 많았는데…….

학생 '을': 맞아요. 현대로 올수록 맞춤법이 더 복잡해진 것 같아요. 요즘처럼 속도를 중시하는 시대에 그런 규정이 꼭 필요한 것인지 모르겠어요.

학생 '병': 그런데 옛글의 맞춤법도 우리에게 낯설지만 옛말의 문법도 특이한 점이 있네요. (마)

에서 물음을 끝맺는 문법 형태 두 가지가 보이는데 이 두 가지가 어떻게 다른지 잘 모르겠어요. 두 문법 형태 중 하나의 사용 조건이 어떤 변화를 겪은 것은 아닐까요?

< 보 기 >

한글 맞춤법 총칙

제 1 항 한글 맞춤법은 표준어를 소리대로 적되, ㉠어법에 맞도록 함을 원칙으로 한다.

< 조 건 >

(1) (가)~(라)에서 〈보기〉의 ㉠에 해당하는 어절 4개를 찾고, 이들이 ㉠에 부합하는 이유를 각각 기술할 것.

(2) 〈보기〉를 활용하여 (바) 학생 '갑'의 질문에 대한 답변 내용을 서술할 것.

(3) (바) 학생 '병'이 제기한 문제를 해결하기 위한 학습 활동을 제시하고, 교사의 지도 내용을 서술할 것. 단, (마)를 활용하여 문법 형태의 변화된 사용 조건에 대한 구체적인 설명을 포함할 것.

〈2012학년도 중등교사신규임용후보자선정경쟁시험〉

3. '품사 분류의 효용성을 국어 생활과 관련하여 설명한다.'라는 학습 목표로 수업을 하고자 한다. 〈조건〉에 따라 한 편의 글로 논술하시오. 〔30점〕

(가) 〔학습활동〕

지난 시간까지 배운 품사 분류의 기준과 방법에 대한 이해를 바탕으로, 다음 자료에서 ①~⑦ 각각에 대해 형태는 같지만 품사는 다른 단어를 찾고, 각 쌍의 두 단어가 어떤 품사에 속하는지 알아보자.

> A: 너 ①오늘이 무슨 날인지 알아?
> B: 글쎄? 동아리 모임이 있는 날?
> A: 너 정말 ②인간적으로 너무한다. 내 생일이야. 생일. 선물 줘
> B: 미안. 생일 선물은 다음 주에 주면 안 될까?
> A: 너는 '오늘 할 일을 내일로 미루지 말라.'라는 격언도 못 들어 봤니?
> B: 친구 생일도 기억 못 하는 나의 인간적 한계를 용서해라. 입이 ③백 개라도 할 말이 없다.
> A: 다음에 준다고 얘기하는 사람은 '백이면 백' 다음 주에도 잊어버리던데.
> B: 용돈이 떨어져서 그래. 이번 달 용돈 받는 ④대로 사 줄게.
> A: 좋아. ⑤보다 멋진 선물 기대할게. 그 대신 오늘 저녁 메뉴는 내 마음대로 고른다.
> B: 알았어. 근데 나는 햄버거보다 떡볶이가 좋더라. 그나저나 모임 준비물은 가져왔어?
> A: 아이고, 깜빡하고 교실에 두고 왔네. 가지러 가야겠다.
> B: 내가 가져다줄 테니까 너는 ⑥다른 애들 기다리면서 그냥 동아리방에 ⑦있어.
> A: 예전과 태도가 다른 게 어색하긴 하지만 고마워. 교실 문 잠겼을 텐데 열쇠는 있어?
> B: 응. 금방 갔다 올게.

(나) 〔토의과정〕

학생 갑: ①부터 ⑦까지 대응하는 단어는 다 찾았는데, 그중 몇 개는 품사가 서로 어떻게 다른지 잘 모르겠다. 특히, '동아리방에 있어'의 '있어'랑 '열쇠는 있어'의 '있어'가 그래. 둘 다 형태 변화가 가능하고, 문장에서 서술어로 사용되었으니까 동사 아니면 형용사인 건 알겠는데, 뭐가 동사이고 뭐가 형용사인지는 잘 모르겠어.

학생 을: 동사랑 형용사를 쉽게 구별할 수 있는 방법이 있다고 선생님께서 지난 수업 시간에 말씀하셨던 것 같은데 기억이 잘 안 난다. 나는 '받는 대로'와 '마음대로'의 '대로'를 잘 모르겠어.

학생 갑 : '받는 대로'의 '대로'는 띄어 쓰고 '마음대로'의 '대로'는 붙여 쓴 이유가 품사 대문이라고

하신 건 기억나는데 왜 그런지는 잘 모르겠다.

(중략)

교 사: 다들 단어를 찾아서 품사를 알아봤나요? 이제 국어사전을 이용해서, 여러분이 결정한 품사가 맞는지 확인해 보세요.

(중략)

학생 병: 사전을 찾아보니까 '오늘', '인간적', '백', '있어'는 한 표제어 속에 두 품사가 함께 나와 있네.

학생 정: 그런데 '대로', '보다', '다른'은 품사에 따라 서로 다른 표제어로 실려 있어. 두 경우의 차이가 뭘까?

< 조 건 >

(1) (가)의 ②, ⑥과 형태가 동일하지만 품사는 다른 단어를 (가)의 대화에서 각각 찾고, 네 단어가 각각 어떤 품사에 속하는지 근거를 들어 설명할 것.

(2) '학생 갑'과 '학생 을'의 대화를 바탕으로 두 학생에 대한 진단과 지도 방안을 서술할 것.

(3) '학생 병'과 '학생 정'의 대화에서 제기된 문제를 해결하기 위한 지도 내용을 서술할 것. 단, 두 품사로 통용되는 단어의 유형 네 가지를 골라서 구체적 사례와 함께 제시하고, 국어 품사 통용 현상의 특성을 밝히는 내용을 포함 할 것.

2. 국어의 로마자 표기법

(문화 관광부 고시 제2000-8호(2000년 7월 7일))

제1장 표기의 기본 원칙

제1항 국어의 로마자 표기는 국어의 표준 발음법에 따라 적는 것을 원칙으로 한다.

제2항 로마자 이외의 부호는 되도록 사용하지 않는다.

제2장 표기 일람

제1항 모음은 다음 각호와 같이 적는다.

1. 단모음

ㅏ	ㅓ	ㅗ	ㅜ	ㅡ	ㅣ	ㅐ	ㅔ	ㅚ	ㅟ
a	eo	o	u	eu	i	ae	e	oe	wi

2. 이중 모음

ㅑ	ㅕ	ㅛ	ㅠ	ㅒ	ㅖ	ㅘ	ㅙ	ㅝ	ㅞ	ㅢ
ya	yeo	yo	yu	yae	ye	wa	wae	wo	we	ui

〔붙임 1〕 'ㅢ'는 'ㅣ'로 소리 나더라도 ui로 적는다. (보기) 광희문 Gwanghuimun

〔붙임 2〕 장모음의 표기는 따로 하지 않는다.

제2항 자음은 다음 각호와 같이 적는다.

1. 파열음

ㄱ	ㄲ	ㅋ	ㄷ	ㄸ	ㅌ	ㅂ	ㅃ	ㅍ
g, k	kk	k	d, t	tt	t	b, p	pp	p

2. 파찰음

ㅈ	ㅉ	ㅊ
j	jj	ch

3. 마찰음

ㅅ	ㅆ	ㅎ
s	ss	h

4. 비음

ㅅ	ㅆ	ㅎ
n	m	ng

5. 유음

ㄹ
r, l

〔붙임 1〕 'ㄱ, ㄷ, ㅂ'은 모음 앞에서는 'g, d, b'로, 자음 앞이나 어말에서는 'k, t, p'로 적는다.([ ] 안의 발음에 따라 표기함.)

(보기) 구미 Gumi 영동 Yeongdong 백암 Baegam 옥천 Okcheon
월곶〔월곧〕 Wolgot 벚꽃〔벋꼳〕 beotkkot 한밭〔한받〕 Hanbat

〔붙임 2〕 'ㄹ'은 모음 앞에서는 'r'로, 자음 앞이나 어말에서는 'l'로 적는다. 단, 'ㄹㄹ'은 'll'로 적는다.

(보기) 구리 Guri 설악 Seorak 임실 Imsil 울릉 Ulleung
대관령〔대괄령〕 Daegwallyeong

제3장 표기상의 유의점

제1항 음운 변화가 일어날 때에는 변화의 결과에 따라 다음 각호와 같이 적는다.

＊자음 사이에서 동화 작용이 일어나는 경우

(보기) 백마〔뱅마〕 Baengma 신문로〔신문노〕 Sinmunno
종로〔종노〕 Jongno 왕십리〔왕심니〕 Wangsimni
별내〔별래〕 Byeollae 신라〔실라〕 Silla

＊'ㄴ, ㄹ'이 덧나는 경우

(보기) 학여울〔항녀울〕 Hangnyeoul 알약〔알략〕 allyak

＊구개음화가 되는 경우

(보기) 해돋이〔해도지〕 haedoji 같이〔가치〕 gachi 맞히다〔마치다〕 machida

＊'ㄱ, ㄷ, ㅂ, ㅈ'이 'ㅎ'과 합하여 거센소리로 소리나는 경우

(보기) 좋고〔조코〕 joko 놓다〔노타〕 nota
잡혀〔자펴〕 japyeo 낳지〔나치〕 nachi

＊다만, 체언에서 'ㄱ, ㄷ, ㅂ' 뒤에 'ㅎ'이 따를 때에는 'ㅎ'을 밝혀 적는다.

(보기) 묵호 Mukho 집현전 Jiphyeonjeon

〔붙임〕 된소리되기는 표기에 반영하지 않는다.

(보기) 압구정 Apgujeong 낙동강 Nakdonggang 죽변 Jukbyeon
낙성대 Nakseongdae 합정 Hapjeong 팔당 Paldang
샛별 saetbyeol 울산 Ulsan

제2항 발음상 혼동의 우려가 있을 때에는 음절 사이에 붙임표(-)를 쓸 수 있다.

(보기) 중앙 Jung-ang 반구대 Ban-gudae 세운 Se-un 해운대 Hae-undae

제3항 고유 명사는 첫 글자를 대문자로 적는다.

(보기) 부산 Busan 세종 Sejong

제4항 인명은 성과 이름의 순서로 띄어 쓴다. 이름은 붙여 쓰는 것을 원칙으로 하되 음절 사이에 붙임표(-)를 쓰는 것을 허용한다.(( ) 안의 표기를 허용함.)

(보기) 민용하 Min Yongha (Min Yong-ha)
송나리 Song Nari (Song Na-ri)

이름에서 일어나는 음운 변화는 표기에 반영하지 않는다.

(보기) 한복남 Han Boknam (Han Bok-nam)
홍빛나 Hong Bitna (Hong Bit-na)

성의 표기는 따로 정한다.

제5항 '도, 시, 군, 구, 읍, 면, 리, 동'의 행정 구역 단위와 '가'는 각각 'do, si, gun, gu, eup, myeon, ri, dong, ga'로 적고, 그 앞에는 붙임표(-)를 넣는다. 붙임표(-) 앞뒤에서 일어나는 음운 변화는 표기에 반영하지 않는다.

(보기) 충청북도 Chungcheongbuk-do 제주도 Jeju-do
의정부시 Uijeongbu-si 양주군 Yangju-gun
도봉구 Dobong-gu 신창읍 Sinchang-eup
삼죽면 Samjuk-myeon 인왕리 Inwang-ri
당산동 Dangsan-dong 봉천 1동 Bongcheon 1(il)-dong
종로 2가 Jongno 2(i)-ga 퇴계로 3가 Toegyero 3(sam)-ga

〔붙임〕 '시, 군, 읍'의 행정 구역 단위는 생략할 수 있다.

(보기) 청주시 Cheongju 함평군 Hampyeong 순창읍 Sunchang

제6항 자연 지물명, 문화재명, 인공 축조물명은 붙임표(-) 없이 붙여 쓴다.

(보기) 남산 Namsan 속리산 Songnisan 금강 Geumgang

독도 Dokdo　경복궁 Gyeongbokgung　무량수전 Muryangsujeon
연화교 Yeonhwagyo　극락전 Geungnakjeon　안압지 Anapji
남한산성 Namhansanseong　화랑대 Hwarangdae　불국사 Bulguksa
현충사 Hyeonchungsa　독립문 Dongnimmun　오죽헌 Ojukheon
촉석루 Chokseongnu　종묘 Jongmyo　다보탑 Dabotap

제7항 인명, 회사명, 단체명 등은 그동안 써 온 표기를 쓸 수 있다.

제8항 학술 연구 논문 등 특수 분야에서 한글 복원을 전제로 표기할 경우에는 한글 표기를 대상으로 적는다. 이 때 글자 대응은 제2장을 따르되 'ㄱ, ㄷ, ㅂ, ㄹ'은 'g, d, b, l'로만 적는다. 음가 없는 'ㅇ'은 붙임표(-)로 표기하되 어두에서는 생략하는 것을 원칙으로 한다. 기타 분절의 필요가 있을 때에도 붙임표(-)를 쓴다.

(보기)

집 jib	짚 jip	밖 bakk	값 gabs
붓꽃 buskkoch	먹는 meogneun	독립 doglib	문리 munli
물엿 mul-yeos	굳이 gud-i	좋다 johda	가곡 gagog
조랑말 jolangmal	없었습니다 eobs-eoss-seubnida		

3. 우리말 바로 쓰기

· 귀에 걸면 귀거리, 코에 걸면 코거리. (귀거리, 코거리 → 귀걸이, 코걸이)

· 입지 않는 옷은 옷거리에 걸어야 한다. (옷거리 → 옷걸이)

· 여름에는 어름이 많이 팔린다. (어름 → 얼음)

· 거리가 얼마나 될지 가름해 보았다. (가름해 → 가늠해)

· 누구 말이 옳은지 가늠해보자. (가늠해보자 → 가름해보자)

· 천사의 손가락이 동쪽을 가르쳤다. (가르쳤다 → 가리켰다)

· 용기를 가르켜주신 고마운 선생님이 계셨다. (가르켜주신 → 가르쳐주신)

· 종이가 갈갈이 찢어졌다. (갈갈이 → 갈가리)

· 내 거름이 몹시 늦어 지각했다. (거름 → 걸음)

· 구름이 거치자 맑은 하늘이 보였다. (거치자 → 걷히자)

· 밀양을 걷힌 기차가 부산에 도착했다. (걷힌 → 거친)

· 형제끼리 총을 겨루었던 6 · 25의 비극 (겨루었던 → 겨누었던)

· 1반과 2반이 축구로 승부를 겨누었다. (겨누었다 → 겨루었다)

· 무 깍듯이 나무를 깍았다. (깍듯이, 깍았다 → 깎듯이, 깎았다)

· 참 깎듯한 존대말을 듣는구나. (깎듯한 → 깍듯한)

· 조개 껍질을 모아 보자. (껍질을 → 껍데기를)

· 포도 껍데기는 먹지 마라. (껍데기는 → 껍질은)

· 낟 : 곡식 낟알 / 낫 : 풀 베는 낫 / 낮 : 밝은 대낮 / 낱 : 낱개 / 모두 '낟'으로 소리 남.

· 너비 : 폭, 도로의 너비 / 넓이 : 면적, 운동장의 넓이

· 갑자기 새들이 날라갔다. (날라 → 날아)

· 이삿짐을 모두 날아라. (날아아 → 날라라)

· 아기가 책을 꺼꾸로 보고 있다. (꺼꾸로 → 거꾸로)

· 소가 언덕배기에서 놀고 있구나. (언덕배기 → 언덕빼기)

· 딱다구리가 쉴새없이 나무를 쪼고 있다. (딱다구리 → 딱따구리)

· 땀에서 짭잘한 맛이 난다. (짭잘한 → 짭짤한)

· 오늘은 페품을 내는 날이다. (페품 → 폐품)
· 김건모의 핑게라는 노래가 인기있다. (핑게 → 핑계)
· 돈을 한 푼 두 푼 늘여나갔다. (늘여 → 늘려)
· 어머니께서 옷을 달이고 계시다. (달이고 → 다리고)
· 어머니께서 약을 다리고 계시다. (다리고 → 달이고)
· 줄을 힘껏 댕기다. (댕기다 → 당기다)
· 아궁이에 불을 당겼다. (당겼다 → 댕겼다)
· 나는 넓은 대로 나가 살고 싶다. (넓은 대로 → 넓은 데로)
· 나는 들은 데로 말하고 있다. (들은 데로 → 들은 대로)
· 그 책은 내가 읽든 책이고, 그 밥도 내가 먹든 책이다. (읽든, 먹든 → 던)
· 먹던 말던 네 마음대로 해라. (먹던, 말던 → 든)
· 얼마나 놀랐든지 땀이 흠뻑 났다. (놀랐든지 → 놀랐던지)
· 가던지 말던지 네 마음대로 해라. (가던지 말던지 → 든지)
· 나의 1학기를 뒤돌아보니 반성할 게 많다. (뒤돌아보니 → 되-)
· 반장이 줄이 바른가 되볼아보았다. (되돌아보았다 → 뒤-)
· 이불의 두텁다. (두텁다 → 두껍다)
· 우리의 우정이 두껍다. (두껍다 → 두텁다)
· 화장실 문을 두들기지 마라. (두들기지 → 두드리지)
· 개를 두드려 패는 것은 몹쓸 짓이다. (두드려 → 두들겨)
· 나의 마음을 들어낼 수밖에 없었다. (들어낼 → 드러낼)
· 사물함에서 책을 모두 그러냈다. (드러냈다 → 들어-)
· 학원 가는 길에 우리 집에 들렸다 가자. (들렸다 → 들렀다)
· 엄마의 공부하라는 등살에 괴롭다. (등살 → 등쌀)
· 역사적 사명을 띄고 태어난 가은이와 은우. (띄고 → 띠고)
· 용돈이라야 1000원이 안된다. (용돈이라야 → -이래야)
· 5학년이래야 이 문제를 풀 수 있다. (5학년이래야 → -이라야)
· 항도 어린이로써 자부심을 갖자. (어린이로써 → -로서)
· 죽음으로서 나라를 지킨 이순신 장군 (죽음으로서 → 로써)
· 오늘 일을 모두 맞혔다. (맞혔다 → 마쳤다)

· 문제를 모두 마추었다. (마추었다. → 맞추었다, 맞혔다)

· 저 물건들 중 내 모가지는 얼마나 될까? (모가지 → 모가치)

· 닭의 모가치를 비틀어도 새벽은 온다. (모가치 → 모가지)

· 나물을 맛있게 묻힌다. (묻힌다 → 무친다)

· 땅에 무친 보물을 찾아다. (무친 → 묻힌)

· 독립 운동에 목숨을 받친 이육사 선생님 (받친 → 바친)

· 우산을 바치고 겨우 소나기를 피했다. (바치고 → 받치고)

· 자동차에 바치고도 살아 남았다. (바치고도 → 받히고도)

· 우리집 개는 점배기다. (점배기 → 점박이)

· 내년에는 우리가 반듯이 우승하고 말겠다. (반듯이 → 반드시)

· 그 아이는 코가 반드시 생겼다. (반드시 → 반듯이)

· 그 녀석은 부끄러워 발가지고 있었다. (발가지고 → 발개지고)

· 고양이가 새끼를 베어 있었다. (베어 → 배어)

· 낫으로 나무를 배고 있었다. (배고 → 베고)

· 베개를 왜 배지 않고 자니? (배지 → 베지)

· 다리를 힘껏 벌이고 있어라. (벌이고 → 벌리고)

· 너는 쓸데없이 일을 많이 벌린다. (벌린다 → 벌인다)

· 베개를 비고 누우니 편하구나. (비고 → 베고)

· 꽃봉우리가 탐스럽다. (꽃봉우리 → 꽃봉오리)

· 저 산봉오리를 넘어 가면 소풍 장소가 나온다. (산봉오리 → 산봉우리)

· 방금 선생님께 편지를 붙이고 왔다. (붙이고 → 부치고)

· 선생님께서 '학예회에 붙이는 글'을 읽으셨다. (붙이는 → 부치는)

· 불우이웃을 돕자는 의견이 회의에 붙혀졌다. (붙혀졌다 → 부쳐졌다)

· 우표를 봉투에 부쳤다. (부쳤다 → 붙였다)

· 미화부가 그림을 게시판에 부친다. (부친다 → 붙인다)

· 싸움을 부치는 것은 비겁하다. (부치는 → 붙이는)

· 종이에 불을 불친다. (부친다 → 붙인다)

· 나는 요즘 일찍 일어나는 습관을 부치고 있다. (부치고 → 붙이고)

· 잘 때 물을 많이 먹어 몸이 불고 말았다. (불고 → 붇고)

· 채송화가 비스름하게 피어 있다. (비스름하게 → 비스듬하게)

· 나와 동생은 생김새가 비스름하다. (비스름하다 : 거의 비슷하다)

· 우리집 골목길은 비뚜로 나 있다. (비뚜로 : 비뚤어지게)

· 나의 보짱은 흔들리지 않을 것이다. (보짱 : 꿋꿋하게 가지는 속마음, 배짱 : 굽히지 않는 힘)

· 빗 : 머리를 빗는 물건 / 빚 : 남에게 꾸어 쓴 돈 / 빛 : 광선, 빛깔 / 모두 '빋' 으로 소리남.

· 내 작품이 교실 계시판에 붙어있다. (계시판 → 게시판)

· 5학년 1반으로 가면 국기계양대가 있다. (계양대 → 게양대)

· 백화점 휴계실에서 만나자. (휴계실 → 휴게실)

· 성적표를 보니 씁슬한 기분이 들었다. (씁슬한 → 씁쓸한)

· 나와 내 동생은 연연생으로 태어났다. (연연생 → 연년생)

· 늠늠한 항도의 남학생들을 보라! (늠늠한 → 늠름한)

· 개가 새끼를 나았다. (나았다 → 낳았다)

· 병이 다 낳은 할머니를 뵈었다. (낳은 → 나은)

· 우리를 힘들게 산을 너머 갔다. (너머 → 넘어)

· 우리의 목적지는 산 넘어에 있다. (넘어 → 너머)

· 고무줄을 아래로 늘려보았다. (늘려 → 늘여)

저자 후기

『우리 말글 교육의 모습과 쓰임』을 마무리하며…

"배운다는 것은 자기를 낮추는 것이요, 가르친다는 것은 다만 희망에 대해서 이야기하는 것이다."라는 말이 있다. 과연 나는 가르치면서 동시에 배워가는 오랜 세월 동안 나를 낮추고 희망을 이야기하는 사람이 되어 왔는가 반성을 해 본다.

늘 미진하고 엉성한 자신을 돌아보며, 아직 이런 저서를 낼 만큼 농익지 못한 부끄러움에 머리말을 못 쓰고 결국 후기로 대신한다.

꽤 긴 세월 동안 "국어 문법 교육론" 강의를 맡으며 늘 사범대학 국어교육과 학생들을 위하여 규범 문법을 완전히 정리할 수 있는 지침서를 꿈꾸어 왔었다. 더욱이 해마다 중등 교사 자격을 위한 임용 고사를 치르는 제자들을 보면서, 언젠가는 문법 영역을 총정리하여 그들의 수험 준비에 도움을 주리라 욕심을 품어 온 지 10년이 넘어가고 있다.

이 저서가 그러한 나의 의지와 욕심에 상응하는 완벽함을 갖추지는 못했더라도 조금이나마 그런 소망을 위한 충족된 노작이길 바라는 마음으로 이 책을 엮었다.

교육이라는 현상을 간단히 말하면, 교육을 하는 쪽과 교육을 받는 쪽 상호간의 교섭 과정이라고 할 수 있다. 이렇게 교육 현상을 의사소통의 교섭성으로 바라본다면, 교육의 매체가 되는 저작물들은 이러한 의사소통이 보다 용이하게 이루어지도록 그 능력을 해명하는 수단이 되어야 할 것이다. 따라서 교재는 무엇보다 의사소통의 내용인 교육 내용을 제대로 담고 있어야만 한다. 의사소통이란, 적어도 두 사람 이상이 상호간의 이해를 꾀하며 정보와 의미를 공유하는 교섭적 과정이기 때문이다. 결국 인간 개개인이 자신의 사상과 감정을 표현하고 상호간의 의사소통을 필요로 할 때 사용되는 도구가 언어라고 한다면, 언어란 것은 인간 상호간의 이해를 위한 단순한 교환 수단이 아니라 인간의 사유와 행동과 삶을 지배하고 창조한다는 것은 당연하다. 곧 국어의 가치를 알고 사랑하는 태도로 바른 언어 활동을 한다는 것은 언어(국어) 지식에 대한 이해와 활용이 있음을 의미하는 것이다.

이 교재는 바로 이러한 의사소통 능력을 해명하기 위한 거멀쇠로서, 학생들이 국어학 관련 지식을 효율적으로 이해하고 습득하여 원활한 국어 생활을 할 수 있게 함과 동시에 문법 교육의 효과적인 교수 · 학습의 디딤돌이 되게 하는 것이다. 국어 교육의 궁극적인 목표 중의 하나가 올바른 언어 생활을 하는 데 있다는 것을 생각할 때, 문법 교육의 중요성은 그 가치가 더욱 크다고 하겠다.

따라서 문법 영역은 지식 그 자체를 아는 것에서 그치는 것이 아니라 항상 실제의 국어 사용 활동과 유기적으로 관련시켜야 하며, 이를 위해 실제로 국어 활동을 하는 과정에서 문법을 익힐 수 있도록 하는 것이 필요하다. 이는 생물학에서 죽은 개구리를 해부하는 것만으로는 개구리의 모든 생태 과정을 이해할 수 없는 것과 같다.

이에, 국어 교육의 한 영역인 문법 교육은, 국어 지식, 국어 기능, 그리고 국어 문화의 가치를 고양시키는 것에 무게 중심을 두어야 할 것이다.

이 책은 각 대단원마다 실제 언어 자료를 통해 국어 지식을 습득하고, 언어 지식과 기능을 통한 사회 · 문화적 가치 등이 통합된 틀을 갖추기 위해 다음과 같은 내용들로 구성하였다.

첫째, 언어 및 국어의 이해를 바탕으로 인간이 지니고 있는 의사소통 능력의 신비를 알아내는 것으로 시작한다. 곧 의사소통 능력의 실체를 이해해 가는 과정은 곧 인간 자체를 이해하기 위한 과정임을 알게 한다.

둘째, 의사소통 능력을 해명하기 위해, 소리 · 형태 · 어휘 · 문장 · 의미 · 이야기 등의 다양한 언어 지식 습득과 이들의 실제 삶에서의 쓰임 등을 연계 · 통합시킨다. 이들을 통하여 학습자들은 국어에 관한 내 · 외적 지식을 이해하고 습득하여 원활한 국어 생활을 하도록 유도한다.

셋째, 국어 알기를 통해 파악된 언어의 모습들을 확인하여 바르고 효과적으로 사용하기 위한 태도를 가지도록 한다.

넷째, 각 대단원의 마무리는 난이도 순으로 그 단원 전체를 학습자 스스로 점검하고 이해하여 정리할 수 있도록 탐구 학습을 제시하며, 이들은 임용고사 시험 유형에 맞춘 통합 학습 모형을 갖추도록 한다.

이 세상의 모든 아침

– 한수산

무엇이어도 좋다.
아주 작은 것이어도 좋다.
그 만남을 아끼고 귀하게 이어가는 것.
생활의 지혜란 먼 곳에만 있지 않다.
그렇게 해서 그리움을 포개고 정성을 재우고,
마음을 다해 손때를 묻혀가는 것,
살아간다는 건 그런 것이 아니었던가.

내가 즐겨 인용하는 시이다.

아주 작은 만남이라도 이를 소중하고 귀하게 여기며 교수–학습에 정성을 쏟은 시간이 제법 셈이

안 될 만큼 흘러가고 있다.

학생들에게 늘 강조하듯, 자신의 경험과 지식을 자신의 언어와 방식으로 온전하게 표현할 수 있는 능력을 갖추기 위해서는, 자신의 언어 습관을 깨닫고 필요한 지식을 쌓아 적절히 표현할 수 있는 전략들이 무엇인지 스스로 탐구하는 자세가 필요하다.

그러한 이들에게 이 책이, 명석하고 건강하게 생각하고 판단하는 능력의 안내서가 되어 주기를 소망해 본다.

이 책을 세상에 드러내는 데 가장 큰 공헌을 한 사람들은 당연히 내 학생들이다. 함께 탐구하고 수정하고 토론하며 수업을 함께 해 준 동국대학교 사범대학 국어교육과 학생 모두에게 내 사랑을 보낸다.

물론 이 책의 미진한 부분, 잘못된 부분은 모두 다 내 책임이다. 만일 조금이라도 신선한 감각을 가질 수 있었다면, 그리고 꽤 체계가 잡혔다 여겨지는 장점들이 혹여 눈에 보인다면, 그건 순전히 내 첫 제자인 변정민 박사, 영원한 내 조교 고희성 선생, 지혜롭고 성실한 내 제자 김규훈 선생 덕이다. 이들에게 진심 어린 애정과 감사를 보낸다.

아무리 되살리고 떠올려도 모자라는, 평생 삶과 학문의 터가 되어 주신 이동림 선생님, 최세화 선생님, 김장호 선생님께 머리 숙여 큰 절을 올리며, 그 가르침 잊지 않고 살겠노라고 다시 한번 이 자리를 빌려 약속을 올린다.

워낙 바장이는 성격 탓에 애태우고 서두르는 나를 늘 웃음으로 받아 넘기며 "뭐든 최고로 해드려!"라는 일갈로 마무리 지으시는 월인의 박성복 사장님, 말없이 수긍하며 뭐든 받아주시는 최형필 상무님, 그리고 이 지지부진한 작업을 깔끔히 정리하고 완벽을 기해 주신 이은숙 과장님의 정성과 인정에 탄복하며 깊이 감사를 보낸다.

마지막으로 나 자신에게 약속하노니, 이제 세상에 나가면 겁 먹고 헤맬 이 책을 늘 보듬고 아끼면서 쉼 없이 깁고 고쳐 새로워지는 개정판을 계속 내고자 한다. 그 시간들이 행복할 수 있도록, 이 책이 국어 지식(문법 교육)을 알고 활용할 많은 학습자들에게 피와 살이 되어 주길 간절히 기원하며 책을 덮는다.

2012년 7월 15일
약속한 첫 개정판을 내며
저자 김혜숙 삼가 씁니다.

김혜숙 (金惠淑 ; Kim, Hye-Souk)

동국대학교 사범대학 국어교육과 졸업
동국대학교 대학원 문학박사(국어학 전공)
세종대학교 인문대학 국어국문과 교수 역임
현재 동국대학교 사범대학 국어교육과 교수

논문
「통합적 문장교육의 교수 · 학습 방안 연구」
「사회방언과 국어교육」
「현대 국어 생활에 나타난 높낮이 말씨 선택의 변화 양상」

저서
『우리 말글 교육의 모습과 쓰임』
『현대 국어의 사회적 모습과 쓰임』
『말의 모습과 쓰임』(공역)
『매체 언어 교육의 이론과 실제』 외 다수

bludalli@hanmail.net
bludalli@dongguk.edu

개정판
우리 말글 교육의 모습과 쓰임

2010년 8월 30일 개정판 1쇄 발행
2012년 7월 30일 개정판 2쇄 발행
저 자 · 김혜숙
발 행 인 · 박성복
발 행 처 · 도서출판 **월인**
142-879 서울특별시 강북구 노해로25길 61
전 화 · (02) 912-5000
팩 스 · (02) 900-5036
등록번호 · 제6-0364호
등록일자 · 1998년 5월 4일
홈페이지 · www.worin.net

ISBN 978-89-8477-275-5 93710

가격 16,000원